Les origines de la France contemporaine

Hippolyte Taine

现代法国的起源II：大革命之大混乱

[法] 伊波利特·泰纳 著
黄艳红 译

吉林出版集团股份有限公司

图书在版编目（CIP）数据

现代法国的起源．Ⅱ，大革命之大混乱/（法）伊波利特·泰纳著；黄艳红译．—长春：吉林出版集团股份有限公司，2018．1

ISBN 978－7－5581－4115－7

Ⅰ．①现… Ⅱ．①伊… ②黄… Ⅲ．①法国大革命－研究 Ⅳ．①K565．41

中国版本图书馆 CIP 数据核字（2017）第 305275 号

现代法国的起源Ⅱ：大革命之大混乱

著　　者　［法］伊波利特·泰纳
译　　者　黄艳红
出 品 人　刘丛星
创　　意　吉林出版集团·北京汉阅传播
总 策 划　崔文辉
责任编辑　齐　琳　史俊南
封面设计　朝圣设计·阿正
开　　本　650mm×960mm　1/16
印　　张　21.5
版　　次　2018 年 5 月第 1 版
印　　次　2018 年 5 月第 1 次印刷

出　　版　吉林出版集团股份有限公司
发　　行　北京吉版图书有限责任公司
地　　址　北京市西城区椿树园 15－18 号底商 A222
　　　　　邮编：100052
电　　话　总编办：010－63109269
　　　　　发行部：010－63104979
官方微信　Han－read
邮　　箱　beijingjiban@126.com
印　　刷　三河市元兴印务有限公司

ISBN 978－7－5581－4115－7　　定价：59.80 元

目　录

作者序[1]

《现代法国的起源》第二部分将包括两卷：群众暴动和制宪议会的立法最终摧毁了法国一切形式的政府，这是该卷的主题；围绕一种极端理论形成了一个党派，它攫取了权力，并按照这个理论行使权力，这是下一卷的主题。

应该还有第三卷，用以批判这些现象的源头；但我没有这个机会：我只会讲述我所看到的规则性现象。最可信的证据总是目击者的证据，尤其是在证人为人正派，认真专注，头脑聪明时；在他即时按事件本来面目就地记录时；在其唯一的目的明显在于保存或提供资料时；当他的著作并非出于某种事业的需要而写成的论战之作、或面向公众的雄辩辞章，而是一篇司法陈词，一部秘密报告，一份机密函件，一封私人信件，一本个人记事本时。一份文献越是接近这种类型，就越值得信赖，越能提供更出色的素材。我已在国家档案馆发现了很多具有这一优点的材料，主要是大臣、督办、助理督办、法官和其他官员、军事长官、军队指挥官和警察官员、议会和国王的特派员、各

---

① 该序言为八开本的卷首，但与泰纳最初的设想不同，这一部分有三卷而不是两卷（编者注）。

省区和市政机构[1]官员的手稿通信，以及个人给国王、国民议会和大臣们的手稿信件。他们中间囊括各色人等，其地位天差地别，教育背景和政见也是形形色色。他们的人数数以万计，数以千计，分布在地球表面的各个角落。他们都是单独写下这些文字，无法协调一致，甚至彼此之间都不认识。若论收集和传递准确的信息，没有人比他们处于更有利的位置。他们当中没有人追求文学效应，甚至没有想过自己的文字能出版。他们的记录非常及时，对当地发生的事件有直接印象。这是首选和第一手的证据，我们应依据它们来检验所有其他资料页面底部的注释将指明这些具有决定意义的证人的身份，职位，姓名和住址。为进一步确保真实性，我将尽可能地记录他们的原话。这样，读者在面对文本时，就可以自行解读，并可以得出自己的看法；读者将和我对同样的文献进行总结，而且可以得出不一样的结论，如果他认为合适的话。如果他觉得文献中有暗藏的意义，那是他自己的阐发，如果他要对文献作进一步探讨，那也是他自己的事情。在我看来，过去有它本身的面貌，而这幅画像只能跟过去的法国相像。我在描绘这幅画像时，并不关心我们当下的论争；我写作时就像在阐述佛罗伦萨和雅典的革命一样。这是历史，仅此而已；说到底，我对自己作为历史学家的职业看得太重，以致在自我隐藏之后不可能成为别的角色。

---

① 法国的基层行政单位是commune（社区），其管理机构统称为municipalité，即市政当局或市政府，无论是农村还是城市，都用这个术语。所以，译文中提到市政当局或市政府时，同样适用于农村的社区管理机关，而不仅限于城市。—译者

第一卷

I

本能的混乱

第一章 混乱的开始

Ⅰ. 首要原因，饥荒— 歉收— 1788-1789年的冬天— 面包价格腾贵，质量低劣— 外省— 巴黎。Ⅱ. 第二个原因，希望— 政府机构的分裂和懈怠— 地方议会调查 — 人民意识到自己的状态— 召集三级会议— 希望之诞生— 最初的大会与最初的动乱巧合。Ⅲ. 1789年头六个月的外省— 饥荒的后果。Ⅳ. 流浪汉和盗匪的介入。Ⅴ. 新政策的后果。Ⅵ. 普罗旺斯的首次农民暴乱— 镇压的绵软与无效。

1789年7月14—15日夜间，拉罗什福柯-利昂库尔(La Rochefoucauld-Liancourt)公爵叫醒路易十六，告诉他巴士底被人攻占了。“那么这是一场叛乱啊。”国王说。“不，陛下，”公爵答道，“这是场革命。”事情比这还要严重得多。权力不仅已从国王的手中滑落，而且根本没有落到议会的手中；它掉在了地上，落入失控的民众之手，这些人(foule)成群结队，激烈狂暴，亢奋异常，他们拿起了权力，就像捡起一件丢弃在街道上的武器。实际上，政府已经不存在了；人类社会构建起的大厦轰然倒塌，人们回到了自然状态。这不是革命，而是一次解体(dissolution)。

I

两个原因引发并延续着普遍的骚乱。第一个原因是饥荒，它是长期性的，十年间一直绵延不绝；饥荒引起暴力，而暴力又加剧饥荒的后果，终于将群众的种种狂热放大为一场疯狂，并使得大革命的全部历程成为一连串痉挛式的错误步伐。

当一条河流的洪水快要漫过堤坝时，一次微弱的涨水就能造成决堤。这就是18世纪的苦难局面。面包价格便宜时，平民百姓勉强为生，价格贵时，死亡便是真切的威胁。这种焦虑之下，动物的本能开始反叛，构成公共和平的普遍服从，取决于干与湿、冷与热之间一分一毫的增减。1788年十分干燥，农业收成很不好；另外，在收割季的前夕[1]，一场可怕的冰雹袭击巴黎周围地区，从诺曼底直到香槟，方圆60法里的最肥沃的地区遭受毁灭性打击，损失达1亿。当年冬天之严酷为1709年以来所仅见；12月底，塞纳河自巴黎到勒阿弗尔封冻，温度计显示的气温为零下18.75度。普罗旺斯1/3的橄榄树死亡，剩下的受创甚深，估计两年内颗粒无收。甚至在朗格多克，情况也是灾难性的；在维瓦莱，在塞汶山区，成片的栗树林死亡，山区的所有小麦田和饲料场全都毫无收成；在平原地带，罗讷河干涸见底长达两个月。1789年春天起，饥荒随处可见，而且，随着水位上涨，饥荒还在逐月加剧。政府命令农户、地主和商人供应市场，对进口给予双倍的补贴，并费尽心机、不惜负债而花费4000万进口小麦以供应法国，但一切努力都归于徒劳。个人，如大贵族、大领主、主教，以及各主教座堂和各个社区，纷纷进行施舍救济，巴黎大主教为此借了40万利弗尔，有个富人在冰雹次日发放了4万法郎，有个圣贝尔纳修道院养活

---

① Marmontel, *Mémoires*, II, 221. – Albert Babeau, *Histoire de Troyes pendant la Révolution*, I, 91, 187（特鲁瓦市长Huez的信件，1788年7月30日）。— *Archives nationales*, H, 1274（M. de Caraman的信件，1789年4月22日）。H, 942（朗格多克三级会议的陈情书）。Buchez et Roux, *Histoire parlementaire*, I, 283.

1200名穷人达六周之久[①]；所有这些仍是徒劳。需要帮助的人太多了，无论是公共应急机构，还是私人慈善行为，都不足以应付如此巨大的需求。在诺曼底，最近的商业条约[②]已经让纺织厂和花边厂陷于破产，4万名工人失去工作；与此同时，在为数众多的教区，1/4的居民靠乞讨为生。在这些地方，“几乎所有的居民，甚至包括佃农和地产主，都在吃面包，喝凉水”；在另一处，“很多不幸之人吃的是燕麦面包，有的人竟吃粘土，这造成好几个孩子死亡”。鲁昂高等法院写道：“首先要救济奄奄一息的人民……陛下，您的大部分臣民买不起面包，而买到面包的人拿到的又是什么样的面包呢！”当时正在法国各地旅行的阿瑟·扬（Arthur Young），所见所闻全都是面包价格昂贵，人民处境悲惨。在特鲁瓦，面包每斤（livre）4个苏，即相当于今天的8个苏，而失业的手工业者大批涌向慈善救济工场，那里他们每天只能挣12个苏。在洛林，所有观察者都注意到，“半数的百姓在忍饥挨饿”。在巴黎，赤贫者的数量增加了两倍；仅圣-安托万郊区就有3万之众。巴黎周围一带粮食欠缺，或者庄稼被毁[③]。在7月初的蒙特罗（Montereau），市场上已是空荡荡的了。如果政府官员不将面包价格提到每斤5个苏，“面包师就不会烤面包”；督办能够送来的黑麦和大麦“质量低劣之极，腐烂变质，有时还会引起危险的病症；但大部分贫苦消费者被迫忍受这种窘境，他们只能利用这种劣质谷物”。在维伦纽夫-勒-鲁瓦，市长写道，“最近两车黑麦是一匹羸弱的马送来的，黑得不加小麦就无法零卖”。在桑斯，助理督办提供的面包品质极差，大麦“发出一股臭味”，卖者于是将这种劣质面包送到助理督办的鼻子底下。在谢弗鲁兹，大麦发芽，有股恶臭味道，但一位官员

---

① *L'Ancien régime*, liv. I, Chap. I, ii. – Albert Babeau, I, 91（特鲁瓦主教捐出1.2万法郎，主教座堂教务会捐出6000法郎，以支持慈善赈济活动）。

② 指1786年法国同英国签订的商业条约，英国廉价的工业品大量进入法国市场。—译者

③ Buchez et Roux, IV, 79 à 82.（1789年7月9日Montereau的行政机构的信件；7月10日Villeneuve-le-Roi市长的信件；7月10日M. Baudry的信件；7月11日M. Jamin的信件；7月11日M. Priorau的信件等。）Montjoie, *Histoire de la révolution de France*, 2e partie, ch. XXI, 5.

说道，“饥肠辘辘的可怜人只能拿它充饥”。在枫丹白露，“黑麦——占到口粮的一半——产出的麸皮多于麦粉”，为了用它制作面包，不得不“进行数次研磨加工”。即使是这样的面包，人们也是唯恐求之不得：“最后只能通过小窗口来分发”；那些费尽力气领到配给的人“经常在途中受到攻击，被更强壮的饥民抢劫”。在南日斯，“法官们禁止同一个人在同一市场上购买食物超过两斗”。总而言之，生计物品如此稀缺，以致人们不知道如何养活士兵；军事大臣连发两封急件，要求在收获季节到来前收割2万塞提埃(setier)[①]黑麦。就算是一派太平景象的巴黎，仿佛也是在漫长的围城后期实行配给制的饥饿之城，1870年12月的饥馑及生计之悲惨，也不及1789年7月严重和恶劣。

一位目击者说[②]，“越是接近7月14日，饥荒越是严重。每个面包店都被人群包围着，人们极尽吝啬地给他们分发面包……面包普遍都是颜色发黑，沾满泥沙，味道苦涩，能让人喉咙发炎，肠胃生疼。在军事学校和其他的货栈，我看到的面粉质地吓人，有些面粉凝结成黄色的块状物，恶臭熏人，而且这种面粉块硬度惊人，需要用斧头反复劈砍才能破开。我自己为弄到这种可怕的面包历尽艰难，这本已让我心生反感，而给我分发这种客饭的人员更是令人生厌，我决心拒绝这种食物。晚上，我前往加武咖啡馆，幸好那里有人给我留了两块叫做笛子的小面包，这就是整整一个星期内我吃到的全部面包。”但这种资源只有富人才能享受。至于小民百姓，要想吃到喂狗的面包，得排上好几个小时的队。人们在队伍中相互厮打，“争抢食物”。由于新增了排队这项麻烦，“工场里的人都跑光了”。有的时候，工人在等待一天之后，两手空空回到家中，如果他能带回一个四斤的大圆面包，那得花费3法郎12苏，12苏用来买面包，3法郎是旷工一天的代

---

① 塞提埃既可指容量单位(约合150升-300升)，也可指这一单位的种子所能播种的土地面积。—译者

② Montjoie, ib., ch. XXIX, V, 37. – E. et J. de Goncourt, *La société française pendant la Révolution,* 53. – Déposition de Maillard(夏特莱关于10月5日和6日事件的刑事报告)。

价。躁动不安、无所事事的人群排成长队，在面包店门口徘徊，非法的念头就从这里酝酿出来；如果今晚面包师傅没有面粉烤面包，明天我们就要饿肚子！这是一种可怕的想法，要对付它，政府动用全部的力量都不嫌过分；因为，唯有力量，武装的、现成的、可见的、气势汹汹的力量，才能在饥饿之中维持秩序。在路易十四和路易十五时代，忍饥挨饿的情形更为常见，但骚乱都被无情而迅速地镇压，而且只是局部和短暂的动乱。叛乱者被绞死，其他的人被发配做苦役，农民和工人很快就深信他们无能为力，只能默默地回到摊位和田间。当围墙太高时，人们甚至想不到去翻越它。但这时的围墙开始爆裂，所有的看守，如教士，贵族，第三等级，文人，政治家，甚至政府自己，都在墙上凿出了大豁口。处境悲惨之人第一次看见了出口；他们先是小队冲锋，然后是大集群地冲击，于是叛乱遍及所有地方，就像从前的逆来顺受一样普遍。

Ⅱ

正是通过这个豁口，希望像一束光一样射了进来，并一点一滴地渗到了最底部。半个世纪以来，这束光越来越亮，它首先照亮的是大厦顶层漂亮公寓中的上层阶级，接着光线射向大厦中层和底层的市民阶层，最后两年渗入人民劳作的地窖，直至最幽深的渊薮和最偏僻的角落——在这些地方，各种不轨之人，如流浪汉、罪犯，大批卑劣的暴民在逃避法律的追究，其数目在与日俱增。1778和1779年，内克（Necker）设立了最初的两个省议会，1787年，罗梅尼·德·布里安（Loménie de Brienne）又增加了19个；每个省议会下面设区议会；每个区议会下面设教区议会[①]，因此整个行政机器都变了。这些新议会负责摊派和征收税款，它们决定并领导所有的公共工程，将对大部

① Tocqueville, *L'Ancien Régime et la Révolution*, 272-290. – Léonce de Lavergne, *les Assemblées provinciales*, 109. – *Procès-verbaux* des Assemblées provinciales, *passim*.

分争议作出最终裁决。督办、助理督办、税区官员(élu)因此失去了四分之三的权威。然而,这两种界限不清、相互竞争的权力机构之间发生了冲突；指挥权摇摆不定,服从精神日渐消退。臣民再也感受不到肩膀上那只手的支配性的重压,唯有这只手能排除任何可能的干涉和抵制,让臣民弯下腰,给他推动力,使他前行。但是,在每个教区、区甚至省议会上,与领主和高级教士平起平坐的有很多平民,他们是“农夫”,而且经常还是普通佃农。他们听说税收数额巨大,并记住了具体数字,这些税完全或几乎完全由他们支付,如军役税、军役税附加、人头税、道路捐税,等他们回家时,肯定会向邻居们讲述这些。所有这些数字都被印刷公布；乡村讼师按自己的习惯进行推理,工匠和乡民星期天出门望弥撒,或者晚间聚在客栈的大厅里。在这些地方,密谈被允许,这是自上而下被激发起来的。1788年的最初几天,各省议会要求各教区的代表和居民进行地方调查：人们想知道居民冤情的细节,每种税收抽取了他们多少收入,农民的支出和苦楚,教区有多少特权者,他们的财产状况如何,如果他们住在当地,他们免除的税收共计多少；为了回答这些问题,手握羽毛笔的乡村诉讼代理人掰着手指列举每个特权者,抨击他的生活派头,估算他的财产,掂量他的豁免权给村子带来了多大的不幸,痛骂税收和税吏。离开议会之后,村民长时间地回味他刚刚听到的东西。他看到了自己的不幸,不是像以前那样零星的不幸,而是所有的不幸,它们跟其同伴所忍受的无边无际的苦难交织在一起。接着,他开始理解这种不幸的根源。国王是好的,但为什么他的税吏要拿走我们这么多钱呢?议事司铎或领主大人之类的人物,也算不上坏人,但他们为何要凭地位让我们交钱呢?请设想一下,一头拉车的役马突然得到一束理性微光的启迪,发现了人类和马类之间的对立；请您尽力想象,这役马瞬间获得了一些新观念,首先是意识到,车夫和驭者束缚它、鞭打它,接着它发现,车上那些仁慈的旅客和富有同情心的贵妇虽然很可怜它,但他们不仅给它套上车子,还将自己全部的行囊和体重搬上了车子。

同样，在农民中间，朦胧的空想渐渐地酝酿出一种新的观念，即他们是受压迫的大众中的一员，他们大批的同类散布到天际的尽头，人人都受到虐待，都在挨饿，都备受盘剥。到1788年底，在督办们和军事指挥官们的通信中，人们可以辨识出一场即将到来的风暴的沉闷但随处可闻的隆隆声。人们的性格似乎在改变，他们显得敏感又倔强。就在这个时候，政府放松了缰绳，让他们自行其是[①]。1787年11月，国王宣布他将召集三级会议。1788年7月5日，他要求所有团体和有资格的个人就这个问题向他提交报告。8月8日，他确定了会议日期。10月5日，他召集显贵们商讨此事。12月27日，他同意第三等级代表人数翻番，因为“其理由与慷慨的情感紧密相连，而且公共舆论将始终会支持”。同一天，他在教士选举大会中确立了教区神父的多数派地位，“因为这些善良而有益的神父日复一日地贴近和关怀人民的困苦并帮助人民，因此他们最为真切地了解人民的不幸和需求”。1789年1月24日，他规定了会议的程序和形式。从2月7日开始，召集会议的信件一封封地发出。八天之后，每个教区都召开大会，起草陈情书，会议因为书面表述和列举的各种不幸的细节而变得群情激昂。所有呼吁和条文都像冲击波一般回荡在民众的脑海中。条文有言，“陛下希望，他王国最边远的角落、最不为人知的居民，都能确信其愿望和要求可蒙陛下听闻。”因此事情是真的，确定无疑。人们邀请百姓发言，请他们前来，同他们商议，减轻他们的负担。从此他们的不幸将缓解，美好的时光即将到来。除此之外他们就一无所知了；因此，几个月后的7月份[②]，一个农妇给阿瑟·扬的全部回答只能是这样的：“有人对她说，有些富人想为像她这样不幸的人做些什么。”但是，这些人是谁，究竟要做什么，怎么做，她都不知道：这对她来说太复杂了，其迟钝麻木的头脑理解不了。这样的头脑只能抽象出一种观念：即刻减轻负担的希望，他深信这个要求是正当的，

---

① Duvergier, *Collection des lois et décrets*, I, 1 à 23, 尤其是第15页。

② Arthur Young, 12 juillet 1789（香槟）。

并决心以一切方式协助之，焦虑的等待过后，他时刻准备发起冲击，紧张的意志越发僵硬，只等着有个机会在行动中尽情放纵一下，就像一支无法回头的箭，射向一个陡然之间突然揭开面纱的陌生目标。饥饿一下子就让他们找到了目标：市场上应该有小麦；佃户和地主应该将小麦运到市场上；大买主、政府和少数人不应该把小麦运往别处；小麦应该低价出售，应该核定价格，面包店老板应该以两个苏一斤的价格销售；谷物、面粉、葡萄酒、盐、粮食，都不应成为课税对象；不应该存在捐税，无论是领主捐、教会什一税，还是国王和市政当局的税收。于是，从这个观念出发，3月、4月和5月，各地纷纷发生骚乱。今天的人们“无法想象这样的祸患[1]；根本不能理解，无数的罪犯在无人带领的情形下，竟能串通一气，到处犯下同样的暴行，而且就在三级会议即将开幕的时刻”。这是因为，在旧制度时代，火灾已在封闭的门后面酝酿；当这扇大门敞开、空气涌入时，火苗立刻窜了起来。

Ⅲ

起先这只是些间歇性、孤立的火苗，已被扑灭或自行熄灭；但片刻之后，在同一地点或在其旁边，劈啪的燃烧声再度响起，这种声音的蔓延和重启，表明燃烧物广大而深厚，它在逐步加热并将发生爆炸。在巴士底风暴来临前的四个月中，法国共发生了三百多起骚乱。从普瓦图、布列塔尼、都兰、奥尔良、诺曼底、法兰西岛、皮卡迪、香槟、阿尔萨斯、勃艮第、尼维尔内、奥弗涅，到朗格多克和普罗旺斯，每个月、每个星期都在发生暴乱。5月28日，鲁昂高等法院通报粮食被抢劫，“混战厮打十分激烈和血腥，两边都有很多人死去”，骚乱遍及全省，如卡昂、圣洛、莫尔旦、格朗维尔、埃弗勒、贝尔奈、彭奥德梅

① Montjoie, 1re partie, 102.

尔、埃尔贝夫、卢维耶，以及其他地方。4月20日，中央各省的军事指挥官贝桑瓦尔男爵写道："我向内克先生重申，都兰和奥尔良的境况糟糕之极；这两个省寄给我的每封信，都在讲述三四起骚乱的细节，军队和骑警费尽力气才控制住局面"[1]。— 在整个王国，类似的景象随处可见。

一般来说，妇女在骚乱中起了带头作用，仿佛这是自然而然的事；在蒙莱里，正是妇女用剪刀割破粮袋。每个星期的集市日，当得知大圆面包从三个苏涨到四个苏，接着又涨到七个苏，她们愤怒地高声喊叫：她们男人挣的薪水太少，开工又不足[2]，面包价格这么高，如何养家？人们聚集在粮库和面包店门口；叫喊声詈骂声在人群中催生了一股冲动；店主或商人被推搡倒地，店铺被冲破，粮食落入买主和饥民手中；每个人都自顾自地抢粮，有的给钱有的不给钱，然后带着自己的战利品逃之夭夭。有时这是预先串通好的行动[3]。5月1日，在塞纳河上的布莱耶，方圆四法里的村民，为数4000之众，以石头、刀子、棍棒为武器，强迫运送粮食的农民以每斗3利弗尔、而非4利弗尔10个苏的价格销售，并威胁在下一次集市上继续这样做，于是农民不敢前来，市场空无一人；除了当地居民，甚至连当兵的都被抢劫。在朗格多克的巴尼奥尔，4月1日和2日，手执木棍的农民听到鼓声后聚到一起，"在城里到处游走，若不给他们小麦和钱财，便以纵火和流血相威胁"；他们闯入居民家中寻找谷物，并低价私分，"承诺下次收成时付钱"，他们还强迫市政官把面包价格降为每斤2个苏，每日劳动的工价涨到4个苏。而且，这是最常见的做法：人民不再服从权威，而是权威服从人民。市政官、市政议员、市长、管事等官员，在无边无际的骚乱面前手足无措，虚弱无力；他们觉得自己快要被踩在脚下、被人扔出窗外。另一些人要稳重一些，他们知道，聚众造反是疯

① Floquet, *Histoire du parlement de Normandie* VII, 508. – *Archives nationales*, H. 1453.

② Arthur Young, 29 juin（南日）。

③ *Archives nationales*, H. 1453. Bray的领主Mortemart公爵的信件，5月4日；朗格多克督办Balainvilliers的信件，4月15日。

狂的举动，对流血之事较为慎重；至少这次他们的立场后退了，虽然他们盼望在下次集市上有更多的士兵和更好的预防措施。在亚眠，"一阵激烈的骚乱之后"[①]，稳健派决定夺取多明我会修士的小麦，并在军队的围墙内、以低于小麦价值三分之一的价格将其售卖给群众。南特的市政厅被人闯入，稳健派被迫将每斤面包价格降低一个苏。在昂古莱姆，为避免诉诸武力，这类人要求阿图瓦伯爵宣布，两个月内不对面粉征收任何捐税，对面包征收的税款用以补偿面包店主。在塞特，稳健派备受虐待，最后事态完全失控：百姓抢劫他们的房屋和订购的物品；后来他们还用喇叭宣布，百姓所有的要求都被答应。有的时候，暴民还撇开官员自己采取行动。如果市场上缺粮，他们就到有粮的地方去找粮，为此他们会闯入因担心被抢劫而不愿提供粮食的地主和农户家中，会侵入修道院——根据国王的法令，人们以为修道院总会贮存一年的收成，所以政府将粮食藏在修道院的粮仓中——甚至会攻击督办派往缺粮城市的运粮车。人人都只为自己，活该邻居倒霉。富热尔的居民殴打和驱赶来他们的市场买东西的埃尔内居民；维特雷人同样对曼恩人大打出手[②]。在圣-莱昂纳尔，百姓扣留了发往里摩日的谷物，发往奥里亚克的粮食在博斯特被抢劫，发往穆兰的在圣迪迪耶被抢，发往马孔的在图尔纽被抢。给运粮车配备护送人员也是枉然；成群的男人和女人，手持斧头和枪支，埋伏在道路边的树林中，等待时机猛扑过去夺取马匹的缰绳：运粮车要前进就必须击杀这样的劫匪。对他们晓之以理、好话说尽也是徒劳，甚至"有人愿意让他们付钱买小麦时，他们也会拒绝，吵嚷着说车队不能离开"。虽然有人被杀，但他们的决心就像一头顶着犄角横穿道路的公牛一样坚定。小麦是他们的，因为麦子就在乡间；不管谁运走

---

① *Archives nationales*, H. 1453. 督办Agay先生的信件，4月30日；南特市政官员的信件，1月9日；督办Meulan d'Ablois先生的信件，6月22日；Balainvilliers先生的信件，4月15日。

② *Archives nationales*, H. 1453. Langeron伯爵的信件，7月4日；Meulan d'Ablois先生的信件，6月5日；Bost骑警区的文件，4月29日。Chazerat先生的信件，5月29日；Besanval先生的信件，6月2日；督办Amelot先生的信件，4月25日。

或囤积小麦，都是盗窃行为：这个根深蒂固的想法无法根除。在勒芒附近的尚特奈[①]，他们不准磨坊主把刚刚买来的粮食运到自己的磨坊中；在朗格多克的龙山，饥民用石块袭击了一个刚刚将运货车派往外地的商人；在迪耶尔，武装的工人到乡间征集小麦：一个地主因家中没有找到粮食而被杀死；工人们在酒窖里狂饮，喝不完的葡萄酒遍地横流。在内维尔，面包店主的商铺里四天来没有任何进货，于是群众便闯入私人粮仓，如商人和宗教团体的粮仓。"受恫吓的商人只得交出粮食，价格随人家定；有人甚至在看守在场的情况下大肆偷盗"，在这种入户搜查的骚乱中，众多民宅被洗劫。与此同时，所有参与守卫、收取、交易和搬运谷物的人都惹上了麻烦！民众的想象力需要一些活生生的人来为不幸承担罪责，并充当民愤的出气口；在民众的头脑中，所有这类人都在囤积粮食，无论如何都是公众的敌人。在昂热附近，本笃会的房屋被攻破，内院和树林被毁坏[②]。在亚眠，"民众时刻准备打劫，可能还想烧毁两个商人的宅子，因为这两人建起了一些很有效益的磨坊"，当士兵上来制止时，他们便砸碎窗玻璃；另一些"小团伙干脆破门而入，洗劫了三四个被怀疑囤积粮食的人家"。在南特，某位叫热斯兰（Geslin）的先生受民众派遣查访一户人家，找不到小麦后他高声叫道：这是窝藏犯，是同谋者！群众闻讯扑向此人，将其殴至重伤，几乎丧命。显然，法国已无安全可言，财产甚至生命都面临危险。首要的财产权，即生存资料的所有权，已经数千次被侵犯，而且到处受威胁，随时可能失去。各地的督办和助理督办纷纷求援，他们发现骑警已经无济于事，呼吁增派正规军。此刻，分散、动摇、匮乏的公共武力发觉，自己面对的叛乱者不仅满怀源自饥饿的盲目怒火，还有从大混乱中谋取私利的邪恶本能，以及始终如一的贪婪心理——任何政治动荡都会放纵这种贪婪。

---

① *Archives nationales*, H, 1453. Besanval先生的信件，5月27日；Ballanvilliers先生的信件，4月25日；Chazerat先生的信件，6月12日；Foullon de Doué先生的信件，4月19日。

② Archives nationales, H, 1453. 督办Aine先生的信件，3月2日；Agay先生的信件，4月30日；Amelot先生的信件，4月25日；南特市政官员的信件，1月9日；等等。

Ⅳ

走私者，私盐贩子，偷猎者，流浪汉，乞丐，惯犯：我们已经看到①这类人数量有多大，以及一年的歉收会使其增加多少。他们为啸聚和骚乱提供了众多兵员，除了骚乱，每个人的袋子里都塞满了战利品。“在考克斯地区②，直到鲁昂、隆歇罗尔、盖弗维尔、普雷奥、圣雅克附近及所有的周边地带，成群的武装盗匪袭击民房，特别是教区神父的住宅，掠走他们想要的任何东西。”在沙特尔以南，“三四百伐木工从贝莱姆森林中出来，任何阻挡他们的都遭劈砍，目的就是为了以他们满意的价格取得粮食”。在埃唐普周围，十几个盗匪摸黑进入农庄，绑架勒索农民，并以纵火相要挟。在康布雷地区，盗匪抢劫了沃塞尔、维尔热和吉尔芒修道院，贝斯拉尔（Besselard）侯爵的城堡，瓦希（M.d’ Oisy）的领地，两个农场，路经圣康坦大道的运粮车，还有皮卡迪的七个农场。“这场骚乱的中心位于靠近皮卡迪和康布雷的几个边境村庄，这一带走私偷运已成家常便饭，人们操持此行，肆无忌惮。”农民也禁不住盗匪的诱惑，男人很快就学会了偷窃；品行不坚定之人，一不小心或不由自主就会卷入骚乱，因为受逍遥法外和不义之财的诱惑，他们会继续干下去。实际上，“并非绝对的必须驱使他们行动”。他们进行“贪婪的投机活动，这是一种新型的走私偷运”。一个手持砍刀的前枪骑兵，一个护林员和“七八个相当宽裕之人带领四五百人马，每天造访三四个村子，强迫所有人家中有小麦的人以每袋24利弗尔的价格交给他们”，有时甚至每袋18利弗尔。至于团伙里说没钱的那帮人，照样拿走自己的一份却不付分文。别的人愿给

① *L'Ancien Régime*, Liv. V, Chap III, iv.

② Floquet, VII, 508（2月7日的报告）。Hippeau, *le Gouvernement de Normandie*, IV, 377. Perrot先生的信件，6月23日。*Archives nationales*, H, 1453. Sainte-Suzanne先生的信件，4月29日。*Ib.*, F7, 3250. Rochambeau先生的信件，5月16日。*Ib.*, F7, 3185. 圣康坦第三等级代表Duplaquet修士的信件，5月17日。圣康坦附近三个农民的信件，5月14日。

多少就给多少，然后把战利品卖出获取暴利，每袋甚至卖到45利弗尔：在这笔让人垂涎的生意中，贫穷被贪婪裹挟，成了后者的同谋。临近收割季节，类似的诱惑油然而生："他们威胁我们把收成交出来，还抢夺我们的牲畜，屠宰之后以每斤2个苏的价格在村子里叫卖"。所有严重的骚乱中都有类似的劣迹，无赖、违法者、野蛮而绝望的流浪汉，像饿狼一样奔向嗅到猎物气味的地方。他们充当公共和私人仇怨的寻觅者和处置者。在乌泽斯附近，25个蒙面男子手持枪支和棍棒闯入一个公证人家中，朝他开了一枪并乱棍痛殴，然后蹂躏其房屋，烧毁其文件，其中有公证人保存的卢韦尔（Rouvres）伯爵的身份凭据和文件；七个行凶者被逮捕，但支持他们的民众袭击骑警，将这些人救了出来[①]。他们的所作所为、他们为破坏而破坏的狂热、他们奇特的腔调、他们的粗野面目和褴褛衣衫，成为其特有的标记。他们从巴黎流窜到鲁昂，四天的时间里，这座城市任由他们蹂躏[②]；商店被攻破，修道院和神学院被洗劫；他们还闯入对他们进行调查的总检察长家中，要把他撕成碎片；他们砸碎玻璃、家具，满载战利品离开，然后在城里和郊区四处抢劫工场，砸毁或焚烧所有机器。这就是新的头领：因为，在所有群体中，只有最大胆、最无所顾忌的人才能走在最前头，率先垂范如何进行破坏。榜样具有传染效应：人们为了面包而上路，最后走向屠杀和纵火，叛乱起先仅限于谋取生计，但放纵的野蛮却带来了毫无节制的暴虐。

V

尽管有饥荒和盗匪，但叛乱到此时还有可能被抑制；然而，让它变得不可抵挡的，则是它为人认可，而认可它的，正是那些负责弹压叛乱之人。充满可怕的天真情怀的言论和行为随处可闻可见，这表

① *Archives nationales*, II, 1453. 朗格多克军事长官佩里戈尔伯爵的信件，4月22日。

② Floquet, VII, 511（7月11日到14日）。

明，尽管现状已经如此可悲，未来却更是凶险。1789年1月9日，在攻入南特市政厅、围攻面包店的暴民中间[①]，“自由万岁的呼声与国王万岁的呼声交织在一起”。几个月后，在普罗摩尔附近，农民拒绝缴纳什一税，他们援引其司法区的陈情书，要求废除什一税。在阿尔萨斯，从3月开始，“好多地方”同样出现抗税行为；很多社区甚至声称不再缴纳税收，直至他们在三级会议的代表确定公共捐税的公正数额。在伊泽尔，各社区经过书面和公开的协商，决定不再支付“个人性捐税”，受损害的领主不敢到法庭告状。在里昂，群众深信“所有捐税都应停止征收”，6月29日，听到召集三个等级开会的消息，群众“因为美好的启示和公共幸福的迹象而喜出望外”，认为幸福的日子就要到了，他们还草拟了一个计划，规定以4个苏的价格出售肉和葡萄酒。小酒店老板向他们暗示说，入市税将会取消，在此期间，为了推动三个等级的集会，国王已经下令，巴黎免除入市税三天，里昂也可以享受这样的待遇。听到这个说法，大批民众冲到税卡前，聚集到圣克莱尔门、佩拉什门和拉基约捷尔桥，焚烧或摧毁税所，毁坏税册，抢劫税吏的住所，劫走钱财和货栈中的葡萄酒。与此同时，自由入市的谣言传到乡村，随后几天，农民蜂拥而至，队伍大得吓人，随行的葡萄酒车由好几头牛拉着，尽管城市的守备恢复了，但还是得一整天敞开城门让他们进出而不付分文；直到6月7日，入市税才重新征收。南方各省也是如此，那里的主要税收是对消费品征收的；那里同样以公共当局的名义暂停收税。在阿哥德[②]，“头脑发热的民众相信他们就是一切，什么都可以做，并且以所谓的国王的意志要求各等级平等”；于是他们随心所欲地进行解释，按他们的话来说，第三等级的代表数已经翻倍了。后来，他们威胁说，如果所有生活必需品的价格

① *Archives nationales*, H, 1453. 南特市政官员的信件，1月9日；普罗摩尔助理督办的信件，7月4日。*Ib.*, F7, 2353。阿尔萨斯协理委员会的信件，9月8日。*Ib.*, F7, 3227。督办Caze de la Bove的信件，6月16日。*Ib.*, H, 1453. 里昂督办Terray的信件；里昂市长的信件，7月5日和7日。

② *Archives nationales*, H, 1453. 阿哥德市长和市政官的信件，4月21日；Périgord先生的信件，4月19日和5月5日。

不下降，如果不取消本省对葡萄酒、鱼和肉的捐税，他们就将城市洗劫一空；此外，“他们还想从自己的队伍中挑选市政官”，为了对付主教（城市领主）、市长和缙绅们，他们到乡间强行招募农民，他们的那些敌人也不得不高声宣告，他们的全部要求一概应允。三天之后，他们还要求磨坊税应减半，并搜寻磨坊所有者，即主教大人。这位染病的高级教士在街道上感觉身体虚弱，靠着一块界石坐下，人们当场强迫他签署一份放弃权益的文件，根据该文件，“他以1.5万利弗尔出租的磨坊，如今减价为7500”。在里穆，群众借口寻找谷物，闯入税收监管员和包税人家中，抢走税册，并将它与税吏的家具一起扔到水中。在普罗旺斯，情况更加恶劣：由于骇人听闻的不公和难以想见的不慎重，城市的所有税收都是对面粉征收的；因此，人们将面包价格的昂贵直接归因于税收；这就是税吏何以成为显而易见的敌人，而由饥饿产生的叛乱又何以转变成反对国家的暴动。

VI

在反对国家的暴动中，政治上的新举措同样成为点燃火药库的火星；在全国各地，民众起义就发生在选举大会的当天；不到两周的时间里，外省就发生了四五十次骚乱。民众总是凭自己的想象径直奔向目标，就像孩子一样；既然已经宣布改革，他们就相信改革一定会到来，而且，为保险起见，他们自己便即刻进行改革：既然要减轻我们的负担，那我们就自己来减轻吧。“这不像往常的那种孤立的骚乱，”一位部队指挥官写道[①]，“这是由一些统一的原则组织和引导

① *Archives nationales*, H, 1453. Caraman先生的信件，3月23、26、27、28日；司法区法官Missiessy的信件，3月24日；Hyères市长的信件，3月25日，等等。*Ib.*, H, 1274, Montmayran先生的信件，4月2日；Caraman先生的信件，3月18日，4月12日；督办de la Tour的信件，4月2日；检察官Antheman4月17日的信件、6月15日的报告；土伦市政官员的信件，4月11日；助理督办Manosque的信件，3月14日；Saint-Tropez先生的信件，3月21日。关于埃克斯3月5日骚乱的庭审记录，119名证人签字，等等。

的集会；所有人的脑子里都充塞着一样的错误……老百姓获知的原则是，国王要让一切都平等，他不要领主和主教，不要等级，不要什一税和领主捐税。于是这些神志不清之人觉得是在运用权利并遵从国王的意志。”高调言辞自有其效果；有人告诉他们，三级会议将实现“王国的再生”；他们便得出这样的结论：“三级会议召开的时刻，就是生活状态和命运发生彻底和全面变化的时刻”。因此，“反抗贵族和教士的暴动也将激烈而彻底”。在一些地方，人们已经相当清楚地表明，“*这是一场针对有产者和财产权的公开的战争*”；而且，“无论在城市还是在乡村，百姓都一直在宣称，*他们不想掏一分钱，无论是因为税收和租税，还是因为债务*。”最初的攻击波很自然是针对面粉税（piquet）的。在埃克斯、马赛、土伦以及四十多个城镇，这种税瞬间就已消失；在奥普斯和吕克，称重处已是四壁萧然；马赛的屠宰店租户、布里尼奥尔的皮革税监管员，其房屋均遭洗劫：人们已决心“为国家清除税务机构的雇员”。这还只是个开端：面包和其他食品也应该低价出售，所有物品都应如此。在阿尔勒，市政官巴拉斯（Barras）先生担任主席的水手行会刚刚选举出代表，会议结束时，代表们要求巴拉斯颁布法令，降低所有生活必需品的价格，遭到拒绝后，“他们打开窗户说道：我们就只能把你扔到街上，让其他人收拾你”。于是巴拉斯只得让步；全城的喇叭都在高声宣布这个决定，每提到一种课税物品，暴民们就欢呼：“国王和巴拉斯先生万岁！”在野蛮的暴力面前必须屈服。但困境却进一步加剧，因为取消面粉税后，城镇的收入没了，另外，它们还要赔偿面包店主和屠户，结果，如土伦城，每天要负债2500利弗尔。

在普遍的混乱中，那些被怀疑不同程度地造成人民不幸的人便倒了霉。在土伦，人们要取下签署征税法令的市长和保管税册的档案员的头颅；这些不幸的人被就地践踏，其房屋被洗劫一空。在马诺斯克，前往神学院寻访的西斯特隆（Sisteron）主教被指控支持一个囤积商。当他准备上马车时，四周嘘声一片，人们纷纷威胁他，先是扔泥巴，接着用石头砸。戴风帽的市政官和助理督办前去保护他，结果遭痛殴后撤走了。几个暴徒当着主教的面开始“挖坑，准备埋了他”。主教在五六个勇士的保护下，冒着冰雹般的石子才上了车，不过头部已被砸伤，身上好几处挂彩，多亏马跑得快才死里逃生，而且马也挨了石头。盗匪中有外国人，如意大利人，他们混入农民和工人中间，人们能听到他们的讲话，能看到预示着一场农民暴动的各种行为。“一些狂热之极的人告诉主教：我们是穷人，您是富人，我们想要您所有的财产。”在另一些地方[①]，叛乱者对所有富人进行敲诈。在布里尼奥尔，十三户人家被抢了个底朝天，其他三十户半数的财物被抢走。在奥普斯，孟斐拉（Montferrat）先生在自卫时被杀，尸体“被切成小块”。在拉瑟那，暴民在一个农夫的带领下，闻鼓声而聚集；妇女们则将一口棺材带到某个大资产者家门口，告诉他准备等死，“人们将以能埋葬他为荣”。如果他逃走，房子就会被洗劫，如面粉税征收处一样；次日，盗匪头目“强迫富有的居民交出钱财，按他的说法，这些钱将用来赔偿农民的误工损失”，以及为公共利益而花费的时间。在佩尼耶，年届八旬的年迈市长“被150名工人和农民组成的队伍围困在城堡中”，他们还带来了一个市政官和一个公证人，在这两位的协助下，他们要求市长“颁布法令，宣布放弃他全部的领主权益”。在索列斯，暴民摧毁福尔班-扬松（Forbin-Janson）先生的磨坊，抢劫其代理人的房屋，洗劫城堡、房顶、礼拜堂、祭坛、栅栏和壁橱，闯入地窖后，打破酒桶，拿走一切能拿走的东西：“搬运整整花了两天”；侯爵的损失高达10万埃居。在列兹，暴民用柴堆包围主教宫，威胁要将它付诸一炬，“主教只得妥协，承诺支付5万利弗尔”，并愿意烧毁他的档案。暴民摧毁了皮尼昂的司法总管的城堡，并在土伦搜寻主教，要宰了他。总之，叛乱是社会性的，因为它攻击的是所有支配现存秩序、或从中获益的人。

---

① *Archives nationales*, H, 1274. De la Tour先生的信件，4月2日（有详尽的回忆和记录）。

当然，目睹这些暴行，人们可以说，对这些暴动者来说，社会契约理论是天然就有的。他们把法官当仆役对待，他们颁布法令，像最高主权者一样行动，他们掌握公共权力，其方式鲁莽、粗暴、专断，任何他们觉得符合自然权利的事情都会被认可。在佩尼耶，他们要求召集第二次选举大会，理由是他们有选举权。在圣马克西姆，他们自行选举新的市政官和司法官员。在索列斯，他们强迫司法长官辞职，并折断他的法官权杖。在巴约尔，"他们任命城里的仆役为市政官和法官，宣称他们是主人，他们将自己实现正义"。实际上，他们是按照自己的想象来履行正义职责的：也就是依靠敲诈和盗窃。某人若有小麦，就应该跟缺粮之人共享；某人若有钱财，需给那些买不起面包的人钱。根据这个原则，他们向巴约尔的圣于尔絮勒会的修女课征1800利弗尔，抢走教务会的50袋（charges）粮食，18袋给了一个穷苦工匠，40个给了另一个，他们还强迫议事司铎和圣俸持有者给农民开具收据。接着，他们手持木棍，挨家挨户地逼迫居民或者交出钱财，或者放弃其债权，"某人要了解一场刑事诉讼，另一个要否认已经获准的法令，再一个要偿付几年前赢得的一场官司的费用，而某位父亲还得同意儿子结婚"。所有的哀怨都浮上心头，由此可见，农民的记忆是何等根深蒂固。一旦成为主人，他就会纠正过错，尤其是那些让自己受害的过错。这是一场全面的收复权利运动，首先是收回封建捐税：这让商人蒙梅扬（Montmeyan）失去了所有钱财，因为他要偿还15年来作为公证人从封建捐税中获取的全部收益。1775年，原布里尼奥尔的市政官曾课征1500或1800利弗尔的罚款，这笔钱后来用在了穷人身上，如今人们从他的柜子中取回了这笔钱。此外，如果说市政官和法律人士是坏人，那么，财产契据、租税册，以及他们据此制成的种种文件，就更为可憎了。焚毁所有陈旧的字据：不仅包括税吏们的所有税册，还有耶尔城市政厅和首席公证人的全部文件。说到文件，只有新的文件才有价值，这就是规定解除人民负担、或承认对人民负债的文件。在布里尼奥尔，人们强迫磨坊主认可一份出售契据，据此他们将把磨坊移交社区所有，价格是每年5000法郎，付款期10年，没有利息，这让磨坊主陷入破产；看到磨坊主在契据上签字时，农民发出了欢呼声，他们对这份盖了印的文件信任万分，立马让方济各会修士举行了一场感恩弥撒。这是个可怕的征兆，它昭示着某种隐秘的禀性、某种固执的意愿，以及正在浮出水面的权力将来的作为。如果这种权力占据上风，它一开始就会以暴力手段摧毁旧文件、旧税册、旧契据、旧契约，还有它承担的债务；同样，它将强行草拟对自己有利的文件和契约，而起草者就是其铁腕之下的议员和行政官们。

然而，上层对此毫无警觉，人们甚至觉得叛乱有好处，因为它迫使城市废除一些不公正的税收①。人们允许马赛的新卫队前往奥巴涅，"要求刑事法官和检察官释放囚犯"。人们还容忍马赛人的不服从：他们拒绝接受携带特许状以展开调查的法官们。更有甚者，尽管埃克斯高等法院呈递了抗议书，人们还是宣布大赦，"只排除了几个头领，而且这几个人还能自由逃离王国"。国王和军事长官的宽大让人瞠目结舌：人们觉得人民是个孩子，他们只是因为过失才铸成大错，应该相信他们会反悔，一旦他们回归正道，要以慈父般的热情接纳他们。事实是，这个孩子是个盲目的巨人，他因为备受困苦而愈发暴躁：所以他要砸碎所能触及的一切，不仅有外省的地方政府（不过在一时的混乱之后尚能修复），还有中央的核心机构，它深刻地影响着其他部分的运作，摧毁它必将让整台机器陷入紊乱。

① *Archives nationales*, H, 1274. Caraman先生4月22日的信件："普遍的不幸中产生了实实在在的温情……已有报告称，富裕阶层有某些东西是不幸的工人所不能承受的……甚至可以看到，贵族和富人对穷苦农民的关心稍微多了些：他们已经习惯以更温柔的口吻同穷人说话。"在埃克斯，Caraman先生和他的儿子受伤，虽说受到石头袭击的士兵后来开了枪，但他并没有下达开火的命令。—*Ib.*, Antheman先生的信件，4月17日；Barentin先生的信件，6月11日。

第二章　七月十四日之前的巴黎

Ⅰ. 周边地带骚乱四起—流浪汉入城—赤贫者的数量。Ⅱ.报刊和舆论情绪激昂—群众的立场。Ⅲ. 雷维永事件。Ⅳ.罗亚尔宫。Ⅴ. 群众团伙成为一种政治力量—议会承受的压力—士兵变节。Ⅵ.7月13日和14日。Ⅶ. 屠杀富隆和贝尔蒂埃。Ⅷ.巴黎落入民众手中

I

实际上，中央地带痉挛般的震荡最为剧烈。在这里，加剧骚乱的条件一应俱全，从不缺少引发骚乱的剧烈煽动和人数更多的肇事团伙。巴黎的整个周边地区都在为它提供骚乱新兵；没有哪个地方有这么多的不幸者、饥民和乱民。在奥尔良，在科斯内，在朗布依埃，在茹伊，在圣马可塞斯桥，在塞纳河上的布莱，在桑斯，在南日斯，抢粮现象司空见惯[①]。默东的小麦极端缺乏，以致人们规定：凡购买小麦者必须同时购买等量的大麦。在维罗福来，三十名妇女以男人为后援，在大道上拦截了她们认为运载着粮食的车辆。在蒙莱里，七支骑

① *Archives nationales*, H, 1453. 警察局长Miron的信件，4月26日；检察长Joly de Fleury的信件，5月29日；Marchais和Bertier先生的信件，3月23日，4月5日、18日、27日。—Arthur Young, 10 et 29 juin. —*Archives nationales*, II, 1453. Montlhéry助理督办的信件，4月14日。

警队伍被石头和棍棒驱散：骚乱的声势极其浩大，8000男人和女人身背行囊，抢劫正在出售的粮食，40法郎一袋的小麦以24法郎的价格分发，而且有一半的粮食被抢走，分文未付。"骑警队垂头丧气，"代理督办写道，"百姓的执拗让人吃惊，我对所见所闻深感恐惧。"——1788年7月13日冰雹过后，"绝望之情"笼罩在人民心头：虽说有产者表现出极大的善意，但对农民还是爱莫能助；"没有任何赈济工场[1]，领主和市民都不得不捐出钱财，但不能给农民活儿干"。因此"饥肠辘辘的百姓为了活下去，很容易拿性命做赌注"，他们公开地、大胆地在有生计的地方寻找活路。在孔弗朗-圣奥诺林、埃拉尼、内维尔和谢内维耶尔、塞尔吉、蓬图瓦兹、里斯尔-亚当、普列斯尔和博蒙，男人、女人和孩子，整个教区的居民都在原野上搜寻，用绳套捕捉猎犬。"一时间传言四起，政府得知野味猎物给农民造成很大损失，于是同意农民捕捉猎物……野兔真的差不多毁坏了1/5的庄稼。"起初人们逮捕了九个偷猎者，但随后"因为时局"放了他们；这样一来，两个月的时间内，孔蒂（Conti）亲王和大使迈尔西·达让多（Mercy d'Argenteau）的领地上发生了一场大屠杀：由于没有面包，农民只能捕食野味。出于天生的冲动，也由于财产权的滥用，他们开始攻击财产本身。在圣丹尼附近，修道院的森林被蹂躏，"附近的农户用四匹马或五匹马拉的大车抢劫财物"；维尔-巴里希、特朗布雷、维尔-加兰、威尔班特的村民把私人财产变成公开的交易，并威胁要打昏警卫：6月15的抢劫造成的损失已经超过6万利弗尔。有产者纵使心地善良也不管用，如某位塔拉鲁（Talaru）先生[2]，头年冬天还在其位于伊希的领地上供养穷人。农民还毁坏给领主磨坊供水的水坝，高等法院责令修复水坝，但他们宣称自己不仅不服从命令，而且，如果塔拉鲁要重建的话，他们会再度前来摧毁，其人数将达三百，而且武

---

① *Archives nationales*, H, 1453. Gobert助理督办的信件，3月17日；骑警军官的信件，6月15日。"3月12、13、14、15、16日，孔弗朗的居民发起了一场针对兔子的全面暴动。"

② Montjoie, 2e partie, ch. XXI, 14（六月第一周）。Montjoie带有个人偏见，但他记下的日期很准确，而且，当涉及其他问题时，他的记录值得信赖。

装整齐。

对于名声最差的人，巴黎是最近的避难所；对于最穷最暴躁的人，流浪的生活有着广阔的天地。各类团伙在首都周围聚集，就像在那些人类社会尚未出现或已终结的地方一样。5月的头几周[①]，在犹太城附近，一伙五六百人的流浪汉试图侵入比塞特，并靠近圣克鲁城门。这些人来自三十、四十甚至六十法里远的地方，来自香槟和洛林，来自四周遭冰雹蹂躏的乡村。所有这些人都在巴黎周围游荡，想方设法涌入这座城市，就像钻进下水道；不幸之人碰上作恶之人，有的是要找份工作，有的是来乞讨，有的趁街道上谣言四起，以饥饿和不幸为幌子四处窥伺。四月的最后几天[②]，税吏们发现，"衣衫褴褛、神情凄惨、数量惊人的人群"经关卡进城。五月的头几天开始，人们注意到，人群的面貌变了；他们中间夹杂着"大量陌生人，这些人来自各个地方，大部分人衣着破烂，但手里拿着大木棍，光是这一景象就足以预示着让人害怕的各种事态"。因此，在最后的喷发到来之前，公共污水池已经灌满了，并开始外溢。您还要想想巴黎令人惊叹的快速膨胀，想想拆除工作和最近的建设招徕的大批工人，想想所有那些因为工业萧条、入市税上涨、严冬和面包昂贵而陷入绝境的手工业者。您还须记得，1786年，"净财产价值不足50埃居的人共计20万"，自古以来，这样的人就与守卫者水火不容，而1789年时首都的赤贫者竟有12万，要给他们工作就必须设立国立工场，"1.2万人被徒劳地招来挖蒙马特尔山丘，每人每天给20个苏，而港口和码头上也已挤满了人，市政厅被这类人包围了，他们还在大厦周围辱骂毫无武装的法官们无所作为"；在面包店门口，他们的恼怒和暴躁日甚一日，因为即使等上半天也不一定能搞到面包。当有人向他们指点苦难根源于何处时，您可以想见，他们会以怎样的狂暴、怎样的力度去冲击

---

① Montjoie, 1re partie, 92, 101. – *Archives nationales*, H. 1453. 圣丹尼骑警指挥官的信件。"无论是在洛林还是在香槟，每天都有许多工人前来"，这使得饥荒更形严重。

② Besanval, *Mémoires*, I, 353. Cf. *l'Ancien Régime*, t. II, 296, 297. – Marmontel, II, 252 et suivants. – Ferrières, I, 407.

那不幸的源泉。

Ⅱ

不幸的源泉两年前就有人给他们指明了：是内阁，是宫廷，是政府，是旧制度。不管是谁，只要他为人民的利益抨击旧制度，就一定有人追随，他到哪里追随者就到哪里，甚至比他走得还要远。在某个大城市，只要高等法院拒绝登记税收法令，马上就会有场骚乱，以示对它的支持。1788年6月7日的格勒诺布尔，瓦片如雨点般倾泻在士兵头顶上，部队对此无能为力。为了让雷恩这座反抗的城市重回秩序，需要一位法国元帅率四个步兵团、两个骑兵团前来平叛①，而且部队要在城中长期驻扎。次年，当高等法院转向特权者一边时，骚乱又开始了，不过这一次是针对高等法院。1789年2月，在贝藏松和埃克斯，法官们被人辱骂，在街上遭人追打，在司法大厅中被人围攻，只好东躲西藏，或干脆逃之夭夭。外省首府局面尚且如此，王国首都又该是何种景象呢？骚乱开始于1788年8月布里安（Brienne）和拉穆瓦尼翁（Lamoignon）被免职之后，当时大批人群聚集在多菲内广场，他们自立为法官，焚烧两个大臣的画像，驱散卫兵，与军队对峙：已经有一个世纪没见过这么血腥的暴乱了。两天后，骚乱再度爆发，聚集起来的群众要烧毁两位大臣和警察总监杜布瓦（Dubois）的宅邸。显然，新的酵母已经植入粗野无知的大众之中，新观念产生了效应。长期以来，这些观念悄无声息地层层下渗，先传遍贵族阶层，然后进入第三等级的所有文化群体，如法律人士，学校青年，最后，它们又经过千百条缝隙，一点一滴地渗入靠体力劳动过活的阶级。大领主们在盥洗室中嘲弄基督教，在仆人、假发匠、供货商和候见厅的全体宾客面前宣扬人权。文人、律师、司法代理人在重复他们的话，但语气更

① Arthur Young, 1er septembre 1788.

为粗暴尖刻；在咖啡馆、饭馆、人行道和所有的公共场合，可以听到同样的谩骂和同样的学说。人们在平民百姓面前高谈阔论，仿佛后者不存在一样，人们口若悬河，毫无顾忌，唾沫星子溅到工匠、小酒馆店主、跑腿的差役、女旧货商和兵弁的脑子里。

因此，一年的时间就足以将他们暗中的不满转化为政治狂热。1787年7月5日，打算召集三级会议的国王要求每个人就此事发表意见，依据这一邀请，此后的言论和舆论就改变了腔调[①]：不再是空泛和抽象的探讨，而是着眼于迅速、深刻、骤然之实效的布道，这激动人心的布道响亮刺耳，犹如集合的军号。鼓吹革命的小册子应接不暇：西耶斯（Siéyès）的《第三等级是什么》，瑟吕蒂（Cerutti）的《为了法国人民的报告》，拉博-圣艾蒂安的《关于第三等级利益的思考》，塔尔热的《我的请愿书》，当特雷格（D' Antraigues）的《论第三等级的权益》，稍后还有卡米尔·德穆兰（Camilles Desmoulins）的《自由法国》，以及其他数以百计、数以千计的作品[②]，它们都在选举大会上被人复述和放大，这些人就是前来宣读此类文本的群情激昂的新公民[③]。这种一致、普遍、习以为常的呼声如层层波浪般传递到兵营、城郊、集市、工场和阁楼中。1789年2月，内克承认，“任何地方都见不到服从，甚至军队都靠不住了”。5月，中央市场的卖鱼妇和女水果摊主嘱咐选民要关照人民的利益，并且高唱赞颂第三等级的歌谣。6月，小册子已经传到了每个人的手中，“连跑腿的杂役也在公馆门口如饥似渴地阅读”。7月，当国王签署一项命令时，一个充满爱国心的仆役就会警惕起来，并断章取义地解读一番。我们不要弄错了，决意反对合法权威和现存体制的不仅是资产阶级，而是全体人民，是手工业者，是小商人和仆役，是各种类别、各种层次的体力劳动者，还有人民之下的群氓，如流浪汉、街头无业游民、赤贫者：所有这些为生计压弯

① Barère. *Mémoires*, I, 234.

② 参阅国家图书馆中保留下来的长长的目录。

③ Malouet, I, 255. Bailly, I, 43 (5月9日和19日)。— Comte d'Hézecques, *Souvenirs d'un page de Louis XVI*, 293.

了腰的民众，以前从来不会抬眼瞧瞧这座以他们为最底层、由他们承载全部重压的社会秩序的大厦。

III

突然之间，这些民众躁动起来，压在他们上方的支架开始摇晃。这是一头牲畜在躁动，它们因困乏而暴怒，因猜疑而癫狂。那些暗藏的无所事事之人不是暗中挑唆它们么？当时人对此深信不疑①，情况很可能就是这样。但是，人们在这头不幸的牲畜周围制造的声响足以让它变得多疑敏感，足以解释它突然间的爆发。4月21日，巴黎开始举行选举大会，每个地方都有教士、贵族和第三等级的会议。在将近一个月的时间里，每天都可以看到选民成群结队地在街上穿行。在初级选举中被提名的人继续召开上一级的选举会议：民众要监督其受托人，要掌握其不受时效约束的权利；虽说民众委派代表行使这些权利，但它仍保有其所有权，并保留随时介入的权力。这样的诉求很快就大行其道：它在赢得选举大会上的第三等级之后，马上又争取到街头的第三等级。反过来使唤曾经的指挥者，是再自然不过的想法了：一碰到不满，就要打击胆敢抵抗之人，让他们俯首帖耳。4月25日星期六②，有传言称，圣安托万街的彩纸制造商、选民雷维永（Réveillon）和职员勒拉（Lerat）在圣玛格丽特的选举大会上“出言不逊”。出言不逊，就是说人民的坏话。雷维永说了什么，人们并不知道，但民众的头脑中有可怕的创造力和精确度，他们立刻就编造或接受了一个致命的说法：雷维永说“一个有老婆孩子的工人，每天15

① Marmontel, II, 249. – Montjoie, 1re partie, 92. – Besanval, I, 387：“这些暗探补充说，有人看到一些人在煽动骚乱，甚至分发钱款。”

② *Archives nationales*, Y, 11 441. Roy修士的审讯记录，5月5日。—Y, 11 033. 被送往主宫医院的23名受伤者的审讯记录（4月28日，5月4日）。— 这些文件对理解这场骚乱的真正性质非常重要；还应该补充Besanval先生的记述，当时他与夏特莱先生一起担任军事指挥官。其他文献几乎全都因偏见而有所夸张或歪曲。

个苏就够活了”。这家伙太阴险了，应该冲向他家，“一把火烧了，让他家里遍地流血”。请注意，这个传言是假的[①]，雷维永给工人的工钱，最少每天25个苏，他养活了350人，上个冬天，尽管失业严重，他仍然留住了工人，而且工钱不变，他自己原来也是个工人，曾因发明得过奖章，为人善良，尊重所有可敬之人。但这些全都不重要。经关卡入城的流浪汉和“陌生人”团伙了解得不会这么仔细，与这类人勾搭在一起的人，如卖苦力的、赶大车的、修鞋的、泥瓦匠、补锅的、开采大理石的，知道的也不会更多。日积月累的愤怒在一个偶然的事件中爆发了出来。

巴黎的教士刚好在这时候宣布放弃税收方面的特权[②]，错把朋友当敌人的群众就在咒骂雷维永时提到了教士的名字。星期日一整天，愤怒情绪就在闲暇中酝酿升温，到27日周一，另一个无所事事和酗酒的日子，暴徒团伙开始行动了。有人在圣瑟夫兰街亲眼看到“手持狼牙棒”的武装团伙，密密匝匝的把通道都堵塞了。“周边的店铺纷纷关门闭户，有人高声喊道：造反了！叛乱者喋喋不休地咒骂和抨击教士”，看到一个修士，他们就称之为“f……教士”。另一个团伙举着雷维永的模拟像游街示众，像上还挂着圣米迦勒绶带，人们对它进行了一番模拟审判，随后在格雷武广场焚烧了画像并在雷维永家门口示威；示威团伙被驱赶后，窜入雷维永的一个做硝石生意的朋友家中，砸毁并烧掉所有财物和家具[③]。这群人直到半夜才被驱散，人们觉得骚乱已经结束了。次日，这伙暴徒更加嚣张，因为，除了困苦[④]和放纵之类的常见刺激物，他们还有新的兴奋剂，即捍卫某种事业的意识，一种“为第三等级”战斗的信念。在这样的事业中，每个人都该自助，所有都该互助：“如果我们不相互支持，”其中一个人说道，

---

① Ferrières, t. III, note A（雷维永的辩护词）。

② Bailly, I, 25（4月26日）。

③ Hippeau, IV, 377（Perrot先生的信件，4月29日）。

④ 圣安托万区一个居民的《给国王的信》中说：“陛下，您不必怀疑，我们最近的不幸应归咎于面包价格昂贵。”

“我们肯定会失败。”这种信念非常强烈，以致他们三度派代表前往圣马索区招募新成员，他们在路口举着大棒，不管别人愿不愿意，碰到谁就要拉谁入伙。另一些人在圣安托万门拦截买东西归来的人，问他们支持贵族还是支持第三等级，还强迫妇女下车高喊第三等级万岁①。此时，聚集在雷维永家门口的人群愈发庞大了，三十名卫兵无法抵挡；暴民闯入了房子，把它抄了个底朝天，家具、日用品、织物、文件、车辆、直至饲养棚中的家禽，统统被扔进三处火堆的烈焰中；价值500金路易的银器被抢走。有几个人钻入了酒窖，不管是烧酒还是清漆，碰到什么喝什么，直到烂醉瘫倒，甚或在痉挛中毙命。为应付汹涌咆哮的骚乱②，人们看见卫兵骑马或跑步赶往现场，还有来自罗亚尔-克拉瓦特的一百名骑兵，法兰西近卫军，随后还有瑞士卫兵。“瓦片和壁炉里的物什倾泻到士兵头顶上”，后者正排成四行射击。几个小时的时间内，因为酒精和暴怒而狂热异常的叛乱者进行着疯狂的自卫战，两百余人被杀，近三百人受伤，最后靠大炮才平息了叛乱，聚集在一起的人群直到夜晚才散去。将近晚上八点钟，在老坦普尔街上，巴黎的卫队还得负责保卫那些受坏人威胁的大门。晚上十一点半，不法分子在圣通日街和布列塔尼街分别闯入一个肉店主和一个面包店主家。直到最后一波暴动平息时，人们才看清参与者是哪些人，而他们也将发起革命。其中有饥民，布列塔尼街上抢劫面包店的人们把面包带给留在圣通日街角的妇女。有盗匪：夏特莱的暗探半夜里沿沟渠巡查，“发现大量盗匪”聚集在特罗内税卡的另一边；他们的头目站在小山岗上，鼓动他们以后几天重新上路，这些流

① Dampmartin, *Evénements qui se sont passés sous mes yeux*, etc., I, 25: “我们朝后退去，但邪恶公民的小团伙拦住我们，粗暴地要我们跟着一起喊：内克万岁！第三等级万岁！”作者的两个同伴是圣路易骑士团的，他们的十字架似乎成了“愈发强烈的仇恨”的对象。—“十字架激起粗野的言论，甚至那些看来比煽动者地位更高的人也说此类的话。”

② Dampmartin, *Evénements qui se sont passés sous mes yeux*, etc., I, 25: “那天我在圣路易街的埃克维利旅馆吃饭。”— 他走出旅店，目睹了这场暴乱。“1500-1600名可怜人，我们这个民族的渣滓，在可耻的恶习中堕落的家伙，他们衣着褴褛，喝得烂醉，上演了一场最让人恶心、最触目惊心的戏剧。10万多各个年纪、各种身份的男男女女，在这场行动中尽情骚扰军队。很快纵火便开始了，街道上血流成河；我旁边的两个体面公民受了伤。”

浪汉商量说："在巴黎我们已无事可做，防范得太严了，去里昂吧"。最后还有爱国者：暴动那天夜里，在交易所桥和玛丽桥之间的街区，身穿制服、满身漆黑、抬着担架奔走的流浪汉们已经意识到自己从事的事业；他们高声要求救济，脱帽向行人呼喊："可怜可怜这不幸的第三等级吧"。饥民、盗匪和爱国者组成了一支队伍，从此，苦难、罪行和公共精神凝聚在了一起，致使想发动暴动的人随时可以起事。

IV

但骚动者一直就存在。罗亚尔宫是个露天俱乐部，那里整个白天乃至到夜间，都有骚动者在推波助澜，怂恿群众采取行动。这个庭院受奥尔良家族特权的保护，警察不敢进入，人们可以自由言说，公众对这种自由的运用，仿佛是特地为了滥用。公众来这样的地方特别合适[①]。罗亚尔宫是卖淫、游戏、休闲和小册子交易的核心地带，它吸引着所有漂在大城市的无根游民，这些人没有职业，没有家室，只是出于猎奇和享乐而活着，他们频繁光顾咖啡馆、赌场，是冒险家又是被遗弃的人，是丢失的孩子，是文坛、艺术界和法律界的多余人，是代理文书，是学生，是街上看热闹的，是无所事事的闲逛者，是公寓里的陌生客；有人说，这类人在巴黎有4万。他们塞满了巴黎的花园和长廊，"勉强会碰到个把人是来自六大行会的[②]"，即有职业的定居市民，这种操持生意和家务的人，总归是正派人、有担当的人。但这种地方根本没有勤劳有序的工蜂，而是政治和文学上的大胡蜂汇聚地。他们扑向巴黎各个角落，这嘈杂扰攘的蜂群就像散开的蜂窝一样覆

---

① E. et J. de Goncourt, *La société fran?aise pendant la Révolution*. 那里共有31所游乐间，当时的一份小册子标题为《罗亚尔宫的2100名姑娘的请愿书》。

② Montjoie, 2e partie, 144. – Bailly, II, 130. 译者按：六大行会是中世纪到法国大革命期间巴黎城的职业组织，包括呢绒商、食品杂货商、缝纫商、皮货商、针织制品商和金银匠行会，享有广泛的特权。作者说某人是六大行会的成员，意指他是有正当职业的巴黎市民。

盖了大地。阿瑟·扬写道[①]："整整一天，待在罗亚尔宫的人有1万之众"，场面极度拥挤，若是一个苹果从阳台掉下，只会砸在密密麻麻的人头上而不会落地。可以想见这些人的精神状态；这里有法国前所未见的最空洞的压仓物，吹得最厉害、最易激动、最为兴奋的抽象理念。在各种政治急就章构成的大杂烩中，没人知道说话的是谁，没人觉得应对言论负责。每个人感觉就像在剧院里，大家都是陌生人群中的陌生人，但都有被感动、被刺激的需求，都因受周围激情的感染而不能自已，都在言论的大漩涡中被弄得晕头转向：这漩涡中有迂阔的高论，有编造的新闻，有如野火般蔓延的谣言，还有着魔的人们争相添油加醋的夸张言辞。这里有哭喊，有眼泪，有掌声，有顿足，就像在观看悲剧；人们兴奋过了头，嗓子都沙哑了，狂热和衰竭有时竟夺人性命。阿瑟·扬无法忍受政治自由带来的喧嚣，眼前的景象让他头晕目眩。在他看来[②]，"狂热气氛已容不得任何理智……我们可以想象伦敦的德布莱特或斯托克达尔书店人满为患的场景，但德塞纳（Desenne）[③]和别的书店空无一人；从大门到深处的柜台，景象凄凉……但每个小时都会小册子问世，今天出了13种，昨天有16种，上周共有92种。20种中有19种是支持自由的"。人们对自由的理解是废除特权，多数人的主权，《社会契约论》的落实，"共和国"，进一步说，自由意味着全面的平齐划一，恒久的无政府乃至叛乱状态。卡米尔·德穆兰，一个平庸的演说者，以明确的术语宣告和激发着这种自由："因为牲畜落入了陷阱，因为有人猛击它……从未有如此丰富的猎物献给征服者。4万座宫殿、豪宅和城堡，法国2/5的财富，将是这笔财富的代价。自诩为征服者的人将被别人征服。民族将被清洗"。恐怖的纲领已然被阐发出来。

然而，这一切不仅为人阅读，而且为人宣告、放大，并被转化为

---

① Arthur Young, 24 juin 1789. – Montjoie, 2e partie, 69.

② Arthur Young, 9, 24, 26 juin. – *La France libre*, passim, par C. Desmoulins.

③ 18世纪巴黎的一家书店。— 译者

实际行动。在咖啡馆门前，“大嗓门的叫喊声此起彼伏，每夜都不消停”[①]。“大嗓门登上椅子或桌子，朗读当天最热门的时事评论……难以想象他们的听众是何等狂热，任何放肆的说法，任何抨击政府的出格言论，都会赢得雷鸣般的掌声……”“有个四岁的孩子，脑子聪明，非常懂事，一连三天骑在一个脚夫的脖子上，在众目睽睽之下绕着公园打圈，边走边喊，法国人民的判决：波林雅克（Polignac）夫人流放离巴黎一百法里之外，孔代，同上，孔蒂，同上，阿图瓦，同上，王后……我真不敢跟您重复这些”。在罗亚尔宫中央，木板大厅总是人头攒动，特别是年轻人，像在议会一样高谈阔论；夜里，主持人邀请观众签署白天草拟的提案，提案的正本则提交富瓦咖啡馆[②]。他们掰着手指头列举祖国的敌人，“首先是两位御弟（普罗旺斯伯爵和阿图瓦伯爵），三位殿下（孔代亲王，波旁公爵和孔蒂亲王），一个宠幸（波林雅克夫人），还有沃德勒伊（Vaudreuil）、拉拉特雷穆瓦耶（La Trémoille）、夏特莱（Ch?telet）、韦尔戴伊（Villedeuil）、巴朗坦（Barentin）、拉加莱谢尔（La Galaisière）、维多·德拉图尔（Vidaud de la Tour）、贝尔蒂埃、富隆，甚至还有兰盖先生”。新桥上的招贴要给毛里修士带上铁项圈。有个演说者提出“火烧埃斯普雷梅尼尔（Esprémenil）家，烧了他老婆、孩子、家当和他本人，大家一致同意这个提议”。任何矛盾都不能被容忍，有个旁观者的遭遇已经见证了这种杀戮提案带来的公布后果：“这人被揪住衣领，人们强迫他下跪，要他当众赔礼认错，还要来个嘴啃地；他的孩子们也受到惩罚，人们几次把他摁到水池中，然后把他交给暴民，暴民们则把他扔进烂泥中打滚”。第二天，一名教士被踩在脚底，人们还把他扔来扔去。几天以后，6月22日，又发生了两次类似的事件。至高无上的群众行使着最高主权的全部职能，既有立法者和法官的职能，还有刽子手的职能。群众的偶像是神圣的，如果有人敢在这些偶像前失敬，就是犯

① C. Desmoulins给父亲的信，Arthur Young, 9 juin.

② Montjoie, 2e partie, 69, 77, 124, 144. – C. Desmoulins，6月24日及随后几天的信件。

下大逆不道之罪，应立刻受到惩罚。在7月的第一周，一个说内克坏话的修士被人鞭打，一个对内克的胸像出言不逊的妇女被中央菜市场的女鱼贩子们捆绑起来，被打得皮开肉绽。人们对穿制服的嫌疑犯宣战了。德穆兰写道："轻骑兵出现时，就会有人喊：波利齐奈里（Polichinelle）[①]来了！然后石匠就用石头砸他。昨天晚上，两个轻骑兵军官，松布勒伊（Sombreuil）和波林雅克先生来到罗亚尔宫……人们朝他们扔椅子，要不是逃得及时，他们俩肯定被揍晕了"。前天"抓住一个警察局的暗探，大家把他浸泡在水池中，就像驱使一头鹿一样驱使他，骚扰他，朝他扔石头，拿棍子抽他，一只眼珠子都打出来了，后来，尽管这人一直讨饶，大家还是再次把他丢进了水池。这番折磨从中午持续到下午五点半，参与的刽子手不下万人"。请考虑一下，这样一个炉床在这样一个时刻会产生怎样的后果。合法的权威旁边出现了一种新权威，这就是十字街头和公共广场上无名的立法机关，它毫无自制力和责任感，驱使它的是咖啡馆中的理论、满脑袋的狂热和露天舞台上的挑拨；刚刚在圣安托万区摧毁一切的赤膊者就是这个立法机关的卫兵和执事。

V

这是一群乌合之众的独裁，其程序与其性质十分匹配，就是暴力开道：谁敢抵抗就揍谁。在大街上、在议会门口，凡尔赛的民众每天"都要对被称为贵族的人侮辱一番"[②]。6月22日星期一，"埃普雷米尔差一点被痛殴，毛里修士……多亏一位教区神父奋力卫护才幸免于难，这位神父把他扔进了阿尔勒大主教的马车里"。23日，巴黎大主教兼"掌玺官被人喝倒彩，备加嘲弄和羞辱，他愤怒和羞愧得要

① 意大利假面喜剧中的鸡胸驼背丑角。—译者

② Etienne Dumont, *Souvenirs*, 72. – C. Desmoulins, 6月24日的信件。—Arthur Young, 25 juin. – Buchez et Roux, II, 28.

死”，辱骂叫喊的风暴汹涌之至，以致陪同这位大臣的王家秘书帕伯雷（Paporet）因为当天的惊吓而死去。24日，博韦主教差一点被石块击中头部。25日，大批人追着巴黎大主教，向他扔石头，幸亏马跑得快，主教大人才得以脱身，他的府邸遭到围攻，所有窗户都被砸碎；尽管近卫军介入此事，主教仍面临巨大的危险，以致他被迫承诺将与第三等级的代表联合。正是依靠这种方式，粗暴的民众实现了各等级的联合。这种做法不仅对民众代表、而且对其敌手产生了无法抗拒的压力。巴伊（Bailly）说："虽然我们的会议厅禁止旁观，但厅里的观众总会超过六百人"[①]，他们可不是默不作声的本分人，而是喧嚣吵嚷，时常干涉议员，举手表达对提案的意见，总是参与议会的磋商：或鼓掌，或发出嘘声，简直就是设在议会旁边的议会，它还经常将自己的意志强加给正式的议会。这些观众指认并用笔记下反对者的名字；这些名字被转交给大厅入口搬椅子的人，再从这里传给在通道口等候议员的民众[②]，从此它们就是公众敌人的名字了。名单编订出来后，连夜在罗亚尔宫印刷，流放者的名单就这样诞生了。好几项法令就是在这种野蛮的压力下通过的，根据其中的一项法令，分厅议事的三级会议（Communes）自称为国民议会并掌握最高主权。头天晚上，马鲁埃（Malouet）还提议应事先核实多数派的意见，一时间三百多个说"不"的人聚集在了他周围；就在此刻，"一个人从回廊冲出，扑向马鲁埃，一把抓住他的衣领并高声叫道：'闭嘴，你这邪恶的公民！'有人将马鲁埃拉了过来，卫兵也跑了过来，但恐怖已经弥漫整个大厅，威胁始终尾随着反对派，次日，到会的人数只有90个"。反对派的名单早已传开，巴黎的议员连夜来找巴伊，其中一个议员，"一

① Bailly, I, 179 et 227. – Mounier, *Recherches sur les causes qui ont empêché les Fran?ais de devenir libres,* I, 289, 291?; II, 61. – Malouet, I, 299?; II, 10. – Actes des Apôtres, V, 43（Guilhermy先生1790年7月31日的信件）。— Marmontel, I, 28："百姓来到议会以鼓励自己支持的人，筛选和标记要迫害的人，对性格较弱的人来说，唱名真的成了一种可怕的考验。"

② 议员Bouillé给彭蒂维市政官员的信件手稿，从1789年5月1日到1790年9月4日（承蒙瓦纳的档案馆馆员Rosenzweig先生告知），1789年6月16日："包围会议大厅的人群……那几天有两三千人。"

个非常正派的人、非常善良的爱国者”，已经被告知有人要在他家纵火，而他妻子刚刚分娩，门外些微的骚动对虚弱的产妇来说都可能是致命的。这样的论证具有决定性意义。实际上，在三天后的网球场宣誓中，只有一位议员，马丹·道什（Martin d' Auch）敢于在会后写下自己的名字："反对派"。他受到几个同事的侮辱，"被当场向聚集在大厅门口的群众揭发，此人只得走偏门逃走，以免被撕成碎片"，而且好几天不敢回来开会[①]。由于来自会议厅回廊的干预，只有约三十人[②]的激进少数派竟能牵着多数派的鼻子，而且不允许后者摆脱控制。5月28日，马鲁埃要求在讨论提交给国王的调解措施时禁止旁听，于是回廊上嘘声一片，一个叫布希（Bouche）的议员明白无误地告诉他："要知道，先生，我们是在我们的主人面前辩论，我们的意见要对他们负责"。这是来自《社会契约论》的教条；至于议员们，一则出于对宫廷和特权者的怯懦和恐惧，再则出于对人类本性的乐观信念，三则出于自己最初的行动受到民众支持而心生感激和由此而来的被动心理，所以这些来自外省的新人和理论家们，不敢也不知道如何回避流行的教条的专制。此后就由这个专制的主人来制定法律：制宪议会、立法议会、国民公会，所有议会都必须忍受他，直至自己告终之日。但这个作为主人的公众是罗亚尔宫的公众，是游手好闲的外乡人，是新事物的猎奇者，是巴黎的小报记者，是咖啡馆里的意见领袖（各俱乐部未来的顶梁柱），总之，是市民阶层中的狂热分子：正如在门口扔石头威胁别人的暴民来自百姓中的狂热分子一样。就这样，经过一番自发的筛选，一个以公共权威自居的小集团产生了，其成员全都是充满暴力思想并惯于使用暴力的人。这些恶魔附身的危

① Bouillé先生6月23日的信件："当我们以满腔热情、通过新的宣誓而将自己同祖国联系在一起时，该是多么庄严的时刻！……我们当中的一个成员为何要选择这样一个时刻来自取其辱？现在，他的名字在全法国都为人唾弃，这个可怜人还有孩子！那一刻，他在公众的鄙视中走出会议厅，到门口时，他感觉虚脱，倒了下来，一边还叫道：'啊！我要死了！'我不知道他后来怎样了。蹊跷的是，他此前的表现一直还可以，并且给宪法投了赞成票。"

② Ferrières, I, 168. – Malouet, I, 298（在他看来，这个派别当时不超过10个人）。—Idem, II, 10. – Dumont, 250.

险暴徒与最凶猛的野兽结盟，这种出自本能的联盟并不需要事先的默契；对合法权威的不满与日俱增，而这个即将彻底推翻它的非法联盟正是从中诞生的。

当一位总司令坐下来跟其参谋部和顾问们商讨作战计划时，公众关心的首要问题是纪律能继续维持，捣乱者、士兵和随军仆役别以冒失的骚动来打破平衡，而要维持这种平衡，长官们需要高度的谨慎和冷静。这其实就是政府明确无误的职责[①]，但它没有做到。这时，为应对暴民持续不断的篡权行为，政府所能做的只有使用武力了。但即使是武力也已脱离了政府的控制，军队的不服从像瘟疫一样蔓延，这种不服从在征服民众之后已传播到军队中。6月23日以后[②]，近卫军的两个连拒绝服从命令。27日后，驻扎在兵营中的士兵违背禁令，"每天晚上，人们都看见他们排成两行进入罗亚尔宫"。他们知道这个地方，这里是和姑娘们集体约会的场所，他们就是姑娘们的情人和食客[③]。"所有爱国者都同他们纠缠在一起，给他们冰激凌和葡萄酒；当着军官们的面怂恿他们开小差。"另外，您还应该知道，很长时间以来，他们都非常憎恶他们的上校夏特莱，上校强制性的训练搞得他们精疲力竭，还虐待和蔑视下级军官，取缔军官乐师的孩子上学的学堂，用棍棒殴打惩罚别人，连军装、饮食和物资他都要钻空子捞一把。这是一个失去了纪律的团队：军中形成了一个秘密社团，士兵在他们的长官面前担保说，不会采取任何针对国民议会的行动。于是，他们和罗亚尔宫结成了同盟。6月30日，11个头目来到阿培监狱（Abbaye），起草一份求援的文件：一个年轻人爬上富瓦咖啡馆前的椅子，高声朗读起草的文件；片刻之后，一队人马上路了，他们用

① 6月23日的宣言，第15条。

② Montjoie, 2e partie, 118. – C. Desmoulins, 6月24日及随后几天的信件。—*Récit fidèle* par M. de Sainte-Fère，作者为原法兰西卫队的军官，9。—Besanval, III, 413. – Buchez et Roux, II, 35. – *Souvenirs inédits* du Chancellier Pasquier.

③ Peuchet (*Encyclopédie méthodique*, citée par Parent-Duch?telet)："几乎所有驻防的士兵都是这类人（吃姑娘家的软饭），很多人甚至是靠不良女人供养才能在部队里混日子。"

木槌砸碎监狱的栅栏和铁栏杆,将囚犯带出,罗亚尔宫庭院就像举行凯旋仪式一样,人们为囚犯举行庆祝活动,并在他们周围设立岗哨,以防来人再度将他们抓走。如果这样的骚乱都可以不受惩罚,那么任何秩序都无法维系;实际上,到7月14日上午,六个营中已经有五个变节了。至于其他部队,情况也不见得更好,它们同样受到诱惑。德穆兰写道:"昨天,炮兵团追随近卫军,不顾哨兵的阻拦,跟罗亚尔宫的爱国者汇合在了一起……人们只看到,平民百姓碰上士兵时都要上去相拥而庆:一起来吧!第三等级万岁!大家把当兵的领进小酒馆,大家一起为议会的健康喝上一杯。"龙骑兵对率领他们前往凡尔赛的军官说:"我们听您的,但是,我们到了以后,您要对大臣们宣布,如果有人命令我们对公民同胞犯下任何些微的暴行,第一枪就是送给您的。"在残老军人院,20个人受命前往一家受到威胁的军械库,任务是卸下库中枪支的枪机和推药杆,但他们花了六个小时才让20支枪报废:他们想让枪支保持完好,好在被抢劫后用来武装民众。— 总之,大部分军人已经掉转了方向。如果长官是个正派人,那他足以成为被当做敌人的长官:司令官松布勒伊,一个"大家认为无可挑剔的人",但此刻他看见自己的炮手正将炮口对准他的住宅,而且差一点就被自己的手下吊死在栅栏上。于是,被带去镇压骚乱的军队,只是为骚乱平添了新兵。更糟糕的是,那些武器摆设,本来是指望用来遏制群众的,现在则成了引发暴动的刺激物。

VI

致命的时刻终于到了:这不是一个政府倒台好让另一个政府上台,而是一切政府都停转,让位于小团伙把持的间歇性的专制主义,在狂热、轻信、困苦和恐惧的驱使下,这些小团伙将把专制推向盲目和疯狂[①]。人民就像一头家养的大象突然之间回归野性，一下子把平时的驯象师掀翻在地，它虽然容忍新的驯象师坐在它的脖子上，但他们仅仅是个摆设；从此以后，野象径自前行，根本不理睬驯象师的大道理，而是由着自己的性子、感觉和欲望。显然，人们只想着避免偏离正道：国王禁止任何形式的暴力，军官禁止部队开枪[②]，但是，这头暴怒凶猛的野兽也已采取各种措施来抵挡侵犯；随后它还要自行其是，因此首先要做的是碾死看守人。7月12日，将近中午时分[③]，当内克被解职的消息传来时，罗亚尔宫响起了一声愤怒的吼叫：卡米尔·德穆兰登上桌子，宣称宫廷在策划“另一场针对爱国者的圣巴托罗缪大屠杀[④]”。于是人们围在德穆兰周围，拿着他提议的绿色帽徽，要求舞厅和剧院关门以示哀悼，接着，人群前往居尔修斯（Curtius）家取来奥尔良公爵[⑤]和内克的胸像，抬着它们进行凯旋游行。兰斯贝克亲王的龙骑兵部署在路易十五广场上，接到命令后开往杜伊勒里宫，结果在大门口碰上了用椅子搭成的街垒，迎接他们的是雨点般的

① Gouverneur Morris, *Correspondance* avec Washington, 19 juillet: "自由已是全面的呼声，权威徒有其名，实际中已荡然无存。"

② Bailly, I, 302. "国王心地非常善良，只有在为了维护公共秩序与和平时，他才会考虑采取措施……真理的力量迫使夏特莱宣告贝桑瓦尔（Besanval）先生没有犯下侵害人民和祖国的罪行。" Cf. Marmontel, IV, 183; Mounier, II, 40. 译者按：这里的夏特莱是巴黎初审法院的所在地，后来代指该法院。

③ C. Desmoulins, 7月16日的信件。- Buchez et Roux, II, 83.

④ 圣巴托罗缪屠杀发生在16世纪法国宗教战争期间。1572年8月24日夜，巴黎的天主教徒对新教徒发动突然袭击，数千人罹难。值得注意的是，内克正是来自日内瓦的新教徒。—译者

⑤ 奥尔良公爵出自波旁王室的幼支，是国王的堂兄弟，称血亲亲王（prince du sang），有王位继承权，罗亚尔宫是其家族的产业。—译者

石块和瓶子[①]。在蒙莫朗西公馆前的林荫道上，从兵营里逃出来的近卫军向忠于王室的德国卫兵开枪。警钟声从四面八方传来，军火库都抢劫，市政厅被攻破，十五六个意志坚定的选民碰头之后决定，各区应该召集会议并武装起来。新的最高主权者已经展现了自己：这就是街道上的武装群众。

社会渣滓立刻就浮出水面。7月12日到13日夜[②]，"从圣安托万区直到圣奥诺雷区的所有关卡，除了圣马塞尔和圣雅克区的，全都被破坏和烧毁"。没了入市税，城市就没了收入，而这正是需要它大笔花钱的时候；不过这对暴民来说并不重要，他们想要的首先是便宜的葡萄酒。"手执梭镖和棍棒的暴徒，分成几股朝各个方向进发，去抢劫那些被视为公共利益的敌人们的房屋"，"他们挨户搜寻，嘴里还高喊：武器和面包！在这个恐怖的夜里，市民只得户门紧闭，屋子里的每个人都为自己和家人的安全而浑身战栗。"第二天，即13日，首都看来已经落入这批贱民和盗匪手中。一伙强盗用斧头劈开遣使会的大门，砸烂图书室、壁橱、墙框、窗户、实验室(cabinet de physique)，冲进酒窖，打破酒桶，喝得晕头转向；24小时以后，三十来具死尸或将死之人留在了酒窖里，浑身上下酒气熏天，有男的也有女的，还有

---

① *Procès du Prince Lamsbesc*(《兰斯贝克亲王诉讼案》)(Paris, 1790)，附有43份证词和证据讨论。先进行攻击的是群众；军队朝天开枪；只有一个人，Chauvel先生，被兰斯贝克亲王打伤，但伤势轻微。(Carboire先生的证词，84，Reinach先生的证词，101。)"兰斯贝克亲王骑着一匹灰马，马鞍也是灰色的，但没有带手枪套和手枪；他刚刚进入公园，十来个人就立刻冲向马鬃和马镫，想方设法要把亲王从马上掀下来；一个穿灰衣服的小个子男人甚至在离他很近的地方朝他开了一枪……亲王全力脱身，掉转马头，双手挥舞佩刀，如此方才脱身，不过此时他并未伤到任何人。有人看到，亲王在下马时用刀面拍了一个男子的头，这个男人试图封闭图尔南桥，若桥梁封闭，亲王的部队就断了退路。而部队也努力与向他们扑来的群众保持距离，但有人从平台高处向他们扔石头，甚至开枪。"那个试图封闭桥梁的男子已经用一只手抓住了亲王马匹的镫头；他的伤口是一条长约23分(ligne)的擦伤，而且已经用蘸有烧酒的纱布包扎治疗。有关这个事件的所有细节都表明，军官们的耐心和人道无以复加。但是，"第二天，即13日，有个人在布希路口张贴了一份手写布告，号召公民逮捕兰斯贝克，并当场车裂"。(Cosson先生的证词，114。)

② Bailly, I, 356. – Marmontel, IV, 310. 译者按：分(ligne)为古代长度单位，合2.25毫米。

一个怀孕九个月的妇女。在这座宅邸前面[①],街上遍地是残骸碎屑,暴徒们手中有的拿着“吃的,有的拎着酒罐,强迫行人喝酒,向所有来人泼洒。葡萄酒像河水一样在斜坡上流淌,空气中酒味刺鼻”;这就像一场露天赈济游艺会。但他们劫走了修士们根据法令而一直贮存在仓库中的谷物和面粉,装了52车运往中央市场。另一伙人来到拉佛斯(la Force),解救那些因负债而被囚禁的人;第三支队伍进入加德-莫布尔(Garde-Meuble),抢走那里的武器和贵重的盔甲。大批人聚集在布勒特伊(Breteuil)先生家和波旁宫前面,试图摧毁房屋以惩罚房子的主人。克罗斯内(Crosne)先生,一个最开明、最受巴黎人敬重的人,因为不幸担任警察总长而被人追打,费了好大劲才逃脱,但房子被洗劫一空。13-14日夜,面包店和葡萄酒店铺被抢劫,“最下流龌龊的暴民,手拿火枪、铁钎和梭镖,撬开商店的门面,分发饮食物品和钱财武器”。这是一群破破烂烂的流浪汉,有几个“几乎浑身裸体”,“大部分武装得像个野人,面目极其狰狞,总之是些平常光天化日之下人们碰不到的异类”;他们大部分是外乡人,但不知道究竟来自何方[②]。据说他们有5万人,并且夺取了主要的据点。

巴伊说,在这两个白天和两个夜晚,“巴黎面临着被洗劫一空的危险,多亏国民自卫队才得以幸免”。大街上[③]已经“有人抢夺行人的耳环和皮鞋”,贼匪开始以此为谋生行当。幸好民兵组织了起来;最先加入民兵的是一些贵族绅士;4.8万人按营和连编成部队;市民以每支3利弗尔的价格从贼匪手中收购火枪,每把12苏的价格收购剑、刀和手枪。后来还当场逮捕了几个坏人,并解除了很多不法之徒的武

---

① Montjoie, 3e partie, 86.“我跟守卫杜伊勒里的士兵进行了交谈;他们不是巴黎人……面目可憎,衣着瘆人”。(Montjoie在很多地方都让人生疑,但在他本人目击的小事上,还是很值得参考的。) - Morellet, *Mémoires*; I, 374. – Dusaulx, *L'oeuvre des sept jours*, 352. – *Revue historique*, mars 1876. Desnot的审讯记录,7月13日他的行动(publié par Guiffrey)。

② Mathieu Dumas, *Mémoires*, I, 531.“一见到这些疯疯癫癫的陌生人团伙,老实的居民都望风而逃。所有人家都关门闭户了……等我回到圣丹尼区的家中时,几个贼匪朝天开枪,恐慌气氛迅速蔓延。”

③ Dusaulx, 379.

器，于是暴动又成为政治行为。但是，无论目标如何，暴动始终是疯狂的，因为它是民众行为。暴动的吹鼓手杜索（Dusaulx）也承认[①]，他"深信见证了社会的彻底解体"。没有头领，没有方向。匆忙之间成为巴黎代表的选民们似乎指挥着这群暴民，但实际上是暴民指挥着他们。为了解市政厅之围，选民中的一个代表勒格朗（Legrand）被迫命人带来六桶火药，并警告入侵者说他要炸毁一切：舍此他别无他途。暴徒们挑出军事指挥官拉萨勒（la Salle）先生，用20把刺刀顶住他的胸口，这种状况整整持续了一刻钟，而且，市政委员会的全体成员不止一次面临被集体屠杀的危险。您想象一下，围墙里大家在交涉、在哀求，外面"1500人受10万人的催促想要进去"，木质护墙板炸裂，软垫长凳被一个个掀翻，办公桌一直被推到主席台，这种骚乱让人觉得"末日审判"到了，地狱一般的哭喊，歌唱声，咆哮声，"人们已经不能自已，大多不知道自己身在何方、究竟要做什么"。每个区都是个小的骚乱中心，罗亚尔宫则是它们中间最大的一个。各个区之间，各种动议、控诉、代表团相互流动，人群的洪流到处阻塞、奔流，除了道路的走向和沿途遇到的意外，他们没有任何其他的向导。人流一会儿在这里聚合，一会儿又汇流到那里：其策略就是推搡和被推搡。不过，暴民的洪流只是因为有人诱使才进入某个地方。例如，他们之所以进入残老军人院是因为士兵们的勾结串通。在巴士底，从上午10点到下午5点，暴徒们从高40尺、厚30尺[②]的墙头开枪，一发子弹意外击中一个残疾人。然而，对于这些暴民，人们就像对孩子一样迁就他们，以让他们尽量少做坏事：暴民刚一提出要求，巴士底的长官就顺从地撤回了设在炮眼中的火炮；他让驻军发誓不开枪，即便他们受到攻击；他设宴邀请第一批民众代表；他准许市政厅的特使访问整个堡垒；对方几次枪击之后他依然没有回击，第一座桥梁被

① Dusaulx, 288, 336, 359, 360, 361. "说到底，他们的恳求都像是命令，不可抗拒的命令，这种情况不止一次。"

② 尺（pied）为古长度单位，每尺约合325毫米。—译者

人夺走他还是一枪不发[1]。虽说最后他开了枪，那也是因为走投无路，因为第二座桥梁也已遭到进攻，而且他事先告知进攻者他将开枪还击。总之，他的容忍、他的宽厚已到极点，这与当时的人道精神颇为契合。至于暴乱的民众，他们早已被进攻和抵抗的新鲜感觉、被火药的香味、被战斗中的兴奋搞得神魂颠倒；他们一根筋地朝那座石头垒起来的庞然大物冲去，但其进攻手段就像其战术一样低劣。有个酿酒工人用泵将薰衣草油和灌满黄磷的罂粟喷到巴士底狱上方，试图烧毁这座大石头建筑。一个有点考古学思想的年轻木匠，提议建造投石器。有几个人认为，应该逮捕监狱长官的女儿并威胁烧死她，以迫使其父投降。有的人则在堆满麦草的监狱前部建筑纵火，这就堵死了监狱的通道。其中的一个战斗者、为人正派的艾利(Elie)说："巴士底狱不是被凶猛的武力攻占的，它甚至在受到攻击之前就已经投降了[2]。"之所以投降，是因为期待这样不会给任何人造成伤害。这座防守坚固的堡垒不忍心向群众开枪[3]，何况守军一看到黑压压的人群心里就已慌乱。参与进攻行动的只有八九百人[4]，大部分城郊工人和店主，如裁缝、车夫、服饰商、葡萄酒商与近卫军混杂在一起。但巴士底广场和附近的街道挤满了前来看热闹的好奇的观众，有个目击者说[5]，观众之中有"很多举止优雅风度翩翩的妇女，她们将马车停在稍远的地方"。站在巴士底护墙上的120名守军朝下望去，仿佛整个巴黎都向他们涌了过来。到头来，他们放下了吊桥，敌人得以进入：

---

① Dusaulx, 447（伤兵们的证词）。—*Revue rétrospective*, IV, 282（32名瑞士士兵的指挥官的记述）。

② Marmontel, IV, 317.

③ Dusaulx, 454. "士兵们回答说，他们可以忍受一切，也不愿危及这么多的公民。"

④ Dusaulx, 447. 致残、受伤、死亡和幸存的战斗者总数为825人。—Marmontel, IV, 320. "关于胜利方的数字，有人认为有八百人，有些没有到达现场的人也算了进来。"

⑤ *Souvenirs inédits du chancelier Pasquier*，作者为目击人。他靠在博马舍花园的门栏杆上，看见旁边站着女演员Contat小姐，她把马车放在了罗亚尔广场。—Marat, l' *Ami du people*, n. 530. "各种情形前所未有地汇集在了一起，导致巴士底那些防卫薄弱的城墙失陷了，这是一小批士兵和不幸者共同努力的结果，大部分德国人、几乎所有外省人、巴黎人都来到这座城堡前：他们来到这里仅仅是因为好奇。"

所有人，无论是围攻者还是被围攻者，全都失去了理智，围攻者尤其如此，因为他们被胜利冲昏了头脑。一冲进堡垒，他们就见什么砸什么，后来的人还盲目地枪击先来的人："开枪的人既不关心这是什么地方，也不关心击中了谁"。对人性而言，陡然到来的无限权力和杀戮的快感是一杯过于浓烈的酒；酒劲上头，面红耳赤，谵妄最后发展成残暴。

因为民众暴动的本质就在于，人人都不服从于任何人，邪恶的激情和勇敢的热情一样，都在暴动中恣意奔腾，这时头领也无法抑制谋杀者的冲动。第一个冲进去的艾利，还有走在前列的肖拉（Chalot）和于兰（Hullin），都是正派人，他们和身后的近卫军了解战争的规则，努力践行自己的诺言；但给他们殿后的暴民不知道是谁在打谁，于是他们只是盲目地攻击。他们放过了朝他们开枪的瑞士兵，因为他们以为这些身着蓝色罩衫的人是囚犯。但对给他们开门的伤兵，他们却极为严厉；阻止指挥官炸毁巴士底的那个人，手腕被人一刀砍下，身上被刺穿了两剑并被吊了起来，那只曾拯救了四分之一个巴黎的手被当做战利品游街示众。军官被拉了出来，其中的五个与三个士兵在路上或当场被枪毙。为时数个小时的枪击唤起了人的屠杀本能，杀戮的意愿变成了一种固执的理念，并传播到远方还没有采取行动的民众中间。仅仅叫嚣声就足以说服这些人，而眼下，只要一声呼叫就够了，一旦有一个人发起攻击，所有人就会群起攻之。一个军官说[①]："没有武器的人朝我扔石头；妇女咬牙切齿，朝我挥舞拳头。我后边的两个士兵已被杀害……吊死我的呼声随处可闻，但最后我还是到了离市政厅几百步远的地方，就在我的前方，有人将一个人头穿在长矛上，并把长矛伸到我眼前要我仔细端详，还告诉我说这就是德劳内（De Launey）的头颅"，就是巴士底狱的那个长官。德劳内在走出巴士底时右肩被砍了一剑；当他来到圣安托万街时，"所有人都

---

① 32名瑞士兵的指挥官的记述（*Récit*）；进攻巴士底的葡萄酒商Cholat的记述；Desnot（就是他割下德劳内的头）的审讯记录（*Interrogatoire*）。

上来扯他的头发，对他拳打脚踢”。等到达圣约翰连拱廊时，他已经“严重受伤”；围在他身边的人有的说“应该砍了他的脖子”，有的说“该把他吊死”，还有人说“要把他系在马尾巴上”。这个绝望的人想结束这番折磨，于是喊道：“让我死吧。”暴民们正在议论着，德劳内一脚蹬在了一个抬着他的男子的下腹上。好几把刺刀立刻扎穿了他，暴民把尸体拖到排水沟里，一边虐打一边喊叫：“这个背叛我们的败类和恶魔，民族要割下你的头来示众。”大家要那个挨了一脚的人亲自割下德劳内的头。这个人是个烧饭的，居无定所，一开始只是“来巴士底看热闹”的家伙，他觉得，既然这是公众的意见，割头就是“爱国”之举，甚至“会因消灭恶魔而获得一枚奖章”。于是他接过递来的砍刀，朝德劳内裸露的脖子剁去，但砍刀磨得不快，根本剁不下去，于是他从口袋里掏出一把黑柄短刀，“像一个高超的厨师打理砧板上的肉一样麻利”，终于大告成了。割下来的头颅被穿在一把三尖叉子上游街，两百多武装人员尾随着，“还不包括汇聚来的人群”，游行到圣奥诺雷街，头颅被挂上了两条告示，以知照其主人是谁。人群欢呼雀跃：罗亚尔宫的游行展示结束后，队伍又来到了新桥；在亨利四世雕像前，人们让这颗头颅三鞠躬，还对它说道：“给你的主子致敬吧。”这是最后的打趣作乐：所有游行活动都有这一项，从民众嘴中的玩笑中，可以看到顽劣少年的影子。

VII

然而，在罗亚尔宫，另一些顽劣少年一边享受着闲谈的欢愉，一边操纵着别人的生命，就像脱口而出的言辞一样无拘无束。13-14日夜，这些人拟定了一份被放逐者的名单，并且到处兜售；他们特地通知每个被点名的人：阿图瓦伯爵、布罗格里元帅、兰斯贝克亲王、贝桑瓦尔男爵、布勒特伊、富隆、贝尔蒂埃、毛里、埃斯普雷梅尼尔、勒费弗尔·达梅古尔（Lefèvre d’Amécourt）等诸位先生①，人们还许诺说，谁要是把他们的脑袋带到加沃咖啡馆，就能得到奖赏。这些名字就是暴民们猎逐的对象；只要这群暴徒碰到某个上了名单的人，他就要被吊在街角的路灯杆上，绝对逃脱不了。14日整个白天，临时组成的法庭一直在工作，最后以法令形式颁布了自己的决议。市政官兼选举团主席弗莱塞尔（Flesselles）先生对此表现不够热烈②，整个罗亚尔宫便宣布他为叛徒，派人前去抓捕他；在路上，一个年轻男子将其一枪击倒，其他人则对他的尸体大肆施暴，弗莱塞尔的脑袋被挑在矛尖上，跟德劳内的脑袋汇合去了。杀气腾腾、欲置人于死地的谴责控告到处传播。有人说，“凭借最微不足道的借口，人们就可以揭发他们认为反对革命的人，这意味着此人就是国家的敌人。关于这些人的言谈，无异于要求逮捕该人、摧毁其房屋、夷平其住所，而且无需其他的证据。有个年轻人高喊：赶快跟上我，向贝桑瓦尔家进军！”人们惊恐万分，提心吊胆，在街上往前走每一步都“要说出自己的姓名，说明自己的职业、住所和信仰……巴黎已经无法进出，除非甘冒叛国罪的指控”。拥护新理念的蒙巴雷（Montbarey）亲王和妻子的马车在街垒前被截住，两人差一点身首异处。贵族等级的某个议员在前往国民议会途中，被出租马车车夫带到格雷武广场：人们向他展示德劳内的尸体，威胁说他也会遭受同样的待遇。所有人都命悬一线，随后的几天，国王将军队撤到远处，免除大臣的职务，召回内克，答应了一切要求，但危机依然严重。民众已经成为彻头彻尾的革命者，他们任性胡为，一直处于杀戮的狂热痉挛中，他们所效忠的市政首脑们③，如巴黎市长巴伊，国民自卫队司令拉法耶特，只得跟他们要诡计，央求

① Montjoie, 3e partie, 85. – Dusaulx, 287, 355, 368.

② 仅仅是不热烈而已。没有任何证人看到他给德劳内写过传说中的纸条。在Dusaulx看来，他根本没有时间和办法写纸条。

③ Bailly, II, 32, 74, 88, 90, 95, 108, 117, 137, 158, 174. “我发布的命令根本没人听，更没人服从……有人已经告诉我，我的处境并不安全。”（7月15日）“在这不幸的时刻，只要一个敌人、一句诽谤就能激起群众的暴动。所有以前有权威的、约束和监控骚乱者的，肯定都会受到袭扰。”

他们，在民众和被其痛殴的不幸者之间充当调停人。

7月15日夜，一个伪装成男人的妇女在市政厅院子里被逮捕，备受虐待之后晕厥过去；为了救她，巴伊只能假装对此人怒不可遏，立马把她投入监狱。7月14日到22日，拉法耶特冒着生命危险，在各个街区亲手解救了17个人的性命[①]。7月22日，巴黎周边的检举揭发言论像野火一样迅速蔓延，结果两个高级官员，国务参事富隆和他的女婿贝尔蒂埃，分别在枫丹白露和贡比涅附近被捕。富隆[②]虽是个严厉的主人，但为人聪明，多有功绩，去年冬天还在自己的土地上花费6万法郎给穷人找活干。贝尔蒂埃是个勤奋的能人，为使军役税的分摊更为均衡，曾在法兰西岛主持地籍调查，此举让负担过重的税户减负1/8，后来减负比例上升到1/4。但这两个人是为巴黎反对的那个阵营打点事务，因此八天前就已被罗亚尔宫公开放逐，对于因为混乱而惊恐万状、因为饥饿而怒火中烧、因为猜疑而失去理智的百姓，一个受控告的人就是确定无疑的罪犯。对于富隆，就像对雷维永一样，一个如出一辙的传说被编造了出来，它源自民众惯于使用的手法，民众就是这种传说的缔造者，以便把自己全部的苦难和怨恨凝聚在一句悲怆的话语中[③]。"他说我们不比他的马更值钱，如果我们没有面包，那我们就只能吃草了"。这个74岁的老人被带到了巴黎，头上顶着一把干草，脖子上挂着矢车菊项圈，嘴里塞满了干草。为了救这个老人的命，选民办事处命令将他投入监狱，但这道命令完全是耳旁风，暴民们狂叫道："审判他！绞死他！"他们自己任命了法官。拉法耶特徒劳地恳请并三次坚称审判应按常规进行，被告应前往阿培监狱；又一批民众赶了过来，一个"衣冠楚楚"的男人喊道："对于一个三十

① M. de La Fayette, *Mémoire*, I, 264, 1789年7月16日的信件。"我已经在不同的街区救了6条人命，这些人都被人吊了起来。"

② Poujoulat, *Histoire de la Révolution française*, 100（有资料为证）. - *Procès-verbaux* de l' assemblée provinciale de l' Ile-de-France (1787), 127.

③ 例如："他对自己的百姓很严厉"。他"不给他们面包，难道他想让他们吃草"。"他想让他们像他的马一样吃草"。"他说过，他们完全可以吃草，而且他们不比他的马更有价值"。在当时其他的农民暴动中，我们还能看到同样的传说。

年前就已审判过的人来说,还有必要再进行审判吗?”于是富隆被架了起来,当场被挂到路灯杆上;绳子断了两次,老人两次掉在铺路石上;接着他被一根新绳子吊起,再从路灯杆上取下,脑袋被割了下来,挑在一根长矛尖上①。与此同时,贡比涅市政府也遣送了贝尔蒂埃,因为它不敢把他留在老是受威胁的监狱中,贝尔蒂埃乘坐轻便马车、在押送队的护送下来到巴黎。他周围的人手举写着辱骂言辞的牌子;一到驿站就有人朝他的马车里扔又黑又硬的面包,还朝他喊道:“无耻的家伙,你瞧瞧,这就是你让我们吃的面包!”当车子来到圣梅里教堂前,一场可怕的怒火风暴朝他袭来。“虽然他从未买过也未卖过一粒小麦”,人们还是称他是囤积商;民众需要用一个坏蛋来解释不幸,因此在他们眼里,贝尔蒂埃就成了饥荒制造者。等马车到了阿培监狱,他的护送队被驱散,有人催促把他挂到路灯杆上。眼见自己要被吊死,贝尔蒂埃夺过暴徒手中的火枪奋起自卫。但王家轻骑兵团的一个士兵一刀劈开他的腹部,另一个士兵挖出他的心脏。碰巧的是,那个割下德劳内脑袋的厨子刚好在现场,贝尔蒂埃的心脏交给他拿着,士兵则割下死者的头,两个人一起前往市政厅,向拉法耶特展示他们的战利品。在折返罗亚尔宫的路上,他们被人拉入一家酒馆,窗外的群众要他们交出这两件残物,于是他们把这两件东西从窗户扔了出去,当他们在享受宵夜时,人们正在一家白康乃馨小店里传示那颗摘出来的心脏。这就是那座庭院上演的好戏,而头一年,“盛装华服的社交名流”在离开歌剧院后还来此闲聊,有时甚至聊到凌晨两点,柔和的月色下,他们忽而聆听圣乔治(Saint-Georges)的小提琴,忽而听会儿加拉(Garat)曼妙的歌喉。

---

① Bailly, II, 108.“人民并不开明,像专制者一样蛮横,除了公众的口碑,他们不相信任何为政良好的可靠证据。”

Ⅷ

从此，显而易见的是，人人都无安全可言。无论是新建的民兵，还是新成立的政府机构，都无法让人遵守法律。巴伊说[①]，“我们不敢违背八天前攻占巴士底的人民。”— 两次可怕的杀戮刚刚发生后，愤怒的巴伊和拉法耶特徒劳地以辞职相威胁；因为有人请求他们留任；他们的保护是唯一能够存在下去的保护形式，虽然国民自卫队不能阻止所有屠杀，至少能防止某些屠杀。人们就在对群众暴行的持续恐惧中得过且过。马鲁埃（Malouet）写道：“对任何不怀偏见的人来说，恐怖始于7月14日。”17日，在启程前往巴黎时，国王领了圣体，并作了若干安排以防被刺杀。从16日到18日，20个头等显贵，以及被罗亚尔宫的暴民明码标价的大部分贵族，纷纷离开了法国，包括阿图瓦伯爵，布罗格里元帅，孔代亲王，孔蒂亲王，兰斯贝克亲王，沃德蒙（Vaudémont）亲王，波林雅克伯爵夫人，波林雅克公爵夫人，基什（Guiche）公爵夫人。富隆和贝尔蒂埃被杀害的次日，克罗斯内、杜梅克（Doumerc）、旭罗（Sureau），供应委员会最热忱最重要的成员，所有商业采买干事，全都隐藏或逃走了。在这两次杀戮的头天晚上，鉴于暴动的威胁，巴黎的公证人不得不向圣安托万区的工人预付承诺过的4.5万法郎，快要见底的国库每天还要支出3万利弗尔以平抑面包价格。财产和人身，无论大与小，个人性质还是公职性质的，全都落入民众手中，甚至政府本身也一样。一位议员说[②]，“此刻已经没有自由可言，在国民议会中也是如此……法国……在三十个乱党面前不敢说话。议会成了这些人手中的一个消极工具，用以执行他们的计划。”甚至这些乱党也是身不由己，尽管看起来他们像是领路人。大众这头巨兽怒气冲天，时刻提防着他们，蹶子也尥得更起劲了。因为，一刻不停地扎它的针刺不止两根（我指的的是求新的欲望

① Bailly, II, 95, 108. – Malouet, II, 14.

② Ferrières, I, 168.

和平时的饥饿),刺激它的还有成千上万的政治大胡蜂,它们在巨兽的耳边盘桓嗡鸣,与此同时,巨兽还第一次享受到放纵的快感,何况还有让它志得意满的掌声:这一切给它带来的驱动力日甚一日。人们歌颂暴动;没有哪次刺杀受到追究;议会展开的调查针对的是大臣们的阴谋。人们给巴士底的胜利者颁发奖品;人们宣称是这些人拯救了法国。人们歌唱人民,歌唱它的睿智、它的崇高、它的公正。人们崇拜这个新君主;在公共场所、在报刊上、在议会中,人们一本正经地复述着人民的所有美德、所有权益和所有权力。虽说它造成了流血,但这是出于意外,是为了回应挑衅,而且总是出于永无谬误的本能。何况一位议员不是说过,"难道这鲜血真的那么干净吗?"大部分人都更愿意相信从书上看到的理论,而非亲眼目睹的事实;他们依然固执地陶醉在自己虚构出的田园牧歌中。如果说他们的梦想与当下不相容,但至少能栖身于未来:明天,当宪法制订出来时,人民会变得幸福,会恢复理智;暂且忍耐一下这场将我们引向如此美好的港湾的风暴吧!

眼下,越过无能为力、消极被动的国王,越过既不被人服从也不服从别人的议会,可以看到真正的君主,这就是人民,准确地说,啸聚在一起的群氓(attroupement),即一百个、一千个、一万个因一次骚动、一个警报而随意聚集起来的个体,一旦聚集起来,他们就立刻变成立法者、法官和刽子手。这是一种可怕的、毁灭性的、捉摸不定的力量,任何手段都无力控制它,它与自己的母亲,即自由女神这头狂吠的怪兽,一起坐在大革命的门槛上,仿佛弥尔顿(Milton)笔下地狱门口的两个恐怖幽灵:"一个上身像是个美妇,但下身褶皱堆垒,鳞片剥落,丑陋可怖,而且体型臃肿庞大,就像一条带有致命毒牙的巨蛇。在她腰间,一群地狱猛犬在不知疲倦地吠叫;这种塞伯拉斯巨犬张着大嘴,叫声如火炮齐射一样令人战栗;不过,只要它们愿意,它们可以回到堡垒中,如果有某种东西能扰乱它们的狂叫,那也是在这条巨蛇的肚子中那里是它们的巢穴,它们从那里狂吠咆哮,但这里面什么也看不见……另一个幽灵如果说还有什么形状的话，便是没有任何鲜明的形状无论肢体、关节还是身形，或者说整体形体就像一个影子，它立在那里，夜一样漆黑，十个复仇女神一般凶恶，地狱一般可怖，手里摇晃着骇人的投枪。它那脑袋模样的东西上像是戴了顶王冠，但往前走时步子大得吓人。”

第三章

Ⅰ.1789年7月14日到10月6日的混乱—政府消失—实际权力的掌控者。Ⅱ. 外省—旧权威被摧毁—新权威无能为力。Ⅲ.人民的境况—饥荒。Ⅳ. 恐慌—全民武装。Ⅴ.对公共人物和财物的攻击—斯特拉斯堡—谢堡—摩贝日—鲁昂—贝藏松—特鲁瓦。Ⅵ.税收停止支付—森林被毁—新的狩猎权。Ⅶ.对私人和私人财物的攻击—贵族被谴责为人民公敌—巴黎的消息带来的效应—村庄诉讼代理人的影响—孤立的暴行—东部地区大范围的农民暴动—向城堡、封建权益和财产权开战—新的农民暴动在酝酿。

I

不管一个政府如何糟糕,还有更糟糕的事,这就是没有政府。正是因为有政府,人类的意愿才能协调起来而不致乱成一盘散沙。对于一个社会来说,政府几乎等于动物的大脑。当然,这个大脑可能滥用自己的权力,行动不力,考虑不周,浪费惊人,只顾索取,让本应该去爱惜和引导的躯体劳累过度,误入歧途。但是,归根结底,不管它干了什么,仍是为善大于为恶,因为正是由于它,躯体才能直立,调整步伐向前走。没有了这个大脑,根本不可能有理智的、协调的、对整个身体有益的行动。唯有大脑中存在整体观念,唯有它了解肢体及其运动;对外部世界的认识,准确全面的信息,长期性的预判,总而言之，一切为公共利益设想并组织合适的手段路径的高级理性，都只存在于大脑中。如果大脑虚弱，不被服从，如果它受到伤害、因为剧烈的外部挤压而变形，那种高级理性便不再引导公共事务，社会组织就会倒退好几个层次。随着社会的解体和个人的孤立，每个人都会重回最初的虚弱状态，一切权力都归于瞬时的聚合，在人构成的灰尘里，这种聚合如旋风涡流般倏生倏灭。这个权威，即使最能干的人也很难运用，我们可以想见临时拼凑的团伙会如何使用它。事关重大的问题有民众的生计，如何获得生计，生计的价格与分配，税收，税收的额度、摊派和征收，私有财产，它的种类，它的权利和界限，公共权威，它的职责和限度，所有这些相互啮合在一起的精密齿轮构成一台庞大的经济、社会和政治机器；如今，每个地方的小团伙，只要它能够得着，都会伸出粗笨的双手，去拧去扭甚至去砸那些齿轮，纯粹出于一时的冲动任性而为，根本没有任何理念，丝毫不顾及后果，哪怕自己的举动招致的反弹会伤及自己，哪怕今天造的孽明天就会变成废墟压死它们。犹如摆脱了锁链的黑奴，每个人都从自己的位置上拉拽或推搡，试图掌控那条他们已经成为其主人的大船。但在类似的情形下，白人也不见得比黑人干得更好：因为以采取暴力行动为目标的团伙，是由最贫苦、最冲动、最喜欢毁灭、最容易放纵的人构成；而且，当这群人闹哄哄地恣意施暴时，每个个体都变成了最凶暴、最疯狂、最变态的动物，其举止将更形堕落，在社会最底层的阴暗、疯狂和残暴中肆意发泄。实际上，对于一个挨过打也打过别人的人来说，要抵御杀戮的诱惑，要防止过度地使用暴力，他就必须习惯于使用武器和面对危险，必须沉着冷静，必须有荣誉感，尤其是必须时刻铭记严厉的军事法规，在每个士兵的脑海中，这一法规就像远处矗立的一台绞刑架，如果他行动过激，肯定要上绞刑架。但是，对于沉浸在骚乱中的人来说，所有这些内在和外在的约束都不存在。他才刚刚上路，刚刚开始自创业绩。他不再害怕法律，因为法律被他废除了。刚发起的行动催促他走向未曾料想的境界。危险和抵抗更是平添了他的怒火。跟谵妄的狂热分子接触之后，他自然也兴奋异常，追随盗匪，成为他们的战友[①]。除了这份狂热劲儿，还有喧嚣、酗酒、毁灭的表演，而那个紧张到不能自持的躯体则一个劲儿地抽搐，这种情形下您就能理解，过去的文明所驯服和绥靖的农民、工人、市民，会陡然间像野蛮人一样窜了出来，说得更糟糕一点，他们是原始动物，是面部扭曲的猴子，嗜血而淫荡，杀人时嘴角还挂着冷笑，被他们砸烂的废墟上是他们蹦跳雀跃的身影。法国就落入了这样一种政府的控制中，十八个月的尝试之后，大革命最富才华、最公正、最深刻的观察家发现，唯有4世纪罗马帝国遭受入侵时的情形堪与之相比[②]。“匈奴人、赫留勒斯人（Hérules），汪达尔人和哥特人，既不来自北方也不来自黑海：他们就在我们中间。”

II

当一座建筑的主梁弯曲时，噼噼啪啪的折断声便会此起彼伏，越来越密集，由于没有支撑它们的主梁，次梁接二连三地垮塌。同理，国王的权威被摧毁时，他的所有代理人的权威势必跌落在地[③]。督办，高等法院，军队指挥官，代理大法官，行政、司法和治安官员，每个省、每个岗位上的秩序和财产的守护者，都已得知德劳内被杀害，得知贝桑瓦尔被囚禁，得知布罗格里元帅已逃亡，得知富隆和贝尔蒂埃被杀死，因此都知道履行职务的代价，何况当地的暴乱者已经揪住他们的衣领，唯恐他们不知道上述暴行。

---

① Dusaulx, 374. “我注意到，虽然当时人民之中很少有人敢于犯罪，但只要有几个人这么干，所有人都会容忍他。” —*Archives nationales*, DXXIX. 3 (1789年11月3日多菲内省克雷米约市政官员的信件)。“只要注意到他们一开始就冲进酒窖喝得酩酊大醉，就能想象他们在抢劫和纵火焚烧城堡时，其暴行是何等令人发指。”

② *Mercure de France*, 14 jvanvier 1792（马莱-杜潘关于1791年的政治评论）。

③ Albert Babeau, I, 206（议员Camuzat de Belombre的信件，1789年8月22日）。“今天，行政部门的权力荡然无存了。” —Gouverneur Morris, 1789年7月31日的信件。“这个国家现在十分接近无政府状态，一个社会走到这一步不可能不瓦解。”

勃艮第的司令官成了第戎的囚徒，门口有卫兵看守，未经允许、没有证人在场，不得跟任何人说话①。卡昂的司令官被围困在旧宫中，最后只得出来投降。波尔多的司令交出号角城堡和城堡中的所有装备和枪支。梅茨的司令尚能坚持住，但必须忍受暴民的侮辱和呵斥。而布列塔尼的司令则像"流浪汉一样"在乡间漂泊，他在雷恩的家眷、家具和用品已被扣押；他刚一踏入诺曼底就被包围，一队卫兵在门口警戒。贝藏松的督办已经逃跑；鲁昂督办的家里被抄了个底朝天，一伙暴徒狂叫着要砍下他的头，他只好逃之夭夭。在雷恩，高等法院的首席法官被逮捕软禁，备受虐待，虽然他但年老多病，但仍被人遣送出城。在斯特拉斯堡，"36名法官的房子被抢劫"②。在贝藏松，高等法院院长被迫释放先前骚乱中被逮捕的暴徒，并当众烧毁所有诉讼文件。在阿尔萨斯，叛乱刚开始时，治安法官纷纷逃跑，司法区法官和领主法庭法官都藏匿起来，森林巡查员也不见踪迹，于是所有守卫人员的居所都被摧毁：有个60岁的老人被人拳打脚踢，然后被人拽着头发拖到村子里示众；他家的房子已是四壁萧然，房顶都只剩下一小块；所有家具物什都被砸烂、烧毁或劫走；暴民还强迫他和她妻子签署一份文件，承诺归还所有他开具的罚款，并接受其刚刚遭受的全部损失。在弗兰什-孔泰，各司法区不敢谴责犯罪行径，骑警也不再制止，当地军事长官写道，"各种犯罪行为层出不穷，没有任何办法惩办它们"。在全国各地，不服从的局面一直在延续，一个省的行政委员会悲伤地说："当所有权威都手足无措，都被消灭，当公共武力荡然无存，当所有约束都被斩断，当所有人都认为已经摆脱各种义务，当公共权威不再显示自己，当履行公共权威被视为犯罪，我们恢复秩

① *Archives nationales*, H. 1453. M. Amelot7月24日的信件；H, 784, Langeron10月16日和18日的信件。— KK, 1105. 布列塔尼军事长官Thiard先生的通信，9月4日，10月7日和30日。— Floquet, VII, 527, 555.—Gaudet, *Histoire des Girondins* (29 juillet 1789).

② M. de Rochambeau, *Mémoires*, I, 253 (18 juillet). – Sauzay, *Histoire de la persecution révolutionnaire dans le department du Doubs*, I, 128 (19 juillet). – *Archives nationales*, F7, 3253 M. de la Tour-du-Pin, 28 octobre 1789. —Langeron的信件，9月3日；上阿尔萨斯Val-Saint-Amarin地方的护林员Bretimann的信件，7月26日。

序的努力怎能期望取得什么效果呢？”[①]这个被拆毁的庞大国家还剩下4万人，但都是孤立和单独的人，城市、市镇、村庄中的市政团体、选民委员会和临时拼凑起来的国民自卫队，试图抵挡最激烈的暴行。但地方首领都是新手，他们很讲人道，但很怯懦；他们是在欢呼声中被推举上来的，因而信赖民众的权利；他们周围暴动四起，因而感觉身处险境。这就是为什么他们会经常听命于暴民的原因，一个省的行政委员会写道[②]：“市政当局几乎从不追究，它任凭最极端的行径恣意发展，也不进行谴责，因为它手下的百姓迟早会认为他们之所以受追查，其责任在于市政当局……因此这些机构不再是不逃避任何事务的管理者了。”乡村的情况尤其严重，村镇官员和村长（他们也是农民）首先想到的是千万别得罪人，如果他的地位会给他“惹麻烦”，他就只能袖手旁观了。在城市，尤其是在大城市，行政机构几乎同样软弱，其地位甚至更不稳固，因为城市的爆炸性问题更为集中，坐在市政厅扶手椅中的市政官员，其实是坐在地雷上，地雷每天都可能把他炸上天。说不定明天城郊的某个客栈里就会发生骚乱，而导火索就是巴黎来的一份煽风点火的报纸。面对群情激昂的民众，他们唯一的自卫手段就是国民议会热情澎湃的宣言，因为正规部队对他们而言毫无用处，只会在一旁静观，而来得太晚的国民自卫队也提供不了可靠的协助。有的时候，已经成为主权者的市民，当街上的主权者掐住他们喉咙的时候，也会发出绝望的叫喊。在皮伊-昂-维莱（Puy-

① Léonce de Lavergne, *Les Assemblées nationales*, 197 (1789年最后几个月普瓦图执行委员会的信件). – Cf. Brissot (*le Patriote français*, août 1789). “各省都出现了普遍的不服从，因为它们都已感觉不到行政权力的约束。行政权归于谁？督办，各级法庭，士兵。督办已经消失，法庭保持沉默，士兵则反抗当局并支持人民。自由并不是一种任何肠胃未经准备就能消化的食物。”

② Archives nationales, F7, 3253.（阿尔萨斯执行委员会代表的信件，1789年9月8日。）

en-Velay)[①]，一个2万人的小城，初等法院、24人的执行委员会、200人的龙骑兵、800人的市民卫队，“全都陷于瘫痪，都被最卑劣的民众挟制。温和的手段只能助长他们的不服从和蛮横”。暴民迫害那些对他们还不错的人士，六天来，他们亲手搭起一个绞架，向新法官们宣告等待他们的命运是什么。法官们说道：“今年冬天，在这个没有面包的地方，我们将会变成什么？会成为野兽们的猎物。”

Ⅲ

实际上，从革命发生以来，这些饥饿的野兽的悲惨处境与日俱增。在皮伊-昂-维莱周围，一场可怕的风暴、一场恐怖的冰雹、一场暴雨，袭击了该地区，田地颗粒无收。在南方，农业收成并不见好，甚至严重不足，根据朗格多克督办的说法[②]，“描绘一下朗格多克当前的情形，就是说明各种类型的灾害如何接踵而至。所有村社都陷于恐慌，恐慌比所有法律都更强大，流通都已停滞，甚至物产丰饶之地也要经受饥荒。粮食价格高得惊人，市面上也见不着银钱。各村镇开销居高不下。它们要给司法区代表开钱，要设立市民卫队，要建立民兵自卫队，要购买武器和军服，要组建社区组织和常设机构，要印制分发哪怕是最无关紧要的决议材料，这些开支弄得各村镇纷纷破产；局面又很容易引发骚乱，进而严重浪费时间，工商业已经完全停滞”：所有这些原因“使得朗格多克陷入绝境”。在中部和北部，收成比较好，但食物同样稀缺，因为人们不敢把小麦投入流通，而只会把

---

① *Archives nationales*, D, XXIX, I.（皮伊-昂-维莱的教区神父、市政官、初审法庭参事和大商人的信件，1789年9月16日。）—H, 1453.（阿朗松督办的信件，7月18日。）“我不能向您隐瞒，在我的财政区，所有地方都发生了骚乱……骚乱者自认为不会受惩罚，因为法官们害怕严厉的案例会激怒群众，但这只能怂恿骚乱。坏人混在好人中间，散布针对某些人的谣言，指控这些人窝藏粮食，或不属于第三等级，并以此为借口，攻击这些人的房屋，抢走所能找到的所有东西，受害者只有逃跑才能活命。”

② *Archives nationales*, H, 942.（Ballainvilliers先生的评论，1789年10月30日。）

它藏起来。卢韦尔市议会写道①："五个月来，本城的市场上根本见不到农民。虽然过去物价也时不时地猛涨，但从未出现过这种情形。过去当粮价上涨时，中央市场一直都很丰足。"市政府下令周围47个教区供应粮食，但根本不管用；各教区对此充耳不闻，它们都只关心自己；督办也无力让地方利益服从公共利益。勃艮第的一个城市说，"在我们周围的小麦产区，我们不能自由买卖。一些地方性规定禁止输出粮食，暂停其流通，市民自卫队负责执行这样的规定。我们在周边市场买不到任何东西。大约八个月以来，本城的市场上没有运来一袋粮食。"在特鲁瓦，面包价格每斤4个苏，在奥布河上的巴尔及附近地区，每斤4个半苏。但在赈济工场，丢了工作的工匠每天挣12个苏，当他经过乡间时，会看到小麦长势很好。于是他觉得，饥荒肯定是奸商造成的，如果有一天他快饿死，那肯定是坏人要饿死他，他还能有别的结论么？根据这种推论，谁控制粮食（不管他是地主、佃户、商人还是官员），谁就会被视为叛徒。显而易见的事情是，有一场针对人民的阴谋：政府、王后、教士、贵族，还有法官、上层市民和富人，全都是阴谋策划者。在法兰西岛有个谣言：有人把成袋的面粉投入塞纳河，还故意让骑兵队的马匹吃麦田里的青苗。布列塔尼一直向外输出粮食，有人在国外囤积。在都兰，人们确信，有个大商人宁愿让粮食在粮仓里发芽也不拿出来出售。在特鲁瓦，人们叫喊道，受面包店主们委托的大粮食贩子在面粉里加入明矾和砒霜毒害百姓。您可以想象一下，这类猜疑在困苦竭蹶的大众中间是何等盛行：空荡荡的肚子里产生的仇恨，一下子冲到了病态的头脑中。民众四处寻找想象中的敌人，他们闭着眼睛朝前冲，不管碰到什么人什么东西，他们都要纵身扑上去，而且还要用上全部的力量和怒火。

---

① *Archives nationales*, D, XXIX, 1. 卢韦尔市政大会的信件，1789年8月末。— Saint-Bris（欧塞尔司法区）社区大会的信件，9月25日。— 塞纳河上的巴尔附近的Ricey-Haut的市政官员的信件，8月25日；Allonvile骑士的信件，9月8日。

IV

从最初的几周开始，民众就已经惊恐万状了。这群由人构成的畜群习惯于被人牵引，一旦被抛弃他们便很紧张；牵引者已被他们踩在脚下，但摆脱这些人套在他们身上的枷锁后，他们也失去了保护。民众感觉自己孤零零地置身一个陌生的世界，面对着各种他们无法知晓也无力抵挡的危险。既然牧人已经被杀死，或已被解除武装，狼就会随时到来！这里的狼，指的是流浪汉和犯罪者，这些家伙随时准备从阴暗中走出。他们到处纵火抢劫：每场叛乱中都看得到这类暴行。既然骑警不再弹压而是自行躲避，暴行就更形昭彰了。这些暴徒意气相投，结伙作案：所有财产，所有生命都任由他们处置。一种莫名的焦虑，一种朦胧的恐惧在城市和乡村蔓延：到7月底，恐慌像一阵令人窒息和炫目的尘暴，瞬间席卷了数百法里的广大区域。有人预报说，盗匪就要来了，他们会烧毁庄稼，离这里只有六法里，两法里；四散奔逃的难民证实了这个说法。7月28日，在昂古莱姆[①]，午后三点左右，警钟敲响，修女会的会长亲自敲钟，号召拿起武器，把大炮抬到城墙上：面对1.5万来犯匪徒，这个城市必须自行武装，而且有人在城墙上惊恐地发现，大道上已是尘土飞扬。其实这是经过该城前往波尔多的信使。得知真相后，匪徒的数目下降到1500人，但有人证实说，他们正在蹂躏乡村。晚上九点，2万人已经拿起了武器，守候了一整夜，全神贯注地倾听城外的动静，但什么也没有发生。凌晨三点左右，警钟发出了新的警报，人们组成了战斗队形，大家都相信匪徒已经烧毁吕费克、韦尔讷伊、拉罗什福柯和其他地方。第二天，鉴于匪徒始终没有出现，几个连的部队也前来支援。一个目击者说：“九点钟，我们城里已经有了4000人，我们真的很感激。”

---

① *Archives nationales*, D, XXIX, I. Briand-Delessart先生（昂古莱姆）的信件，8月1日。— 马尔多涅司法管区主管Bret先生的信件，9月5日。— Castellas骑士（奥弗涅）的信件，9月15日（关于8月2日到3日夜间的事件）。— Mme Campan, II, 65.

既然盗匪不露面，那肯定是藏起来了：上百人骑着马，大量的人步行，前往布拉孔森林搜寻，但一无所获，这让他们大感意外。但恐慌没有就此平息；“随后的几天里，大家一直马不停蹄地警戒，市民也组建了战斗连队”，波尔多得到警报后，派来了一个信使，说要提供2万甚至3万人。一位叙述者说，“奇怪的是，在半径约十法里的地方，每个教区都发生类似的骚动，而且几乎是同时发生的。”如果有个晚上回村的姑娘说碰到了两个外地人，就足以引发骚动。奥弗涅就发生了这样的事：听到这样的消息后，整个教区的人丢下自己的房子，带上细软物什，连夜逃往森林避难；“逃亡者惊慌失措，甚至踩烂自己的庄稼；怀孕的妇女在树林中受伤，有些人则精神失常”。恐惧给了人们翅膀，两年之后，在多尔山（Mont-Dore）附近，有个妇女逃到一块陡峭的岩石上，最后她只能靠绳子从岩石上下来，两年后人们向康班（Campan）夫人指明了这块石头。最后，当他们回到家中，生活又重回正轨，看起来是这样。但如果众多的民众受到恐吓之后，不可能不留下后遗症，这样的一次骚乱本身就是挥之不去的惊恐之源：当某个人挺身而出时，那是因为他面临危险；当危险不是来自盗匪时，它便来自别的地方。阿瑟·扬在阿尔萨斯和第戎的旅店餐桌上听人说[①]，王后正在策划一个阴谋，要在国民议会下面挖一个大坑，还要屠杀整个巴黎；后来，在克莱蒙附近的一个村子，他被逮捕审讯，因为他显然是王后和当特拉格公爵的同谋，试图炸毁这个城市，并将幸存的居民送去服苦役。

紧张异常的头脑中迅速繁殖出此类怪诞的想象，面对这种情形，任何推理、任何经验都是无效的。此后，每个村社，每个人，都要配备武器，并且时刻准备使用它。农民到处寻找想象中的鬼怪，同时“筹集10-12法郎买一支枪”。“即使在最穷苦的村子，也能碰到民兵”。在所有城市，市民卫队和志愿者连队四处巡逻。当市政当局有要求

① Arthur Young, 24 et juillet; 13 et 19 août.

时，军事长官会拨来武器、弹药和装备；如果拒绝，人们就会抢劫武器库；就这样，六个月的时间内，40万支枪转入人民的手中[①]，或出于自愿，或因为强迫。但人民并不因此满足，他们还想要大炮。布列斯特的居民弄到了两门大炮，于是布列塔尼的每个城市都要大炮；这里既有自尊心在作祟，也因为需要自我感觉很强大。现在，人民成为主宰者已经不缺少任何条件了。所有权威、所有武力、所有强制和威慑手段，都在他们手中，也仅仅在他们手中；所有的合法权威都已告终，在这名副其实的空缺期，那些拥有至上权威的双手，除了疯癫的提议、源自饥饿和猜疑的嗜血欲，已经没有其他的引领者了。

V

若要讲述他们的暴行，篇幅是远远不够的：车辆被拦截，小麦被洗劫，磨坊主和谷物商被吊死，被砍头，被虐杀，受到死亡威胁的佃农被勒令交出粮食，甚至还有预留的种子，地产主被敲诈，被抄家[②]。人们不惩罚这类案件，容忍它，原谅它，即使谴责也是无关痛痒，于是案件接连发生，日益蔓延的暴行首先指向公共人物和公共财物。像往常一样，带头作案的总是那些流氓恶棍，任何暴乱中都留下了他们的烙印。

7月19日，在斯特拉斯堡，内克复职的消息传来后，无赖们按自己

---

① Bouillé, 108, *Archives nationales*, KK, 1105. Thiard先生的通信，1789年9月20日（关于在圣布里厄市分发100支火枪的问题）。"他们根本不会用，但此刻对武器的渴望简直就像传染病，无论如何要缓解病症。人们相信有强盗和敌人，但实际上既没有强盗也没有敌人"。

② *Archives nationales*, H, 1453. Lettres de M. Amelot, 17 et 24 juillet. "本城（奥克索纳）的几个富人被这伙人敲诈，大部分参与者都是盗匪。" — Breteuil（皮卡迪）九个农户的信件，7月23日。他们的粮仓夜里全部被抢光，一粒粮食都没剩。"有人威胁要毁坏我们的庄稼，粮仓装满时他们要放火烧了它。民众搜查了公证人Tassard先生的家，还威胁要杀死他。"巴尔莱-杜克司法区检察长Moreau先生的信件，1797年9月15日，D, XXIX, 1。"7月27日，民众揭竿而起，以最残忍的方式屠杀了一个做小麦生意的商人。27日和28日，他的房子和其他人的房子被人抢劫，等等。"

的方式阐释了公众的愉悦。五六百个叫花子[①]朝市政厅进发，沿途又有小手艺人加入，正在开会的官员们从后门仓皇逃命。士兵们虽然手里有武器，但他们袖手旁观，有几个甚至怂恿攻击者。石头子如冰雹般袭来，窗户在爆裂声中洞开，大门也被铁钳子撬开，在旁观者的喝彩声中，暴民像洪水一样涌了进来。片刻之间，这座大楼24法尺高的正墙上的所有开口处，"百叶窗、玻璃窗、椅子、桌子、沙发、书籍、纸张，像雨点一样飞了出来，接着扔出来的是瓦片、木板、阳台栏杆和梁木"。公共档案在空中飞舞，飘散在附近的街道上；路易十四以来保障该城市各项自由的原件文本，如豁免证书，特权宪章，全都被付诸一炬。有些人潜入酒窖，砸破名贵葡萄酒的酒桶；流失的葡萄酒达1.5万瓶（mesures），地窖里形成了深5尺的池塘，好几个人淹死在里面。其他人满载战利品，在士兵的眼皮底下大摇大摆地离去，后者根本不去制止他们。暴行持续了三天：市政官们的大量房屋"从粮仓到地窖被抢了个精光"。最后，当正直的市民拿到武器、恢复秩序后，人们仅仅满足于缉拿一个盗贼；而且，为了迎合百姓，市政官也换人了，面包和肉类跟着降了价。这样的宽大处置和奖赏之后，骚乱在周边地区扩散就丝毫不让人奇怪了；的确，骚乱从斯特拉斯堡传染到阿尔萨斯的城市和乡村，酒鬼和恶棍成了阿尔萨斯的领导者。

这种景象不管是发生在东部、北部还是西部，首要的肇事者总是同一类人。在7月21日的谢堡[②]，骚乱的两个头领是"大道上的偷窃犯"，他们带领着城郊的妇女、外地的水手、港口的群氓，以及穿着工人服装的士兵。他们强迫别人交出小麦店铺的钥匙，抢劫三个大商

---

① *Chronique* de Dominique Schmutz (*Revue d'Alsace*, t. III, 3e série). 这是他明确无误的说法：Gesindel, Lumpen-Gesindel. – Rochambeau, *Mémoires*, I, 353. – Arthur Young（目击证人), 21 juillet. – Dampmartin（目击者), I, 105. – Rochambeau先生指出，行动迟缓犹疑不决是常见的现象。在暴徒们大肆抢劫、将东西尽情扔出窗户时，他来到已列好战斗队形的部队（8000人）前，说道："我的朋友，我亲爱的朋友们，你们都看到了发生的事情。多么可怕！唉！这是你们和你们父母的文契和权利，"— 但士兵们对这一动情的废话嗤之以鼻。

② Dumouriez（目击者), liv. III, ch. III. 案件由12名律师和一名陪审员进行预审，但他们都是由武装的民众自己任命的。— Hippeau, IV, 382.

人和督办助理加兰托（Garantot）的房屋："所有记录和文件都被烧毁，仅在加兰托先生家，损失估计就超过10万埃居，这还是保守的估计。"到处是一样的破坏本能，对所有者、指挥者和享有者都有同样的妒恨。7月27日在摩贝日，就在社区代表开始开会的时候[①]，一批小民百姓直接以他们常用的方式介入进来。一群制钉工人和武器制造工人围困了市政厅，强迫市长降低面包价格。几乎与此同时，另一批人，伴随着死亡的嚎叫赶了过来，砸烂了窗户，而听命拿起武器的卫兵却若无其事地目睹着这一暴行。让市长去死！让所有权威机构去死！让所有官员去死！暴乱者攻入监狱，释放囚犯，接着又冲进税务机构。入市税管理处被洗劫一空；港口办事处被夷平，秤和砝码被扔到河里。所有关税和国家直营税税所都遭到抢劫，税吏被强迫出具了结事项的证明。离城市两百步远的书记室、市政长官住所和包税人宅邸，全都被抢劫，门窗被砸开，家具衣物成了碎屑，金银珠宝扔到了井里。市长位于城里的住宅、在离城一法里的乡间住宅，都遭到抢劫。"没有一扇窗户、没有一扇门、没有任何用具和吃的"留下来；"从晚上10点到第二天上午10点"，这些暴徒一直忙于此类工作，片刻不停。在所有受威胁的正派人的恳求下，已经服务了34年的市长宣布辞职，背井离乡。在7月24日的鲁昂[②]，一份手写的告示以其拼写和文风表达出了作者的想法，以及即将到来的行动："国民们，这里有四个脑袋要砍下来：彭加莱（Pontcarré，首席庭长）的、摩西昂（Maussion，督办）的、戈达尔·德·贝尔伯夫（Godard de Belbeuf，总检查官）的、杜兰（Durand，该市的王家检察官）的。砍不下他们的脑袋，我们就要倒霉了，如果您做不到，那您就会被看成是没有良心的国民。"没有比这更清楚的了；但是，当高等法院向市政府通报这份查办名单时，后者以迫不得已的乐观口气回答说，"任何公民都不能自认为也不曾被认为受到了迫害；他能够也应该相信，在自己

① *Archives nationales*, F7, 3248.（市长Poulliaude de Thierry先生的信件，9月11日。）
② Floquet, VII, 551.

的家中是安全的，应该确信的一点是，这个城市中任何人都不会在他需要救援时不即刻前来。”这就等于说，群氓有为所欲为的自由。得到这个讯息后，骚乱头领们用了十天时间进行策划，而且未受任何干扰：其中有个人是里兹厄的外科医生，名叫茹尔丹（Jourdain），他像其同伙一样，大肆兜售各种原则；另一个是来自巴黎的蹩脚喜剧演员波迪耶（Bordier），扮演阿尔勒干（Arlequin）的角色让他喜不自胜[①]，此人是赌场里的小混混，“夜晚的浪荡子，经常喝得酩酊大醉，或是因为上帝或是因为魔鬼”，他竟投身爱国主义，在外省演起悲剧来，这可是真正的悲剧。8月3日到4日夜间，波迪耶和茹尔丹，以及头几幕的演员，开始了第五幕，他们后面是下层百姓和好几个新志愿者连队。这时传来一阵喧嚣：“让奸商去死！让摩西昂去死！我们要他的脑袋！”人们洗劫了他的公馆，几个人在酒窖里烂醉如泥，睡在了那里。税务所的办公室、城市的税卡、商品税办事处、征收国王的捐税的所有处所，全都灰飞烟灭。街道和老市场广场上火光冲天；家具、衣物、文件和厨具被胡乱扔进大火中；车辆被拽了过来，推进塞纳河。直到市政厅受到进攻，国民自卫队才担心起来，决定逮捕波迪耶和其他几个人。但次日，随着噶拉吧（Carabo）的一声高喊，在茹尔丹的领导下，收押监狱（Conciergerie）被攻破了，波迪耶被救了出来，督办官邸和其办公处再次遭受洗劫。最后，当两个无赖被抓获并被送上绞架时，暴民前来救援他们，为了使绞架不受攻击，人们不得不用装上弹药的大炮来瞄准暴民。在8月13日的贝藏松[②]，暴乱的鼓动者中，一个是要兽人家里的仆役，有两个人是惯犯，其中一个已经在某次骚乱后被打上烙印，而更多的则是“饿得发疯的饥民”，一到夜里，他们就会跟士兵一起在城里四处游荡。炮兵部队的士兵侮辱迎面碰上的军官，抓住后者的衣领，甚至要把一个军官扔进杜河里。其他的人则跑到长官朗日隆（Langeron）家中，要他交出钱财，遭到拒绝后，

① E. et J. de Goncourt, *La société française pendant la Révolution*, 37.

② *Archives nationales*, D, XXIX, 1. 多尔司法区官员的信件，8月24日。— Sauzay, I, 128.

他们摘下三色徽高喊道“它们可是第三等级的”，换句话说，他们是主人：因此他们要督办戈马丹（Caumartin）先生的脑袋，冲进他家里，砸烂家具。次日，平头百姓和士兵涌入咖啡馆、修道院、旅馆，命人供应酒饭，酒酣耳热之后，又去焚烧税务局办公室，进攻好几座监狱，释放走私贩和逃兵。纵情狂欢的谢幕节目是一场大型的露天舞会，舞会上的国民自卫队将和全体卫戍部队亲如手足；但舞会其实变成了一场主保瞻礼节，有些团伙烂醉如泥，瘫在桌子底下；有的则带走四大桶葡萄酒，最后一伙人没捞到好处，心中恼怒，于是纷纷跑到城墙外，去抢劫附近村子里的酒窖。在这个榜样的感召下，次日，部分驻兵和众多工人也在附近乡村进行着同样的战役。四天的恣意放纵之后，为防止贝藏松及其郊区免受上述地区这样的极端蹂躏，市民自卫队联合一批支持他们的士兵奋起反抗这场暴动，打击捣乱分子，并在当晚绞死了其中的两个。这就是暴乱[①]，野兽陡然间的爆发，它冲进人的住所，只知道暴饮暴食，恣意践踏和打砸，甚至自己也受到了伤害，当我们仔细追踪各地的历史，我们就会看到，那时候的人们每天都能见到这样的突然事件。

在特鲁瓦[②]，7月18日是个集市日，农民拒绝缴纳入市税：既然巴黎刚刚取消了入市税，特鲁瓦也该如此。在最初的混乱的刺激下，群氓啸聚起事，为的是分享粮食和武器，次日市政厅就被七八千手拿石块和棍棒的人围困。第二天，一伙来自附近村子里的暴徒，手拿连枷、锹和叉子，在一个手持匕首的木匠的领导下闯入市政厅；所幸“市民中所有的正派人”立刻组建了国民自卫队，第一次暴动的企图就这样被镇压了。但是不安始终存在，谣言不断刺激着躁动心理。7月29日，当500名强盗从巴黎出发并将蹂躏一切的消息传来时，各

① 在斯特拉斯堡，市政厅遭抢劫后的几天也发生了类似的场面。市政府给每个卫兵发了20个苏，所有士兵都离开哨所，前去古维尔桥解救犯人，还在街上跟他们从感化院里救出的女子公然大吃大喝，并强迫酒馆和旅店老板给他们供应饮食。所有店铺都关了门，整整一天的时间里，军官的命令根本没人听（Dampmartin, I, 105）。

② Albert Babeau, I, 187-273. — *Moniteur*, II, 379.（1789年11月27日庭审摘录。）

个村子都响起了警钟，农民纷纷拿着武器出动了。从此某种朦朦胧胧的危险似乎总是盘桓在人们的脑海中。应该时刻提防，警惕敌人的到来。新的煽动家们就是通过这个抓手控制了百姓，有时他们还唆使后者反对其头领。人们曾向百姓指出，他们的头领是爱国者，这些人刚刚还热烈地支持过内克，而教士、僧侣和议事司铎是第一批佩戴三色徽的人，城里和周围乡村的贵族是法国最开明的人，市民卫队在7月20日曾拯救过这座城市，所有的富人都曾捐助过国家赈济工场，于耶（Huez）市长是个造福于穷人和公众的“正直可敬的官员”；但这一切都于事无补。过去的所有领导人都是嫌疑犯。8月8日，一伙匪徒强迫龙骑兵撤走，所有志愿者都要有武器，面包每斤2个苏，还要释放所有囚犯。8月19日，国民自卫队遣送了所有贵族军官，并推举其他人为替代者。8月27日，暴民入侵市政厅并私分武器。9月5日，200个人在新市政府首脑特吕埃尔（Truelle）的带领下进攻为征收盐税设立的盐仓，以6个苏的单价出售盐。就在这个时候，一个传说在该城的最底层出现了：之所以没有小麦，是因为市长于耶和原军事长官圣乔治（Saint-Georges）是囤积商；传言于耶“想让人民吃马草”：就像五个星期前的关于富隆的传言一样。于是，民众这头野兽开始暗中咆哮，准备纵身猛扑。按照通常的做法，人们不去控制这头野兽，而是去安抚它。特鲁瓦的议员写信给市政官说，“眼下，你们必须、你们应该忘记你们的权威；把人民视为朋友，跟他们一起行动吧，对他们应抱有对每个平等人都应有的温情，要深信人民会恢复常态。”于耶这样做了，甚至做得更好，虽然面对各种威胁，但他拒绝为自身安全而加派人手，他简直把自己当成了献祭品。他说：“我没有做过任何对不起人的事，人们为何要憎恨我？”他唯一的预防措施是确保他死后能救济不幸者：他在遗嘱中将1.8万利弗尔留给了穷人，就在临死前的晚上，他还命人给慈善所送去100埃居。但这种为预防盲目暴行的克己奉公之善举，又能起何作用呢？9月9日，有人发现三车面粉质地很差，于是群众便聚集起来叫喊道：“打倒面粉商！铲平磨粉机器！打倒市长！让市长去死！特吕埃尔当市长！”于耶从法庭中走出时，立刻就被人掀翻在地，一阵拳打脚踢之后，被人揪住衣领，拖到庭审大厅中，有人用木鞋抽打他的头部，然后从大旋梯上扔了下来。市政官员试图保护他，但都无济于事，暴徒将一根绳子缠在他脖子上，又开始拖拽他。有个教士苦苦哀求，起码让他给于耶做一下临终前的圣礼，但教士遭人殴打后被轰走。有个妇女扑向这位备受摧残的老人，用脚踩他的脸部，几次三番地用剪刀扎他的眼睛。可怜的老人，脖子上套着绳子，一直被拖到拉瑟尔桥，人们把他扔进桥下的浅水中，尔后又拽起，在他嘴里塞上一把草，继续在街道上、在水沟里拖行[①]。与此同时，市长、骑警队长、公证人基约（Guyot）和圣乔治的房屋都被洗劫一空；抢劫和破坏持续了4个小时；在公证人家里，600瓶葡萄酒被喝光或拿走；珍贵物品被暴徒私分；剩下的东西都被砸烂或夷平，甚至铁栏杆也不能幸免；暴乱者叫喊着，奔突着，还有27户人家等着他们去纵火焚烧，还有27颗人头等着他们去拿下。“在那个可怕的夜晚，特鲁瓦无人入睡。”随后近两个星期的时间里，社会似乎已经瓦解了。到处张贴着迫害市政官、议事司铎、某些特权者、大商人乃至慈善会妇女的告示；受威胁的妇女纷纷辞职，很多人移居到乡下；剩下的人则在家里严阵以待，只有手里拿着刀才会去开门。直到26日，志在恢复秩序的人们才团结起来，占据上风并逮捕了一些罪犯。这就是7月14日之后法国的公共生活；在每一个城市，官员都任凭某个野蛮的团伙（有时甚至是残忍的团伙）的发落。特鲁瓦的暴徒刚刚用休仑人的手法折磨于耶，而卡昂的暴徒更为恶劣：贝尔松斯（Belsunce）少校，一个宣誓过的无辜清白之人[②]，被人

---

① *Moniteur*, ib. 首犯皮卡尔（Picard）说，“他让这个人好好吃了顿苦头，这个所谓的于耶老爷到小锅旅店时才死去，直到那时，大家还想再让他尝点滋味，打算在每个街角都在他脖子上捅一刀，只要他还活着，就要给他留口气，好让他继续受罪；于耶先生死的那天，他赚了10个法郎，当他在逃走的路上被截下来时，身上还搜出了于耶先生的一个项圈。”

② *Mercure de France*, 26 septembre 1789. 波旁团军官和卡昂执委会委员的信件。—Floquet, VII, 545.

乱刃分尸，就像斐济岛上的拉佩鲁兹[①](Lapérouse)一样；一个妇女咽下了他的心脏。

VI

在这种情形下，可以猜想一下，是否还能有税款进账，仰赖民众鼻息的市政府是否还有力量维持可憎的税收。到9月底[②]，我在一份名单上发现，巴黎周围方圆50法里的范围内，有36个市政府或市政机构拒绝为征税提供保护措施。有的准许贩卖私盐，唯恐激起暴乱。有的出于谨慎而解除了税务机关职员的武器。还有的带头储备私盐和走私来的烟草。在佩罗内和哈姆(Ham)城，当局刚刚重建税卡，老百姓就摧毁所有警戒机关，跑到所有税吏的家里抓人，要他们24内小时内放弃不动产，否则性命不保。两个月的踌躇之后，巴黎最后终于对国民议会采取强制手段，迫使其彻底废除入市税[③]。曾几何时，每个债主都是双手背在身后，不可一世，而最严厉的债主则是税务机构，但如今，它却成了最虚弱的一方；因此人们首先要摆脱的是它的束缚，它所受到的憎恨和虐待无以复加。无所不见的暴行尤其针对盐税和关税机构的雇员和征收商品税的走卒。他们到处都有生命危险[④]，只得逃跑。在诺曼底的法莱兹，人们要把商品税税吏"剁成肉酱"。在圣通日的拜涅(Baignes)，商品税税吏的房屋被摧毁，家具

① 拉佩鲁兹伯爵，本名Jean-François Galaup (1741-1788?)，法国航海探险家，曾在南太平活动，因船只失踪未归而留下一些传说。伯爵在斐济岛被人残忍杀害可能是传说之一，泰纳此处即用此说。—译者

② *Archives nationales*, II, 1453. – *Ib.*, D, XXIX, 1. Note de M. de la Tour-du-Pin, 28 octobre.

③ *Décret* du 1er février 1791，次年5月1日起实施。

④ *Archives nationales*, D, XXIX, 1. Montausier伯爵的信件，8月8日，附商品税官员Paulian先生的说明（一封非常出色的信件，温和、大气，最后要求宽恕迷途的民众）。—H, 1453. 法莱兹税区管事的信件，7月17日，等等。—*Moniteur*, I, 303, 387, 503, 8月7日和22日、9月23日的会议。"国王的收入'逐日缩减'"。—Buchez et Roux, III, 219 (1789年10月24日会议)。—安茹代表团的讲话："6万人已经武装起来；税卡被摧毁；税吏的马匹被拍卖；人们已催促税务工作人员8天之内从该省撤出。居民宣布，只要盐税还存在，他们就不会交钱。"

和文件和烧毁。有人还把刀架在他六岁的儿子的脖子上，并说道："为了让你这样的人绝种，你必须去死。"一连四个小时，所有职员时时刻刻都有被撕成碎片的危险；苦苦哀求之下，一个领主终于解救了他们，后者自己的脑袋上也悬着镰刀和砍刀，但释放这些税吏的条件是"宣誓放弃自己的职业"。攻占巴士底狱后的两个月内，反对间接税的暴动数以百计，如枪炮齐射一般密集。7月23日，香槟督办就通报说，"本财政区内的几乎所有城市都发生了暴动"。次日，阿朗松督办写道，在他所在的地区，"很快就没有地方支付国王的税款"。8月7日，内克向国民议会宣布，在卡昂和阿朗松两个财政区，盐价不得不降低一半，在"数不清的地方"，间接税的征收已经停止或暂停，在皮卡迪、洛林和三主教区[①]，盐和烟草的走私"以公开的武力、以成群的车辆"进行，而别的直接税也无法征收，军役税(taille)的总征税官和征收人已"陷于绝境"，不能继续履行责任了。公共收入在逐月递减；在社会的躯体中，心脏已经是如此虚弱、懈怠，失血是如此严重，以致不能继续供血，于是，心脏也就不再输出这种修复和凝聚肌肉的燃料了。

内克说，"一切都已经废弛了，一切都成了个人狂热的牺牲品。"强制力来自哪里？让人向国家承担应负之义务的力量在哪里？当然，教士、贵族、富裕的市民、某些正直的工匠和农民仍然在缴税，有时甚至是自发地交钱。但是，对整个社会而言，开明、宽裕且有良知的仅仅是一小批精英；占绝大多数的大众都很自私、无知、终日忙碌却不得温饱，他们只有在受到强迫时才会交钱；只有一种征税办法，这就是榨取。从十分遥远的年代以来，法国的直接税只有靠扣押财物和在纳税人家中驻军才能征收，其实这没有什么奇怪的，因为征收来的钱只有一半能成为国家的净收入。既然每个村子里的农民都已经组成武装团伙，就算收税员想来也不敢来！阿尔萨斯省执委会写

① 指梅茨、图勒(Toul)和凡尔登三个主教区，它们在旧制度时代法国的行政司法体制中享有特殊地位。—译者

道[①]，"就在税收平等的法令颁布之后，民众普遍拒绝支付一分钱，直到免税者和豁免者被列入当地的税册。"在好几个地方，农民为获得分期偿付的权利而采取威胁手段；在另一些地方，农民要求该法令具有回溯效力，新的纳税人应该支付过去所有年月的税款。"没有哪个收税员敢于采取强制措施；没有哪种强制做法敢于付诸实施。"人们害怕的"不是正派的市民"，"而是流氓恶棍让后者"和所有人害怕；在所有地方，抗拒和混乱都来自"没有任何东西可失去的人"。他们不止摆脱了负担，而且攫取了财产，还辩解说，既然他们就是民族，一切属于民族的东西也属于他们。阿尔萨斯的森林被毁，不管是领主的还是村社的森林；而且是为了出口气、出于顽童或疯子的破坏心理而遭毁坏。"在好多地方，为了避免抬走木头的麻烦，人们干脆把它烧掉，带走灰烬了事。" 8月4日的法令颁布后，虽然法令只允许业主在本人的土地上打猎，但民众的冲动已无法抗拒。所有能搞到枪支的人[②]都来到农村；庄稼被肆意踩踏，偷猎者翻越围墙，进入狩猎专属区；甚至在凡尔赛的国王也被自己园地里的枪声惊醒。牡鹿、牝鹿、黄鹿、野猪、野兔、家兔，被数以千计地猎杀，偷猎者用盗伐的木材烤熟猎物就地享用。在两个多月的时间里，整个法国到处响起雨点般的猎枪声，这个国家仿佛成了美洲的大草原，任何动物都属于打死它的人。在香槟地区的舒瓦瑟尔男爵领地，不仅所有的野兔和山鹑都已灭绝，连池塘的鱼都被捞光了；有人甚至跑到城堡的院子里朝鸽舍开枪，射杀鸽子；一阵忙碌之后，偷猎者向领主售卖本属于后者的鸽子和自己吃不完的鱼。这就是乡村的"爱国者"，他们跟附近的"走私贩和邪恶臣民"沆瀣一气，这场大暴动的造作者就是这类人；所有暴

---

① *Archives nationales*, F7, 3253.（1789年9月8日的信件。）

② Arthur Young, 30 septembre. "据说，普罗旺斯没有一条生锈的枪没有使用，所有鸟儿都被杀光了。霰弹五六次从我耳朵边飞过，或者落在我的马车里。" —Beugnot, I, 141.—*Archives nationales*, D, XXIX, I. Allonville骑士的信件，1789年9月8日（奥布河上的巴尔附近）。"成群结队的农民拿着武器跑到三泉修道院的森林里，砍伐树木，锯断橡木，将它们搬到圣迪奇尔桥的车上，并在那里售卖。在其他地方，他们还在池塘里捕鱼，掘开堤坝。"

行中，带头的都是他们，不难预见，在他们的带领下，对公共人物和公共财产的攻击很自然地延伸到对对私人及私人财物的攻击。

VII

实际上已然存在一个被唾弃的阶级，它有个方便的名字：这就是贵族（aristocrates）。这个要人命的名字首先被用在三级会议上拒绝三个等级联合的贵族（nobles）和高级教士头上，后来扩展到因身份、职务、社会关系、生活方式而区别于大众的所有人。对贵族表达敬意的人，实际上给心怀恶意者指明了对象，而过去一直忍受着贵族特权但并不憎恨贵族本人的老百姓，如今也知道把他们视为敌人了。各个地方的贵族都要为各种邪恶意图承担责任，而这些意图已经授意给他们在凡尔赛的同僚，一旦得知巴黎有阴谋的谣言，农民们就认为阴谋必定有同谋者[①]。农村的暴动就这样酝酿出来，狂热分子既在巴黎也在外省煽风点火。“您要想知道哪些人是骚乱分子”，调查委员会的一位知情人士写道，“就请在第三等级的代表当中寻找”，特别是“在诉讼代理人和律师之类的代表中寻找。是他们给自己的委托人寄去气势汹汹的信件；接收这些信件的是各级市政机构，它们同样是由诉讼代理人和律师构成……人们在广场上高声宣读来信，其抄件被发往各个村庄。如果村子里除了教区神父和领主之外还有人读书，那也是某个生来就敌视领主的教徒”，他想取代领主的地位，一方面因口若悬河而自鸣得意，另一方面又因为贫困而刻薄乖戾，决

① *Archives nationales*. D, XXIX. 1. 圣富鲁尔地方骑警队陪审员的信件，1789年10月3日。7月31日，到处传言说有强盗要来。8月1日，农民武装了起来。“他们喝酒作乐，等着强盗到来；他们脑浆发热，以至于认为Espinchal伯爵头天夜里已乔装到来了Massias地方，这个人就是此刻扰动该省的各种骚乱的元凶，而且他还藏在自己的城堡里。”于是人们朝窗户开枪并进行搜查，等等。

不放弃任何机会来诋毁一切[1]。很可能是这样的人盗用国王的名义，草拟和传播号召人民采取行动的告示。— 7月23日[2]，在普瓦图的塞贡迪涅(Secondigny)，森林中的工人收到一封信，信中“敦促他们向乡村的所有贵族发起冲锋，毫不留情地杀掉所有拒绝放弃特权的人……还许诺说，这些暴行不但不会给他们带来任何麻烦，而且还会得到报偿”。与贵族议员有通信往来的普雷·德·蒙佩扎(Prez de Montpezat)被逮捕；他和儿子被带到一个税务代理人家中，人们强迫他在文件上签字，禁止居民给他提供援助，“否则有生命和火的教训”。有人命令他，“签字，要不我们就挖出你的心，放火烧了这所房子”。这时，附近的一个公证人(无疑是事先串通好的)拿过一份盖章的文件对他说：“先生，我从尼奥尔来，那个城市的第三等级就是这样对待全体贵族的，有个人拒绝在文件上签字，结果被当众大卸八块。您应该签字证明：我们放弃所有特权，同意实行贵族过去曾拒绝的单一和统一的税制。”这伙暴徒宣称，他们将在附近的城堡继续这一工作，恐怖迟早要到来。普雷先生通报说，“没人敢写信，只有我冒死这样做。”各地的贵族和高级教士都成了嫌疑犯，乡村委员会私拆他们的信件，他们的房屋被搜查[3]，并被强迫佩戴新的徽标；如果身为领主而不佩戴它，就要被吊死。在曼恩的马摩尔(Mamers)，波富瓦(Beauvoir)先生拒绝这样做，随即便被套上铁项圈，当场遭痛殴。在拉弗莱什附近，布里萨克(Brissac)先生被逮捕，人们向巴

---

① *Archives nationales*. D, XXIX. 1. Navenne地方Etienne Fermier的信件，9月8日。(可能是出于谨慎，这位作者用了个假名。)彭蒂维地方的议员Boullé先生的信件手稿，这封给他的代理人的信件，是典型的火热夸张的通信。— 皮伊-昂-维莱的教区神父、市政官、商人等的信件，9月16日。- *L'Ancien régime*, t. II, 309, 310

② *Archives nationales*, D. XXIX, 1. 原炮兵军官Prez de Montpezat的信件，7月24日(另有其他几个签名者)。50个村子在同一天敲响警钟，因为传闻7000强盗、英国人和布列塔尼人要入侵这个地区。

③ *Archives nationales*, D, XXIX, 1. Briand-Delessart的信件，8月1日(对昂古莱姆加尔默罗修会进行的入户搜查，有人声称，波林雅克夫人刚刚抵达这里)。- Beugnot, I, 140. – Arthur Young, 26 juillet, etc. – Buchez et Roux, IV, 166. Lettre de Mamers, 24 juillet; du Mans, 26 juillet.

黎寻求意见，是否该把他带到巴黎，“还是暂时把他撵走”。贵族等级的两位议员，蒙特松（Montesson）和瓦塞（Vassé）先生，来请求他们的委托人准许他们与第三等级联合，他们在勒芒附近被人认出；尽管他们举止谨慎得体并享有绝对受托权，而他们此刻的行动甚至是为了解除这种绝对权利，但这一切都没有用，只要他们曾在凡尔赛投票反对第三等级，民众就会追究他们，就会砸碎他们的马车，抢空他们的箱子。贵族真是倒了霉，尤其是在地方政府中任职的贵族，他们还试图在民众的恐惧面前保持平静！勒芒市政府的治安长官居罗（Cureau）先生①，曾在饥荒期间发布命令，后退隐自己的努艾城堡，当时他对农民们说，有关强盗的消息是假的：在他看来，没有必要敲响警钟，保持镇静就好了。于是大家认为他跟强盗暗通款曲，更何况，他还是个囤积商，就地收购粮食。农民们把他带走，跟他的女婿，另一位蒙特松先生，一起遣送到临近的村子，那里有几位法官。在路上，“他们被人在地上拖着走，大家轮流拽他们，用脚踹，朝他们脸上吐口水，向他们身上泼粪便”。蒙特松先生被枪杀，居罗被慢慢折磨致死。一个木匠用斧子砍下两个人的脑袋，孩子们在鼓声和琴声中托起它们。这时，当地的法官出于强迫而赶到现场，他们拟了一份记录，证明居罗先生的口袋里有三十个路易和几张贴现银行的票据，这时爆发出一阵胜利的欢呼：看！这就是他想购买当地小麦的证据！民众司法就是这样进行的；既然第三等级就是整个民族，每一群乌合之众都自认为有权进行判决，并且自己执行事关生命和财产的判决。

在西部、中部和南部，爆炸性事件都是孤立发生的；但在东部，从北方省的边缘一直到普罗旺斯，一条宽约30-50法里的地带上，骚乱已成燎原大火。阿尔萨斯、弗兰什-孔泰、勃艮第、马孔、博若莱、奥弗涅、维埃纳、多菲内：所有这些地方就像一条连绵不断的地雷带，所有地雷在同一个时间起爆。阿尔萨斯和弗兰什-孔泰交界地带喷

① Montjoie, ch. LXXII, 93（依据诉讼文件）。这伙人中间有个士兵曾在蒙特松先生手下服役，想报复他在部队里曾遭受的惩罚。

出第一阵烟火，因为在贝尔福尔和维祖尔周围，封建制度仍很强固，农民的捐税过重，越来越不能忍受这沉重的枷锁。一种本能的推理在他们心中萌发，尽管他们并不知道。"好心的国民议会和好心的国王要我们幸福：我们要帮助他们！有人说过，国王解除了我们的税收负担：我们要自己解除领主捐税！打倒领主！他们跟税吏是一路货色！"7月16日，博福尔蒙（Bauffremont）亲王夫人的桑西城堡被人抢劫，18日是在吕尔、比泰尼和摩朗的城堡①。29日，在梅斯麦（Mesmay）先生家的民众节日上，因为放烟火时出了点小意外，民众便认为这个人邀请他们其实是在设陷阱，想背叛他们以求自己脱身②。怒火攻心的民众一把火烧了梅斯麦的城堡，随后的一个星期内③，三家修道院被摧毁，11座城堡被夷平，还有的被洗劫，"所有文书室都被闯入，文件、地契被抢走，保藏室被人破坏"。"暴乱飓风"从这里出发，席卷整个阿尔萨斯，从胡宁格一直到兰道地区④。叛乱者出具署名路易的告示，上面规定"在某一时间段内准许他们自行恢复公正"，并将森德高地方一个衣冠楚楚、系着蓝腰带的织工认作国王的次子。一开始，暴民们攻击犹太人，对他们而言，后者是世代相袭的吸血虫；他们抢劫犹太人的房屋，瓜分犹太人的钱财，像追逐野兽一样猎逐犹太人。仅仅在巴塞尔，据说流亡的犹太人及其家人就有1200人。从犹太债主到基督教有产者，距离并不大，而且很快就被突破了。雷米尔蒙只是因为一队龙骑兵的援助才得以幸免。八百人进攻乌尔布吕恩城堡。诺伊堡修道院被攻占。7月31日，盖布维尔的五百个农民、也是穆尔巴赫修道院的依附民，开始进攻院长宅邸和议

---

① *Mercure de France*, 20 août. (Lettre de Vesoul, 13 aôut).

② 梅斯麦先生后来证实了自己的清白，历时两年的审判之后，一份公开判决恢复了他的名誉（1791年6月4日的回忆，*Mercure* du 11 juin）。

③ *Journal des débats et décrets*, I, 258.（维祖尔市政府的信件，7月22日。— Toulongeon先生的演讲，7月29日。）

④ Rochambeau, *Mémoires*, I, 353, - *Archives nationales*, F7, 3253.（罗尚波先生的信件，8月4日。）– *Chronique* de Schmutz (ib.), 284. – *Archives nationales*, D, XXIX, 1.（雷米尔蒙的秘密警察Ferrette夫人的信件，8月9日。）

事司铎们的住宅。橱柜、箱子、床、窗户、镜子、框饰，甚至屋顶的瓦片和窗扇的铰链，全都被砍断；“在房间漂亮的镶木地板上，人们点火焚烧藏书和契据”。院长气派的马车被砸得稀巴烂，连个完整的车轮都没剩下。“酒窖里葡萄酒洒了一地，1600瓶容量的大酒桶被放光了一半，银器细软被劫走。”显然，这个社会已经翻转了过来，财产权在不断转手。

这个时候可以听到暴民真实的话语：在弗兰什-孔泰[①]，八个村社的居民向神恩和新生地的圣贝尔纳会修士宣布，“既然他们是第三等级，是时候让他们统治修道院院长和修士们了，因为这些人的统治已经持续了太长的时间”；基于这一点，他们剥夺修道院对其社区拥有的全部财产权和捐税。在上多菲内，就在暴徒们摧毁缪拉（Murat）先生的城堡时，一个叫费雷奥尔（Ferréol）的人一边用大棒砸家具一边叫喊：“瞧，缪拉，这就是你的下场；你当了太久的主子，现在轮到我们了。”[②]这些人大肆破坏和偷窃，就像大道上拦路抢劫的强盗，但他们竟认为是在捍卫一种事业，对谁他们都会说：“我们是为了第三等级才当强盗的。”各地的民众都认为得到了授权，像一支没有将军命令的军队一样我行我素。在雷米尔蒙和吕塞伊，他们出示了一项法令，上面规定“所有抢劫破坏”都是合法的。在多菲内，暴民首领声称有国王的命令。在奥弗涅，“他们按紧急命令行事，他们得到了国王的意旨，说是陛下要他们这么做的”。所有叛乱的村子里，人们看到的都只是针对领主的私人报复行动。如果说村民也对碰上的贵族开枪，那根本不是出于特别的怨恨。他们要摧毁一个阶级，而不会认真追究个人。村民憎恨封建权利，憎恨文书专家，诅咒羊皮卷（因为这是他们掏钱的依据），但并不一定憎恨乡居领主，后者通常很讲人道，富有同情心，甚至经常为善一方。在吕塞伊，人们举着斧子要挟修道

① Sauzay, I, 180.（修士们的信件，7月22日和26日。）

② *Archives nationales*, D, XXIX, 1.（瓦朗斯初审法院监察官Bergeron先生的信件，8月28日，附有裁决说明。）里昂民兵呈交给国民议会的会议记录，8月10日。（关于7月31日在多菲内省塞耶尔地区的行动。）

院院长，要他签字放弃23块土地上的所有领主权益。然而院长已经在这里生活了46年，他做过的事情全都是服务性的①。在克雷米约地区，“破坏行为十分严重”，但当地市政官说，“我们所有的贵族都是爱国者和善人”。在多菲内，领主、法官、高级教士的城堡被抢劫，但这些人是最早开始反对大臣、支持人民的事业和公共自由的人。在奥弗涅，农民自己“也很反感对这么善良的领主采取这样的行动”；但必须这样做：他们对自己曾经见证过的善意的全部回报，就是不去焚烧瓦内（Vanes）的贵妇们的城堡，因为这些人是如此仁慈；但他们烧毁了所有契据；他们三度把一个商人扔进火里，为的是迫使他交出一份他没有的文件；直到被烤到半焦，人们才把他拉了出来，而且这是由于夫人们跪地哀求的结果。同样，乡间的士兵只是驯服地执行那种以迫不得已来辩解的命令，虽然他们不认为自己是强盗，但干着强盗的行径。

但局势会因此更加悲惨；因为这是和平状态下的战争，是凶猛野蛮的大众针对有教养的精英的战争，后者和蔼可亲、信赖他人，但对这样的局面根本没有准备，他们做梦也想不到会完全失去保护，想不到要进行自我防御。7月10日，富热罗尔的50名农民涌入一个执达吏和一个商品税征收员家中，大肆破坏，当时古尔蒂维隆（Courtivron）伯爵和家人正在吕塞伊他叔叔家中，后者是克莱蒙-托内尔修道院的院长，一位七十岁的老人，结果伯爵一家人也被泼了一身的水。得知这个消息，当地市长指示被人泼水的贵族和官员在24小时内离开该城；因为“他已经接到消息，有人将放火焚烧他们居住的房屋”，他不想因为这些人的存在而置吕塞伊于危险境地。次日，像市长一样好心肠的卫兵们任由暴徒进入，大肆蹂躏修道院：他们

① 候补议员古尔蒂维隆伯爵（目击者）的信件。—*Archives nationales*, D, XXIX, 1. 克雷米约（多菲内）市政官员的信件，11月3日。— Carbonnière子爵（奥弗涅）的信件，8月3日。— Arthur Young, 30 juillet (Dijon), 讲到一个贵族人家如何从着火的城堡中赤身逃脱：“这些倒霉的人过去在乡里颇受尊敬；他们的善意本应赢得穷人的爱戴，但穷人却毫无理由地憎恨他们”。

强迫修道院放弃各种权利，抢劫档案室和酒窖，拿走器皿和家具，仿佛这是再平常不过的事情。入夜后，古尔蒂维隆先生和他叔叔一起逃走，于是警钟响起，追捕行动开始，叔侄俩费尽力气才逃到普隆比埃。但是，由于害怕受牵连，普隆比埃的市民要求他们离开；在逃亡的路上，两百个暴乱者差一点杀了他们的马匹并砸了马车；只有在法国的国境线外的波伦特里，他们才找到安全的处所。在回来的路上，古尔蒂维隆先生被刚刚抢劫了吕尔修道院的匪徒开枪射击，这帮人还一路高喊："我们要杀了贵族！"此刻，在沃维莱尔城堡，他患病的妻子被人带走，城堡被彻底毁坏，人们四处寻找逃走的夫人，后者只是因为藏身草垛才得以逃脱。两个人都想逃到勃艮第去，但有人告诉他们，在第戎，"贵族已被民众封锁了起来"，在勃艮第乡村，人们要把贵族扔到火里烧死。无处藏身，自己家不行，别人家不行，路上也不行：在小城和市镇上，人们会拘押流亡者。在多菲内[①]，"里昂的圣彼得修女院院长和另一位修女，佩罗丹·德·贝尔加德（Perrotin de Bellegarde）先生，拉·图尔杜潘（La Tour-du-Pin）先生和穆瓦迪厄（Moidieu）骑士，在尚皮尔被一群武装的民众逮捕，然后被带到圣安德烈角，并被囚禁在市政厅，这些囚犯从这里向格勒诺布尔求救"，为解救他们，格勒诺布尔市政府只得派遣专员前来。这些人唯一的避难所就是大城市，那里的秩序虽然也是摇摇欲坠，但好歹还是维系着；要么就厕身市民自卫队行列，在里昂、第戎和格勒诺布尔，自卫队负有防止局势失控的责任。在所有乡村地区，孤立的城堡早已被民众掀起的海啸吞没，由于封建捐税经常由平民掌握，海啸便从最初的爆发点一层层地向外扩。这场反对财产权的暴乱没有界限。这界限

① *Archives nationales*, D, XXIX, 1.（多菲内省三级会议执行委员会的信件，7月31日。）

从修道院和城堡扩展到“市民的房屋”①。最初人们怨恨的只是文书人员，现在则憎恨所有有产者。各个教区人数较多的富裕自耕农和教区神父，纷纷逃往城里。旅客被绑架勒索。领头的匪徒是盗窃犯、走私贩和惯犯。有这些人为榜样，人们的贪婪心膨胀起来；在被遗弃被蹂躏的领地上，已没有任何迹象表明这里曾有过主人，一切似乎都归于最早到来的占有者。比如附近的分成农拿走葡萄酒，第二天他还会来寻找草料。多菲内的某个城堡被一抢而空，连门铰链和许多大车也不见了。“这是一场穷人反对富人的战争”，一个议员这样说，8月3日，财务委员会向国民议会报告说，“所有财产，不管属于哪个种类，全都不曾幸免”。

在弗兰什-孔泰，“将近40个城堡和领主住宅被抢劫”或被烧毁②；从朗格尔到格雷，5个城堡中平均有3个被抢劫；在多菲内，27个城堡被焚烧或摧毁；在小小的维埃纳，5个城堡（还有全部的修道院）遭此厄运，奥弗涅至少有9个；据说马孔和博若莱有72个，还没有算上阿尔萨斯的。7月31日，拉里-托朗达尔（Lally-Tollendal）走上讲坛，手里拿着大把血泪控诉的信件，一份记录着仅在一个省被焚烧、拆毁和抢劫的36个城堡的名单，还有更为恶劣的人身袭击的详细报告③：“在朗格多克，巴拉斯（Barras）先生在妻子分娩前夕被砍成碎片，他妻子因之死去；在诺曼底，一个残疾贵族被扔到柴堆上，只找回了烧烂的双手；在弗兰什-孔泰，暴徒将斧子架在巴迪伊（Bathilly）

① *Désastres du Mâconnais,* par Puthod de Maison-Rouge (août 1789). – *Ravages du Mâconnais.* – Arthur Young, 27 juillet. – Buchez et Roux, IV, 211, 214. –*Mercure de France*, 12 septembre 1789.（奥尔良一位志愿军的信件。）“8月15日，88个自称收割者的强盗出现在博斯地区的巴斯孔，第二天他们又来到邻近的一个城堡，要求一个小时内送来领主Tassin先生的儿子的脑袋，这位老爷只好奉上1200利弗尔，并让贼人洗劫酒窖，如此才免遭此难。”

② 古尔蒂维隆伯爵的信件。- Arthur Young, 31 juillet. – Buchez et Roux, II, 243. – *Mercure de France*, 15 août 1789 (8日的会议，一位多菲内议员的发言). – Mermet, *Histoire de la ville de Vienne*, 445. – *Archives nationales, ib.*（多菲内省三级会议执行委员会的信件，7月31日）：“被焚烧或摧毁的城堡数量惊人。”这个委员会列举了十六个城堡的名字。- Puthod de Maison-Rouge, *ib.*：“要想列举全部被毁的地点，就得把全省的地名说一遍。”（来自马孔的信件）：“他们同样摧毁了大部分的城堡和市民房屋，或是纵火焚烧，或是将其夷平。”

③ Lally-Tollendal, *Seconde Lettre à mes commetants*, 104.

夫人脖子上，强迫她放弃自己的权利，甚至还有她的土地；李斯特奈（Listenay）夫人也被迫这么做，因为叉子就在脖子上，两个女儿已经晕倒在自己脚下……；蒙居斯坦（Montjustin）伯爵和夫人被人用手枪顶着脖子达三个小时，他们还被人从马车里拉出来扔进池塘里，幸亏一支路过的军队救了他们……；蒙居斯坦男爵是22个深得民心的贵族之一，但被吊在井里一个小时，耳朵还能听到议论声：是让他掉到井里去，还是给他换一种死法……；昂布里（Ambly）从自己的城堡里被人拽出来，赤身裸体在村子里拖行，然后被丢进粪堆里，眉毛和头发全被拔光，暴徒们则在他周围跳舞庆祝。"在一个已然解体的社会中，在徒有其表的政府统治之下，显然在发生一场彻头彻尾的入侵，野蛮人的入侵，它以暴力开端，终将以恐怖收场，就像9-10世纪的诺曼人的入侵，最终以完全剥夺一个阶级为归宿。国民自卫队和其他忠于职守的部队虽然试图抑制最初的狂潮，国民议会虽然为这股狂潮挖了一个导流槽并企图构筑一个有明确界限的堤坝，但所有这些努力都是徒劳。8月4日的法令和随后的规章，纯粹是一张妄图拦截这股狂潮的蜘蛛网。更为严重的是，农民按自己的意思解释这些法令，他们自认为有了新法律的授权，于是暴行便继续重新启动。不再有任何捐税了，即使它是正当的、合法的。奥弗涅的一个贵族写道[①]："昨天，有人告诉我们不再支付捐税了，而且这只是学习其他省的榜样，那些省依据国王的命令，连什一税都不交了。"在弗兰什-孔泰，"很多社区相信，它们不再对国王和领主负担任何捐税……各个村庄都在瓜分领主的草地和林地"。需要注意的是，在法国四分之

① Doniol, *La Révolution et la féodalité*, 60.（8月4日几天之后。）—*Archives nationales*, II, 784. 贝藏松军事指挥Langeron先生的信件，10月16日和18日。- *Ib.*, D, XXIX, 1. 同一作者的信件，9月3日。— Arthur Young（在普罗旺斯La Tour-d' Aigues男爵家）。"革命给男爵造成了很大损失。过去完全属于他祖先的很多土地，只有在缴纳年贡或类似捐税的前提下才会出租，这种出租的土地和仍由他直接经营的土地没有可比性……国民议会已经宣布，物质形态的捐税可以赎买，但赎买金额几近于零，连补偿的影子也看不到……在这个地区，贵族的处境十分险恶，他们担心大火过后留给他们的只剩下侥幸逃过一劫的茅屋，担心分成农还未按约上交一半的收成就强占耕地，担心万一他们拒绝时没有法律保护他们，也没有权威去约束农民……这座城堡，还有其中的财产、乃至主人的性命，都听凭武装民众的发落了。"

三的地区，土地契据和封建权利还没有受到破坏，农民很想看到它们的消失，而且时刻准备拿起武器行动。新的农民暴动若要爆发，只需中央政府已然松弛的控制彻底瓦解。这就是凡尔赛和巴黎发生的事件，无论是在巴黎还是在凡尔赛，事件的参与者中，一部分人出于冒失和冲动，另一部分人出于盲目和没有主见，但全都为事件推波助澜：前者以自己的凶暴，后者以自己的软弱。

第四章

I. 巴黎— 权威当局的无能与步调不一—人民-国王。Ⅱ. 他的悲惨处境—饥荒和失业—行动者的来源。Ⅲ.新的民众首领—他们的崛起—他们的教育—他们的情感—他们的处境—他们的主意—他们的批判揭发。Ⅳ.他们介入政府事务—他们对议会施压。V. 10月5日和6日。Ⅵ.政府和民族被革命派掌握

I

实际上，首领无能、下层人不服从的情形，在首都比在外省更加严重。巴黎有位市长，巴伊；但“从第一天、世上最轻松的一天开始[①]”，市议会，也就是“巴黎市的代表大会，就习惯于自行统治，而且完全忘了这一点”。的确存在一个中央权力机构，即市长为主席的市政府；但“在那个时候，权威无所不在，除了在应该享有支配性权威的地方；巴黎的各个区都被委以权威，它们都牢牢掌握了权威”；每个区都擅自展开行动，仿佛它是唯一的主权者。还有次级权威，也就是各区的委员会，每个委员会都有自己的主席，自己的书记员，自己的办公室，自己的特派员；但在街头拼凑起来的乌合之众采取行动时，不

① Bailly, *Mémoires,* II, 195, 242.

会等待当局的命令，而在官府窗户下喊叫的民众也要将自己的意志强加给官员们。总之，正如巴伊说的，所有人“都要当指挥者，但没有人服从”。

“想象一下”，卢斯塔洛（Loustalot）写道，“有这样一个人，他的每只脚、每只手、每个肢体，都有自己的想法、自己的意志，一条腿想往前走，另一条腿却想停下来休息，喉咙已经闭上，但肚子还在要求吃东西，嘴巴在唱歌，眼睛却已扛不住瞌睡：这就是首都的可怕景象”。巴黎有“六十个共和国”[①]，因为每个区都有自己的独立但孤立的权威机构，未经后者的审核，它不会接受任何命令，而且它总是跟其他区和中央权威不协调，或者经常相互冲突。但它接受各种检举，命令入户搜查，向国民议会派遣代表，发布命令，张贴告示，不仅在自己区、而且在整个城市都这样干，有时甚至把管区扩展到巴黎之外。一切事务都在它的职责范围之内，尤其是那些不该由它管理的事务。7月18日，小奥斯定街区的领导机构[②]以保民官的名义“擅自下令设立治安法官”，在自己人当中就地进行选举，任命演员莫莱（Molé）为法官。30日，奥拉托里区当局取缔了巴黎市的代表们在市政厅宣布的大赦令，并委派两个人前往三十法里外缉拿贝桑瓦尔。8月19日，拿撒勒街区当局命人前去抢夺几个要塞中存放的武器，并将其运到巴黎。从一开始，各色人等便以私人名义向阿森纳军火库发函，要求“随意分发子弹和火药”。其他人则窃取了对市政厅的监督权，以及申斥国民议会的权利。奥拉托里区下令，该社区的代表将被邀请参与公开辩论。圣-尼古拉-德尚区在讨论否决权问题，并强迫议会暂停表决。各个权威机构相互龃龉、彼此拆台，这真是一幕奇特的场景。今天市政厅把五车政府派送的呢绒据为己有，圣热尔维区就会反对市政厅的决定；明天凡尔赛拦截运往巴黎的粮食，巴黎就威胁说，如若不归还粮食，就要向凡尔赛进军。我省略了各种可笑的事

① Montjoie, ch. LXX, 65.

② Bailly, II. 74, 174, 242, 261, 282, 345, 392.

情[①]：本质上说，无政府的大混乱既很滑稽又很悲哀，在普遍的失范状态中，首都也像整个王国一样，各个群体各自为政，如巴别塔一样乱作一团。

但是，在这些相互抵触的权威之下，一个真正的主权者马上就要浮现出来，这就是无序的民众(foule)。7月15日，民众开始拆除巴士底，人们认可了这一群众行为：因为还得装装样子，在事情发生后还要追认一下，既然不能引导那就随波逐流吧[②]。稍后，有人下令在各关卡恢复征税工作，但40个武装人员通告街区当局，如果设立入市税岗哨，"他们就要采取武力措施，甚至会使用大炮"。听到有武器藏在蒙马特尔修道院的假消息，院长蒙莫朗西(Montmorency)夫人被指控为叛徒，2万人涌入修道院。国民卫队的长官和市长每天都要应对骚乱；如果说他们哪天能得空，去趟凡尔赛参加国王的庆典，那可是太稀罕的事。一旦群众在街头驻留，暴动便随时会发生。巴伊说："下雨天我舒坦多了"。行政工作就是在这种持续的压力下展开的，人民选举出来的代表，最可敬的法官，声名最好的人士，都要听任群众的摆布，都要在家门口应付密集的人群。在圣罗什区[③]，社区大会虽然也曾呼吁良知并据理抵制，但在几次徒劳的拒绝之后，还是被迫同意私拆寄给普罗旺斯伯爵、奥尔良公爵、军事大臣、外交大臣和海军大臣的信件。在粮食委员会，尽管一份公开声明已经确认旭罗(Sureau)先生为人正派，但他仍然受到检举和威胁，于是这位不可或缺的重要人士被迫离开巴黎。由于签署了一份转移火药的命令[④]，拉萨勒(La Salle)先生，贵族中的一位爱国人士，竟差一点被杀死；

① 比如，有些入户搜查和逮捕看来是疯癫者所为(*Archives de la préfecture de police de Paris*)。- Et Montjoie, ch. LXX, 67. 国民自卫队针对臆想中的盗匪的行动及放空枪，传言这伙盗匪要在蒙莫朗西割庄稼。— 在亚当岛和尚蒂伊的行动。

② Bailly, II, 46, 95, 232, 287, 296.

③ *Archives de la préfecture de police de Paris*，磨坊山街区的庭审记录，1789年10月5日。

④ Bailly, II, 224. – Dusaulx, 158, 174, 202, 257, 418. 被转移的火药叫poudre de traite(意思大概是运输转交来的火药—译者)。但民众理解为poudre de traître(意思是叛徒的火药—译者)。因为加了一个字母r，拉萨勒差点送命；他曾于7月13日指挥国民自卫军。

民众向他发起攻击，将一根绳子系在市政厅旁边的路灯上，爬进大厅，到处搜寻，所有大门都被打开，他们爬上钟楼，在办公室的桌毯下、在官员的两腿间寻找这个叛徒，直到国民自卫队到来，暴行才停止。人民不仅发布判决，还亲自执行判决，但总是不分青红皂白。在圣丹尼，负责分发面粉的市长助理夏泰尔（Châtel），用自己口袋里的钱做贴补，以平抑面包价格；但8月3日凌晨两点，有人闯入他家中，助理先生躲到一个钟楼里，暴徒尾随而至，割下他的脑袋拿到街道上示众。人民不仅执行判决，还会发慈悲，但同样不分好歹。在8月11日的凡尔赛，当人们要车裂一个弑父者时，群众高喊饶恕，并扑向行刑者，救下了那个罪犯①。人民真的像最高主宰者，而且是东方的最高主宰者，拯救或杀戮都专断无常；当时有个妇女抗议这种可耻的宽恕，她被抓了起来，差点被吊死；因为在这位新君主看来，任何对其新权威的冒犯都是犯罪。— 同样，人们要公开且谦卑地向他致敬。在市政厅，首席大臣当着全体议员和公众的面，请求宽恕贝桑瓦尔先生，他这样说："我拜倒在巴黎最不为人知、最默默无闻的公民面前，我在他们面前下跪。"前几天，在圣日耳曼-昂-莱耶和普瓦希，国民议会的议员们也曾长久地跪在街道的地板砖上，不仅嘴里恳求，而且摊开双手，满眼泪水地祈求放过两个人，结果只有一个人得救。从这些触目惊心的现象中，您大概已经见识了这位新君主；孩子们很喜欢模仿大人们热衷的行动，他们在笨拙地复制大人，在贝尔蒂埃和富隆被杀后的几个月，有人向巴伊报告说，街上的顽童列队游行时，枪尖上挑着两个猫头。②

---

① Floquet, VII, 54. 10月16日，诺曼底的格兰维尔也发生了同样的事件。一个妻子勾结自己的情人（一个士兵）杀死了自己的丈夫，人们准备吊死这个女人，车裂那位奸夫，但群氓们此刻高喊"民族有赦免的权利"，然后掀翻了绞架，救走了两个杀人犯。

② Bailly, II, 274 (16 août).

Ⅱ

可怜的君主！他所保留的主权比以前更为不幸！面包总是稀缺，面包店门口的长队从来就没有缩短过。巴伊和他的供应委员会徒劳地值夜巡视，他们总是惴惴不安。两个月的时间里，每个早上运来的面粉只够一两天，有的时候，入夜时分，明日的面粉还没有到[①]。首都的生计依赖10法里、15法里、20法里外的供应运输，而这种运输有可能中断：7月18日，一支20辆车子的车队在鲁昂的大道上被抢劫；8月4日，另一支车队在卢韦尔附近被抢。从7月14到9月底，驻桑里斯的瑞士军团日夜护送运粮船，如果没有它的保护，鲁昂没有一条船能运粮到巴黎[②]。负责收购和押运粮食的官员有生命危险。派往普罗万的官员被抓，为了解救他们，派出了一队四百人的人马，还带上了大炮。派往鲁昂的官员听说，如果他敢进城就会被吊死；前往芒特的官员的马车被人包围；在群众看来，谁运走粮食谁就是公众的敌人；这个官员费了老大劲才从后门逃跑，徒步返回巴黎。从一开始就存在一个普遍性的规律，越是担心缺粮，饥荒就会越严重；每个人都要准备好几天的口粮，有人曾在一个老妪的阁楼里发现16块4斤的面包。结果，若按每人每天的需求量烤制面包，肯定是不够的，排在队伍后面的人只能两手空空地回家。另外，城市和国家为平抑面包价格而提供的补助只能使队伍越排越长；乡民们也会来排队买面包，拎着面包回村子；在圣丹尼，面包价格每斤两个苏，当地居民基本买不到。除了这种每天都要面对的焦虑，还要担心失业。人们不仅要担心下周面包店里是否还有面包，还要操心是否有钱去买面包。既然治安恶化，财产权被动摇，生产活动自然不振。失去封建权益的富人（有时连地租也没有了）也在缩减开支；他们还受到调查委员会的威胁，时刻有可能被当地人入户搜查，或被自己的仆人举报，因此

---

① Bailly, II, 83, 202, 230, 235, 283, 299.

② *Mercure de France*, n. du 26 septembre. – E. et J. de Goncourt, 111.

很多人流亡外地。内克曾在9月份抱怨说，15天内向富裕居民颁发的通行证就达6000份。十月份，流亡到罗马的贵妇们写信叫人打发家仆，把女儿们送到修女院去。到1789年年底，据说逃到瑞士的流亡者人数已经很多，以致一所房子的租金相当于巴黎的价格。第一批流亡者中有很多花销大户，如阿图瓦伯爵，孔蒂亲王，波旁公爵，等等，跟他们一起离开的还有外国的富翁，他们当中首当其冲的是每年花80万利弗尔的西班牙公主；留在巴黎的英国人只有三个。

巴黎是奢侈之城，是培育欧洲所有高雅奢靡的生活情趣的温室：一旦玻璃穹顶碎裂，各路爱好者随之而去，各色娇弱植物也会凋零；曾经培育它们的无数只手，如今已无事可做。要是能在赈济工场挥舞十字镐，就算报酬再低廉也是大喜过望！巴伊说，"我看到缝纫工、商人、金银匠，都恳请以每天20个苏的低价给份工作。"如果愿意的话，您可以把所有失业者编为一两个社团或大行会①。600个假发匠雇佣了近6000人，贵族家中的两千侍寝者也构成一个行会；还有6000跑腿的差役专事这一行。裁缝行会包括2800名师傅，他们手下还有5000工人。"除了侍寝者，还要加上各个享有特权的地方的逃难者，如在圣日耳曼和圣马塞尔修道院，在坦普尔长长的围墙内，在拉特兰的圣约翰围墙内，在圣安托万区：在这些地方，您会发现，至少有1.2人是做缝补剪裁手艺的。"这两个行当中现在有多少人无事可做？挂毯匠、绦带商、绣花工、制扇工、镀金匠、马车匠、书籍精装工、雕刻工——巴黎各色考究行业的从业者中，有多少人流落街头呢！等到他们再次开始工作时，他们在面包店门口、在国民自卫队的巡逻队里浪费了多少天的时间啊！虽然有市政厅的禁令②，他们还是会聚集起来，在公众场合讨论自己的悲惨处境，柱廊便有将近3000裁缝学徒，路易十五广场有同样多的修鞋匠，香榭丽舍大街上聚集着假发匠学徒，卢浮宫周围则有四千名找不着工作的仆役。他们的诉求跟他们

① Mercier, *Tableau de Paris*, I, 58; X, 151.

② Ferrière, I, 178. – Buchez et Roux, II, 311, 316. – Bailly, II, 104, 174, 207, 246, 257, 282.

的头脑倒是很匹配。仆役们要求将萨伏伊人遣送出巴黎，因为这些人是他们的竞争者。裁缝学徒要求每天付给他们40苏的工钱，并且要禁止制作新衣服。鞋匠学徒则宣称，以低于固定价格制作鞋子的人要被驱逐出法国。每个恼怒躁动的群体都在酝酿骚乱，说真的，巴黎的每条街道都有这样的酵母，如在聚集着1.4万名赤贫者的蒙马特尔赈济工场，在面包店主想哄骗面粉管理员的中央市场，在每家面包店的门口：9月14日和10月5日，两个店主被拽到了路灯杆上，差一点就送了命。在这个饱受困苦的、乞丐一样的人群中，每天都有更多的人成了打手；他们是各个部队的逃兵，成群结队地来到巴黎，有时一天就有250人进城；在巴黎，国民议会每人每天给他们50利弗尔，“安抚他们，竞相款待他们”[①]，国王用津贴维持他们的快乐日子，各个区也设宴招待，为了给他们准备葡萄酒和香肠，一个区就要花1.4万利弗尔，“这些人习惯于大手大脚地花钱”，习惯于吃喝放纵，而他们的同伴自然也尾随而来。“7月31日夜，在凡尔赛服役的近卫军离开守卫国王的岗位，没有军官带领自行前往巴黎，但带上了武器和行李”，以便“参与巴黎对他们的团队采取的行动”。9月初，这类逃兵总共有1.6万人[②]。不过，在杀戮者当中，他们只是排在头里的人，这是毫不奇怪的，只要稍微回想一下他们的出身、他们的教养和他们的道德水平。挖出贝尔蒂埃心脏的正是一个王家轻骑兵。在圣丹尼，三个普罗旺斯团的士兵冲入夏塔尔家，砍下他的头拿到街上示众。在帕西，同骑警进行枪战的是瑞士军团的士兵。他们的大本营是罗亚尔宫，那里有他们为之奔走效劳的姑娘，有给他们发号施令的煽动家。从此，一切都取决于这里的命令，要想知道事态的发展，只要看

① *Mercure de France*, 5 septembre 1789. – Horace Walpole的信件，1789年9月5日。- M. de la Fayette, *Mémoires*, I, 272. 在7月14日之后的一周内，6000名士兵开小差并混入民众行列，另外，四五百瑞士禁卫军和六个营的近卫军也已不听军官指挥而为所欲为；附近乡间的流浪汉蜂拥而至；巴黎有“3万多外地人或不轨之人”。

② Bailly, II, 282. 士兵开小差已成不可阻挡之狂潮，以致拉法耶特被迫设立岗哨阻止逃兵进城。“若不是采取这个措施，整支军队都会进来”。

看这些新的民众领袖的作为就够了。

III

各区的职员和议会成员，国民自卫队、咖啡馆、俱乐部和公共广场上的提案人，小册子和公报的作者，所有这类人就像暴风雨之夜孵化出的啾啾鸣虫一样迅速繁衍。7月14日之后，数千个广场就成了放纵各种野心的舞台；"诉讼代理人，公证人，工匠，商人，店铺里的小伙计，戏剧演员"，尤其是律师①，每个人都想成为新政权的官员，管理者，顾问和大臣；新创办的报纸有几十份②，它们成了永久性的论坛，演说者们在报上奉承百姓以谋得好处。哲学落入这样的人手中，就变得滑稽可笑了，尽管它既有恶劣影响，也取得过一些成就，但其内容之空洞无与伦比。在六十个区的大会上，喋喋不休的律师们把这些浮华的教条变成了革命的教义问答。这些人会从分界共有墙扯到各帝国的宪法，俨然成了立法者，他们口若悬河地向听众唠叨，向

---

① Ferrière, I, 103. – Lavalette, I, 39. —Bailly, I, 53.（关于律师）："可以说，革命的成功归功于这个群体。"—Marmontel, II, 243. 1789年巴黎举行初选以来，"我发现"，他写道，"这类人到处煽风点火，使阴耍诈，跟人斗嘴，为表现自己一个个都显得很猴急……大家知道，这个群体（律师）为何这么热衷于把改革变成革命，把君主国变成共和国：他们要为自己建立一个持久的贵族阶层"。- Buchez et Roux, II, 358（德穆兰的文章）："在这些街区，为了担任主席、副主席、秘书、副秘书，所有人都扯开嗓子喊叫，浪费自己的时间。"

② Eugène Hatin, *Histoire de la presse*, V, 113. – Le Patriote français, par Brissot, 28 juillet 1789. – *L'Ami du people*, par Marat, 12 septembre 1789. – *Annales patriotiques et littéraires*, par Carra et Mercier, 5 octobre 1789. – *Les Révolutions de Paris*, 主要编辑出版者是卢斯塔洛, 17 juillet 1789. –*Le Tribun du peuple*, lettre par Fauchet (milieu de 1789). – *Révolutions de France et de Brabant*, par C. Desmoulins, 28 novembre 1789.【我认为他的《自由法国》（*France libre*）创办于8月，《路灯谈话》（*Discours de la lanterne*）创办于9月。】—《导报》（*Moniteur*）直到1789年11月24日才出版。在随后的70期当中，直到1790年2月3日，议会辩论才被编辑出版，而且采取戏剧化的夸张方式。1790年2月3日之前的各期，是共和四年汇编而成的。对于大革命最初的六个月，《导报》的叙述部分没有价值。关于议会历次会议的报道较为准确，但如果要撰写详尽的国民议会史，仍应对会议、对发言进行逐次的核对。在这个时期，主要的即时性资料是：*Mercure de France*, *Journal de Paris*, *Point du Jour*, par Barère; *Courrier de Versailles*, par Gorsas; *Courrier de Provence*, de Mirabeau; *Journal des débats et décrets*, *Procès-verbaux de l'Assemblée nationale*, *Bulletin de l'Assemblée nationale*, par Maret; 除了上述于7月14日之后出版的报刊，还有一些单独印刷的发言稿。

他们证明，他们生来具备各种能力，拥有各种合法权益，听众于是欢声雷动，演讲者更是带劲了。一个头脑冷静的目击者说[1]，“这样的人一张嘴，我们就肯定知道要被没完没了的格言警句淹没了，虽然他讲的只是有关路灯和草料贩子的货摊之类的事情。他的大嗓门直冲房顶，喊了两个小时，他的肺已经累垮了，此时响起了叫声、赞叹声，听众心醉神迷，简直到了癫狂的地步。演讲者自认为成了米拉波，听众则以为自己就是正在决定法国命运的制宪议会。”报纸和小册子也是一样的调子。骄傲自大的醉意和空洞的大话充斥着所有人的脑子；最兴奋最谵妄的人是大众的魁首，他是这幕疯癫剧的导演和推手。

您且看看人气最高的首领：他们是文坛和法律界没有出息的货色，要不就是刚出道的无名之辈。每天早上发行的公报，就是他们自我展示和卖身的货摊，如果说他们很受狂热的公众的青睐，那只是因为他们尖酸刻薄的品味。这些人头脑简单空洞，没有任何政治理念，更不具备任何实际经验和能力。德穆兰29岁，卢斯塔洛27岁，他们的教养基本是回想中学、法律学校的那点知识，或者雷纳尔之流搜罗的那些套话。至于布里索和马拉等夸张的人文主义者，他们只是通过自己阁楼的天窗、通过乌托邦的有色眼镜来观察法国和外国。这种误入歧途的苍白头脑，自然会把《社会契约论》当作福音书：因为它把政治科学简化为某种简单公理的严格运用，这让他们免除了全部的钻研之苦；这种理论让社会任由人民的意志去摆布，人民掌握了社会。所以，人民摧毁了剩下的社会组织，大力推行平均化，直到所有人都处于同一水平。德穆兰写道[2]：“除了我的原则，我还有其他的愉悦：找到自己的位置，向那些曾鄙视的人证明我的能力，把因命运之偶然而处于我上方的人拉到我的层次。我的座右铭就是所有正直人的座右铭：不可再有优越。”就这样，每一种浮夸口号都把报复

---

① Lavalette, *Mémoire*, I, 40.

② C. Desmoulins, *Lettres* du 20 septembre et suivantes.【他引述了卢坎(Lucain)的一句诗，对他来说这句诗有这个意思。】- Brissot, *Mémoire*, passim. – *Biographie de Danton,* par Robinet. (罗兰夫人、Rousselin de Saint-Albin的证词。)

心和攫取欲藏到了自由的大名下。他以自己的理论来论证自己的激情,充当煽动分子而又自视为爱国者,将自己的野心包裹在人类利益之下:没有什么比这更自然更快意的了。可以再现一下三个月来的几位民意领袖:德穆兰,一位接不到案子的律师,住在一间配有家具的房子里,靠借钱和从家里拿的几个路易度日,每天都有人逼债;卢斯塔洛更是籍籍无名,头年他被波尔多高等法院接纳,但后来他来巴黎闯荡前程;丹东,另一个二流律师,来自香槟的一个破落小城,曾为了买个差事而借钱,家境拮据,靠着卖汽水的岳父每周给的一个路易勉强维持;布里索,波希米亚式的流浪汉,曾为一些文坛剽窃者卖力,十五年来,他关于英国和美国的报道,除了鸡毛蒜皮之事和某些荒谬的观念,没有任何有价值的东西;最后是马拉,一个被人嘲笑的作家,一个十足的庸才学者,一个半途而废的哲人,一个篡改自己实验却被夏尔(Charles)医生发现、因而犯下学术舞弊罪行的人,终于从与其能力不匹配的抱负之云端跌落下来,成了阿图瓦伯爵马厩中的一个低级医生。而现在,丹东是哥德利埃俱乐部的主席,可以在他的街区颁布他认为合适的法令;丹东动议之激烈、嗓门之洪亮,使其几乎掌控了他所在的街区。在卡昂,马拉一句话就导致贝尔松斯少校被杀。德穆兰则带着胜利者的微笑宣告,“首都大多数人将他提名为革命的主要领导者之一,很多人甚至说他是革命真正的缔造者”。一下子被抬到这么高的位置,您以为他们愿意暂停下来,愿意往下走么?他们将竭力支持使其初尝站在巅峰之感觉的暴动,这不是显而易见的吗?然而,站在高处会头晕;他们突然之间被抛到空中后,感觉周围的一切都倒转了过来,愤怒和恐惧让他们惊叫,觉得到处都是阴谋诡计,身后还有看不见的绳子拽着他们,于是他们喊着让人民割断这些绳子。他们毫无经验和能力,缺乏远见,恐惧而又轻信,带有教条式的固执,所有这些都给他们平添了力量,并催促人民发起攻击;他们所有的话语和文章都可归结为这句话:“人民,也就是你们这些在街道上听我演讲的人,你们的敌人是宫廷和贵族;你们还有代理人,就是市政厅和国民议会。你们要把那只无情的手伸向你们的敌人，将他们绞杀，另一只手则要推动你们的代理人前进。”

德穆兰自封“路灯检察长”[①]，如果他为处死富隆和贝尔蒂埃后悔过，那是因为“这种过于简便的司法手段使得阴谋的证据随之消失”，而这就放走了很多叛国贼；他自己随便提了20来个叛国者的名字，至于有没有冤枉别人，他是毫不在意的。“我们身处黑暗之中；为了警示盗贼，忠实的狗即使向行人狂吠也是件好事。”从这时开始[②]，马拉开始谴责国王、大臣、行政机构、穿袍贵族、司法界、财税界、科学院；所有这些人员和机构都是“嫌疑犯”；说实在的，人民只是因为自己的错误才忍受这一切。“囤积粮食的正是政府，让我们以金子的价格去购买毒害我们的面包。”政府还玩弄新的阴谋，企图封锁巴黎，更轻易地使其陷入饥饿。在这样一个时刻，这样的话无异于在恐惧和饥饿之上扔了一把点燃的麦草，很快就会燃起狂暴和残忍的怒火。对这些饥肠雷动、惊恐万状的乌合之众，煽动者和报人不停地说要行动起来，可以站在当局一边行动，必要时也反对它。换句话说，做我们想做的事吧！我们是唯一合法的主人；“在一个组织良好的政府中，全体人民是真正的主权者”；我们的代表只是执行我们的命令；“黏土有什么权利反抗陶罐呢？”

正是因为这一点，充塞于罗亚尔宫的躁动的俱乐部取代了凡尔赛的议会；难道它不是有全部的理由承担这一工作吗？7月12日和13日，正是罗亚尔宫“挽救了民族”。正是“它，以连篇的讲演和小册子”，把所有人，甚至包括士兵，变成了“哲人”。这里是爱国主义的大本营，“爱国精英们的聚会地”，无论是巴黎还是外省的爱国者，只

---

① *Discours de la Lanterne*, épigraphe de l' estampe. 译者按：大革命时期有个著名的口号，à la lanterne! 即把某人吊上路灯杆处死。德穆兰自封路灯检察长，意思是说他是民众私刑的鼓动者。

② Buchez et Roux, III, 55, 马拉的文章，10月1日。“将所有嫌疑人等全部从市政厅扫荡出去……把议会的代表人数降低到50人，其任期缩减为一个月或六周，并严格规定他们不得有任何让步。” - Et II, 412, 马拉的其他文章。- *Ib.*, III, 21. 卢斯塔洛的文章。- C. Desmoulins, *Discours de la Lanterne*, passim. – Bailly, II, 326.

要他们不能也不愿在自己的社区行使选举权（尽管他们享有完全的选举权），就可以来这里。“来罗亚尔宫更方便。这里无须向主席申请发言，无须等待两个小时才轮到自己。人们提出自己的想法，如果能找到应和的人，发言者就会被抬到椅子上。如果他受到听众欢呼，他就会起草提案。如果被人喝倒彩，他就得开溜了，就像罗马人那样”。所以这里才是真正的民族大会，比凡尔赛的那个半封建的议会更有资格，后者塞进了“六百个教士和贵族议员”，这些人是僭越者，“应该送去服苦役”。所以，这个纯粹的国民大会应该管控那个不纯洁的议会，“富瓦咖啡馆要统治法兰西”。

IV

7月30日，在鲁昂领导骚乱的一个小丑人物被逮捕，“罗亚尔宫有人[①]公开号召一起去把这个人要回来”。8月1日，被议会温和派刚刚推举为主席的图赖（Thouret）被迫辞职；罗亚尔宫威胁说，要派一支队伍去杀死他和给他投票的人，一些被谴责、遭指控者的名单在到处流传，名单上有好几个议员的名字。从这一刻开始，所有重要的议会辩论，如废除封建体制，取消什一税，人权宣言，两院制问题，国王的否决权[②]等问题，全都因为议会外的压力而失去应有的平衡：例如，在一次秘密会议上，30票中有28票反对人权宣言，但在公开会议的讲台上它被认可，并以多数票通过。像7月14日之前一样（或者说更为严重），有两种强制力量影响了表决结果，占支配地位的派别总是将这两股力量结合起来，扼住了反对派的咽喉。第一种力量首先来自占据议会走廊的团伙，他们差不多是同一批人，“五六百个常客”，

---

① Mounier, *Recherches sur les causes*, etc., I, 59. – Lally-Tollendal, *Seconde lettre*, 104. – Bailly, II, 203.

② Bouillé, 207. - Lally-Tollendal, *ib.*, 141, 146. – Mounier, *ib.*, 41, 60.

按照约定好的信号和口号喊叫[①]。他们当中，很多人是穿着市民衣服的近卫军士兵，而且有轮岗；他们事先会要求自己喜爱的议员“几点该到，如果一切顺利的话，他们对教士和贵族议员还算客气”。特罗瓦涅·梅里古尔(Théroigne Méricourt)指挥的街头妇女是这些人的帮手，这位指挥者是个风月场上的泼妇，她布置人马，发号施令，或让人嘲骂，或让人拍掌。在有关否决权的公开辩论会上，“议员们要么赢得走廊上的掌声，要么遭受谩骂侮辱，具体则视议员说出的是搁置还是无限制[②]。威胁言辞在流传，其中有个人说，我已经听到这些言论在我周围回荡”。而且威胁开始外溢了：“被主人赶出家门的仆役，开小差的兵弁，衣衫褴褛的妇女”，准备把顽固不化者吊在路灯上，“把拳头伸到他们鼻子底下”。在“这个会议大厅里”，甚至早在7月14日之前，“有人就记下这些顽固者的名字，名单被交给群众”，送到罗亚尔宫，然后再通过信件和公报发往外省[③]。对议会的第二种强制力量便来自这里：每一位议员的投票表决，在巴黎是以自己的性命为担保，在外省是以自己家人的性命为赌注。原第三等级的议员承诺，他们将反对两院制，理由是他们“不愿自己的妻子和孩子被人割断喉咙”。8月30日[④]，为促使议会完成最终的转变，罗亚尔宫最喧嚣的咆哮者圣于吕日(Saint-Huruge)带领1500人向凡尔赛进军。实际上，这里的俱乐部以其高明的见识、公正廉明和无瑕的美名决定，“应撤销无知、腐败和可疑的代表”。不管他们是哪些人，确定无疑的事情

---

① *Mercure de France*, 2 octobre 1790.（马莱·杜潘的文章：“我见证了这一切。”）– *Procédure criminelle du Châtelet,* 关于10月5日和6日的事件. Déposition de M. Feydel, député, n. 148. – Montlosier, I, 259. – C. Desmoulins (*la Lanterne*). “巴黎的几个代表渐渐被赏金、想象中的财运和爱抚收买了。幸运的是还有不可腐蚀的走廊，它总是站在爱国者一边。*走廊上有人民的保民官，他们在长凳上旁听议会的辩论，并且拥有否决权*。走廊还代表首都，令人欣慰的是，*宪法是在首都激烈的战斗中制订出来的*。”（C.德穆兰是个天真的政客，言辞之间总会漏老底。）

② 这里说的是当时议会对国王否决权的表态，有些议员主张搁置或架空国王对议会通过的法律的否决权，有些则主张国王应有不受限制的否决权。—译者

③ *Procédure du Châtelet, ib.* Déposition de M. Malouet (n. 111). “和拉里及穆尼埃先生一样，我每天都收到匿名信和应被起诉者名单，我们的名字都在上面。这些信件声言，如果谁胆敢为王权辩护，马上就会暴死。”

④ 此处日期似有误，从下文看，疑为7月30日或31日。—译者。

是，这些人曾为国王的权利辩护；他们的人数有600多，其中200多人是议员，应该先驱逐他们，然后交有司审判[①]。在此期间，这些议员接到了警报，比如国民议会主席朗格尔（Langres）主教："1.5万人正准备点燃议员们的城堡，尤其是您的，大人。"为了进一步明确，有人还以文字形式通知议会秘书，"2000封信件"将发往外省，以向人民坚决揭发邪恶议员的行径："你们的房子就是你们的意见的担保！想想吧，好自为之！"第二天，8月1日，罗亚尔宫的五个代表团，其中一个由卢斯塔洛率领，先后造访市政厅，要求搜查储金处，召集公民开会，以重新审核议员们的代表权，还要下令国民议会暂停有关否决权的辩论，直至各区和各省就这个问题发表意见之后：实际上，作为唯一的主权者、唯一的权能方，人民始终有权驱逐议员或对其发出新的指令，议员只是他的仆人。第三天，8月2日，为了进一步明确意图，罗亚尔宫的代表们除了发言还采取了行动；他们被引到议员们面前，警告后者说，如果不服从就要被绞死，一边说着一边还把两根手指顶在脖子上。

这之后，国民议会徒劳地发了通脾气，宣布它鄙视各种威胁手段，声言它将保持独立性；姿态已经表达出来了。穆尼埃（Mounier）说，"300多个议员一度决定支持国王享有绝对否决权。"十天之后，只有几个议员出于个人感情还支持国王，大部分都转向了，因为他们担心"一场全面的暴动"，不"希望将王室的身家性命置于危险之中"。但这样的让步只会刺激新的敲诈欲。街头的政客们现在有了经验，他们知道靠暴力能从合法权威那里得到什么。暴行的成功和不受惩罚给他们壮了胆。他们在盘算自己的力量和政府的弱点，再打出一拳，他们就是无可争辩的主人了。对有远见的人来说，结局反正已经很清楚了。当十字路口的煽动家、街角的走卒深信他们的智慧高于常人，并以自己的大嗓门、自己的拳头和长矛强行通过法令时，经验、知

① Buchez et Roux, I, 368-376. – Bailly, II, 326, 341. – Mounier, *ib.*, 62, 75.

识、良知、冷静、才华、理智片刻之间就会从人类事务中被排挤出去，人类也就堕入了深渊。米拉波支持国王终身享有否决权，结果大批群众含泪恳求他改变主意："伯爵大人，如果国王有否决权，国民议会就没有必要，我们也就成了奴隶[①]"。这样的狂热情绪并没有人去疏导，一切机会都已丧失。9月底，米拉波还对拉马克（La Marck）伯爵重复这样的话："是的，一切机会都已失去，国王和王后会因此送命，您会看到，暴民会践踏他们的尸体"。八天之后，爆发了10月5日和6日的事件，这既是针对国王和王后，也是针对国民议会和政府，一切当前和未来的政府；控制巴黎的暴力派制服了法国的领导者，将他们置于严密的监控之下，并以持续的侵犯为断续的攻击行为正名。

V

这一次仍然是两股不同的潮流汇聚成一条巨流，催促着民众奔向同一个目标。一方面是空荡荡的胃里燃起的怒火和因饥荒而聚集起来的妇女：既然巴黎已经没有面包，那我们就去凡尔赛要吧；这一次，国王、王后和太子将跟我们站在一起，将承诺给我们食物；"我们将带回面包店的老板、老板娘和小伙计"。另一方面是大脑中的狂热和受支配欲驱使的男人：既然我们的首领在那边不服从，我们就去让他们当场服从；国王对宪法和人权宣言挑三拣四，我们要让他们批准；他的卫兵拒绝佩戴我们的三色徽，我们要让他们接受；有人想把国王带到梅茨，我们要让他来巴黎；在这里，在我们的手眼之下，他和一直步履蹒跚的议会定能快步走上康庄大道，议会也总能找到正确的道路，不管是出于自愿和出于压力。这些想法汇聚在一起，便酝酿

① Etienne Dumont, 145. – *Correspondance,* 米拉波伯爵与拉马克伯爵之间的通信。

出这场进军①。十天之前,凡尔赛就有人公开提到了这件事。10月4日,巴黎有位妇女在罗亚尔宫提议进军;丹东在哥德利埃俱乐部鼓噪咆哮;马拉"一个人制造的噪音相当于末日审判中四个大喇叭";卢斯塔洛写道,"革命应该掀起第二波高潮"。德穆兰说,"罗亚尔宫、圣安托万区、各个桥头、码头上,一整天都在聚会……商讨去除单色徽……这种徽章被扯掉,踩在脚底下,再有佩戴者将被吊上路灯杆:有个军人试图捡回单色徽,上百根棍子举了起来,迫使他放弃这个想法②"。一场危机到来之前的全部征兆都已齐全;在一个焦躁痛苦的庞大身躯中,一块巨型脓疮已经形成,很快就要溃穿流出。

但像往常一样,化脓的病灶总是在心脏位置,构成病灶的元素则是毒性最强的欲望和最肮脏的动机。龌龊男女卖身投靠,用钱就可以收买他们。不是有众多的下层阴谋分子利用过意志不坚的奥尔良公爵么?他们借口推举公爵为王国的总管而诓骗了他几百万。从4月底以来,不是有狂热分子凑钱怂恿士兵开小差,鼓动盗匪展开行动,削平一切摧毁一切么?在公共广场和某些邪恶的处所,总有马基雅维利在煽动卑贱的男人和站街拉客的女人③。从弗兰德尔团驻守凡尔赛的第一天起,有人就用姑娘和金钱来收买官兵。为达此目的,60个不正当的女孩被打发到这里,近卫军也前来请这些新来的战友

---

① *Procédure criminelle du châtelet.* Dépositions 148. – Buchez et Roux, III, 65, 67. (德穆兰的叙述,卢斯塔洛的文章。) – *Mercure de France*, n. du 5 septembre 1789. "8月30日星期日夜间,罗亚尔宫有人要求驱逐来自各个等级的几名议员,尤其是部分多菲内的议员……有人说要把国王带回巴黎,太子也该回来。人们劝说正直的公民和不可腐蚀的爱国者立刻动身前往凡尔赛。"

② 这种做法并非报复,近卫军用餐时根本没有发生类似的事件(10月1日)。"在普遍的欢愉气氛中,"一个目击者说,"我在国民议会没有听到对任何民众派别和民众支持者的侮辱言辞。人们只是一个劲儿地喊:国王万岁!王后万岁!我们将誓死保卫他们。"(Madame de la Rochejaquelein, 40. – *Id.*, Mme Campan, 另一位目击者。)— 当然,凡尔赛国民自卫军的年轻人只是改变了徽章,就像所有人所做的那样,但也有一些妇女分发白色徽章。另外,此前和此后有一些传言,旨在挑起暴动,或为之辩护。- Cf. Leroi, *Histoire de Versailles*, II, 20-107. – *Id.*, 41. "至于丢弃民族徽章一事,所有证人都明确否认。"《凡尔赛信使》的编辑Gorsas是这一诽谤言论的始作俑者。

③ *Procédure criminelle du châtelet.* Dépositions 88, 110, 120, 126, 127, 140, 146, 148. – Marmontel, *Mémoires*, 与尚福尔的谈话, 1789年5月。- Morellet, Mémoires, I, 398. (据加拉的证词,尚福尔交出了他所有的积蓄,共3000利弗尔,以资助这样的行动。) – Malouet (II, 2) 认识四名"直接参与这次行动的"议员。

喝酒。这些新兵还在罗亚尔宫受过款待，其中三个一边向人出示价值六个利弗尔的埃居，一边说道："去巴黎可真是件高兴事儿，总会带点钱回来"。通过这种手段，抵抗力量事先就被瓦解了。至于攻击力量，妇女将充当先锋部队，因为别人对她们开枪时有所顾虑；不过，为了增强这支先遣队，很多人男扮女装混入她们的队伍；走近仔细观察就能认出这些男人：红色的面妆下是还没刮干净的胡子，嗓音和步态也跟妇女不一样①。这些男女中间，不难发现罗亚尔宫的女子和和吃她们软饭的逃兵；这些女子很可能把换洗的旧衣服给了她们的情人；夜里她们跟情人在国民议会外的长凳上碰头，这是个公共约会场所，她们在那里就像在家里一样逍遥自在②。无论如何，第一批出发的人马就是这类货色，他们兴高采烈，穿得像参加演出的，"大部分年轻女子身着白衣，头上精心打理了一番，还扑了粉，一派活泼动人的样子"，有几个"笑着、唱着、跳着"，仿佛是要出门野餐。有三四个女子比较知名，一个挥舞着佩剑，另一个是著名的特罗瓦涅，还有一个是玛德莱娜·沙布利（Madeleine Chabry），又名路易松（Louison），被妇女们推举为同国王对话的人，年轻漂亮，但很轻佻，在罗亚尔宫卖花和其他物什。有些妇女看来在自己的行当里是头面人物，有八面玲珑的社交风范：如果您愿意的话，可以设想她们就是尚福尔（Chamfort）和拉克罗（Laclos）的情妇③。另一些人是洗衣女工，女乞丐，鞋子都没有的穷苦女人，以及几天前花钱招募来的女鱼贩子。这批人是最初的核心，它将继续膨胀，因为，这队人马会吸碰到的妇女，不管人家愿不愿意，不管她是门房、裁缝、佣人，还是撞上的女资

---

① *Procédure criminelle*, etc. 1. 关于弗兰德尔士兵：Dépositions 17, 20, 24, 35, 87, 89, 98. - 2. 关于化装成女人的男人：Dépositions 5, 10, 14, 44, 49, 59, 60, 110, 120, 139, 145, 146, 148. 调查诉状特别指出了6个人，以对其进行拘捕。- 关于这次行动中的妇女：Dépositions 35, 83, 91, 98, 146, 154. – 关于分发钱款：Dépositions 49, 56, 71, 82, 110, 126。

② *Procédure criminelle du châtelet.* Dépositions 61. "夜里，那里的人们总会搞些苟且之事，证人觉得没有必要再去讲述这些事情了。"

③ 尚福尔和拉克罗均为18世纪后期的法国作家，泰纳这里可能主要指他们的作品或私生活放荡。尚福尔的文字以大胆和激情著称，拉克罗的《危险关系》在当时引起一场轰动。—译者

产者，都要跟她们走，否则就会被剪掉头发。加入她们队伍的还有声名狼藉的男人，如街头小混混，强盗，窃贼，总而言之，所有聚集在巴黎的渣滓败类，一有风吹草动他们就会出动：其实他们在第一时间就已尾随在市政厅的妇女队伍后面。其他人则在傍晚和夜里出发。还有人在凡尔赛等候。在巴黎和凡尔赛，有很多人已经被收买：某个穿灰白肮脏上衣的人，手里拿着金币和银币散个不停。这就是伴随民众洪流而来的烂泥，就算设法让洪水退却，烂泥也会在每一个决堤口淤积，并留下自己的印记。

最初在市政厅集结的队伍是四五百个妇女，由于市政厅的卫队不愿使用刺刀，她们得以进入各个大厅，试图焚烧文件，并说，从革命以来，人们除了炮制这些文件外什么都没做①。一伙男人尾随而至，冲开大门，抢劫武器库。20万法郎的现金券被盗走或失踪；有几个暴徒开始放火，另外几个把一个修士吊了起来。修士被救了下来，火也被扑灭了，但都是在分毫之间：这只是民众上演的大戏的一个小插曲。与此同时，格雷武广场上汇聚的妇女越来越多，人群一直在高喊一个口号："要面包！去凡尔赛！"执达吏马雅尔（Maillard），一个参加攻打巴士底的人，自荐当队伍的首领，大家接受了，并敲响了鼓；队伍出巴黎时，有七百个妇女，外加几百个男子，到凡尔赛时，靠着告诫和规劝，马雅尔尚能在这伙闹哄哄的人群中维持一点秩序。但这躁动的人群是一股凶猛的力量，它反对一切政府又非常专制。一方面，这会出现一种最恶劣的情形：人群中的每个人都为所欲为，这一点到晚上就能看到。另一方面，人群的巨大压力会击溃一切权威，摧毁所有规章：等他们一到凡尔赛就可以看到。他们被允许进入议会，一开始是少数人，但妇女们纷纷挤到门口，接着就是成群结队地涌了进来，塞满了走廊，进而又占据了大厅，男人也跟了进来，手里拿着大棒、戟

① *Procédure criminelle du châtelet*. Dépositions 35, 44, 81. – Buchez et Roux, III, 120. (*Procès-verbal* de la Commune, 5 octobre.) – *Journal de Paris*, n. du 12 octobre. 几天以后，诉讼代理人Pic先生报告说，"他从敌人手里抢回了10万法郎的巨款"，人们还找回了一大盒钱票，这个盒子在争吵中被扔进了一个收据箱子。

和矛；一片哄乱当中，民众挤进了议员中间，跟后者坐在了一条椅子上，跟他们一起投票，围在议会主席身边，向他发难，威胁他，侮辱他，最后主席离席而去，一个妇女坐到了他的椅子上①。走廊上的一个卖鱼妇指挥着身边的上百个妇女，指示她们或喊叫或沉默，一边还质问和申斥议员们："谁在那里说个不停？快让这啰嗦的家伙闭嘴。那些东西都不管用，要紧的是面包。让我们的那个男人婆米拉波讲话，我们想听他说。"于是，一份关于粮食供应的法令被草拟出来，但领头的还有更多的要求；人们还应该准许他们进入任何他们怀疑囤积粮食的地方；还应该"规定四斤的面包价格为六个苏，肉每斤价格为六个苏"。"你们可别以为我们是可以随便耍弄的孩子：我们已经举起了胳臂，你们就要按要求去做。"这个核心观念衍生出各种各样的政治指令。要撤走弗兰德尔团；这1000人是多出来的，他们要抢走我们嘴里的面包。要惩办那些禁止面包店主烤面包的贵族。"打倒教士！所有教士都给我们带来不幸。""穆尼埃先生，为啥您还为那无耻的否决权说话？当心被吊上路灯杆！"在这种压力之下，议会派出了一个代表团，由主席带领，冒雨踏上了泥泞的道路，一伙嚎叫着的妇女和拿着长矛的男人沿路监视他们；五个小时的恳求和等待之后，国王不但批准了代表团呈交的有关粮食的法令（这对他并不困难），还全面彻底地接受了人权宣言并批准了宪法条款。这就是议会和国王所拥有的独立地位②。新的权利原则、宪法的主要方针、政治学说的抽象原则就这样确定了下来，但这是在一群暴民的要挟下实现的，这些人不仅行动盲目，而且对自己的盲目也只有朦胧的意识："主席先生"，一群妇女对向她们汇报国王已批准法令的穆尼埃说，"情况还可以更好些吗？他会让巴黎的穷人也有面包吗？"

---

① *Procédure criminelle du châtelet*. Dépositions 61, 77, 81, 148, 154. – Dumont, 181. – Mounier, *Exposé justificatif*, 特别是 *Faits relatifs à la dernière insurrection*.

② *Procédure criminelle du châtelet*. Dépositions 168. 有目击者看到，在国王寝宫的门口"有几个穿着像卖鱼妇的女人，其中一个容颜俏丽，手里拿着一张纸，边向人炫耀边说：哈！f……，我们终于让这个蠢货批准了"。

在此期间，凡尔赛城堡周围已经沸腾了，在巴黎招募的姑娘们不顾禁令，施展她们的特长①，混入已摆出战斗队形的士兵行列。身着女武神红色罩衫的特罗瓦涅在分发钱币。有几个妇女对士兵说："你们跟我们一起干吧，我们马上就去揍国王的卫队；我们会夺过他们的漂亮衣服，然后卖出去"。另一些妇女则卖弄风情，骚扰士兵，投怀送抱，最后当兵的说："咱们乐呵乐呵得了。"天黑之前，整个团的士兵都被勾引过去了；妇女这样做是有意识的，她们有自己的理由。当某种政治理念渗入这样的头脑，不会让人变得高贵，只能使其进一步堕落；她们全部工作就是恣意放纵邪恶，而残存的那点羞耻本来还能抑制一下这种放纵；在公共利益的幌子下，淫荡和残暴大行其道。另外，相互间的传染、扎堆、喧闹、混乱、等待、饥饿，都在不断刺激着她们的狂热心理，最后闹出一副兴奋陶醉的样子，但其结局只能是神智昏聩，暴怒不已。兴奋陶醉在路上就开始了，刚上路时，一个妇女就说："我们要把王后的脑袋挑在枪尖上②。"在瑟弗尔桥头，另一些人附和说："她应该被割断喉咙，用她的肠子做成绶带。"天下着雨，行人又累又饿又冷；他们很晚才得到一点面包，费了老大劲才勉强支撑到了武装广场③。一伙暴民在切割被击杀的马匹，马肉烤得半生不熟就放进了嘴里，就像野人一样。在爱国主义和"正义"的名义下，他们脑子里的野蛮想法丝毫不奇怪：他们要反对"不依人民的原则行事的国民议会成员"，反对"朗格尔主教、穆尼埃和其他人"。一个身穿红粗布长衫的男子说，"要毛里修士的头来玩九柱戏"。不过，在妇女们的想象中，尤其可憎的是王后，她也是个女人，地位显赫的女人。"她这个人就是我们遭受的全部不幸的根源……应该杀了她，五马分尸。"夜晚降临，好多行动渠道出现了，暴力孕育出新的暴力。一个男子说，"如果我能接近这个蠢娘儿们，肯定当场割断她的脖子，真能

① *Procédure criminelle du châtelet.* Dépositions 89, 91, 98. "她们以身相许，甚至在当兵的面前把裙子撩了起来。"

② Procédure criminelle du châtelet. Dépositions 9, 20, 24, 30, 49, 61, 82, 115, 149, 155.

③ 武装广场位于凡尔赛城堡前。— 译者

这样我该多高兴啊！”上午时分，有人喊道："那个该死的荡妇在哪儿？应该吃了她的心……我们要砍下她的头，挖出她的心，炒了她的肝儿。”最初的凶杀案发生后，嗜血的欲望被唤醒了；从巴黎来的妇女说“她们拿了桶来，准备装国王卫兵的脑袋”，听到这话，其他人拍掌欢呼。在国民议会的院子里，平头百姓在检查绑在路灯上的绳子，看它是不是太细了，他们还想绑上另一条绳子，“以吊死巴黎大主教，毛里和埃斯普雷梅尼尔”。疯狂的杀戮欲甚至占据了秩序维护者的脑子，有人听到国民自卫队的一个士兵这样说："应该杀光近卫军，挖出他们心就着早餐吃”。

到午夜时分，巴黎的国民自卫队来了，但他们的到来只是在骚乱之外平添了另一场骚乱，因为他们也不服从首领的指挥了[①]。“如果拉法耶特先生不跟我一起来”，一个掷弹兵说，“我们就推举一位老掷弹兵做指挥官。”下定决心之后，大家来到市政厅找这位将军，六个连的代表以命令的口吻威胁说："我的将军，我们不认为您是叛徒，但我们觉得政府背叛了我们……粮食委员会骗我们，应该撤了它。我们想去凡尔赛消灭近卫军和弗兰德尔团，他们踩踏民族的徽章。如果法国的国王太虚弱，不能托起自己的王冠，那他就放下它；我们会把王冠戴在他儿子头上，这样万事都会好起来”。拉法耶特拒绝了，跑到格雷武广场说了一大通，但没有用；他对抗了好几个小时，一会儿说话，一会儿沉默，但全都是徒劳。成群的武装民众从圣安托万和圣马索区出动，人群越集越多；有人瞄准了拉法耶特，有人在准备把他吊上路灯杆。这时，拉法耶特从马上下来，正准备回到市政厅，但被他的掷弹兵挡住了去路："见鬼！将军，您得跟着我们，您不能抛弃我们。”作为他们的长官，他应该跟着他们；这也是市政厅的巴黎代表们的意见；他们送来了授权书，或者说是出征的命令，“因为不可能拒绝”。就这样，1.5万人来到凡尔赛，在他们前面，在他们旁边，

---

① *Procédure criminelle du châtelet*. Dépositions 7, 30, 35, 40. – Cf. La Fayette, Mémoires, et Mme Campan, Mémoires.

数千盗匪在夜色的掩护下也混到了凡尔赛。凡尔赛当地的国民自卫队已经包围了城堡，当地的百姓则堵塞了车辆通行的道路[①]，所有的出路都被封锁了。国王本人、他的家眷、大臣、宫廷，都成了宫中的囚犯，而且没有护卫。因为国王一心往好处着想，他把城堡外部的岗哨委托给拉法耶特的士兵，不过，出于某种不撞南墙不回头的固执[②]，他禁止自己的卫兵开枪，所以卫兵完全成了摆设。既然一般说来法律都是维护他的，而且法拉耶特刚刚让自己的部队再次宣誓了，他还有什么可害怕的呢？跟人民打交道，没有什么比信任和谨慎更有效了：他以为绵羊的行动肯定能驯服凶猛的野兽。

早上五点，天还没亮，这些野兽就在栅栏边游荡。精疲力竭的拉法耶特休息了一个钟头[③]，一个钟头对野兽们来说很充足[④]。手持长矛和棍棒的男女围在一支24人的国民自卫队小分队身边，要他们朝国王的近卫军开枪，然后这伙人冲击一扇大门，抓住了两个卫兵，割下他们的头。割头的侩子手是个长着大胡子的男子，在雕刻室里做模特；他朝大家张开鲜红的双手，刚才的行为让他得意洋洋；这对国民自卫队产生了很大的冲击，他们无法忍受这种触目惊心的场景，同情心让他们跟暴徒拉开了距离：这是抵抗的开始。这个时候，暴民们已经涌上旋梯，碰到卫兵就肆意殴打，将他们踩倒践踏，边诅咒王后边撞飞一扇扇大门。王后身穿衬裙仓皇逃走，差点被抓住。她和家人逃到国王身边，他们在房顶的牛眼窗（Oeil-de-Boeuf）筑垒防御，但

---

① *Procédure criminelle du châtelet.* Dépositions 24. 很多肉店的小伙计跟在从小马场出来的马车后面，嘴里喊着："要阻止他们早上开溜。"

② *Procédure criminelle du châtelet.* Dépositions 17, 89, 91 et 101. 面对已经攀上国王住所的楼梯的暴徒，近卫军士兵Miomandre柔声说道："我的朋友，你们爱你们的国王，但你们来到宫中会让他不安。"

③ Malouet, II, 2. "当时我并没有什么疑虑，"拉法耶特在1798年说，"因为人民曾答应我会保持平静。"

④ *Procédure criminelle du châtelet.* Dépositions 9, 16, 60, 128, 129, 130, 139, 159, 169, 170. 凌晨两点，近卫军的Le Repaire先生正在栅栏处站岗，一个男子将长矛伸过栏杆，告诉这个士兵："J……f……当兵的，过一会儿就轮到你了。"Le Repaire"退回岗亭，没有跟这个人说一句话，因为他已接到命令，不准采取任何行动"。

根本不管用，一扇房门已经被打开，他们只能等死了；就在此时，拉法耶特带着掷弹兵到了，挽救了尚能挽救的东西，也就是王后一家的性命，仅此而已。这时，聚集在大理石庭院中的群氓发出一阵吼声："国王回巴黎！"国王服从了这个命令。既然暴民手中已经有了这么大一个人质，他们应该不屑于再拿第二个人质吧？也不尽然。当王后带着儿子和女儿朝阳台走来时，一阵咆哮声袭来："不要带孩子！"暴徒们想把所有的枪口都对准王后，王后马上就明白了。这时拉法耶特赶了过来，凭自己在民众中的威望救了王后，他跟王后走上阳台，并恭敬地亲吻了她的手。亢奋的人群立刻转变了态度；在这种躁动紧张的神经质状态中，男人，尤其是女人，会陡然之间从一个极端跳到另一个极端，从暴怒很容易过渡到眼泪。马雅尔的一个伙伴①，一个女门房，自以为是地认为，拉法耶特是以王后的名义承诺，"她将热爱和眷恋自己的人民，就像耶稣-基督热爱和眷恋教会"。人们被感动了，相互拥抱；掷弹兵把帽子戴到了近卫军的头上。一切都是那么美好："人民重新赢回了自己的国王"。这时便只有欣喜了，队伍也已启程：中间是国王一家人和上百名议员，坐在车里，随后是炮兵，随行的妇女骑在了炮筒上，紧接着的是运粮车；旁边是国王的近卫军，每个人的马背上还驮着一个国民自卫队队员，还有巴黎国民自卫队的队伍，再后就是手拿长矛的男人和女人，或徒步，或骑马，或乘坐马车；领头的一支队伍用枪杆挑着被割下的人头，他们在瑟弗尔的一个假发匠门口停了下来，让匠人给人头扑粉和卷发②；人们让这些头颅作出致敬的样子，给它们涂上奶油；一路上大家有说有笑，吃吃喝喝，还要跟近卫军一起碰杯；大家喊着叫着，鸣枪齐射；男人女人手

① *Procédure criminelle du châtelet*. Dépositions 82, 170. – Mme Campan, II, 87. – Lavalette, I, 33. – Cf. Bertrand de Moleville, *Mémoires*.

② Duval, *Souvenirs de la Terreur*, I, 78.（这位作者的文字几乎全是可疑的，但这一次他是目击证人：因为他正在圣克鲁公园的栅栏旁、假发匠家的对面吃饭。）- *Seconde letter de M. de Lally-Tollendal à un ami*. "当国王和自己议政会的两位主教乘马车进入首都时，就有人高声喊道：所有主教都要吊上路灯杆！"

挽着手，在烂泥中唱着跳着。这就是新问世的博爱：一切合法正当的权威的送葬游行，残暴对理智的胜利，一场政治性的杀戮狂欢，一场可怕的库尔蒂耶（Courtille）下坡游行[①]：前边是死亡的旗帜开道，后面是法国的首领，如国王，大臣和议员；游行的目的是要迫使这些首领按照民众的疯狂想法行事，将他们置于长矛的监督之下，直至民众想灭了他们的那一刻。

VI

这一次，人们不再有疑问了：恐怖已经确立，并将维持下去。同一天，暴民拦截了一辆车，他们认为维里厄（Virieu）先生在里面，一边搜查车辆一边宣布："我们要搜寻这位议员，杀了他，名单上的其他人也是如此[②]"。两天以后，格雷古瓦修士向国民议会宣告："在巴黎，教士没有一天不受侮辱"，受到"可怕的威胁"的袭扰。有人警告马鲁埃，"一旦给民兵分发枪支，他们将首先用枪来消灭那些邪恶的公民代表"，其中包括毛里修士。穆尼埃写道，"我出门时，有人公开尾随；跟我一起抛头露面是件罪过。无论我跟两三个人走到哪里，都有人说我们组成了一个贵族议会。我已经成了恐怖行为的目标，以致我曾住过24小时的一所乡间房子，也有人威胁要放火烧了它，为了平息人们的愤怒，他人必须保证不会接纳我和我的朋友。"一个星期之后[③]，五六百个议员已经办了通行证，准备随时离开巴黎。接下来的一个月，120名议员辞职，或不再在议会露面。穆尼埃、拉里-托朗达尔、朗格尔主教等人离开了巴黎，接着离开了法国。"正是因为凶

---

① 库尔蒂耶是巴黎北边的一个小镇，18世纪中叶以来小酒馆林立。库尔蒂耶下坡游行是18世纪末到19世纪中叶的一个著名的民众狂欢节，是在封斋星期三黎明化妆前往巴黎的游行。曾是巴黎的三个狂欢节之一。— 译者

② Montlosier, I, 303. – *Moniteur*, 10月8-10日的回忆。- Malouet, II, 9, 10, 20. – Mounier, *Recherches sur les causes*, etc., et *Adresse aux Dauphinois*.

③ Ferrières, I, 346.（10月9日，300名议员已经拿到通行证。）- *Mercure de France*, n. du 17 octobre. – *Correspondance* de Mirabeau et de M. De la Marck, I, 116, 126, 364.

器在手”，马莱-杜潘（Mallet du Pan）写道，“民意才能成为今日的法律。要么支持要么去死，这就是狂热的头脑发出的指控令，而且是以自由的名义发出的。中正温和成了一种罪行。”10月7日，米拉波跟拉马克伯爵说：“如果您有办法向国王和王后进言，请劝告他们，如果王室不离开巴黎，法国和他们自己都要完蛋；我正在准备一个计划，好让他们离开。”在这种局面下，他认为任何别的事情都更可取，“甚至是来一场内战”，因为至少“战争能锤炼人的灵魂”，而在煽动家的专政之下，大家都只能在烂泥里呛死。“三个月后”，恣意胡来的巴黎“肯定会成为一所收容院，或者说，一座上演各色暴行的剧院”。面对这伙乌合之众和他们的头领，“国王应该立即与支持自己的人民联合起来”，要前往鲁昂，向各省发出号召，并组建一个民意表达中心，必要时还应该号召武力抵抗。马鲁埃支持这些看法，他认为，“10月5日以来，革命让所有派别的明智人士都深感震骇，但恐怖已经发生，它无法阻挡”。他们是对革命见解最出色的三个人，他们的预见也将被证实，这证明了他们的才干或卓越的见解；在两三年的时间里，他们每周都会作出正确的预判；马莱-杜潘、米拉波和马鲁埃，三个人都凭自己的推断对这件事得出了一致的看法，对其后果的判断也是一样的。事态的发展有如陡峭坡道上的轮子，任何人都没有力量和办法去遏止它。国王不是这样的人：“优柔寡断，为人软弱，其严重程度你想都想不到，他的性格就像涂了油的象牙球，费尽气力也拿不准”[①]。屡遭侵犯的议会也没有主意，它被自己宣告的理论、被支配它的派系推着走，每一项重大法令都会让法国加速走向深渊。

① *Correspondance* de Mirabeau et de M. de la Marck, I, 125.（普罗旺斯伯爵对拉马克伯爵的讲话。）

第二卷

I

制宪议会及其工作

第一章

Ⅰ. 议会缺少的条件—混乱和不理智的原因—会议大厅—议员众多—走廊的介入—毫无规章，或规章糟糕，被公然违反—根本没有议会领袖—议会的敏感与亢奋—极易激动—偏爱情绪化表达—鼓励戏剧化表演—善意的滑稽表演导致的变形。Ⅱ. 见识的不足—人员构成—大多数人的社会状况和思想准备—他们的无能—他们的傲慢—有识之士的建议都是徒劳—演绎性政治的采用—派别—少数派—它的缺点—多数派—它的教条主义。Ⅲ. 革命派占据优势—理论站在他们一边—理论对思想施加的强制力—它召唤激情—暴力站在它一边—暴力组织—对少数派的镇压。Ⅳ. 拒绝产生内阁—这一错误的后果—对局势茫然无知—调查委员会—持续不断的警报—无知和恐惧对制宪议会的工作带来的影响。

如果说世上有什么难以完成的任务，那大概要算制定宪法了，尤其是一部完整的宪法。用一个不同的框架取代一个大民族曾生活于其中的旧框架，还要合适而持久，或者说，要把一个分为十万个格子的模子套在2600万人的生活中，把它建造得如此和谐，如此恰到好处，如此熨贴，对人们的需求和能力考虑得如此周全，以致他们可以自行进入其中而毫无阻碍，哪怕他们率性而为也会像以前那样自如：这样的工作确乎不可思议，很可能非人类能力所及。至少，若要进行这项工作，人类即使倾尽全力恐怕也不够，他再怎么仔细也难以避免全部的差池和错谬。一个议会，尤其是制宪议会，如要进行这一工作，除了对外必须有安全和独立，其内部还必须保持安静和秩序，无论如何应头脑冷静而准确，讲求实际，注重纪律，而且还要有能被人接受的、能够胜任的领导人。制宪议会中有这些条件吗？

I

从外部看，根本不存在，这一点毫无疑问。在凡尔赛，然后在巴黎[①]，议员们都是坐在足以容纳2000人的庞大会议厅中，要想让人听见，最大的嗓门也得使劲喊。这里根本不可能有适合讨论国事的得体腔调；发言者必须声嘶力竭地喊叫，嗓门的紧张自然会感染心灵；这地方适合夸张的喧嚣。更何况，发言者旁边还有1200人，就是说，要对着黑压压的人群讲话，而且人群中总是很嘈杂；即使在今天，五六百名议员的议会中，发言也时常会被打断，会场总是闹哄哄的；另外，在长达一个小时的违反民意的演讲过程中，没有比控制自我和坚定地忍受演讲更艰难的事情了。这种地方如何能保持安静和耐心呢？阿瑟·扬好几次看见“上百个人同时站了起来”，七嘴八舌，指手画脚。“先生们，你们真是要了我的命”，无法招架的巴伊有一天对他们这样说。另一位主席则绝望地惊呼：“200个人同时说话，谁也听不清，难道议会就不能有点秩序吗？”讲坛上的喧闹更是刺激了大厅中的嘈杂争吵。“在英国议会”，马莱·杜潘写道，“在人们对戈登（Gordon）公爵夫人发出一阵不由自主的嘲笑后，我看到，走廊立刻就被清空了。”但在这里，大批推推搡搡的围观者中，街头小报记者，罗亚尔宫的代理人，伪装成市民的兵弁，与人勾搭受人指使的站街女，时而欢呼，时而拍掌，时而跺脚嘲骂，毫无顾忌。情况严重到如此程度，以致蒙罗齐埃提了个颇有辛辣意味的建议：“也给观众席表决

① Arthur Young, 15 juin 1789. – Bailly, I, passim. – Moniteur, IV, 522 (2 juin 1790). *Mercure de France*, 11 février 1792.

权吧[①]。”另一个人则怀疑，议员们是民族派遣的喜剧演员，专门来此忍受巴黎民众的嘘声。实际上，公众就像在剧院里一样，经常打断议员们，当他们不高兴时，甚至会让议员们闭嘴。另外，面对骚动活跃、并被征询意见的公众，得民心的议员成为舞台上的主角儿；不知不觉地，他们也受到民众的影响，为了迎合后者，他们的思想和言论越来越不着边际。这种情形下，骚乱和暴力便成为家常便饭，议会半数情况下无法保持理智：因为它已变成一个发牢骚提意见的俱乐部，而不再是立法者们安静的聚会场所。

让我们更进一步，看看议会是如何运作的。在这种人满为患、看客云集、躁动喧嚣的环境中，它起码要采取一点预防措施，否则任何形式的聚会都会失控。真的是这样么？显然，好几百人一起议事，应该事先有某种内部规章，公认的惯例或成文的先例，以便筹备、区分、限制、协调和引导每个人的行动。这种最佳规章其实已经拟好，随时可以启用：应米拉波的要求[②]，罗米易（Romilly）向议员们发去了英国议会的章程。但是，这些自以为是的人完全没把它放在眼里，他们觉得可以免去这些麻烦，根本不想借用外国人的什么东西，他们丝毫不重视经验，不仅要把经验规定的程序扔到一边，而且“遵循任何形式的规章都很困难”。对于个人的冲动，他们没有丝毫的约束；任何外来影响，哪怕是另一位议员，哪怕是他们推举的人，在他们看来都是可疑的；所以他们每15天就要选举一位新主席。没有任何东西能约束他们引导他们，无论是议会规章的法律权威，还是议会领导人的精神权威。他们没有任何权威观念，不构成任何派别；无论是谁，都无法成为公认的领袖（leader），去选择日程，去准备议会辩论，去草拟议案，去分配任务，去推动或约制自己的派别。只有米拉波可能具有这种影响力；但从一开始，他就因为尽人皆知的劣迹而声名狼藉，最

---

① *Moniteur*, V, 631 (1790年9月12日）和9月8日（毛里修士的发言）。 - Marmontel, Liv. XIII, 237. – Malouet, I, 261. – Bailly, I, 227.

② Sir Samuel Romilly, *Memoirs*, I, 102, 354. – Dumont, 158.（正式的规程始于1789年7月29日。）

后还因为同宫廷勾结而受牵连。其他任何人都不够出色，不足以树立威望；能力平平者太多，才智卓越者又太少。另外，这些平庸之人自尊心极强，骄傲到不愿服从的地步。每个仓促上阵的立法者来到议会时，都对自己的体系深信不疑：要让他们屈服于某位领导，将政治信念托付给后者，让他成为四分之三的多数派领袖，也就是建立某种表决机制，那肯定是一种危险的想法，一种可悲的试验，一种被强迫的弃绝：想都不要想[①]。因此，除了最极端的派别，每个人都是作为首领，依据片刻的冲动来行动，于是就演变成一场大混乱。目睹过这一场景的外国人既惊讶又蔑视，胳膊都举到了头顶上："他们在会议上不能讨论任何问题"，古维诺尔·莫里斯写道[②]，"一半多的时间浪费在喝彩和叫嚷上。来这里的每个议员都只是唠叨一通他胡思乱想的成果"，在一片骚乱中，议员们轮流表达意见时，跟前面的发言者毫无呼应，当然他后面的人也同样如此，从来没有哪个人的言论跟别人的形成碰撞，因此漫无边际的连珠炮"没完没了，所有炮弹都射向空中，一千次中大概只有一次例外"。在刊登"此类可怕的废话"之前，当时的报纸应该进行各种删减，去除"愚蠢言辞"，弱化"浮夸臃肿的文风"。废话连篇，吵吵嚷嚷，大部分著名的会议都是这副德性。"那里听到的，"一个记者说，"与其说是演讲，不如说是吵嚷；会议最后肯定是以斗殴、而不是以决议收场……不下20次，每当我走出会议厅时都确信，如果有什么东西能制止这场革命，或使其走回头路的话，那应该是这些会议的景象了，这真是一幅粗暴放肆的画卷……因此我所有的注意力都集中于表现真相上，不会为了追求惊悚而添油加醋。我所描绘的画面完全来自一场不折不扣的骚乱……我指出了各种情感，但并不总是以同样的方式来表述。我将与会者的叫喊变成了文字；将他们狂暴的举止说成他们的态度；当我无法保持尊重心理时，我就尝试表达自己的情感。"

---

① Cf. Ferrière,I, 3. 他的懊悔十分感人。

② 莫里斯致华盛顿的信件，1790年1月24日。- Dumont, 125. – Garat，致孔多塞的信。

对于这种弊端，没有任何匡救；因为，除了纪律的缺乏，混乱的根源之中还有一个更隐秘、更深层的因素。所有与会者都太敏感。18世纪的法国人，是在最雅致的礼节中长大的，他们习惯于文质彬彬的举止，没完没了的殷勤，彼此之间的奉承，务求礼貌教养的做派深入骨髓，以致他们的谈话在外人看来几乎寡淡无味[①]。他们一下子转入棘手的实际事务领域，置身几近谩骂的辩论，应付针锋相对的矛盾、充满仇恨的指责、连篇累牍的诽谤、指名道姓的辱骂；于是议会生活成了一场战斗，人们动用了各种武器，即使最坚强的老兵也难以保持冷静。您可以想象，这场战斗对这些新手的敏感神经、对社交场上的名流、对习惯于文雅世界中的温和与甜美的人士来说，会造成怎样的刺激。他们立刻就不能自已。更严重的是，他们从来没有预料到要面对一场战斗，他们期待的是一个大派对，一曲恢弘而美妙的田园牧歌，人们应该手挽手，在国王的宝座周围相互怜爱，相互拥抱，如此便可拯救祖国。内克亲自安排会场，就像布置剧院一样[②]。“他所想象的三级会议，只能是一次和平的、宏大的、庄严的神圣的庆典，人民将为之欢欣鼓舞”；当田园诗突然转变成正剧时，他又变得十分紧张，觉得快要天塌地陷了，于是想一夜之间拆除大厦的整个架构。三级会议召开的那一刻，所有人都心醉神迷：他们认为已经踏上了应许之地。在5月4日的会议上，“喜悦的泪水”，费列尔（Ferrières）侯爵说，“从我眼中夺眶而出……我沉浸于最甜蜜的狂喜之中……看见以宗教为倚靠的法兰西”在规劝我们走向和谐。“这神圣的仪式，歌谣，身披祭服的僧侣，芳香，华盖，光彩夺目的宝石……我想起了先知的话……我的神，我的祖国，我的同胞，全都与我融为一体。”在这种能融化人的动情气氛中，会场很容易陷入狂热，想都没想过的法律也会

---

① Arthur Young, I, 46. “思想交换的内容精挑细选，文质彬彬，但毫无价值，既不能产生影响力，也不能攻击或教导别人。思想的全部活力肯定都因为这种表达方式而消失了……既然言语是如此的不鲜明，讨论也就没有什么价值了。” - Cabinet des Estampes. 当时为莫罗、Prieur, Monnet等人所作的版画，以表示三级会议的开幕。所有人物都是文雅礼貌，气质可人。

② Marmontel, liv. XIII. 237. – Malouet, I, 261. - Ferrières, I, 19.

被通过：此种情形不下20次。“有的时候，”美国大使写道①，“辩论正在进行时，一个演说者站了起来，就另一个问题发表了一通漂亮的讲话，最后提出了一个漂亮的小提议，于是大家呼唤通过。比如，他们在讨论内克先生提出的国立银行计划时，有个代表突然提议，议会的每位成员都应献出自己的银带扣，这个建议立刻被接受，而那位可敬的议员则把自己的带扣放到桌子上，然后大家才回归正题。”议员们的头脑亢奋之极，上午不知道晚上该干什么，任凭临时和意外情况的摆布。当大家都被热情左右时，议会自然就会晕头转向：所有谨慎都冰消瓦解，所有远见都化为乌有，所有反对意见都陷于死寂。8月4日夜间②，“没有人能控制自己……议会简直就是一群醉鬼的大聚会，他们在布满珍贵家具的商店里争先恐后地打砸任何就手的东西”。“这件事可能需要一年时间酝酿和准备，”一个理智的外国人说道，“但竟这样被提出和讨论，还在一阵呼喊声中被表决通过。废除封建权益、什一税、各省的特权，仅这三条就已牵涉整个法律和政治体系；而对它们和另外十项或十几项问题，议会很快就作出了决定：要是在英国议会，这点时间对于一项重要提案的一读时间都不够。”“这也就是我们法国人，”米拉波也说，“可以为了几个音节整整辩论一个月，但推翻君主制旧秩序只需要一个晚上③。”说真的，他们是些神经质的女人，整个大革命，从头到尾就是他们的亢奋不断走向高潮的历程。

他们不仅激越亢奋，而且需要这种亢奋，就像酒鬼，一旦过了一次瘾，就会寻找更烈的酒，可以说，脑子里的那点残留的冷静和良知，他们非得去除干净不可。他们喜欢夸夸其谈。气势恢宏的修辞，激昂撩人的言说：几乎所有的讲话都是这个风格，议员们的这种偏好是如此热烈，以致他们嫌自己的滔滔雄辩还不够。拉里和内克刚在市政

---

① 古维诺尔·莫里斯，1790年2月24日。—废除贵族的法令同样如此。(Ferrières, I, 71.)

② Ferrières, I, 189. – Dumont, 146.

③ 米拉波致西耶斯的信。1790年6月11日。“我们的民族，就是一群长着鹦鹉嗓子的猴子。” - Dumont, 146. “西耶斯和米拉波在制宪议会的意见总是很虚弱。”

厅发表“动人心弦的崇高”[①]演说，议会就想跟他们来个呼应：这里是法国的心脏，应该感受所有法国人的的激情。这颗心脏应该永远跳动，尽可能强有力地跳动，这是它的职责，所以，每天都应该向这颗心脏提供振动力。几乎所有会议都以公开宣读行政文件或充满威胁的谴责令为开端。请愿者经常会亲自前来宣泄他们的狂热，他们盛气凌人的建议，他们瓦解一切的教条。今天是丹东以巴黎的名义在台上咆哮，公牛一般的面庞狰狞可怖，大嗓门就像是号召骚乱的警钟；明天是攻占巴士底的暴民或另一伙人，带着乐队敲锣打鼓大摇大摆走进议会大厅。议会会议不是商讨国务，它更像一场爱国歌剧表演，田园诗、传奇剧、有时还有假面舞会，跟拍掌声、叫好声掺和在一起[②]。有人向议会介绍了一位来自汝拉地区的120岁的农奴，以及一个跟他一起来的人，“布尔东·德拉·克罗尼埃，一所爱国学校的校长，请求接受这个崇高的老人，让他下令所有阶层的年轻人为他服务，尤其是其父在攻打巴士底的战斗中牺牲的年轻人”[③]。大厅里一阵欢呼喝彩声：场面就像从贝尔干（Berquin）那里复制来的，而商业广告式的吹捧让情景更形混乱；但是，人们看得还不那么真切，于是议会在观众席的压力下，屈尊忍受菜市场的排场。60个打扮成西班牙人、荷兰人、土耳其人、阿拉伯人、的黎波里人、波斯人、印度人、蒙古人、中国人模样的流浪汉，每人每天领12法郎的酬劳，在普鲁士人阿纳卡西斯·克鲁茨（Anacharsis Clootz）的带领下，每天都会来到议会，以全人类大使的名义抨击暴君，议会还颇为礼遇他们。这一次，假面舞会是要求

---

① *Moniteur*, I, 256, 431 (1789年7月16日 和31日). – *Journal des débats et décrets*, I, 185, 16 juillet. 一个人要求拉里先生起草其发言。“整个议会都重复着这一要求。”

② *Moniteur*, 1790年3月11日。“圣芒戴的一个修女走上讲坛，感谢议会颁布法令开放修道院，谴责修道院里的人使用阴谋诡计乃至暴力来阻挠实施该法令。” *Ib.*, 1790年3月29日。宣读各种文书。“在拉尼昂，一家之母召集她的十个孩子，带着他们并为了他们而在上帝面前宣誓要忠于民族、法律和国王。” Ib., 1790年6月5日。“Chabroud先生让人宣读布列塔尼拉尼翁地方的一个关税征收员给教区神父的一封信，后者是国民议会的议员。写信人恳求议员投票赞成公民宣誓，*以及操持教堂香炉、犁、法律、剑和笔的全体家族*的公民宣誓。”当人们朗读某篇文稿时，国民议会就像是《小招贴》报社的一个分部。

③ *Moniteur*, 1789年10月23日。

惩治并废除贵族的愤怒声讨会[1]，而另一次，它又几乎成了毫无动机的、语无伦次的娱乐活动，因为笑剧中总会混杂有严肃认真的事，就像给乡村颁奖的仪式那样。一连三天，前来请拥护组织法的主教分发头次圣餐的孩子在巴黎进行游行；他们给雅各宾党人背诵装满脑袋瓜的晦涩辞章，第四天，孩子们被准许来到议会，他们的演讲者，一个12岁的小可怜鬼，像尖叫的鹦鹉一样复述着背过的长篇大论。最后，他照例进行宣誓，所有孩子也扯着尖嗓子叫："我们起誓！"为了把场面推向高潮，议会主席，严肃的法学家特雷拉尔（Treilhard），以类似的姿态回应这群脸上没有笑容的顽童，又是打比方又是拟人修辞，还动用了一个坐上主席宝座的学究的全部气派："你们配得上分享自由奠基者的荣耀，因为你们准备为自由抛洒鲜血。"主席台左边和走廊上传来掌声，会议通过一项法令，印刷主席和孩子们的讲话；很可能孩子们是想来玩玩儿的，但不管怎样，人们赋予他们，或者说，让他们忍受了议会的荣誉[2]。这就是戏班老板和学究们手中的绳索，靠它们将所有政治傀儡牵到此处；这也是一张感情牌，一旦它被视为一种合法的力量，就会成为阴谋和强制的工具。因为认可了严肃真诚的戏剧表演，议会必须忍受装模作样、滑稽可笑的闹剧。在这场规模宏大、四门洞开的国民宴会中，议会以为自己就是导演，它召唤着整个法国，起初它因为啜饮高贵的美酒而陶醉；但它跟民众碰杯，随后，在这些下层宾客的压力下，它不得不慢慢品尝劣质的掺假饮料，直到喝得毒火攻心，面目扭曲；而且，由于它总觉得那饮料就是理性，于是中毒和扭曲就更甚了。

---

① Ferrières, II, 65 (1790年6月10日). – Montlosier, I, 402. "有个角色第二天又到Billancourt伯爵家要赏钱，伯爵把他错认为利昂古尔伯爵。先生，他说，我是昨天扮演迦勒底人的那个人。"

② Buchez et Roux, X, 118 (1791年6月16日).

II

最起码要一有些头脑清晰的间隔期，好让理性能够暂时回归！但理性要建立它的王国，首先得有理性存在，而在法国的历届议会中，除了随后的两届，都不乏有政治头脑的人。当然，若真的要去认真寻找，1789的法国还是能发现五六百个有经验的人：首先是每个省的督办和军事指挥官；随后是各大主教区从事行政工作的高级教士，高等法院的法官（根据他们的权限，除了司法权力，他们还有部分行政权）；最后是各省议会的主要成员，他们是有判断力和影响力的人物，从事人事和事务性工作，几乎全都是人道、开明、温和的人士，能够理解一场重大改革的艰巨性和必要性；实际上，与议会里面教条式的连篇废话比起来，他们的通信谈的都是事实，颇具远见，看法很准确，这真是最离奇的对比。但这类洞见大多没淹没，只有少数能抵达议会；即使到了那里，还没来得及发光就被弃若敝履，暴风骤雨一下子就让它无影无踪。年迈的马肖（Machault）没有出席议会，马勒泽尔布（Malesherbes）也不在①；那里没有一位前任大臣，没有一位法国元帅。除了马鲁埃，没有一位督办；而马鲁埃堪称议会中最有识见的人，从他的卓越之处不难看出，他的督办同僚们能作出怎样的贡献。在291名教士代表中②，有48名主教和大主教，35名修道院院长或议事司铎；但由于高级教士们收入丰厚，引起了自己等级成员的嫉妒，于是他们成了没有士兵的将军。贵族内部也是这番景象：大部分贵族议员是外省绅士，这些贵族议员对宫廷显贵颇为敌视。另外，宫廷显贵成天忙于社交，外省绅士局促于私人事务，他们都没有处理公共事实的实际经验。他们中间有个小群体，就是28名法官和30来名高级官员，这些人有行政和领导工作的经验，他们很可能具有社会风险

① 马肖（1701-1794）是旧制度时代的政治人物，曾担任财政总监等要职，推行过一些重大改革，如设立1/20税等；马勒泽尔布（1721-1794）出身穿袍贵族世家，旧制度时代著名的开明贵族，曾任巴黎税务法院院长、国王的出版审查官等职务。—译者

② 见印制的议员名单，名单上已指明他们来自哪个司法区，他们的身份和职业。

意识；但这正因为如此，他们似乎滞后于形势，也毫无影响力。第三等级的577名议员中，只有10个人担任过重要职务，如督办，国务参事，征税总管，治安长官，造币专员，以及其他类似的职务。大部分人则是无名律师和底层法律从业人员，如公证人，诉讼代理人，地籍调查员，初审法院法官和陪审员，司法区法官和协理，这些无名之辈从年轻时就局限于某个小司法辖区的狭隘圈子中，或者就是文牍机器上的一颗钉子，只有在卢梭和雷纳尔的指引下、在想象的空间中涉猎哲学时，才会逃脱这单调平庸的生活。这类人共有373个，可能还应加上38个农民，15个医生，还有五六十个工业家、商人、食利者，或诸如此类的人，但他们他们政治上全都处于预备期。议会中的资产者都是中等阶层，勉强有150个有产者①。450名议员，其家境、教养、文化和思想能力，都只能使其成为一个优秀的职员、社群中的名流、可敬的一家之长，顶多只能当个外省的科学院院士，而208名教区神父也跟他们差不多；1118名议员中，这类人就占了650人，确定无疑的多数派，此外还得加上五十来名哲人贵族，而那些随波逐流的小角色、汲汲于名利的野心家还不算在内。既然议员的构成如此，就可以想见它能干点啥，而专业人士早就作出了预言②。"在国民议会中，"美国公使写道，"有几个能干之人：但最出色的头脑只能容忍经验去修正观念，不幸的是，议会中的大部分人想象力太丰富但知识太少，他们的思考和见识都少得可怜。"这就好比从外省乡下招来1100名绅士，委托他们去修补一条老旧的战船；他们脑子里想的是拆了这条船，但他们想要就地建造的船，还没有出港就沉没了。

他们好歹先请教一下领航员和专业建造工吧！他们周围倒是有几个，对他们而言这些人也还可信，因为他们大部分是外国人，出生于自由、公正、善意而且意见高度一致的国度。美国公使在三级会议

① Bouillé, 75. 第一次提到这份议员名单时，国王说："如果我的缙绅会议或议政会是这样组成的，那民族会怎么说？"(Buchez et Roux, IV, 39.)

② Morris, 31 juillet 1789.

召开两个月前写道①："我，一个共和派，昨天目睹了一场大会，它制定了所有共和宪政中最共和主义的一部宪法，但当我走出会场时，我就不停地祈祷，应该敬畏君主，应该尊重贵族的权利，应该温和节制，不仅在进行选择时这样，追求目标时更是如此。"激进民主派杰弗逊（Jefferson）的说法并无二致。在网球场宣誓期间，他再三敦促拉法耶特和其他爱国者，"与国王达成妥协，以保障出版自由，宗教自由，陪审团审判，人身保护和国民立法，然后他们应退隐，让制度依据人民的状态运作，直到制度培养人民获得更大进步的能力，直到确信制度不会让人民缺少更进一步的机会。"他说，"我相信，您的同胞能够以温和而有效的方式自己承担这一切。"阿瑟·扬，一位农村生活的一丝不苟的观察家，曾严厉批判各种陈年流弊，但他还是不能想象议会的行事方式："为实现利益之间的平衡，为在一个2500万人口的王国保障自由而不顾实际且醉心于理论，在我看来是鲁莽之极和极端任性的。"当然，既然议会掌握全权，那就应该指望它行事理智。"我一刻也不敢想象，议员们竟可以忘记他们对法兰西民族和人类的义务，忘记他们的荣誉，以致被不切实际的见解、镜花水月般的体系、关于臆想中的完美世界的疯癫观念左右，使其努力偏离正道，使其权力中的某些积极要素转化为不安和混乱。我无法相信，这些足以名垂青史之人，竟将这笔财富视为赌注，竟不惜冒被人诅咒为人世间最可耻、最疯狂的冒险家的风险。"随着方针日渐明朗化，责难之声也越来越明确，所有专业人士都向议员们指出，他们决意粉碎的机器其实非常重要。"由于此前②他们一直感受到以他们的君主名义行使的权威的严酷，所以对权威的任何限制在他们都是可行的。由于他们此前从未感受到行政权过于虚弱而造成的麻烦，对于令人恐惧的无政府的混乱，他们还没有任何印象。""他们想要一部美国式的宪法，但

① Morris, 25 février 1789. – La Fayette, *Mémoires*, V, 492. – 杰弗逊的信件，1815年2月14日。- Arthur Young, 27 et 29 juin 1789.

② Morris, 1er juillet 1789.

要有国王，而不是总统[1]，但他们从未考虑过，他们并没有支撑这部宪法的美国公民……如果他们能睿智地赋予贵族（仅仅是贵族）部分国家权威，这部自由宪法可能会持久些。但在他们，宪法要么是纯粹的君主制，要么是十足的共和民主制。后者能够持久么？我不这样认为；我可以肯定不会的，除非整个民族来一场转变。”稍后，当议员们放弃议会君主制，而以“国王的民主制”取而代之，马上就有人向他们解释说，在法国实行这样一种制度，其结果只有两个：无政府的大混乱或专制主义。“没有哪个地方[2]的自由不是因为克服对自由的滥用、不是因为对自由的无上权威施加限制而走向稳定的……在这一可悲的政府体制下……人民很快就会厌倦于暴风雨，然后在毫无法律保护的情形下投靠煽动家或自己的压迫者，他们将砸碎舵杆，或者把它交给胆子大到敢于掌舵的人手里。”事态的发展每个月都在证实这些预言，而预言也变得越来越阴暗了。“一群迷途的鸟儿在乱飞[3]，很难说它们会在哪里栖息，它们只知道乱哄哄地朝向前方……这个不幸的国家，因为追寻玄学迷蒙而误入歧途，在头脑清醒的人眼里，它无非是个大废墟……议会既是主人又是奴隶，理论上它荒谬之极，实践中它经验全无，它掌控着所有职权，但一项也无力实行，这等于给凶猛残暴的人民解除了所有信仰和敬畏的羁绊……这种状态不会持久……光辉的时机已经错过，至少这一次是这样，革命已经失败了。”从华盛顿的答复中，可以看到同样的印象。在海峡另一边，最精明的实践者庇特（Pitt），政治自由最深邃的理论家柏克，得出的判断是一样的。1789年年底，庇特就宣告说，“法国人已经跟自由擦肩而过”。1790年，柏克在一本预言性的杰作中确定无疑地指出，革命将终结于军事独裁，那将是“天底下从未见过的最极端的专制主义”。

所有人都无能为力。除了以马鲁埃和穆尼埃（Mounier）为

① Morris, 4 juillet 1789.

② Mallet du Pan, *Mercure*, 26 septembre 1789.

③ Morris, 24 janvier 1790; 22 novembre 1790.

中心的一个没有影响力的小圈子，莫里斯、杰弗逊、罗米易、杜蒙（Dumont）、马莱·杜潘、阿瑟·扬、庇特、柏克，所有这些对自由制度有切身体验的人的警告，人们都漠然置之，或者干脆轻蔑地扔到一边。我们的新政治虽然无能，但它自认为有能力，自负使得无能更加严重。“我经常说，”杜蒙写道[1]，“如果在伦敦的街道和巴黎的街道上分别随机拦住100个行人，请他们担任政府工作，在巴黎有99个人会接受，而在伦敦有99个人会拒绝……法国人认为，靠一点点才智就可以顶住所有困难；米拉波跑去担任矿山委员会的报告人，但他连这个行业最肤浅的皮毛都不懂。”一句话，大部分议员涉足政治，就像“一位绅士，有人问他是否会演奏羽管键琴，他回答说：我还不能告诉您，我从没有试过，但我想来一下。”“议会自视很高，尤其是其左派，它主动承担为所有民族制定法典之使命……从未见过这么多人都自认为是立法者，都准备修补过去的所有错误、匡正人类精神的所有错误、保障未来各个时代的福祉。他们的头脑中根本容不下怀疑，永无谬误的观念总是支配着他们那些自相矛盾的法令。”这是因为他们有一种理论，或曰他们自以为这种理论无须专业知识。对此他们深信不疑，正是从这种执念出发，他们推翻了通常的程序。此前人们一直在建造或者修补宪法，就像对待一条船。在过去，人们在不断摸索中，或以邻近的船只为模型展开工作；人们首先想到的是这条船能航行；人们认为其结构应服从其功能要求；人们根据手头的材料进行这样那样的改进；人们一开始就对材料进行一番盘点；人们试着评估材料的硬度、重量和韧性。但所有这些做法都太落伍了；理性时代已经到来，议会的智识已经太过强大，无法继续循规蹈矩的老路了。为符合时代的习惯，它“以演绎法”进行工作，就是以卢梭的方式，

---

① Dumont, 33, 58, 62.

根据有关权利、国家和社会契约的抽象理念进行推演[①]。按照这种方法，且仅仅依据政治几何学，人们将会拥有理想中的航船；因为它符合理念，所以它肯定能航行，而且肯定比所有经验主义的船只表现优异。他们根据这个原则立法，由此就可以想见他们的辩论是怎样一番模样。没有有说服力的事实，没有准确的论据；人们从未想过，在这里发言的人应该处理实际事务。一篇篇的讲演中，空洞的抽象言辞像连珠弹似的连绵不绝，说过了还要弄出新花样再说几遍；会场就像在做修辞练习的小学生课堂，或是文学社里的一群老文人在自娱自乐。关于否决权问题，"每个演说者都拿着自己的讲稿，上台宣读一篇论文"，但它与此前的演讲"毫无关系"，场面"好似科学院的会议"[②]，一连好几天都在宣读小册子，但每一天的主题都跟前一天不一样。关于人权问题，有记录的发言者共计54人："我记得，"杜蒙说，"这场漫长的辩论持续了好几个星期，这段时间真让人厌烦至极：徒劳的口舌之争，玄学上的废话，恼人的聒噪；议会已经变成索邦的学堂。"而这种无聊的会议，竟发生在城堡被焚烧、市政厅被洗劫、法庭不敢办公、小麦无法流通、社会加速解体的时刻：就像穆罕默德二世的大炮正在轰击君士坦丁堡的城墙时，拜占庭的神学家们还在争论他泊山的圣光[③]。当然，我们的神学家并不一样，他们有着一颗年轻的心，他们真诚、热情、慷慨，而且认真努力，有时还有罕见的才华。但是，无论是热情、辛劳还是才华，当它们不能为正确的思想服务时，全都是徒劳：而且，如果被用来服务于错误的思想，这些因素越强大，造成的恶劣后果就越严重。

---

① Sir Samuel Romilly, *Memoirs*, I, 102. "他们自始至终的程序都是，*首先颁布原则*，而将*起草法律*的工作留待以后。这种做法对他们的辩论和法案影响很大。" - *Ib.*, I, 354. Dumont的信件，1789年6月2日。"他们更喜欢自己愚蠢的选择，而不是英国人所有的经验的结果。"他们很反感这样的想法："从你们的政治中借用某种东西，在这里，你们的政治被人喝倒彩，因为它是对人类理性的压迫，尽管你们有两三部好法律，但你们竟声称有一部宪法，这真是不可接受的自负。"

② Dumont, 138, 151.

③ 《圣经·旧约》里提到的一座山，也有可能是《新约·马太福音》9:28-36中里提到的耶稣显荣之地。—译者

到1789年底，人们对此不再有怀疑，而且已经发出去的赌注显示了议员们的傲慢、短见、无能和僵硬到了何种地步。“议会分为三个派别”，美国大使写道[①]，“第一个是贵族派，包括高级教士，高等法院法官和想要组成单独等级的贵族”。这一派在抵制着错误和疯狂，但抵制手段之错误和疯狂也不遑多让。从一开始，高级教士就没有跟教区神父和解，“而是装腔作势，故意显摆，要人尊重他们，这就羞辱和疏远了教区神父”，而且，他们在会议厅中“坐在与别人分开的席位上”。另外，贵族为了进一步与平民议员拉开距离，一开始就指责后者“造反、背叛、大逆不道”，并要求使用武力对付平民。现在，胜利的第三等级已经征服了他们，并在人数上占据绝对优势，他们越发手足无措，以至于他们的自卫比他们的进攻表现还糟糕。他们中间的一个人说，“在议会里，他们完全不听别人说话，只顾自己笑着高声谈论”，他们一心要以不得体的举止去激怒自己的对手和走廊上的听众[②]。“当主席提出某项问题时，他们走出会议厅，还邀请自己一派的议员一起走，或者高声叫喊别讨论了：正是因为他们的消极放弃，俱乐部分子成了多数，任意颁布法令”；也正因为如此，国王任命法官和主教的职权被剥夺，转交给了人民。更明显的实例是，当国王从瓦楞回来后，议会深知其努力已无法继续，故而想削弱过去的民主色彩，所有右翼议员都拒绝参加议会辩论，更糟糕的是，他们竟然跟革命派一起投票驱逐立法议会中的立宪派。于是，这个派别不仅自暴自弃，而且是自取灭亡了，它最后的放弃意味着自杀。还有第二个派别，“中间派[③]，其成员来自所有阶层，都怀有正直的想法，都真诚地拥护组织良好的政府。不幸的是，他们运用的观念来自书本；在纸面上，他们都是些令人赞佩的人物。然而，由于一个糟糕的偶然，生活在这个世界上的真实的人，跟哲人们头脑中想象的人差距甚大，因

① Morris, 24 janvier 1790.

② Marmontel, XII, 265. – Ferrières, I, 48; II, 50, 58, 126. – Dumont, 74.

③ Morris, 24 janvier 1790. 根据费列尔的看法，这个派别大约有300人。

为这个原因，从书本中汲取的政治体系只有在被另一本书吸收之后才是优良的：人们有这样的认识毫不奇怪”。这样的头脑自然受乌托邦主义的支配；没有了经验作为压仓物，这些人只能被纯粹的逻辑牵着鼻子走，而且理论家的队伍会越来越大。议会的第三个派别，是所谓的“忿激派”，六个月后，这一派成为“人数最多的派别”。莫里斯说，“若在美国，这个派别的成员会被人称作找茬儿的讼棍，除了一大批教区神父，还有很多追随创新旗帜的人，所有革命中都是如此，因为这些人觉得自己的生活很糟。这最后一派跟民众联系最紧密，这使得他们有了巨大的权威，他们已经让一切都乱了套。”这一派汇聚了各种最狂暴的情绪，不仅有受贫困和猜疑折磨的人民的怒火，不仅有反叛旧制度的资产者的自尊和野心，还有年深日久的怨恨和酝酿多时的信念：它们来自众多受煎熬的灵魂，来自基于各种理由的反叛群体：新教徒，詹森主义者，经济学家们[①]，哲人们，像弗雷托（Fréteau）、拉博-圣艾蒂安、沃尔内（Volney）、西耶斯之类的人，早已培育出数不清的愤恨和希望，只待一个机会推行他们的体系，为此他们不惜动用其教条和信仰的全部不宽容手法。在这些人的头脑中，过去等于零，先例没有任何价值，现实的事物可忽略不计，他们全都生活在自己的乌托邦中。西耶斯，他们中间最有威望的人，以为“英国的整个宪法就是一种强加给人民的江湖骗术[②]；他认为英国人在宪法问题上还是个孩子，并自信能够赋予法国一部好得多的宪法”。杜蒙在布里索和克拉维埃（Clavière）家里见识过议会最初的委员会，结果他既感到不安，又觉得很“讨厌”。他说：“这些人观念混乱，想象力失常，迎合民心的思想荒谬可笑：人们似乎是在创世的第二天来到世上的。”的确，他们假设人类社会不存在，负责创建社会的责任落在他们肩上；甚至“因为利益而相互分裂的各个敌对人民”的大使，“也应该致力于规划他们的命运，仿佛此前的事情不存在

① 这里说的经济学家，指的主要是18世纪后期受启蒙思想影响的重农学派群体。—译者
② Dumont, 33, 58, 62.

似的”。对此他们毫不迟疑：因为他们深信，事情就是这样简单，靠着政治哲学的两三条公理，一个新上路的旅客就能抵达终点。在一个由经验丰富的人士组成的议会中，这样的自负是可笑的；但在这个由新手组成的议会中，自负是一种力量。没有方向感的牲畜会跟着走在前面的成员；这些领头者最为癫狂，但他们的信念也最坚定，因此，无论是在议会还是在整个民族中，这些胆大妄为的人成了领导者。

III

他们的影响力来自两方面的优势，这些优势如此强大，以致人们一旦拥有就永远是主人。首先，革命派有一种占支配地位的理论为靠山，这个派别决意要将这一理论贯彻到底。因此，在面对不得人心且不彻底的抵抗者时，只有它表现得最得人心、最为坚定。实际上，几乎所有的抵抗者，无论是旧制度的辩护者还是有限君主制的支持者，都像这个派别一样，深受抽象原则和推理政治的浸染。即使最顽固的贵族，也在他们的陈情书中要求人权，煽动家们的主要对手穆尼埃，在三级会议宣布为国民议会时曾是议会的领导者①。但这种思想方式足以让他们走向一条通往悬崖的狭窄小道。一开始，他们没有任何疑虑，但跨出第一步之后，不管愿不愿意，他们都会迈出第二步，或是自己向前或是被人推搡。当他们看到悬崖下的深渊时已经太迟了，他们因为自己的让步、因为逻辑而一步步走到悬崖边；他们只能惊叫、愤怒；放弃支点后，他们再也找不到停驻地。普遍的观念中有一种可怕的力量，尤其是当这些观念简单明了，且诉诸于激情的时候。没有什么比它们更简单的了，因为它们可以简化为规范人权的、所有新旧制度都应该服从的公理。没有什么比它们更适合于刺激人的心灵，因为教条能动用人类所有的骄傲为其服务，并以公正的

① Léonce de Lavergne, *Les Assemblées provinciales*, 384. 多菲内三级会议的辩论，穆尼埃编订，两百个贵族签字（1788年7月）：“人权只来自于自然而独立于约定。”

名义为所有独立和支配的欲望正名。您想一下，四分之三的议员头脑未经历练，充满成见，除了几句流行的哲学套话之外一无所知，除了纯粹的逻辑之外没有任何向导，律师们的夸张言辞，报章上的大喊大叫，自己的自尊心的暗示，周围数以十万计人群的呼喊，议会中、街道上、俱乐部里的听众席和演讲台，都让他们不能自控，他们心中几乎每天都回荡着同样的奉承话："您就是至高无上的全权者。法律完全在于您。国王的存在只是为了执行您的意志。所有等级，所有团体，所有权威，所有教俗组织，都是非法的、无效的。只要您宣告它们非法、无效；您甚至可以改变宗教。您就是祖国之父。您已经拯救法国，您将让全人类获得新生。全世界都将赞美您；请完成您光荣的工作，请继续向前，每天都向前进。"面对汹涌而至的诱惑和煽动，只有出色的意识和坚定的信念才能抵挡；但这些摇摆不定的平庸之人只能被牵着走了。在四面八方响起的欢呼大协奏中，他们听不到自己制造的毁灭的爆裂声。至少，他们的耳朵堵上了，听不到被压迫者的哭喊；他们拒不承认自己的工作可能造成恶劣后果，他们只接受为自己正名的诡辩和谎言；为了给谋杀者开脱，他们容忍被谋杀者遭人诽谤；在三四起农民暴乱之后，各省都出现了抢劫、纵火和屠杀等暴行，此时他们听取摩尔兰·德·杜埃（Merlin de Douai）以封建制度委员会的名义的发言[①]："应该向人民提出一部法律，该法律的公正将让自私的封建主闭上嘴巴，六个月来，这些人恬不知耻地叫嚷着被人抢劫；农民长期受压迫导致的怨恨可以暂时导致一点出格行为，法律的明智应将此视为自己的责任。"如果某一天，会议结束时，风烛残年的哲人派教父雷纳尔突然在他们的讲坛上说出真相，他们会对这位老人的真诚感到愤怒，仿佛他是个谋杀犯，只有说他是个痴呆才能为他开脱。一个全能的立法者不能自己改变主意；他像国王一样，注定要自己受到公众的赞美。"在我们当中，"一个目击者说，"跟雷纳尔想

① Merlin de Douai的报告，1790年2月8日。- Malouet, II, 51.

法不同的议员肯定不到三十个，”但是，“当他们在一起时，革命的光荣，革命的好处，构成一个他们必须相信的信条。”因此，这些温和人士也成了自己行为的囚徒，不顾自己的理智，不顾自己的良知，与革命派一起推动着革命。

如果他们拒绝，他们就会被人强迫。因为，为了掌握权力，议会一开始就容忍或求助于街头暴力。不过，当议会把暴乱分子视为同盟者时，它就任由后者冒充主人，从此，无论在巴黎还是在外省，非法的暴力就成了国家的根本性权威。“既然是靠人民得胜，就无法对人民采取严厉立场[①]”；因为，“当涉及镇压骚乱的问题时，议会就没了主心骨，也没有力量”。“指责时措辞体面，迁就时策略高超”，因此议会也得忍受它所认可的对别人的压迫，这种事天公地道。只有三四次，当暴乱变得过太过分，当面包店主弗朗索瓦（Fran?ois）在南锡的瑞士人骚乱中被杀，当马尔斯教场的骚乱愈演愈烈时，大多数议员才感到自己受到了威胁，投票通过或决定实施戒严法，以武力来平息武力。但通常情况下，民众专制只对王党少数派实施，议会就任凭自己的对手被镇压，以为针对右翼分子的暴力行为不会波及自己：这些人是敌人，可以交给牲畜去处置。左翼分子已经这样做了，狂热让他们无所顾忌；这件事涉及的是原则、是绝对真理的问题，而绝对真理应不惜一切代价获胜。更何况，为了人民的事业而求助于人民，这有什么可犹豫的呢？一点点的强制会有助于良好的法律；因此，对议会的围困日复一日。早在10月6日之前的凡尔赛，情况就已经是这样了；而现在议会在巴黎，围困的力度就更大、更不加掩饰了。

① Dumont, 133. – Montlosier, I, 355, 361.

1790年初①,参与围困议会的团伙包括750名被豢养的男子,他们大部分是从各自部队里被驱逐出来的士兵或开小差的,最初每人每天五个法郎,后来每天四十个苏。他们的职责是在咖啡馆、街道和罗亚尔宫的人群中挑唆或支持骚动,但其活动的首要地点是在国民议会的走廊上,一有信号他们就鼓掌或喝倒彩。他们的头领是个圣路易骑士团的骑士,他们向这个人效忠,而这个人则服从雅各宾委员会的命令。在议会,他的主要助手是个名叫索尔(Saule)的人,“一个粗野老迈的小矮子,从前是个挂毯匠,后来到处兜售涂满被吊死的囚犯的脂肪的小匣子,每个四十苏,他吹嘘说这东西能治腰子疼；这个人一生都是醉醺醺的……但凭着一副永远不会干涩的尖利嗓门,他竟在议会讲坛上获得了一点声望”。说真的,当初他在入场证明上做了手脚,被人赶了出来；于是他只好再次拿起“涂满油膏的匣子,跟一个文人为伴,到外省晃荡了一两个月”。但回来后,“靠着一个宫廷马夫的保护,他在杜伊勒里宫的墙根底下得到了一块开咖啡馆的地方,这地方紧靠着国民议会”,如今,就是在他的咖啡馆里、在他家中的柜台上,那些讲坛上的枪手“前来学习他们该讲的内容,以及当天如何鼓掌的口令”。另外,他还亲自现身,“此后三年中,在由他照管的讲坛上,是他引导着公众的思想,而且,因为他优良且得人心的服务,制宪议会还将给他颁发一笔奖赏”,而立法议会则在此基础上新增“六百利弗尔的年金,另加斐扬派公寓中的一个房间”。

有了这样的资助,可以想见这类人会怎样折腾。站在讲坛上②,

① Bertrand de Moleville, II, 221. (据司法警察的一份报告。) – Schmidt, *Tableaux de la Révolution*, I, 215. (1793年5月13日暗探Dutard的报告) – Lacretelle, *Dix ans d'épreuves*, 25. “午夜时分,天下着雨,雨中夹着雪和雾凇,冰冷刺骨,我们来到斐扬派教堂边,为议会旁听席占位子,不过这些位子要第二天中午才用得上。我们要跟别人争吵,这些人的动机和利益跟我们很不一样。我们很快就发现,大部分的旁听席都是付钱的,因此让我们备感伤心的悲惨场景也能让人高兴一下。当我听说,有些被称作三色妇人的女人非常喜欢罗伯斯庇尔那已经在杀人的教条,喜欢听他尖利的嗓音,眼里都是这个丑陋的家伙、活生生的嫉恨者的典型时,我不知道怎样形容我的恐惧。”（1790年头几个月。）

② *Moniteur*, V, 237 (1790年7月26日); V, 594 (1790年9月8日); V, 631 (1790年9月12日)；VI, 310 (1790年10月6日). (Peretti修士的信件。)

他们就声嘶力竭地压制右派的诉求：例如，废除贵族头衔的法令“不是在叫喊声中，而是在令人恐怖的咆哮声中①”被通过的。当卡斯特里公馆刚刚被民众洗劫的消息传来时，他们报以热烈的掌声。当讨论到天主教是否应是占支配地位的宗教时，他们“叫嚷道，应该绞死所有贵族，如此则万事大吉”。他们所有的攻击行为，不仅不受惩罚，还应受到鼓励：某个抱怨他们喧闹的贵族被治得服服帖帖，而他们的干扰、叫骂、侮辱、威胁，从此就像一个常规程序被引入立法工作中。在大厅的边缘，他们的压力甚至更加可怕②。有好几次，议会被迫将卫兵人数翻番。1790年9月27日，4万人围在议会周围，要求它撤销大臣们的职务，在大厅的窗户底下，有人“提议进行刺杀”。1791年1月4日，教士议员按点名次序，轮流走上讲坛，或对教士公民组织法宣誓，或拒绝宣誓，此时杜伊勒里宫响起可怕的喧嚣，声音一直传到议会大厅：“谁拒绝宣誓就把他吊上路灯杆！”1790年9月27日，经济学家杜邦·德·内穆尔（Dupont de Nemours）先生刚刚发表了一个反对指券的演讲，离开会议厅时就被人围住，内穆尔在嘘声中被人推搡，一直被挤到杜伊勒里宫的水池边：若不是卫兵救了他，他肯定被扔进池子了。1790年6月21日，卡萨雷斯（Cazalès）先生差一点“被民众撕成碎片③”。在街道上，在咖啡馆里，右翼议员直接受到的威胁不下二十次；人们在大庭广众之下，将绳子套在这些议员的画像上。毛里修士有好几次差点被吊死；有一次，他掏出手枪后才得以逃脱；

① Ferrières, II, 75. – Moniteur, VI, 373, 374 (1790年9月6日). M. de Virieu. “应该压制那些靠喝彩或嘘声侮辱你们的某些议员、扰乱辩论自由之人。难道这三百个观众就是我们的法官，甚至就是民族么？”议会主席M. Chasset说：“发言的先生，我提醒您注意秩序。您在谈论投票表决的麻烦之处，但本议会从未有过此类麻烦。”

② Sauzay, I, 140. 自由派议员Lompré致议事司铎Séguin的信件（约1789年11月2日前后）：“工作的困难日甚一日；我们成了民众发泄怒火的对象，如果除了没收教会财产之外没有别的办法避免这场风暴，我们就只好让步了。局势的紧迫性造成很大压力，要是您在这里还能坚定地抵御我数次经历的风暴和侮辱，我真是再诧异不过了。”

③ *Mercure de France*, 1790年10月2日，1791年1月15日，1791年5月14日。—Buchez et Roux, V, 343 (1790年4月13日); VII, 76 (1790年9月2日); X, 225 (1791年6月21日). — Montlosier, I, 357. —*Moniteur*, IV, 427.

还有一次，米拉波子爵被迫拔出佩剑。克莱蒙-托内尔（Clermont-Tonnerre）先生因为投票反对将孔塔（Comtat）地区[①]并入法国，在罗亚尔宫被人用凳子和棍棒袭击，袭击者追踪他一直到卫兵岗哨前，接着又尾随到他公馆门前：咆哮的人群砸烂大门，费了老大劲才被击退。右翼议员之间无法举行集会：他们在嘉布遣修会的教堂里"遭受石块袭击"，接着又在罗亚尔街的法兰西沙龙受人攻击；最后，新任法官们的一项法令封闭了他们的会议厅，并下令以他们正在经受的暴力行为来惩罚他们[②]。总而言之，这些议员完全受暴民支配，他们当中最温和，最开明，头脑和思想最坚定的马鲁埃坦言，"在去议会的路上很少忘记带上手枪[③]"。"两年来，"他在国王逃走后说，"我们没有享受过片刻的自由和安全。""当你们前往屠宰场时，"另一位议员写道，"你们会在入口处发现鲜活的牲畜，但人们只会让它们活上片刻，到时候就要宰杀。每次我进入国民议会时，右派当中的全体贵族、主教和高等法院法官都会给我留下这样的印象，而左派的行刑者只是让他们稍微喘息一会儿。"即使在坐席上，他们也会受到侮辱和冒犯，"置身于内部危险和外部危险之间[④]，处于走廊上的敌视"和大门口狂吠者的仇视之间，"在人身侮辱和圣日耳曼修道院[⑤]之间，在庆祝他们的城堡被焚烧时爆发出的狂笑和十五分钟之内打断发言三十次之多的吵嚷声之间"，他们受到"一万条三头犬"的攻击和指责，这些恶犬来自新闻界，来自怒吼着追打他们、叫嚷着要"用唾沫淹死他们"的街头大众，只要能粉碎他们的抵抗，任何手段都是好的，会议快结束时，有人当着全体议员的面向他们保证，将"把他们交给各省"，

---

① 指的应是孔塔-维内森（Comtat-Venaissin）地区，该地是教宗在法国境内领有的一块飞地（1274年起），阿维农城即位于该地，1791年被并入法国。— 译者

② *Archives de la Préfecture de police*, Saint-Roch区委员会的报告，治安法庭的判决，1790年5月15日。

③ Malouet, II, 68. – Montlosier, II, 257, 217 (Lavie先生的演讲，1791年9月18日)。

④ *Mercure*, 1790年10月1日（Mallet du Pan的文章）。

⑤ 这里说的圣日耳曼修道院，可能是指设在该修道院的监狱，即前文提到的阿培监狱（Abbaye）。该监狱始建于1522年，1854年被摧毁。— 译者

就是说，在他们返回时，煽动他们老家发起针对他们的长期暴乱。这样的议会程式一直延续了29个月而不曾中断，最后它产生了效果。很多意志薄弱者被牵着鼻子走[①]，即使是性格刚毅的议员，也被恐惧左右了：本来能够昂首投入战斗的人，一想到会被流氓无赖拖入水沟就战栗了；对于稍微敏感一点的头脑来说，民众暴力总能产生外在的支配力。1791年7月12日[②]，针对缺席者的点名显示，已经有132名议员没有出席议会。十一天前，仍在参加会议的议员当中，270人宣布他们将不参加辩论。于是，在制宪工作完成之前，所有反对派（超过400名议员，超过议会总数的三分之一），已经被迫逃离或者沉默了。革命派靠着镇压摆脱了所有抵制，他们靠暴力控制了街道，如今又靠暴力控制了议会。

Ⅳ

一般来说，一个全权的议会当中，如果一派占据优势，并以自己为核心组建起多数派，它就会产生内阁，它只要给内阁指明方向，或提供相关的建议就够了。因为多数派的领袖既然掌握了政府，也就成了政府的负责人，当他们提出或接受一项法律，就必须预见其后果。很少有哪位陆军大臣或海军大臣，会接受一部在军队或舰队中规定永无休止的不服从的军事法典。很少有哪位财政大臣会主张支出超过收入的最高限度，或者提出一种让税收无法进账的征收制度。多数派的首领应置于各种信息的中心，每天都了解各项细节，并有专家顾问和专门的职员帮助，这样他们就成为行政首脑，很快就会从理论转向实际，只有在抽象政治的迷雾足够厚重时，经验每时每刻在他们脑子里积攒起来的见识才会被驱散。让最坚定的理论家来操控舵

① Malouet, II, 66. “只有那些既不担心受到不公正对待、也不担心威胁和暴行的人，才敢于表达反对意见。”

② Buchez et Roux, X, 432, 465.

轮：不管他的原则或偏见多么僵硬，只要他不是瞎子或被瞎子们强迫，他就不可能总是固执地向左或向右航行。实际上，在国王逃往瓦楞之后，在议会成为行政权的主导者，直接对大臣们发号施令之时，它自己便能意识到，这台宪法机器运转下去就只能导致毁灭，而且正是主要的革命者，如巴纳夫、迪波尔、拉梅特（Lameth）兄弟、勒·夏佩里埃、图赖等人[①]，开始着手纠正航向，以减轻震荡。但是，他们一时赖以汲取智慧和理性的源泉（尽管他们不愿意，而且太晚了），一开始就让他们给封闭了。1789年11月6日，出于对原则的尊重和对腐败的担心，议会宣布，任何议员都不得担任大臣。于是，议会失去了直接管理国务所能带来全部知识，完全由理论驱动而没有任何制衡，这项法令等于把它自己变成了一个纯粹的立法研究机构。

更糟糕的是，由于这个错误的另一后果，议会注定要陷于无休止的烦恼之中。因为，当它将自己不想承担的权力交给不太情愿或可疑之人的手中时，它就会一直焦虑不安；议会颁布的法令无一例外地带上了这样的烙印：不仅固步自封、甘愿做个懵懂者，还总是对其置身的环境充满子虚乌有或夸大其词的恐惧。您可以想象一下，一条船上有一群律师、文人和别的乘客，靠着一群吃不饱的船员造反才得以维系其窃取来的最高权力，但他们又拒绝在船员中挑选领航员和值班船员。过去的船长仍在任命这些职员，人们或因为羞耻心，或因为船长是个好人，没有剥夺他的权力，仍然留着他传达命令。如果这些命令很荒谬，船长可就倒了霉；如果他抵抗，一场新的骚乱会迫使他同意，就算命令无法执行，他也得照办。与此同时，在远离驾驶盘和罗盘的甲板间里，我们这群业余人士正在聚会研讨漂浮物的平衡问题，正在颁布一套新的航海体系，还命人扔掉压仓物，张开所有的船帆，看到船只侧舷下沉，他们很是惊奇。显然，这是因为领航员和值班员操作失误。于是这些人被撤职，别的人取而代之，而这

① Malouet, II, 153.

条倾斜得更加厉害的船则开始四面进水了。这是船长和原来的幕僚们的错；至少他们存心不良，因为如此美好的航海体系光靠自己就能成功；如果船沉了，那是因为有人设置了障碍。在旧制度的人当中，毫无疑问有些叛国者宁愿毁灭一切也不愿屈服，这些人是公敌，是鬼怪；应该解除他们的武装，监视他们，逮捕他们，惩罚他们。这就是议会的推理。显然，要想坐实这一点，只要它任命的内务大臣每天上午把他指派的警察头目召到自己的官邸就够了。但是，由于议会自己的法令，它连这么简单的办法都失去了，它只能设立调查委员会以作权宜，用以侦缉“反民族”（lèse-nation）[①]的罪行；没有比这更模糊的字眼，没有比这样的机构更有害的了。这个委员会每月改选，配备有专门的职员，但其成员都是没有经验的幼稚议员，它将承担勒努瓦（Lenoir）和富歇的工作，用暴力弥补它的无能，而它的程序也就是雅各宾的调查程序[②]。这个委员会警惕且多疑，因此它怂恿别人告密，发现不了阴谋它就捏造出阴谋。对于它，微不足道的愿望就等同于行动，模棱两可的计划就构成实际的破坏行径。根据某个在门口偷听的仆人的检举，根据某个从衣服口袋里找到一张纸的洗衣女工口中颠三倒四的揭发，根据一封被歪曲了的信件，根据它自己得来的、经过想象力加工的模糊迹象，它就可以编造出一场政变，于是它开始审讯，开始入户搜查，开始夜间突击检查，开始抓人[③]，它措辞夸张，抹黑诋毁，并在国民议会的公开会议上检举一切。首先是布列塔尼贵族阴谋策划将布雷斯特交给英国人[④]，接着是有人收买

---

① *Décrets* des 23 et 28 juillet 1789. – Archives nationales, 调查委员会的文件, passim。其他事件，见Mme de Persan (Moniteur, V, 611, 1790年9月9日的会议)和马鲁埃的事件(Mémoires, II, 12).

② Buchez et Roux, IV, 56. (Garran de Coulon的报告。)IV, 49.（调查委员会的决定，1789年12月28日。）

③ Riolles、Bussy等人被捕，Mme de Jumilhac和其他两位妇女（一位在巴莱杜克，一位在南锡）被捕，等等。

④ 1789年7月28日的会议，Duport和Rewbell的演讲，等等。—Mercure, 1791年1月1日（Mallet du Pan的文章。）—Buchez et Roux, V, 146.“五六个密谋接踵而至，如抢劫面粉密谋，抢劫金钱密谋，等等。”（Camille Desmoulins的文章。）

盗匪，阴谋毁坏庄稼，再接着是7月14日烧毁巴黎的阴谋，然后是法弗拉斯（Favras）刺杀拉法耶特、内克和巴伊的阴谋，然后是奥雅尔（Augeard）劫走国王的阴谋，以及其他的、每周都会出现的阴谋，这还不包括在记者们脑子里繁殖出的层出不穷的阴谋，如德穆兰、弗雷隆（Fréron）、马拉在每期报纸上大肆鼓噪的阴谋。"街道上每天都有各种各样的警报，多得就像白菜萝卜，善良的巴黎人每天就呼吸着烂泥的臭气[①]"。然而，在这方面，正如在很多其他方面一样，议会和人民是一样的；它深信自己处于危险之中，它制定法律就像制造骚乱一样，它用法律来保护自己就如同用长矛来自卫一样[②]。由于没有控制主动轴，它无法操控这台机器，于是它对所有老部件和新部件都不信任。老的在它是个障碍，它不想利用它们，而是一个个地砸碎，高等法院，外省三级会议，修会，教会，贵族和王权，莫不如此。新的它又觉得很不可靠，所以不给予信任，而是事先就让它们左右为难，行政权，执行权，司法权，警察治安权，军队[③]，都是这样。由于议会的措施，每个新机构都不可能反对它；但也正是由于这些防范，它们每一个都无法履行职能。无论是建设还是破坏，议会都有两个糟糕的顾问，一个是恐惧，另一个是理论；在它不加区分地彻底摧毁的旧机器的废墟上，它毫无远见地建设的新机器只会在运转过程中自行崩溃。

---

① Archives de la Préfecture de police. Saint-Roch区委员会辩论记录摘编，1789年10月10日。"决议请求议会以其所具有的全部谨慎、警惕和力量，去发现、揭露、公布不断酝酿的、针对首都居民的可怕密谋和恶毒背叛，并向公众揭发所有此类阴谋的始作俑者、挑唆者、支持者，指明他们的身份，确定具体犯事者，并对此类罪行严格量刑，予以严惩"。该区的营连指挥官每天都跑来和委员会协商此事。"只要警报响起，每所房子的二楼夜里就得亮起灯盏，该区的所有公民都必须在晚上10点之前回家，除非他有任务……所有公民都应参与侦查和发现与可憎的阴谋相连的工作，此类阴谋正悄悄在首都编织着。"

② M. de Guilhermy的信件，1790年7月31日（*Actes des Apôtres,* V, 56）."这两夜（1789年7月13日和14日），我们一直在开会，我听到一个代表试图让人相信，炮兵已经接到命令，将炮口对准我们的会议厅；另一个则说，议会被人埋了地雷，有人想把它炸飞；还有一个竟声称，他已经闻到火药味；于是Virieu伯爵回答说，火药只有在被点燃时才有味道。"

③ Dumont, 351. "每部符合宪法的法律都是党派的胜利。"

第二章　毁灭

Ⅰ. 旧制度的两个主要病症—两项主要改革—改革由国王和特权者提出—它们可以满足实际需要—如果将改革扩大，它们将难以实施。Ⅱ.不同社会的本质和可行性宪法的根本。Ⅲ.国家中的等级—贵族的政治态度—1789年时他们的状态—贵族可以有特别的贡献—最初议会关于平等的原则—拒绝设立上议院—贵族的封建权益—在何种程度上以及为何要尊重它们—应该如何改造它们—议会最初关于自由的原则—议会对封建权利所作的区分—它如何阐述自己的原则—法律的漏洞—赎买的困难—所有封建权利实际上被废除—废除贵族头衔和领地封号—对贵族的偏见与日俱增—贵族所受的迫害—流亡。Ⅳ. 国家中团体—1789年教会的弊端和松弛—国家如何行使其监督权和进行改革—团体的社会功用—君主制度的健康部分—修女的热忱及贡献—应如何使用教会财产—议会关于个别修会和永久管业权的原则—废除并剥夺所有团体—无偿取消什一税—没收教会财产—对国库的后果，及对丧失财产后的服务机构的后果—教士公民组织法—教会面对国家时的权利—确定无疑的冲突及后果—教士被视为国家公务员—该法律的主要精神—宣誓的义务—大部分教士拒绝—大部分信徒追随他们—对这些教士和信徒的迫害。

I

在旧的社会结构中，有两个根本性的弊端，故必须进行两项重大改革①。首先，特权者已经不再提供服务（他们所得的好处就相当于服务的工资），他们的特权不过是民族部分成员为了另一部分人的利益而无偿负担的：现在应该废除了。第二，拥有绝对权力的政府，使用公共事物就像使用自己的私人物品一样，十分随意，浪费严重：应该对其进行持续有效的监控。税收面前，所有公民都应平等，应该把纳税人的钱袋子放到其代表者的手中，这就是1789年应该采取的双重措施，而特权者和国王都准备接受而不进行抵制。在这两个问题上，不仅贵族和教士的陈情书言辞一致，连国王也在1789年6月23日的声明中宣布，他将亲自将这两个条款颁布为法令。从此以后，任何税收和借款都应征得三级会议的同意；而且三级会议每年都须再次认可；预算每年都须公开，应由各等级讨论、确定、分配、表决和审核；预算分配及使用不可有丝毫的专断；所有不同部门的拨款都须明确，包括王室的款项；在每个省或财政区，选举产生的省议会中，半数成员为教士和贵族，另半数为第三等级代表，省议会负责分摊普遍性捐税，管理地方事务，决定并指导公共工程，管理医院、监狱、乞丐收容所，在议会休会期间，由其选定的执行委员会继续其工作：除了这些主要的控制，还有三十项细致到极端的次要控制措施。税收不再有豁免和分别；废除道路劳役；废除针对平民的贵族土地购入税（franc-fief）；以补偿方式废除永久管业捐（死手）；废除内部关税；削减王室狩猎总管权限（capitainerie）；削减盐税和商品税；改革对穷人来说过于昂贵的民事司法、对小民而言过于苛严的刑事司法：除了税收平等这一主要改革，已然开始的更为完善的措施将拆除最后的封建枷锁。此外，六周之后的8月4日，特权者在慷慨风度的鼓舞

① Cf. *L'Ancien Régime*, liv. I et V.

下，亲手打断或去除了所有这些枷锁。因此，这双重的改革没有遇到任何阻碍，正如阿瑟·扬对朋友说的，“要批准这一做法，只需一轮投票[①]”。

因为，这样就可以充分满足实际需要。一方面，废除税收特权之后，农民和普通小纳税人的负担会降低一半，甚至2/3；在过去，他们100法郎的净收入须纳税53法郎，改革后只需交纳25法郎，甚至16法郎[②]，这可以极大地减轻负担，再加上计划中商品税和盐税的改革，普通纳税人的状况将发生彻底的转变。此外还有教会和封建捐税的逐步赎买：农民已经是1/5的土地的所有者，即使没有大革命的暴力，20年后他们就可以实现靠革命取得独立和成果。另一方面，每年一度的征税表决，不仅可以在公共捐税的使用中杜绝浪费和专断现象，而且议会制政府也就此确立：谁掌握了钱袋子，谁就是其他事务上的主人；要想维持或设立任何部门，今后都需征得三级会议的同意。然而，在三个等级构成的三个议院中，有两个是由平民主导的。此外，公共舆论也支持它们，而作为真正的立宪君主的国王，也远没有一位专制者那种不容置辩的强硬，甚至没有一个普通人的主动性。因此主导权会转入平民手中，从法律上说，平民将在不经历动荡的情形下，跟君主合，君主实现、扩展和完成各项有益的改革[③]。这就够了；因为人类社会就像一个活的肌体，当人们对其实施太大的手术时，它会陷入痉挛；另外，这些改革尽管有限，但很可能是1789年的法国所能承受的极限。重新均等地分配所有直接税和间接税，重组、合并和撤销所有内部关税，以交换和补偿方式取缔所有封建权益

---

① Arthur Young, I, 209, 223.“如果议会坚持拒绝提议，它就面临到手的好处可能飞走的威胁，将会导致万世唾骂，而不会留下一切以国家利益为皈依的真正爱国者的美好回忆。”

② 根据制宪议会的估算，地产税的收入应为2.4亿，按1/5的净收入税率征收，故整个法国的地产收入12亿。此外，取代人头税的动产税收益应为6000万。整个直接税收益为3亿，按净收入的1/4征收，即税率为25%。如果采用旧制度时代的直接税数字（根据内克1789年5月的报告，收入为1.9亿），则税率为净收入的1/6，即16%的税率。

③ Dumont, 267.（米拉波死前三个月的发言）：“啊！我的朋友，一开始如果我们阻止议会改称国民议会，可能就对了！这可是不幸的源头。人们想统治国王，而不是通过国王来统治。”

和教会捐税，这已经是一件巨大的工作，复杂而又棘手。只有通过细致的调查、核实和计算、长期的摸索和相互之间的让步，才能取得积极的结果：在今天的英格兰，对什一税和庄园捐税进行的最细微的改革，也需要25年的时间，而对法国的革命议会而言，也需要同样长的时间去完成政治教育[①]，去破除空洞理论的迷雾，通过接触实际事务和对细节的研讨去认知推理与实践之间的距离，去发现一套新制度只有依靠一套新的习惯才能运转，去深切地认识这一点：靠法令确立一套新制度，等于“建造一所旧房子”。但议会着手的工作就是建造旧房子。它拒绝国王的提议，拒绝有限的改革，拒绝渐进的改造。在它看来，它的权利和责任就是对社会进行彻底重组。于是，发明了人权和社会契约之条件的纯粹理性成了它的指令官。

II

您若实施社会契约，或许是件好事，但请将实施范围限定在部分人中间，社会契约正是为他们制造出来的。这是些热衷抽象的人，他们与任何时代、任何国家都无关，纯粹是封闭在玄学小匣子中的实体。实际上，为了构建这样的实体[②]，人们有意切除了他们彼此之间的全部差别——如一个法国人跟巴布亚人，一个现代英国人和凯撒时代的不列颠人之间的差别——而只保留他们共有的部分。由此得到的只是一个极端单薄的残留物，一个从人类本性中抽离出的一小撮萃取物，换言之，根据当时的定义，这是“一个期望幸福且有推理能力的存在”，不多也不少。根据这个样板，人们裁剪出数以百万计的彼此极端类似的物品；随后的第二步简化像第一步一样幅度惊人，人们设想这些存在物都是独立的，平等的，没有过去的，没有亲缘关系

---

① Morris, 1789年4月29日。(关于未来宪法的原则)：“至少要有一代人的时间才能熟练地运用宪法。”

② Cf. *L'Ancien Régime*, t. I, liv. III, ch. III.

的，没有信念的，没有传统的，没有习俗的，就像数学单位一样，都是相互分离的，相互等值的，人们还设想，一旦把它们聚合在一起，它们就能史无前例地共同商讨事务。从人们为它们推定的本性和给它们创造的条件中，可以毫不费力地推导出它们的利益，它们的意愿和它们的契约。但是，契约适合于它们，并不能推导出契约也就适合于别的存在物。相反，契约并不适合于别人，而且，如果有人向一个活生生的人民强加这种契约，那便是不合适到了极点；因为，在空洞的抽象、哲学的幻影、徒有其表的幌子与真实而完整的人之间，距离简直无法计量。

无论如何，现在的问题不是某个实体，某个被化约、被裁减至人的最小公约数的人，而是1789年的众多法国人。人们制定宪法仅仅是为了这些人；因此唯有他们应该去思考，而且显而易见的是，他们是个特别的群体，有自己的特有的性情，禀赋，偏好，宗教，历史，一整套的心理和精神结构，这是深邃的、遗传性的结构，由遥远时代的先人传递下来，20个世纪以来，每一个重大事件，每一个政治或文学时代，都会给该结构带来某种增益，某种变形，或某种褶皱。这是一株独一无二的树木，其树干因为年代久远而厚重，层层的年轮中，结瘤中，弯曲的枝干中，繁杂的枝蔓中，都贮藏有鲜活的汁液，都烙上了它历经沧桑后的印记。若将平庸含糊的哲学定义运用于这样一个有机体，便只能是幼稚的标记，根本无助于我们的理解。更何况，在这样一个复杂精密的基础上，呈现出极端的多样性和不平衡，年龄、教养、信仰、阶层、财富等，都是极端分化的；这一切都应该考虑到，因为差异和多元是利益、情感和意愿的构成要素。如果只取最粗略的数字，很显然，根据平均年龄计算[①]，一半的人口是孩子，而成年人中还有一半是妇女。20个居民中有18个是天主教徒，其中16个是信教的，至少习惯和传统上是这样。2600万法国人中，2500万人不认字；会

① 根据伏尔泰的说法，当时人均寿命只有23岁（*L'Homme aux quarante écus*）。

认字的最多100万人；政治方面有资质的只有五六百人。至于每个阶级的状况、思想、情感、文化程度和类型，要想大概描述一下也得写上一大卷书。此外还有一点，所有问题中最重要的一点。这些彼此间差别很大的人，远远不是独立的，也远不是第一次缔结契约。八百年来，他们和他们的祖先已经构成一个民族共同体，正是因为这个共同体，他们才能生活、繁衍、劳作、收获、自我教养、自我管理、积累起我们今天仍在享用的遗产和知识。这个共同体中的每个人，就像有机体中的一个细胞。毫无疑问，这个肌体只是这些细胞的集合，但这些细胞唯有依靠整个肌体的健康，才能产生、生存、发展和实现自己的个人目标。因此首要的目标应该是有机体的繁荣；维持整体性的大生命，对所有个体的部分的生命来说都是最基本的需要，他们就包含在这个大生命中，正如一曲合奏中的个个音符——不管这些小生命是否意识到了这一点。对于他们来说，这不仅是一种基本的需要，而且是一种义务。每个人生来都是对国家负有责任的，到他成年时，他的责任仍在增长，因为正是靠着与国家的合作，靠着法律的维护，靠着公共权力提供的保护，他的祖先，他的父母，他自己才能传递生命，财产和教养。他的才能，他的思想，他的情感，他整个的精神和物质存在，都是在共同体或远或近的协助下产生出来的，共同体至少是个监护人和守卫者。正因为这一点，它是个人的债权人，正如潦倒的父亲对强健的儿子仍然是债权人一样；它有权要求食物，要求服务，在个人拥有的全部力量和资源中，它可以十分公正地得到一部分。个人知道这一点，他也感受到这一点；祖国的观念深藏于他内心深处，有时会迸发出热烈的激情，会激励持久的牺牲壮举和英雄主义气概。这才是真正的法国人，我们马上可以看到，与哲人们着意构建以取代他们的简单的、孤立的、不可分辨的单子比起来，他们是多么的不同。他们没有创建什么联盟，因为联盟已经存在，八个世纪以来，他们中间一直存在公共事物。这公共事物的幸福和繁荣，就是他们自己的利益，自己的需求，自己的责任，甚至就是自己内心的意愿。

如果说此时有人在谈论契约,那他们差不多已经缔结了一个契约。至少,契约首要的条款已经规定下来,并且已经左右着其他的条款。国家不能解体。因此应该有公共权力。应该服从公共权力。如果公共权力有好几个,它们之间应界限明确,相互平衡,以达致互助协作,而不是相互对立、相互拆台。采取的政治体制应将国务交到最有领导能力的人手中。法律不能是为了少数人的利益,也不是为了多数人的利益,而是为了整个共同体的利益。这首要的条款决不可违反,无论是少数派,多数派,还是以民族名义召集的议会,亦或是全体一致的民族本身,都不可僭越这一条。民族无权任意处置公共事务,无权凭自己偏执的念头去冒险,无权让公共事务服从某项理论,或服从某个阶级的利益,即便这个阶级人数最为众多。因为公共事务不取决于民族,而是取决于过去、现在和未来所有的共同体。每一代人都只是临时的管理者,都是他们从上代人那里接收、并负责传给下一代的珍贵和光辉产业的受托保管者。在这份"永久的基业"中,所有法国人,从法兰西诞生的第一天起,都有自己的奉献,无以数计的奉献者的善良意图不容置疑:他们奉献的条件是,这份基业不受触动,每一代的使用者其实都只是这份基业的看护者。如果某个使用者出于傲慢或轻率,鲁莽或私心,而损害了托付给他的产业,他就对所有先人犯下了过错,因为他伤害了他们的奉献牺牲,也对所有后来人犯下过错,因为他挫伤了后人的希望。因此,在制定宪法前,应该从整体上考虑共同体,不仅是其目前的状态,还应考虑其未来,能看到多远就要考虑到多远。从这种远见出发理解的公共利益,应该就是统领一切的目标,宪法只能据此制定。无论是寡头制、君主制还是贵族制,宪法都只是台机器,若能达到目标它就是好的,达不到就是坏的,而要想达到目标,就应该像所有机器一样,根据地域、材料和环境进行修正。如果这台机器导致国家解体,最有学问的人都没有资格治理国家。在机器能维系国家的地方,最粗糙的人都有合法的资格。这里没有先行的、普遍的和绝对的法则。根据人民、时代和文明程度的不同，根据内外状况的差别，所有公民和政治平等与不平等，都可能是——或者不是——有用或有害的；立法者究竟应该废除或保留它们，需要根据这个有益的高级法则，而不是根本行不通的想象契约，在中央或边缘创设、限制、分配公民权利和公共权威，其手段或依靠世袭，或通过选举，或采取平均主义，或维系特权。

III

应该预先扫清一切（faire place nette），还是废除或仅仅改革等级和团体呢？两个优先等级，即教士和贵族，数字都因为各种受封为贵族的平民、富人和贵族土地持有者的增加而有所增长，他们一起构成一个享有特权的贵族群体，从政府那里捞取各种好处，只要他们孜孜不倦、优雅得体地索要好处就行了，在自己的领地上，他们征收从前封建首领的各种捐税，却不用履行相应的责任。显然，这是个非常大的弊端，应该停止。不过，尽管他们在自己的领地上、在政府那里享有的特权地位被滥用了，但这并不意味着就应该剥夺其领地权的所有保障和权益，或者剥夺其在政府中的所有影响力和所有位置。当得宠的贵族无所事事，根本不履行其地位所要求的责任，这毫无疑问是个严重的病症，贵族窃取了各种荣誉，各种职位，还有晋升机会，优待权，年金[1]，损害的是其他同样有才干、同样辛劳甚至更配得上这一切的人。但是，当贵族有事可做，尤其是其从事的工作符合其禀赋，特别是能提供一个选举产生的上议院或世袭贵族爵位阶层时，那他们还是有很大的益处的。无论如何，不能仅仅取消贵族而没有任何补偿；因为，虽然法律上取消了，但实际中会重现，立法者从来就不是在两种制度之间作非此即彼的抉择，不是说一个制度就是完全抛荒，另一个制度就能结出硕果；换言之，一个制度将贵族排除出公共领

① *Mercure*, 1790年7月6日。根据加缪（Camus）的报告（2日的会议），年金总额的官方数字是3200万；不过，如果加上各个金库的封赏和拨款，总额可达5600万。

域，另一个将其完全整合进公共部门。在任何存在过的社会，总有一些核心家族的财产和声望更加古老，甚至当这个群体看起来已经封闭时（如1789年之前的法国），但每半个世纪都会有新的家族进入，如高等法院法官，督办，通过财富（靠其行使的高级职位获得）上升到社会顶端的财政家；正是在这个阶层，国务人员的产生最为自然，这样的人是人民的顾问，是独立而且能胜任的政治家。实际上，部分因为自己的财富和地位，这个阶层的人可以超脱于日常的需求和欲望。他可以提供免费服务；他不用为钱操心，不用挣钱养家，不用为自己的前程奔波。政治责任不会中断他的前途，他不必像工程师、商人和医生那样，为此牺牲自己的大好前程、自己的生意和顾客。他辞职不会对自己和家人造成任何损害，他可以追随自己的信念，可以抵制甚嚣尘上但有害的观念，可以成为忠诚的服务者，而非公众面前猥琐的谄媚者。因此，虽然中下层人民的主要原动力是利益，但在他，主要的动力源是骄傲：虽然，在这个人的内心深处的情感中，根本不存在更适合转变为公正、爱国和良知的要素，因为骄傲的人需要的是自我尊重，而为了达到这一点，他就试图让自己值得尊重。在所有这些方面，您可以比较一下英国的乡绅贵族和美国的政客。另外，才能相当时，绅士贵族世界的人更有可能比穷苦平民更好地理解政治事务。因为他所需要的知识根本不是人们从图书馆或孤独的研习中获得的渊博学问，他需要认识的就是活生生的人，以及人的集合，或者说人的组织，如国家，政府，党派，行政机构，既有国内的也有国外的，而且是正在运作中的。要想做到这一点，办法只有一个，就是亲身经历，亲眼观察，既从高处俯瞰又从细部探究，为此应经常与各部门的首领，与统揽整个群体的信息和观念的出色的专门人士往来。不过，人在年轻的时候，大多难得与这类人往来，无论在国内还是在国外，除非有声望，有家族背景，有财富，有名流世界的教养和风度。而要具备这些条件，就必须在20岁的时候可以自由出入各种场合，可以自由往来于所有沙龙，以便能够说写三四种现代语言，能够花巨资在国外长期逗留学习，能够在人生不同阶段选择和更换不同的事务部门，这样做毫无经济上的要求或几乎没有要求，纯粹是一种政治上的教养和训练。这样培养出来的人，即便资质平平，也是值得请教的。如果此人才能卓越且能为人所用，他可能提前三十年成为国务活动家，获取全方位的才能，成为政府大臣，成为独当一面的领导人，成为极少数可在暗礁之间找到航道、可恰到好处地纠正舵轮以拯救航船的人，而庇特、坎宁(Canning)和皮尔(Peel)就是这样的人。这就是上层阶级可以提供的服务，只有在这个特殊的种马场上，才可能定时提供优良的赛马和出色的赛马手，并在欧洲这个大赛马场上技压群芳折桂夺冠。

然而，要培养和训练他们，就应该向其展现广阔的前程，而不应强迫他们穿越一些过于艰辛的路途。如果地位、祖传的财富、性格和风度中的尊严是导致他们受民众冷落的原因，如果他们为赢得选举而必须跟卑鄙下流的选票掮客勾结厮混，如果恬不知耻的招摇撞骗、粗俗肮脏的牛皮口号、奴颜婢膝的阿谀奉承是争取选票的唯一手段，就像今天的美国和往日的雅典，那么，贵族制就会退缩到私生活中，并很快会局限于懒散无聊的生活。因为，一个具有良好教养，生来就有10万利弗尔固定年金收入的人，是不愿意当什么工业家、律师和医生的。不用为职业操心时，他们会到处游荡，迎来送往，攀谈打趣，在业余爱好中培养某种品味或怪癖，要么寻欢作乐，要么忧郁消沉，于是国家失去了一支最强大的力量。如此一来，历史传承下来的最优秀最慷慨的馈赠，往昔累积起来的最丰厚的物质和精神资产，就这样失去了生产效力。在纯粹民主制中，社会这株大树的上层树枝已经结不出果实，无论老树枝还是新树枝。一旦一根强劲有力的树枝脱颖而出直抵树顶，它就不再具有繁衍能力了。因此，这个国家的精英注定要患上不可根治的持续流产症，因为他没有找到可以施展才干的空间。他必须找到这样的空间，因为在所有其他方面，那些出身比他低的对手，可以提供同样有效、甚至更为优越的服务。他必须在属于自己的空间中发挥,因为在这个方面他才能卓越、自然、有特别的价值,然而,拒绝给他这个空间的国家,就像一个剪齐所有植物的园丁,只是凭着自己对整齐划一的爱好,就窒息了最美丽的蓓蕾。因此,在那些既想利用社会的持久力量、又想维系公民平等的宪政体制中,人们总是让贵族参与政治事务,或通过职权的长期性和无偿性,或设立世袭的议院,或采用各种机制,所有这些措施结合到一起,就增进了上层阶级的雄心、教养和政治才能,就能将权力或对权力的监督权交到他们的手中,只要他们的表现证明他们能够行使这些权力。在1789年的法国,上层阶级并非没有这个能力。高等法院的法官、大领主、主教、财政家, 18世纪的哲学就是在这些人中间、并且为了这些人而传播开的;没有哪个阶层比贵族更开明、更人道、更赞同有益的改革的了[①],好几个贵族直到被驾到断头台的刀口下时依然如此。尤其重要的是,因为制度和传统,各高级法庭的法官一直反对政府大量开支,一直在批评任意专断的政府行为。至于外省贵族,他们中的一个说道[②],“大家十分厌恶宫廷和大臣,以致大部分人都成了民主派”。旧制度最后的岁月中,省议会中的所有上层阶级,包括教士、贵族和第三等级,都已表现出良好的意愿、热忱、能力,甚至还有慷慨,他们在辩论和分配地方预算,并指出,如果将预算权交给他们,他们能够制定全国性的预算。显然,他们能够像本省的纳税人一样,积极地捍卫法国的纳税人,无论在巴黎、在布尔日,还是在蒙托榜,他们都能够有效地监督公共财政。因此,一个优良的上议院的所有材料都已具备,要做的无非是把他们召集起来。一旦接触实际事务,上议院的议员们就会毫无困难地从危险的理论转向合理的实践,曾在沙龙里热情地倡导改革的贵族,很可能会在议会中有效率有节制地领导改革。

---

① *L'Ancien Régime*, p. 221及以下。- Le Duc de Broglie, par M. Guizot, 11. (维克多·德·布罗格里亲王最后的谈话,以及达尔让松先生的观点。)

② Ferrières, I, 2.

不幸的是，议会不是为当时的法国人而组建，而是为抽象存在而成立的。它看到的不是层层叠加的阶级，而是一个人人并列的平等社会，它所关注的焦点，不是民族的利益，而是想象中的人权。国家之中不能有等级之分，不能有公开或伪装的政治特权，宪法中不能存在复杂纠结的情形，选举不能有串联策划，以防止贵族——哪怕是开明贵族——获得任何公共权力。相反，贵族曾在享乐方面受到优待，如今他们在服务方面受到怀疑，所有直接间接地给他们保留或安排某种位置的提议，全都被拒绝了：最早是国王的宣言，按历史先例，宣言维持三个等级分厅议事的形式，只有在"商讨共同事务时"才会聚在一起开会讨论；接着是宪法委员会提出的方案：设立第二个议院，其成员终身任职，由国王根据各省议会的提名任命；最后是穆尼埃的提案：由国民议会选举产生参议员，任期6年，每2年改选1/3的成员，成员由年龄至少35岁、拥有10万租金之地产的男子担任。追求平等的本能过于强大了。大家不愿意要两院制，即使平民也可以进入上议院。因为设立这样的议院[①]，"会让极少数人统治大多数人"；"会再次堕入"旧制度"令人丢脸的等级区分中"；"会再度唤醒应该被消灭的贵族制的阴魂"。"而且，任何召唤或再次激活封建制政府的东西都是邪恶的，而上议院就是这样一个残留物"。"如果说英国人是一个整体，那是因为他们不得不与特权者妥协"。信奉哲人学说和主权信念的国民议会要扫平上述所有错误，所有桎梏，所有先例。作为真理的受托者，它的任务根本不是接受别人的教导，而是要给别人教导，要在全世界的赞美声中，树立第一部符合原则的完美宪法的典范，在所有宪法中，这部宪法将能最有效地防止领导阶级之形成，它不仅为旧贵族、而且给未来的贵族封闭通往公共事务的道路，它将进一步推进绝对君主制的工作，塑造一个公务员和被管理者的社会，它

① Moniteur, 1789年9月7日的会议，I, 431-437. Sillery, Languinais, Thouret, Lameth, Rabaut-Saint-Etienne等人的发言。巴纳夫1791年写道："只能设立单一的议院，平等的本能要求这样。第二个议院将成为贵族的庇护所。"

将降低人的层级，让所有尚能维持或仍在崛起的家族的精英们无所事事，心智愚钝，乃至走向腐败，它将从根基处抽干苗圃最珍贵的汁液，这苗圃就是培育国务活动家的园地。

在被排除出政府之后，贵族进入了私生活领域：我们就去看看他的领地吧。当然，在一个现代国家还存在野蛮国家设立的封建法权，这的确是个大麻烦。在这种法权产生的时代，主权和财产权混合在一起，政府都是地方性的，人们在战斗中生活，但在主权和财产权分离的年代，这样的法权就不合适了，因为这时政府已是中央政府，生活方式是和平的，10世纪确保安全、恢复农业所必须的服从，到18世纪已经行不通了，这种无偿的服从只会导致土地贫瘠，束缚农民的手脚。不过，虽说古老的债权今天已成为有害的流弊，但并不能据此推论说它从来都不是有益和合法的，也不意味着可以废除它而不进行任何补偿。相反，几个世纪以来，当领主住在自己的领地上时，原始契约仍有利于缔约双方，它的效用是如此出色，以致可以导向现代契约；正是由于这种紧密联系造成的压力，破裂的社会才能重新粘合，找回失去的团结和力量，并重新运行起来。无论如何，这种制度就像所有人类制度一样，以暴力开始，因滥用而堕落，但这其实无关紧要：八百年来，国家一直认可封建制度的功绩；在国家的许可和其法庭的协作下，这份功绩就像债权一样传递、馈赠、出售、抵押和交换，就像别的财产一样。最初的所有者家族中，现在最多剩下两三百了。“绝大多数贵族土地，”一个当时人说①，“都已成为财政家、大商人及其子孙们的领地了；大部分采邑都已落入城市资产者手中。”两个世纪以来，所有采邑都被新人买走，今天，它们只是象征着其购买者的节俭和勤劳。另外，不管采邑现在的掌管者是谁，是新人还是旧人，国家都对他们有承诺，不仅是普遍性的所有人权利——因为一开始，从制度上说他们就是其所有财产的持有人——还有其特别的

① Bouillé, 50：“所有旧贵族家族，除了两三个例外，全都破产了。”

权利，因为他们被认可享有某种特别财产。过去的购买者只是在担保这种特别产权的前提下才付款的；他已在契约上签字，必须让买主享有这种产权。如果他不能做到，就必须赔偿买主；如果不能支付，那就欠下等额的债务。为公共需求而占用别人财产时，就是遵照这种规则；1834年，英国人以合乎法律的方式废除奴隶制，为此他们向种植园主支付了5个亿。但光有这些还不够，在取缔封建权益时，如果立法者关心债权人的利益，他还只完成了一半的任务，这项工作有两个方面：还应考虑债务人。如果立法者不是抽象理论和漂亮言辞的简单爱好者，如果他关心的是人而不是词语，如果他以农民和土地的真正解放为目标，他就不会仅仅满足于宣布一项原则、允许赎买捐税、确定赎买价格、并在发生争议时将各方送上法庭。他还会考虑一下农民，农民都负有相同的债务，都很难讲通情理，而且一打官司就会让他们害怕，由于无知，他们不知道如何行动，由于贫穷他们付不起钱，在争执、猜疑、贫困、麻木等压力之下，新法律将会是废纸一张，唯一的作用是进一步刺激他们的贪婪，或加剧他们的怨恨。要防止这种混乱，应给农民提供帮助；立法者应介入农民和领主之间，进行委托仲裁；应把即刻的总额赎买改为逐年偿付；农民告贷无门时应该向他们提供资金；为此应设立银行、发行证券、确定规章。总而言之，应该像1771年的萨伏伊、1845年的英格兰①、1861年的俄国那样，立法者应设法减轻穷人的负担而又不剥夺富人；应该奠定自由制度而又不侵犯财产权；应该协调各种利益、调和各个阶级；这样立法者就不会启动激烈的农民暴动以进行不公正的没收清算，社会冲突就不会以战争、而是以和平的方式得以终结。

但1789年全都反着来。遵照《社会契约论》的教条，人们提出一项根本原则：人人生而自由，且其自由永远不可让渡。如果说从前他屈从于奴隶制或农奴制，那是因为刀子架在了他的脖子上；这种情

① Cf. Doniol, *La Révolution et la féodalité*.

形下的契约本质上是无效的。让今天有权享乐的人见鬼去吧！他们是偷窃来的财产的主人，应该将它还给其合法的所有者。您可不要提反对意见，说什么他们是用现钱正当买过来的，因为这些过去的买主当时就应该明白，人及其自由不是交易品，不公正的财产权在他们手中完结是件公道事[①]。没有人想到，国家作为市场介入者应成为负责任的市场担保人。国民议会只有一个考虑，立法委员和他们的报告人摩尔兰对此有确定无疑的表述：他们已经操办过数以千计的新老贵族凭证，根据流行的做法，他们知道，很多情况下领主只是个普通的出租者。他们发现，在所有情况下，他永久出租某块土地时，仅仅是以普通个人的名义、根据交换契约来进行；而租约的转让总是采取每年征收的货币捐、实物和服务、或者其他承租者可以支付的捐税形式。不可能废除这两种捐税而不进行补偿；如果真的这样做，那就是为承租者的利益而剥夺法国所有的地主。因此议会区分了两种封建捐税。一方面，议会无偿废除领主以当地主权者身份征收的封建捐税，按这种身份，他过去是居民的所有者，掌管公共权力，这类捐税则是年贡负担者以农奴、永久管业对象、过去的臣民或附庸身份缴纳的。另一方面，议会维持并宣布，领主以地产所有者名义和出租者身份征收的捐税，即所有年贡负担者以自由签约者、购买者、承租者或地产让受人身份缴纳的捐税，都可以按一定价格赎买。通过这一区分，议会认为在推翻不合法的产权的同时，又尊重了合法的财产，在封建债权中区分了麦草和麦粒[②]。

然而，由于这个原则，由于其起草的法律中的漏洞，议会注定要使

---

① Moniteur,1789年8月6日的会议，Duport的发言："所有不公正的事物都不可继续下去。任何这类不公正权益的替代物同样不能存在。"1790年2月27日的会议，Poplulus的发言："正如奴隶制不能产生合法的契约，因为自由不可让渡，故你们毫无补偿地废除了个人永久管业权。"1791年6月15-19日的指示和法令："国民议会热烈拥护如下观念：一个人绝不可成为别人的所有者，因此一方窃取的对另一方的人身所有权，也决不可成为前者的产业。"参阅摩尔兰给封建委员会和国民议会的各种报告。

② Duvergier, *Collection des lois et décrets*. 1789年8月4-11日、1790年3月15-28日、1790年5月3-9日、1791年6月15-19日的法律。

这些漏洞变成全面的毁灭，它在麦草上点燃的火星势必吞没麦粒。实际上，二者同处于一捆麦草中。如果说从前的领主靠剑征服他的人民，那么他同样是靠剑获得了土地。如果对人的征服已经无效，因为最初它就沾染了暴力的污点；那么对土地的篡夺也是无效的，同样因为一开始就沾染了暴力的污点。如果国家的规章和保证不能让最初的强盗行径合法化，那么这些规章和保证同样不能证明第二种篡夺的合法性；既然源自不公正的主权的权益已被无偿废除，源自不公正的财产权的权益，同样应该无偿取消。在法律的开篇处，议会极不谨慎地宣布，“完全废除封建制度”，不管随后对此作了这样的保留，决定性的表述已经发出了。4万个自作主张的市政机构在传阅这份文件，但它们只关注第一条，听说过一点人权理论的乡村诉讼代理人，轻易就能在债务人大会上证明，它们不欠债务人任何钱。没有例外，没有区分：不再有年贡和实物地租，也没有临时捐税，土地转让税，等等[①]。如果说议会维持这些捐税，那也是因为误解、胆怯和前后矛盾，在各地农村，到处都能听到受挫伤的贪婪心或没有得到满足的欲望所爆发出的抱怨声[②]。“你们自认为是在消灭封建制度，但你们的赎买法却适得其反……难道你们不知道，所谓的领主不过是未受惩罚的篡夺者吗？……1790年的这份可憎的法令意味着年贡缴纳者的破产。它让所有村庄都大感惊愕。它完全是为了领主的利益……

---

① 这段上段文字涉及很多封建制度术语。泰纳这里提到的捐税有redevances annuelles, champart, agrier, percière, redevances éventuelles, lods et ventes, quint et requint，有的很难翻译，有可能这些术语在各个时代和地区存在内涵上的差异。这里的译名仅供参考，而quint et requint，译者尚不知是何种捐税，暂未译出。从字面看，大概是五抽一的意思。Percière亦不清楚是何含义。敬请读者谅解指正。另外，泰纳这里说的两种封建捐税，似可与当代学者的见解关联起来。他所说第一种是基于主权或统治权的捐税，第二种是基于土地所有权的捐税。著名中世纪专家Georges Duby在《11-12世纪的马孔社会》中也作过类似的区分。Duby称第一种捐税源自seigneurie banale，即来自享有强制权和统治权的领主制，banale一词即来自法兰克时代称呼公共权力的术语ban；这是一种政治性的征收，其来源在于领主在其领地中享有的指挥权、惩罚权和保卫安全的权力。第二种捐税，来自地产性领主制（seigneurie foncière），这是一种比较纯粹的经济关系，是作为地产所有者的领主向租地农征收的捐税。但在Duby看来，这两种封建捐税在13世纪时逐渐融合而不再有明确的区分。—译者

② Doniol（1790年的新陈情书），鲁埃尔格和凯尔西地方年贡缴纳者的怨言，97-105页。

绝不可能赎买。这等于是赎买没有欠下的债！赎买万恶的捐税！”议会徒劳地坚持着，以各种范例和详尽的指令去明确、去解释赎买的程序和条件。所有这些程序和条件都不符合实际。议会根本没有为各方之间的协定、为偿还封建捐税创设任何有利条件，既没有专门的仲裁机构，也没有借款银行和按年缴付制。更糟糕的是，它不是在铺路，而是以法学家的各种条款来添乱。如年贡缴纳者在赎买每年例行缴纳的捐税的同时，必须赎买临时性捐税。如禁止与他人连带缴纳年贡的农民分别赎买自己承担的份额。如果农民积蓄太少时，这个条款就更恶劣了。因为如果他不能全额赎买，他也就不能摆脱自己承担的那一部分捐税。如果他没有钱同时赎买实物捐和土地转让费，他也不能摆脱实物捐。如果无力支付跟旁人共同欠下的债务，他也无法偿清自己的那一部分，因此，根据这份号称给他带来自由的法律，他依然受困于过去的状况。

面对这些未曾意料的枷锁，农民怒火中烧。大革命一开始，他就有一个确定无疑的信念：我不欠任何人的钱；没完没了的演讲，法令，宣言，指示，其喧嚣声充塞着他的耳朵，但在所有这些吵嚷声中，他就听懂了一句话，也只愿听到这句话：从今往后他全都结清了！他死抓着这句话不放，因为现在的法律在找他的麻烦，而不是给他帮忙，于是他就开始违法了。实际上，从1789年8月4日开始，封建债权就无人征收了。名义上还保留的捐税，其进账不会比已被取缔的捐税更多。全村子的人都来向领主说明，不会再给他缴纳任何捐税了。另一些人则手拎砍刀，强迫领主废除捐税。还有一些人做得更稳妥，他们冲进文书室，把契据扔进火堆中①。没有哪个地方的公共机关保护过领主的合法权益。执达吏不敢起草文书，法庭不敢审判，行政当局不敢颁布维护领主的法令。就这样，因为所有本应保护领主的公共机构的默许串通、无所用心和无所作为，领主被剥夺了。他只

① 见后文，第三卷，第二章第四节和第三章。

好任凭农民为所欲为：农民砍倒树木，借口这些树从前属于集体，农民占领领主的磨坊、榨酒器和烤炉，借口专营权已被取消了[①]。大部分外省贵族就这样被摧毁而毫无办法，甚至连每天吃的面包都没了；因为他们全部的收入都来自领主捐税，以及对永久出租的土地征收的地租；但根据议会的法律，这类收入一半已停止支付，另一半也没人支付，尽管法律规定应继续支付。就这样，按当时币值计算，1.23亿的收入，25亿的本金（在今天至少翻倍），因为国民议会的大方或纵容，从债权人手中转入债务人手中；此外还需加上同时无偿取缔的什一税，其收入和本金数额也大致相当。这就是革命大手术的开始，我指的是全面的破产，它将直接或间接摧毁法国所有的契约和债务关系。在财产权，尤其是私人财产权中，不能干净利索地一刀了结而受任何惩处。国民议会只想斩断封建主义的枝杈，但既然承认国家可以无偿取消其过去担保的义务，它也就在树干上砍了一刀，而更为粗暴的双手将把利刃贯穿整个树干。

留给贵族的只剩下头衔、领地冠名和纹章了，这些荣誉性区分本来无害，因为没有给贵族带来任何司法权和优先权，而且，既然法律不再保护它们，先来的人本来可以继续拿它们作装饰而不受惩戒。另外，它们不仅无害，而且还受人尊敬。对很多贵族而言，领地冠名包含的是他家族的姓氏，也是唯一常用的。如果用姓氏前面不常用的名取代它，那么公众就会很难发现里凯蒂（Riqueti）、莫蒂埃（Motier）、布沙尔（Bouchard）先生就是米拉波、拉法耶特和蒙莫朗西；另外也会对用这个姓氏的人造成损害，因为这个被废除的姓氏始终是他合法、而且经常是很珍贵的财产，是其身份和出生地的证明，是一个名副其实的个人标签，去除它几乎就等于在盛大的人间展示会上剥夺其位置、身份层次和价值。然而，当事情涉及民众主义原则时，议会既不考虑公共用途，也不考虑个人权利。既然所有封建制度

---

① *Moniteur*, 1790年3月2日的会议。摩尔兰的发言："有人让农民相信，废除专营权对领主而言就意味着失去磨坊、榨酒器和烤炉，农民觉得他们现在是这些东西的主人了。"

都要废除，其最后的遗迹当然要被摧毁。人们已经宣布[1]，“世袭贵族制与理性不符，是对真正的自由的侵害”，凡贵族制存在的地方，“不可能有政治平等”。禁止任何法国公民起用或保留亲王、公爵、伯爵、侯爵、骑士和其他类似的头衔，禁止使用除“其真正的家族姓氏”之外的姓氏；禁止给自己的下人穿着佩戴纹章的号衣，禁止在住宅和车辆上装饰纹章。如有违反，将课以相当于其动产税六倍的罚款，其名字将从公民花名册上被划去，并被宣布不可担任任何民事或军事职务。如在契约或单据上出于习惯而不慎在家族姓氏前加上领地冠名，会遭受相同的处罚；如果出于名声的考虑或为明确自己的身份，提及从前他的领地冠名，同样要受惩罚。所有公证人或公共官员，如在文书中写下或让别人留下“从前”（ci-devant，或“原”[2]）一词，则被禁止履行职务。因此，不仅要废除原来的姓氏，还要将其从记忆中抹去。再有少许时日，这项幼稚的法律就会具有杀伤性。再有少许时日——按同一法令的措辞——某个七十岁的老军人，共和国忠实的仆人，国民公会时期的旅长，回乡后竟被逮捕，因为他不由自主地在革命委员会的登记薄上签上了蒙佩雷（Montpereux）而不是瓦诺（Vannod），因而触犯了法律，结果它和自己的弟弟及弟妹被送上断头台[3]。

一踏上这条路就无法停下来，因为被宣布的原则远远超出了颁布的法令，而一项糟糕的法律又会导致更糟的法律。制宪议会[4]已经推定，每年固定的捐税，如实物捐和临时性捐税，如土地转让费，是以前土地让与时的价格；因此它证明租地者应负担捐税。而立法议会也将推定，这些捐税是古老的封建篡夺的后果，因此，它提供的证据表

① *Moniteur*, 1790年6月19日拉梅特（Charles de Lameth）的发言。Duvergier, 1790年6月19-23日、1791年9月27日-10月16日的法律。

② 即在签名中以原来的领地冠名表示某人原是贵族。Ci-devant一词后来成为大革命期间贵族的代称。—译者

③ Sauzay, V, 400-410.

④ Duvergier, 1791年6月15-19日、1792年6月18日-7月6日、1792年8月25-28日的法律。

明,负担捐税的应是土地所有者。没有自古以来的占有权,也没有经常开具的正规契据证明土地所有者的权利,他必须制作一个有几个世纪历史的分封文书,伪造一份从未签订过的年贡地租契约,但这种契据在1720年时就已十分稀少了[①],而最近的农民暴动又导致其被偷窃和焚毁;即便契据存在,领主也会无偿被剥夺。所有封建债权片刻之间就毫无例外、毫无补偿地被消灭了。同样,在没有遗嘱(ab intestat)的继承中,制宪议会废除习惯法,收回了男性年长者的全部优先权[②]。国民公会则废除了立嘱自由,规定父亲临终处置自己的财产不得超过十分之一;此外,它还追溯既往,要求过去也服从自己的法令:1789年7月14日之后开立的所有遗嘱,如违反该法令,一律作废;1789年7月14日以来的分割继承,若不是均等分割,一律重新分割;1789年以来活人之间的所有捐赠一律作废。这样一来,不仅封建制的家族被摧毁,而且它永远不可能重组了。一旦有人提出贵族制度是棵有毒的植物,光修剪它是不够的,应该将其连根拔除,不仅要斩断它的根,还要摧毁它所有的种子。对贵族的仇恨带来的偏见日甚一日。受刺伤的自尊心,未能如愿的抱负和嫉妒心,都是偏见的酝酿者。抽象的平等观念为此提供了坚硬干涩的内核。在内核四周,革命狂热已经造成严重流血,已经毒化了人们的心境,已经增强了人们的敏感度,已经形成了一块痛苦的脓疮,每天的摩擦都会造成强烈的痛楚。通过长期默默的酝酿,纯粹推理的癖好已经成为一个顽固的信念,并正在成为一个具有杀伤力的信念。这是一种奇特的狂热,它充塞着在人们的脑海中,靠夸张的言辞维系着,而且越是使用那些从子虚乌有中捏造出的词语,这种狂热就越具有破坏力,因为没有任何合理的想法、任何可见的事实去压制子虚乌有的空想。所

① *Institution au Droit français*, par Argou, I, 103.(写作于摄政时期):"大部分采邑的源头十分古老,如果要求领主提供最初让与的契据作为向他们支付租金的凭证,几乎没有人能够提供这些东西。但习俗补充了这个不足之处。"

② Duvergier, 1791年4月8-15日、1793年3月7-11日、1793年10月26日、1794年1月6-10日的法律。米拉波已经建议将可支配的份额削减至十分之一。

有的小店主和小市民，以往总是以城里的高等法院法官和当地绅士的形象去想象贵族，如今他们是按照俱乐部里的叫嚣和报纸上的詈骂去想象贵族。逐渐地，在他的脑海中，臆想出的形象掩盖了真实的形象；他们看到的不再是和蔼平静的面容，而是一张张痉挛着的狰狞面具。他们从善意和无所谓转向敌视和猜疑：贵族是已被剥夺财产的暴君，是从前的作恶者，是公众的敌人；他们事先无需证明就已确信，贵族正在编织阴谋网络。如果说贵族没有授人以柄，那是因为狡猾和伪装，假装不再危害百姓的贵族更加危险！贵族的服从纯粹是虚与委蛇，他们的低调纯属虚伪，他们的善意只能意味着背叛。面对这些抓不着把柄的密谋者，光有法律是不够的，要通过行动来强化法律，既然贵族尥蹶子不满轭梁，我们就要压弯牛轭使其就范。

实际上，非法的迫害在合法的迫害之前就已开始，根据新的法令，特权者只是表面上被置于普遍的法律保护之下，实际上处于普遍的法律之外。被解除武装的国王无法保护他们；立场偏颇的议会对他们的申诉严词拒绝；调查委员视其为罪犯，虽然他们实际上只是被镇压者。他们的收入、财产、安宁、自由、住所、自己的生命和妻儿的生命，都掌握在民众选出的行政当局手中，这类机构受俱乐部指导，受暴乱的恫吓和强迫。特权者不许参加选举，报纸在揭发他们，他们还得接受入户搜查。数以百计的城堡被洗劫，行凶者和纵火犯离开现场时，胳膊上沾满鲜血，手里拎满抢来的财物，他们没有被追究罪责，或者被特赦令包庇[1]，层出不穷的先例使人确信，可以攻击特权者而不受任何惩罚。为防止他们自卫，国民自卫队前来收缴他们的武器：特权者应该是猎物，手到擒来的猎物，就像为次日狩猎而被圈在狩猎地中的野味一样。就算他们没有任何挑衅，就算他们是平和之人，也是于事无补。就算他们耐心忍受着各种挑衅，直到最后使用暴力时他们才抵抗，也是于事无补。我读过好几百份原始审讯手稿，但

---

① 见后文，第三卷第三章。

我几乎总是为贵族的人道、宽厚和对流血的憎恶而赞叹。在他们当中，很多人不仅心地善良，具有荣誉感，而且，由于受18世纪哲学的培育，他们为人温和，富有同情心；他们反感粗暴行径。军官尤其是榜样，他们唯一的缺点就是软弱：不是对暴乱开枪，而是交出自己指挥的堡垒，他们听任别人侮辱，任凭群众扔石头。两年之内[①]，“经历了上千次侮辱、诽谤，每天都得面临危险，经常被各俱乐部和逃兵纠缠追究”，下属不服从、自己受人威胁、被自己的人扣押：尽管如此，他们还坚守岗位，以防止部队溃散；“他们以斯多噶主义者的坚韧，忍受着对自己权威的蔑视，为的是维系权威的幌子”，他们的勇气至为罕见，因为这是纷乱中的坚守，要在冒犯和攻击之下处之泰然。由于一种严重的不公正，整整一个阶级根本没有分享宫廷的好处，他们像普通平民一样忍受着别人的亏待和冷落，这就是外省贵族；但人们把他们跟塞满凡尔赛候见厅的贵族寄生虫混为一谈。2.5万个家族，“陆军和舰队的蓄水池”，农业地主中的精英，众多的贵族亲自照管其家园的小块土地的经营，“一生中没有一年离弃自己的家仆”，但这时他们成了当地的贱民。1789年以后，他们开始感觉到，这地方他们呆不住了[②]。“这绝对是违反人权的”，一封来自弗兰什-孔泰的信件说，“成天将自由和放纵混为一谈的恶棍老是在行凶施暴。”“我从未见过如此令人厌倦之事，”来自香槟的一封信说，“人们得为财产权和安全操心，这些权利从未如此脆弱过，因为，不驯服的暴民瞬间就可以行动起来，这些人以为什么都能干，有人还小心翼翼地为他们的错误辩护。”“我们牺牲了那么多过后，”勃艮第的一封来信说，

① *Mercure*, 1791年9月20日。杜潘（Mallet du Pan）的文章。- *Ib.*, 1791年10月15日。

② *Archives nationales*, II, 784. Langeron先生的信件，1789年10月16日和18日。Albert Babeau, *Histoire de Troyes*, 致Poterat骑士的信件，1790年7月。- *Archives nationales*, 报告委员会的文件，第4扎，Le Blin-Chatelleont致国民议会主席的信，1791年7月1日。- *Mercure*, 1791年10月15日。杜潘的文章：“流亡者的这种文学语言吸引了我，我无法再添加一行文字。”*Ib.*, 1790年5月15日，Bois-d' Aisy男爵的信件，1790年4月29日，信中要求颁布一条保护贵族的法令：“我们还不知道自己是否被流放了，或者是否因为某件事而要用自己的鲜血书写人权，我们是否只有远走他乡才能保持残留下的一点财物和自己不幸的人生。”

"期待的不应该是这样的对待；相反，我以为我们的财产权应是最后被侵犯的，因为人民应该知道，我们愿意继续留在当地，并将我们手里还有的那点财物分发出去……（而现在，）我恳请议会撤销针对流亡贵族的法令，要不然，这些人始终处于别人的刀下……如果议会拒绝给我们公道，我宁愿它下达一条驱逐我们的法令，因为在可能十分明智、但根本无人遵守的法律的保护之下，我们寝食难安。""我们的特权已经化为乌有，"另一些贵族说，"我们惋惜的贵族身份也根本不存在；但我们如何才能承受当前所处的压迫和困境呢？我们自己和家人，我们的财产，都没有安全保障；我们的那些恶棍债务人和小佃农，每天都在偷窃我们的收入，还拿着火把和灯笼来威胁我们。没有一天太平，没有一个晚上能让我们安稳。我们的人身遭受最无耻的凌辱，我们的房子被一群武装的小暴君抢空，别人拒付我们的地租却若无其事，我们的财产权被公然侵犯。就是在交税时，对我们的课税也特别不公；在很多地方，我们的整个收入也不足以支付压在我们头上的税额。我们要是抱怨几句，肯定会冒杀头的风险。行政机关，法庭，各式各样的机构，每天都把我们当做打击和牺牲的对象。政府如果要求依法保护我们，似乎也害怕受到牵连。只要被指定为贵族，就肯定没有安全可言。虽说农民总体而言更为正直，对我们还算尊重，关系也较近，但每个有头脸的市民，所有狂热的俱乐部分子，玷污了军服的邪恶至极的无赖，都极力侮辱我们；这些无耻之徒竟受人保护，逍遥法外。我们的宗教甚至都没有自由，我们当中的一个人，因为接纳了本教区一位拒绝宣誓、年已八旬的神父，房子竟被洗劫。这就是我们的遭遇。我们还没有下贱到默默忍受这一切的地步。我们反抗压迫的权利，不是来自国民议会的法令，而是来自自然法。我们会离开的，必要时我们会去死。谁愿意活在这样的残暴和混乱之中啊！如果不克服这种状态，我们将永远不会踏上法国半步。"

但这个切除手术是成功的。通过法令和制度，通过自己颁布的法律和自己默许的暴力，议会将贵族连根拔除，扔到了自己的领地外。

贵族成了逆向特权者，他无法待在这个国家，如果他遵守法律，他实际上就应处在法律之外。1789年7月15日，跟孔代亲王一起流亡的第一批贵族，头天夜里一份被驱逐者名单就送往他们家中，他们的名字就在名单上，人们还许诺，谁要是把他们的脑袋送到罗亚尔宫的加沃咖啡馆，谁就会得到奖赏。更多的人是在10月6日事件后开始流亡的。制宪议会在任的最后几个月①，"流亡者成批外逃，其成员来自各个阶层……仅普瓦图一地就有1200贵族出走，奥弗涅，利穆赞等其他十个省，地主同样大量外逃。有些城市只剩下底层手工业者，一个俱乐部，以及根据宪法创设的成批贪婪的公务员。布列塔尼所有的贵族都已出逃，外逃从诺曼底开始，最后蔓延到边境各省"。"2/3以上的部队没有了军官。"面对蓄意略去国王名字的新宣誓要求，"6000军官辞职了"。这个例子很快就产生传染效应：佩剑战士的荣誉感驱使他们这样做；很多人前往科布伦茨同流亡的亲王们汇合，他们将同法国作战，并认为只是在同谋杀法国的侩子手战斗。议会对待贵族，就像路易十四对待新教徒一样②。两种情况都是精英遭到镇压。两种情况都让他们无法在法国居留。两种情况都迫使他们流亡，并因流亡受到惩罚。两种情况最后都导致精英们的财产被没收，导致所有为他们提供避难所的人被处死。两种情况都是精英遭受武力迫害而加速走向反叛。塞汶山区的起义③与旺代的起义遥相呼应，像以前的难民一样，人们将发现，流亡者汇聚到普鲁士和英国的旗帜下。17世纪末，10万法国人被驱逐，18世纪末，20万法国人被驱逐，不宽容的民主制完成了不宽容的君主制的事业。在后者，精神贵族以平等的名义被铲除。在前者，绝对主义原则将其刀锋插入活生生的社会中。胜利是全面彻底的，在立法会议刚开始的几个月，一个议员在得知流亡人数翻番后欢欣鼓舞地说："那多好啊！法国被清洗干

① *Mercure*, 1791年9月10日和10月15日。宣读Mesgrigny骑士的漂亮信件，此人在国王暂停职务期间被任命为上校，但他拒绝任命。

② Cf. *Mémoires* de M. de Bostaquet, 诺曼底贵族。

③ 指路易十四后期塞汶山区的新教徒反抗迫害的起义，以卡米扎尔起义著称。—译者

净了”。但实际上,法国一半最优秀的血液已经流干了。

Ⅳ

还剩下教俗有产者团体,尤其是最古老、最富有、最受人瞩目的:我说的是在俗和在教教士。这里也有严重的流弊,因为,为了过去的需求设立的制度,不再适合新的需求①。主教区设得太多,其布局依据的是4世纪时基督教人口分布状况,收入的分配就更糟糕了:主教和修道院院长每年租金收入可达10万利弗尔,他们过的是惬意懒散的生活,而工作负担过重的教区神父,每年只有700法郎的收入,某个修道院只有19个僧侣,而它本应有80个,另一个只有4个修道士,虽然本应有50个②,大量修道院只剩下两三个僧侣,有的甚至只有1个;几乎所有的男修会都处于消亡中,有几个因为招募不到新成员就要消失③;男修士当中普遍缺乏宗教热情,很多修会纪律废弛,有些竟然酿成丑闻;勉强有1/3的修士能坚持其操守,另2/3则盼着重归世俗世界④:显然,原始的宗教气息已经偏向了别处,或者气若游丝,宗教机构只能很不完善地履行自己的本分,它半数的资源用到了不该用的地方,或者毫无效果,总而言之,这个团体需要改革。至于这一改

---

① Cf. *L'Ancien Régime*, liv. I et II.

② Boivin-Champeaux, *Notice historique sur la Révolution dans le département de l'Eure*, 陈情书。1788年的鲁昂没有一个男子宣誓加入修会。在Deux-Amants修道院,1789年时教务会只有两个修士。—*Archives nationales*, 宗教委员会文件, passim.

③ *Apologie de l'état religieux* (1775),附有数字。1768年以来,衰落的情况“令人震惊”,“不难预料,12或15年后,大部分宗教团体都将彻底消亡,或者处于跟死亡差不了多少的虚弱状态”。

④ Sauzay, I, 224(1790年11月)。在贝藏松,226名男修士中,“只有79人还对自己的誓愿保持着某种忠诚,或对自己的身份还有一点认同”。其他人宁愿还俗,尤其是在多明我会中,愿意留下的不足5人,赤足加尔默罗修会中,估计也就1个人,大加尔默罗修会1个也没有。本省其他地区情况也一样。比如,克吕尼的本笃会修士中只有一个例外,最小兄弟会中有3个例外,嘉布谴修会中有5个,圣伯纳尔修会、多明我修会和奥古斯丁修会的全体修士都愿意还俗。—Montealembert, *Les Moines d'Occident*, Introduction, 105-164. 圣日耳曼-德普雷的一位本笃会修士给瓦纳的一位本笃会修士的信。“来我这里住宿的你们修道团的所有修士中,我几乎看不到谁能给我们一点教导点化。可能对我们去你们那里的人,你们的说法也一样。” - Cf. *Mémoires* de Merlin de Thionville, 其中有对圣保罗谷的查尔特勒修女会的描述。

革是跟国家合作、还是在国家的领导下进行，这一点较为肯定。因为一个团体不像一个人，它要获得或占有一个普通公民的特权，法律上应有所补充、创造和先定之见。如果说法律忘记它不是一个自然人，但确认它有民事身份，如果法律宣布它有继承、获取和出卖的权利，如果这个团体本身已成为受保护、受尊重的所有者，那是因为国家的善意，国家给它提供法庭和警察，作为交换服务，国家可以向其要求各种条件，比如应该发挥效用的责任，有益于社会的责任，至少不能有害社会。这就是旧制度时代的规则，不过，尤其是最后25年中，政府开始逐步地、有效地对教会进行改革。1749年，它禁止教会接收任何不动产，无论是他人捐赠、遗赠还是交换，除非经过国王特许状认证，并在高等法院登记；1764年，政府废除耶稣会，关闭其中学，出售其财产，1766年以后，政府下令设立一个常设委员会并对其发布指令，以修剪宗教大树上所有已枯死或正在枯死的树枝①。对古老组织机构的改组包括：禁止任何机构在巴黎拥有两所以上、在其他城市拥有一所以上的修道院；修道誓愿年龄推后，不再允许在16岁时宣誓，男子推迟到21岁，女子推迟到18岁；每个修道机构至少有一定数量的修士；根据情况，这一最小值可在9-15个之间；如果达不到，就应取消该机构，或禁止继续接受新的见习修士；由于严格执行上述措施，12年后，“格拉蒙丹修会(Grammontins)，圣母玛利亚修女会(Servites)，则肋斯定修会(Celestins)，老本笃会，蒙彼利埃圣灵修会，圣布里吉特修会，布列塔尼圣十字修会(Sainte-Croix-de-la-Bretonnerie)，圣卢夫修会(Saint-Ruff)，圣安东尼修会(Saint-Antoine)”，总而言之，9个修会完全消失了。20年后，386个修道机构被取缔，修士人数减少1/3；其大部分无人继承的财产被用于有

---

① Ch. Gérin, *Revue des Questions historiques* (1er juillet 1875, 1er avril 1876). – L' abbé Guettée, *Histoire de l'Eglise de France*, XII, 128 (Proès-verbaux de l' Assemblée du clergé en 1780. – *Archives nationales*, procès-verbaux et cahiers de Etats Généraux en 1799. 最让修会首领苦恼的，是立誓年龄的推后；在他们看来，这个措施等于毁灭他们的机构。- *L'Ancien Régime*, t. I, 319.

益的工作；男修会缺少见习修士，抱怨无法填补空缺。如果人们还觉得修士人数过多、过于懒散且过于富有，那是因为它一直如此：到18世纪末，随着国家法令的实施——并无不公与强制——从其财富及现代国家期望其履行的职责来看，修道院的发展已达极限。

然而，教会团体需要改革，这一点并不能推导出应该摧毁它们，也不能笼统地说，这些团体所有者对于民族来说就是有害的。这些团体创立之时是出于某种公共服务的目的，它们在国家或切近或遥远的监督下，拥有自行管理的权利，它们是重要且珍贵的机构，不是病态的赘疣。首先，由于它们的建立，大量公共服务，宗教活动，科学研究，高等和初等教育，济贫，病患护理，都在没有预算负担的情形下有了保证，这些工作被交给教会负责，否则的话就会给公共财政造成麻烦，教会的钱来自私人的慷慨，后者是个时刻蓄满的水池，每个世纪都会积攒起数以千计的零散资源：正是在这里，您可以看到德国和英国大学的富足、稳定和效用。其次，由于宗教机构的建立，全能国家的出现便受到了阻碍；宗教机构的围墙是反对绝对君主制和纯粹民主制削平器的保护伞。人可以在那里独立发展而无须穿上廷臣或煽动家的号衣，他可以获得财富，声望，权威，但不必依赖君主或民众随心所欲的恩惠，他可以在既定权威和流行的观念面前岿然不动，向它们指出，他周围有一个靠团体精神凝聚起来的群体。在今天，牛津、哥廷根和哈佛的一个教授就可以做到这一点。旧制度时代的一个主教、高等法院法官，甚至一个普通的司法代理人也能做到。没有什么比无所不包的官僚制更糟糕的了，因为它只能产生整齐划一的机械般的奴性。公共服务人员不应该全都是政府雇员，在一个贵族制已经死亡的国家，团体是最后的避难所。第三点，由于宗教机构的建立，平淡乏味的辽阔世界中产生了一些别具一格、具有独创性的小群体，很多心灵在那里找到了适合他们的生活。如果他们虔诚而勤劳，他们就能为良心、想象力、活力和自律提供一个能满足其需求的处所，而且他们还能筑起堤坝，将这些需求引入一个渠道中，这个渠道的结构本身就是一件杰作，其功德无量。这样一来，数以十万计的男子和女子，以最少的开支和最高的效率，自愿且无偿地履行着最没有吸引力、最为人反感的社会工作，在人类社会中，他们好比蚂蚁中的中性蚁（neutres）。

因此，从根本上说，这种制度是良好的，如果要对其采取铁的手腕，那么，在切除其腐坏衰竭的部分时，至少应保留健康和有活力的部分。然而，仅就当时的各个修会来说，一半以上配得上所有的尊重。这里我省略了僧侣，他们中的1/3仍然谨遵教规并保持着宗教热忱：本笃会修士是《基督教高卢》（Gallia Christiana）[①]的编纂者，他们60岁时大冬天还在没有生火的房子里工作；西多会特拉普派修士（Trappistes）亲手耕种农田；很多修道院本身也是教育机构，慈善机构，旅人的客栈，周围所有的乡村都要求国民议会保留它们[②]。我只说说修女们，1500家机构中的3.7万名女士。除了25个议事女司铎的教务会成为半世俗的贵族女士和穷人姑娘的聚会场所，其他地方几乎都不容置疑地保持着热忱、简朴和有效的服务。宗教委员会的一名成员在发言时承认，修女们所有的信件和发言都要求让自己留在修道院中；实际上，她们的请求既强烈又感人肺腑[③]。有个修会写道："我们宁愿牺牲自己的生命，也不愿牺牲我们的身份……这不是我们几个姐妹的心声，而是全体人的心声。国民议会已然确保自由权利，它怎能将这一权利运用于慷慨的灵魂？要知道，这些灵魂热烈地期望有益于他人，只是为了更好地服务社会而放弃世俗生活

① 《基督教高卢》是一部大部头、多卷本的历史大全，是关于法国各主教区和修道院的详尽的历史指南，从17世纪初开始编纂，17-19世纪期间曾多次增补和再版。— 译者

② *L'Ancien Régime*, p. 31. – Ch. Gérin, *ib.* 弗兰什-孔泰北部的三王修道院建立了四个村庄，吸引外地的农民前来定居。半径三法里的范围内，它是唯一的慈善和文化中心。最近的一次瘟疫中，它照料着两百个病人；它为从阿尔萨斯到弗兰什-孔泰的行人提供食宿；在最近的冰雹灾害后，它为附近所有居民提供食物。

③ *Moniteur*, 1790年2月13日的会议。（Montesquiou修道院院长的发言。）—*Archives nationales*, 宗教委员会的文件，DXIX, 6, 里摩日的圣母往见会；DXIX, 25, 圣丹尼的报喜会；*id.*, 圣爱报喜会；奥什、博里厄、埃穆迪耶、拉乔塔、圣灵桥的圣于尔絮勒会；埃尔内、拉瓦尔的护理修女；拉瓦尔和马赛的圣克莱尔修会，等等。

啊！”“我们与世俗世界交往甚少，”另一个修会写道，“这使得我们的幸福不为外人所知。但幸福并不因此更少或更不可靠。我们当中没有等级之分，没有特权；我们的缺陷和优点都是共有的。我们只有一颗心灵，一个灵魂……我们在民族面前、面对着天空和大地抗议，任何权力都不可剥夺我们对自己承诺和责任的热爱，我们要以比立誓时更强烈的热忱重申这些承诺和责任。①”很多修会完全靠自己的亲手劳动，靠修女入会时的小笔捐赠生活；但她们十分克己和节俭，以致每人每年的总开支不超过250利弗尔。“我们33个修女，”圣爱报喜会（Annonciations de Saint-Amour）说，“靠4400利弗尔的收入生活，我们的唱诗班和白面纱，都没有让公众和我们的家庭出钱……如果我们过着世俗生活，开支至少要增加3倍。”而且，她们不仅安心清贫，还救济别人。在这些修会中，有好几百个是教育机构，很多修士免费从事初等教育工作。然而，到1789年，女孩已经没有学校可上了，这类学校要么被取缔，要么仅向另一个性别开放，男人成了法国文化教育的源泉。分布在420家机构中的1.4万个病护修女，整夜守在医院中护理病人，照顾患者，抚养弃婴，收容孤儿、产妇和忏悔的荡妇。圣母往见会是“生来就被遗弃的”女孩的避难所，那时的畸形儿远比现在多，因为八例死亡中就有一例是天花造成的。修女们还接纳寡妇、无人保护的穷苦女孩，“被生活之艰辛折磨得精疲力尽”的妇女，这些人太虚弱，无法忍受拼搏的生活，心身俱废、饱受创伤之后退出世俗生活；而修道院的“生活规范非常宽松，不会超过健康最脆弱之人的承受极限”。每个社会或精神伤口之上，都会看到这种细心的慈爱的抚慰，伤口的包扎细心而灵巧，恰到好处。最后，女修道院远没有凋零，几乎所有的修女院都很兴盛，尽管每个男修道机构只有9名修士，但女修道院平均有24名修女。如圣富鲁尔的修女院养活

① Sauzay, I, 247. 东布的358名修女中，277名宁愿保持其身份，尤其是在彭塔里埃，所有圣贝尔纳会、报喜会和圣于尔絮勒会修女都持这种态度；在贝藏松，所有加尔默罗会、圣母往见会、报喜会、圣克莱尔会、Refuge会、圣灵会修女也是如此，当地圣本笃会修女中只有一个例外。

了50名收容人员；博里厄（Beaulieu）的另一家修女院有上百名走读学生；弗兰什-孔泰的一家修女院负责照料800个弃婴[①]。显然，在这样的机构面前，只要稍微考虑一下公共利益和公正，人们自然就会止步。更何况采取严厉措施是无用的，立法议员们粗暴的双手徒劳地试图抹平它们；他们后来望而却步，因为它们浸润在整个天主教民族的血液中。现在的法国，修女人数从过去的3.7万增长到8.6万，就是说，每万名妇女中的修女人数从20人增长到45人。

总之，如果说国家剥夺修女院和其他宗教团体，这并不是因为国家本身要求剥夺。国家不是这些机构的继承人，从本质上说，它们的不动产、动产、租金，即使没有一个指定的所有者，至少有指定的用途。在过去的14个世纪中，这些财产的形成、增加和保存完全是为了这个用途。数以百万计的慷慨、忏悔和虔诚的灵魂，或给教会捐赠，或替它管理产业，他们都怀有这种明确的意图。这是教育、慈善和信仰的事业，而非任何别的工作，不管他们想做什么。绝不容许违背他们的合法意愿。死者像活人一样在社会中享有权利，因为活人享用的这个社会是死人创造的，我们只有在履行死人遗嘱的条件下方可接收他们的遗产。当然，如果这些遗嘱太古老，应该对其更宽泛地解读，补充其太简短的条款，考虑新的环境。有时它所回应的需求已不复存在：不再有基督徒在遭受柏柏尔海盗的攻击后支付赎金，一个机构只有在不断转变中才能持续久远。但是，在原始机构中，如果好几个次要和个别因素必然走向无效，但显然一个主要的基本的因由一直具有绝对的必要性，这个因由就是教会提供特殊的服务：慈善、信仰和教育。如果必要的话，可以改变其产业的管理者及其分配，但决不可将其用于另外的用途。它只能用于本来的服务领域，或其他十分相近的领域，40亿的地产，2亿的教会收入，都是一笔用途明确的特殊捐赠。它们不是一堆随意扔到大道上的金子，以致税务机关可

① *Archives nationales*，宗教委员会的文件，*passim*. – Sauzay, I, 51. – 1866年法国的统计资料。

以据为己有，或分给路边的居民。这堆金子有其名正言顺的主人，后者能确认其来源，规范其用途，我们唯一的任务就是保证它交付给指定的收款人。这就是旧制度时代的原则，尽管它被严重滥用，教产用益权被人掠夺。当宗教委员会取缔某个修会时，不应该将其财产转交给国库，而应将其用于神学修业班、学校和济贫院。1789年，圣丹尼的收入成为圣西尔军校的资金来源；圣日耳曼的收入流向了总务处（Economats），政府尽管专断且困窘，仍然保持着足够的廉正，还知道没收教产等于盗窃。一个人越是强大，越是倾向于正义，其正直就总是能转变成优良的政策。因此，教会（如在英国和美国）、高等教育（如在英国、德国和美国）和各种救济和公益机构，无限期地维持其遗产所有权，不仅是有益的，而且是正义所需。但国家在执行其遗嘱时，将这笔财富塞进自己的口袋以填补财政亏空，将其用于恶劣的投机，因为自己的破产而耗尽这笔巨额财产，而这笔财产本是40代人为孩子、病人、伤残者、穷人、信徒积攒起来的，如今它已没钱给小学女教师和教区住持神父支付薪水、为济贫院提供一杯热水了①。

议会对上述所有理由都充耳不闻，塞住它的耳朵的，并不是国库的困窘。埃克斯大主教布瓦日兰曾以教会的名义，建议以教会地产为抵押借款4亿，以立即偿还到期的3.6亿债务；这个措施非常可取，因为当时教会是唯一拥有良好信用的机构：通常它的借款利率低于5%，而且借方提供的金额总比它要求的金额要高，但国家的借款利率为10%，而且在当时，国家已经找不到贷款者了。对我们的这些新政客而言，重要的远不是填补赤字，而是实行某项原则。根据社会契约论，他们将国家之中不可有团体确立为一项准则；除了作为全部公共权力受托者的国家，剩下的只有一群分崩离析的个人；没有特殊群体，没有个别性的组织，没有行业性组织，即便它们是为了履行国家

① Félix Rocquain, *La France après le 18 brumaire*（外派的国务参事们的报告）, *passim*.

不能履行的职责。“一旦进入某个团体，”一个演讲者这样说[①]，“就应该像热爱家庭一样热爱它。”但国家应该掌握对所有眷恋感和服从意识的垄断权。另外，如果有人成为某个团体的一员，他就从团体得到了有别于他人的支持，而任何特别事物都违背公民平等。因此，如果大家想要人人平等并成为公民，就应该去除任何可能跟国家形成竞争、赋予某些人所不具有的优势的团结中心。因此，所有因为地理、气候、历史、职业、行业而将人联系在一起的归属感和天然联系都已被斩断。人们取消了过去的省和省议会，撤除过去的市政机构、高等法院、行会管事会和行会师傅组织。人们遣散了最自发的组织，而正是这些组织构成了社群，而且人们以最明确、最具体、最广泛的禁令所提供的服务，是它们在任何情形下都不可能再恢复的[②]。根据几何原则，法国被分割得像个棋盘，这个草率划定的框架将长期是个毫无生气的人造物，框架中只剩下孤立的、并列的个人。这不利于保留内部结构紧密的有机团体，尤其不利于维持教会。

米拉波曾说[③]，“身处整体社会中的各个特殊的社群，从此打断了原则上的一致性和彼此力量的平衡。在一个国家中，大的政治团体因为其联合产生的力量太大而对国家构成危险，而又因为它们为自己的利益着想而对国家形成抵制。”团体本质而言是邪恶的，因为[④]“从体制上说它是人权的对立面”。一个让人宣誓服从的机构跟宪法“不相容”。各个修会“服从于独立的领导人”，因而“外在于社会，与公共精神相悖”。至于社会对各修会及教会的优先权，这一点不容置疑。“团体只有通过社会才存在，摧毁团体，社会只是收回它

---

① *Moniteur*, 1789年10月24日的会议（杜邦·德·内穆尔的发言）。一所有这些发言都见于*Archives parlementaires*, 1re série, tome XIII et IX, 但收录后有时有所阐发，编辑上有所变化。

② Duvergier, 1789年6月14日到17日的法令。“消灭基于同一行业和职业的所有公民团体，*是法国宪法的基础之一*，应禁止它们事实上的重建，不管是以何种借口、何种形式。同一行业或职业的公民，如一个行业中经营店铺的企业主、工人和帮工，在他们聚会时不得任命主席、秘书、管事，不得发布决议或评议，不得对*他们所谓的共同利益*制定规章。”

③ *Moniteur*, 1789年11月2日的会议。

④ *Moniteur*, 1790年2月12日的会议，Dedelay-d’Agier和巴纳夫的发言。

赋予团体的生命”。“它们只是法律制造出的工具[①]。当工具不再合适时,工人会怎么做?他会废除或修改它”。第一条诡辩被采纳后,结论就很清楚了。既然团体被废除,当然它们就不存在。既然它们不存在,它们就不再是所有者。“你们要摧毁团体[②],因为摧毁它们实乃拯救国家所必须。如果教会保有其财产,教会等级就没有被摧毁,你们肯定就会留给它聚会的可能,你们就会认可它的独立性”。无论如何,教士不能占有财产。“如果他们是所有者,他们就会独立,就会把自己的独立性跟其职责之履行牵扯在一起”。无论如何,教士应该由国家掌控,成为国家的公务员,由国家拨款供养。对于一个民族来说,“其内部存在一个庞大的团体,大量的资源赋予其强势权威,而承认它的所有者地位”将十分危险,“宗教属于所有人,仅仅因为这一点,它的代理人就该由民族发放薪水”。他们只是“道德和教育职员”,是“领薪水的”,就像教师和法官一样。让我们把这些人置于这一地位吧!这是唯一跟人权相符的状态;让我们宣布“教士,以及所有团体和有永久管业权的机构,现在和将来都永远不能拥有任何地产或其他不动产[③]”。那么,这些空出来的财产,谁是它们的继承人呢?根据第二条诡辩,国家,既是法官又是利益相关方,决定把这些财产交给国家。“教会创立者向教会捐赠,因而也是向民族捐赠[④]”。“既然民族已经同意教士领有财产,它也可以收回教士仅仅根据授权才领有的一切”。“从原则上说,整个民族才是其教会财产唯一和真正的所有者”。请注意这样表述出来的原则,它将导致所有教俗团体的财产被没收,进而摧毁所有这些团体,你们将会在地平线上看到立

① *Moniteur*, 1789年8月10日的会议,Garat的发言;1790年2月12日的会议,佩蒂翁的发言;1789年10月30日,Thouret的发言。

② *Moniteur*, 1789年11月2日,勒·夏佩里埃的发言;10月24日,Garat的发言;10月30日,米拉波的发言;1789年8月10日的会议。

③ *Moniteur*, 1789年10月23日,Thouret的发言。

④ *Moniteur*, 1789年10月23日的会议,特雷拉尔的发言;10月24日,Garat的发言;10月30日,米拉波的发言。1789年8月8日,亚历山大·德·拉美特发言说:“有人捐赠时,民族便是受赠者。”

法议会最终的补充法令[①]："鉴于一个真正自由的国家不应容许其内部存在任何团体，即使是宣称致力于公共教育、有益于祖国的团体"，即使是"完全从事医疗服务、减轻病患的"团体，因此，国家取缔一切修会，兄弟会，男女会社——无论是世俗的还是宗教性质的，全部的宗教机构，慈善机构，教育机构，传教机构，神学院，中学，传道会，索邦和纳瓦尔神学院。还有最后一刀：在立法议会期间，分割所有公共财产，除了森林；在国民公会期间，废除所有文学会社，科学或文学学院，没收其所有产业、图书馆、博物馆、植物园，没收所有尚未被瓜分的公共财产，没收所有收容院和其他慈善机构的财产[②]。— 制宪议会宣布的抽象原则，已经逐步展现其灭绝功效。由于这一原则，法国只剩下分散的、无力的、转瞬即逝的个人：在个人面前，唯一的持久的团体已经吞噬了所有其他团体，这就是国家，一个名副其实的巨兽，它孤零零地高高矗立在所有羸弱的侏儒中间。

既然取代了其他机构，国家今后要独自承担起它们的责任，将使用这些机构用得不当的钱财。首先，它废除了什一税，不是像英国那样采取渐进的赎买方式，而是突然地、无偿地废除，理由是它是一种非法的、被滥用的捐税，是身披法衣的个人对身穿劳动衣装的个人征收的私人捐税，是类似于封建权益的恼人的篡夺。这场手术十分彻底，也符合原则。但不幸的是，它是如此幼稚鲁莽，以致很快就对本来的目标产生了反作用。实际上，自查理曼以来，所有土地一直处于出售和再出售之中，它们一直在支付什一税，从来都是在负担该税的前提下被买入，后者大约相当于净收入的1/7。取消这项负担，就等于给所有者增加1/7的收入，也就是增加了1/7的资产。如果土地价

① Duvergier, *Lois* du 18 août 1792, des 8-14 août 1793, du huillet 1794; du 14 juillet 1792, du 24 août 1793.

② *Moniteur*, 1792年7月31日的会议，Bouestard的发言；济贫院的财产当时估价为8亿。1791年（1月30日的会议），拉罗什福柯-利昂古尔在议会说："对穷人来说，没有什么比看到民族掌握提供救济的权利更安心的事了。"于是他提议宣布，民族将掌握所有济贫院和所有慈善机构的财产。（*Mercure*, 1791年2月12日。）

值700法郎，则纳什一税100，如果土地价值7000，则纳1000，如果土地价值7万，则纳1万，如果土地价值70万，则纳什一税10万。因此若赚60万法郎，则3万利弗尔为年租[①]。因为这一无偿和出乎意料的赠礼，1.23万的收入，25亿的资本，就这样被法国所有的地产主瓜分了，其方式是如此巧妙，以致越富有获得的好处便越大。这就是抽象原则的后果；为了给赤贫的农民每年减轻3000万的负担，一个民主议会竟然每年给富裕的资产阶级增加了3000万的收入，豪富们每年新增收入也达3000万。此外，这项手术的第一阶段对国家而言代价沉重。因为为了给地产主减轻负担，国家实际上加重了自己的负担，从此，它自己不但没有一个苏进账，还得替地产主给教会人员开工资。— 这项手术的第二阶段，我说的是没收40亿的不动产，说到底其后果是毁灭性的，虽然看起来国家获得了大利。因为，这件事给我们的政客们造成的印象，就好比一个爱空想的穷光棍儿突然间继承了一大笔不动产。在他眼里，这就是个藏着金子的无底深井，可以大把大把从中汲取以实现自己的梦想：既然他能支付一切，他也就能随心所欲地破除一切。因此，议会取缔和偿还了法官职位，花费4.5亿，废除和重组财政职位，花费3.21亿，取缔军事职位，花费3500万，取缔当作采邑分封的什一税，花费1亿，等等[②]。“到1789年5月，”内克说，“恢复财政秩序的努力完全是一场小孩儿的把戏。”一年之后，由于债台高筑，开支激增，同时又废除或放弃了很多收入，国家只能仰赖于其发行的纸币了，它在挥霍自己的新资本，在大踏步地走向破产。从来没有哪笔如此丰厚的遗产如此迅速地化为乌有，直至化为负数。

最初几个月，人们已能看到，这些管理者将如何使用这笔财产，对于这些财产本该服务的领域，我们也能看到这些人是如何应付的。—

---

① *Moniteur*, 1789年8月10日的会议，西耶斯的演说。这里提供的数字是从《旧制度》中已经提供的数字推算出来的。

② *Moniteur*, V, 571, 1790年9月4日的会议，财政委员会的报告。- V, 675, 1790年9月17日的会议，内克的报告。

所有没收来的财产中，没有任何款项预留给宗教活动、救济贫病、收容不幸和教育事业。不仅所有的契约债权和生产性不动产掉入巨大的民族无底洞，即被转换成指券，而且很多的专门建筑，所有的修道院动产，部分的在俗教士动产，都偏离其本来的用途，也被用来填补同一个无底洞：在贝藏松[①]，八个教堂中有三个被剥夺得精光，地产，金库，教务评议会的金库，所有修道教堂的金库，圣瓶，圣骨盒，十字架，圣物箱，还愿牌，象牙，雕塑，绘画，挂毯，祭礼时穿着的衣装和装饰物，银器，金银制品，珍贵的古代家具，图书馆，栅栏门，钟：所有艺术和宗教杰作都被摧毁，然后铸成货币，或以拍卖的方式低价出售。失去了固定租金，这么多的宗教社团如何维持其学校、济贫院和收容所呢？当然有一项特别的临时法令[②]，规定这些机构可掌握其所有收入，并可动用这些收入；但是，在这项法令过期之后，这些收入将由地方政府征收，而后者的钱袋子总是底朝天，其意图几乎总是敌视教会，到时候又该怎么办呢？显然，所有慈善和教育机构都在死亡，因为维持它们的特别收入来源已经失去其原来的地位，消失在国家财政这条干涸的河床中[③]。到1790年，修士修女们用以支付其微薄生活费的钱都没了着落。在弗兰什-孔泰，鲍姆的嘉布遣会修士已无面包，为了活下去，他们只好征得当地政府的同意，将部分从其机构没收来的食物再卖给他们。奥尔南的圣于尔絮勒会修女完全靠个人的捐赠生活，这些捐赠者希望她们能够维持该城唯一的教育机构。彭塔里埃的圣伯纳尔会修女困窘到了极点：“我们深信，”该区的一份文书中写道，“她们已经揭不开锅了；我们只得每天施以救济以防止

① Sauzay, I, 228 (1790年10月10日到1791年2月24日). “从修道院剥夺来的金银和金银箔被送交铸币厂，其总重量超过525公斤。”（该部门数字）

② Duvergier, *loi* du 8-14 octobre 1790.

③ *Moniteur*, 1792年6月13日的会议，Bernard在公共救济委员会上的发言：“我们没有哪一天收不到各省报来的有关济贫院悲惨状况的最令人痛心的消息。”— *Mercure de France*, 1791年12月17日，12月5日的会议。北方省的议员要求对其济贫院和市政机构进行救助。因为48万利弗尔的收入中只剩下1万。“各社区的财产都被抵押，无法提供新的资源”；28万人吃不上饭。

她们被饿死[1]。”如果地方政府给她们吃的,准许别人给她们吃的,那真是大喜过望了！在很多地方,地方政府设法让她们陷于饥饿,或者乐于骚扰她们。1791年3月,东布省不顾当地社区的坚决反对,强行削减圣母往见会修女的生活费,唱诗班成员削减至每人每年101利弗尔,杂役修女每人每年50利弗尔。之前两个月,贝藏松市政府随意解释准许修女自愿穿衣的法令,强令她们所有人,乃至从事护理工作的修女,必须放弃原来的穿着,尽管她们很多人根本找不到换穿的衣服。因此,修女们在这些负责供养和保卫她们的新权力机构那里,碰到的只有无能、冷漠和恶意。要想挑唆迫害行为,现在只要一份挑起民事当局与宗教信仰之间冲突的法令就够了。1790年7月12日,这份法令颁布了:议会通过了教士公民组织法。

到此为止,尽管有没收财产和驱散修会等行径,主要的宗教团体仍未被触动,这就是7万名神父,他们处于主教的组织领导之下,团结在他们的最高首领教宗的周围。教宗无比坚定,但他遭受的敌意和抨击也是无以复加。因为针对他的是根深蒂固的仇怨和成见,如法学家们的高卢主义,自圣路易以来,法学家就是教权的反对者;如詹森主义信条,从路易十三时代起,詹森主义者就想使教会重归原初形态;如哲人们的理论,六十年来,哲人一直以为基督教教义是个错误,天主教是个枷锁。无论如何,在天主教内部,教权制度也已受到抨击,人们想通过尊重他者来显示自己的温和:“我们不能改变宗教”,一些议员在讲坛上这样说[2]。但该法令既不触及信条也不触及崇拜仪式;而仅限于纪律上的重组,即针对一个可以为民事权力扩张地盘的领域,而且,人们自以为,没有宗教权威的合作,照样可以任意拆毁和重建。

这是一种篡夺;因为,无论是世俗社会还是宗教社团,都有权选择自己的模式,自己的等级结构和自己的管理方式。在这一点上,所

---

① Sauzay, I, 252(1790年12月13日,1791年4月13日)。

② *Moniteur*, 1790年7月1日的会议,加缪(Camus)和特雷拉尔等人的发言。

有能够支持世俗社会的理由，也可以用来支持宗教社团，如果对于一方是合法的，对于另一方也合法。认可世俗和宗教社会之合理性的，是一长串的、许多世纪以来向其成员提供的服务（services），是这种社会履行其职责时的热忱和效力，是社会成员对在社会的感激，是他们赋予它的意义，是他们对社会的需求和对它的依恋，是他们铭记于心的信念：如果没有社会，他们对一种善的热衷若超过所有善，就很可能造成他们的缺陷。然而，在世俗社会，这种善是人身和财产安全之所系。在宗教社会，这种善是灵魂的永远得救。在所有其他方面它们都完全相似，教会的理由同样适用于国家。因此，如果国家可以正当地享有独立和主权地位，那么教会也可以正当地获得独立和主权地位；如果教会企图规范国家的宪法，则教会是僭越其权限；如果国家试图规范教会的组织（constitution），同样是一种僭越；如果说国家在其领域内应受教会的尊重，则教会在它的领域内也应受国家尊重。这两个领域之间的界限可能并不那么绝对，两个主人可能经常会发生争执。要防止或解决争执，他们或者彼此用隔墙分隔开，各得其所，尽可能地互不理睬，美国就是这种情形。或者商议一个契约，彼此承认对方在中间地带有明确的权利，并在这个地带共享管辖权，这是法国的情况。但在这两种情况下，两种权威以及两种社会，都应该保持其独立性。双方都应把对方视为对等的对象，而不应该存在被管理的服从方。不管世俗制度是君主制还是共和制，寡头制还是民主制，教会如果对其进行谴责和抨击，它就是滥用自己的影响力。无论教会体制是教宗-主教制，还是长老会派或公理会，如果国家未经信徒许可便废除它或对其课税，也是在滥用自己的力量。国家不仅侵犯权利，更常见的是，这种侵犯通常是徒劳的。它的攻击是白费力气，宗教的树根之深远超其打击范围，在攻击同它一样有活力的机构的不义战争中，最后的结果通常是国家的失败。

不幸的是，在这个问题上，正如在所有其他方面一样，只关心原则的议会已经忘记考虑具体事务，它只愿去除一张死树皮，但这样做时却损伤了生机勃勃的树干。几个世纪以来,尤其是自特伦特公会议以来,天主教的活力更多在于教会,而不在于信仰。神学已然退居次要位置,纪律上升到第一位。因为,从法律上说,信徒应该像信仰教理一样信仰精神权威,但实际上,这种信仰更多是与精神权威而非与教理本身联系在一起。纪律和教理都关乎信仰,如果有人拒绝罗马教会的决定,他就不再是天主教徒,天主教会的根本组织形式是君主主义的,其祭祀特征是自上而下规定的,如果不与最高首脑教宗保持一致,那就是分裂教会的举止,任何分裂派教士都不能合法地履行圣职,任何正统信徒都不能参加他主持的弥撒,接受他主持的圣礼,否则就是犯下大罪。事实上,信徒不是神学家,不是教规学者,除了少数詹森主义者,他们不读《圣经》和教父们的作品,如果他们接受教理,那也是囫囵吞枣,不假思索,仅仅是信任向他们提供教理的那只手,他们的服从的良知就在教士的手中, 3世纪的教会究竟怎样对他们没有意义,在当前教会的合法形态中,他们所追随的教会学者不是他们根本不知道的圣希普利(Cyprien),而是他们眼前的主教和活生生的教区神父。将这两类资料组合在一起,结论很自然就能得出:显而易见的是,他们仅仅是因为得到主教授权的教区神父,才去相信洗礼、赦罪和婚礼。你如果把别人放在神父的位置上,信徒肯定要反对;你如果取消2400万法国人,即所有农民、儿童、几乎所有妇女的信仰、圣礼和最珍贵的精神生活形式,你就会遭受两种最强大的灵魂力量的反对:良心和习惯。你将会看到这样做的后果。你不仅把国家变成了为异端服务的警察,而且,从高卢詹森主义毫无结果的横暴尝试来看,你将会永远损害高卢主义和詹森主义的声誉[①]。凭借这两

① 詹森主义被视为天主教内部的一场异端运动,以政治上的高卢主义和神学信条上的严苛著称。泰纳这里的意思可能是说,由于18世纪的詹森主义运动太过激进、太富攻击性,这场运动反而损害了高卢主义在法国的影响力,也损害了詹森主义运动本身。因为在18世纪初,为了抵御詹森主义在教会内部掀起的纷争、维持政治和信仰的统一,路易十四在很多方面跟教宗站在了一起,从而一定程度上损害了法国教会的高卢主义;在18世纪中期、特别是耶稣会士被驱逐后,詹森主义运动走向沉寂。—译者

条根基，自由思想本可以在正统天主教内部生根发展，但你切断了这最后两条根基。你把全体教士都推向了罗马，你把他们跟教宗紧紧拴在了一起，而本来你是想把他们分开的；你去除了教士的民族特征，而这本是你想要他们具备的。他们原来是法国人，现在你把他们变成教权至上派（ultramontain）。他们过去曾挑唆敌视和嫉妒情绪，如今你让他们变得令人同情。过去他们内部是分裂的，如今你让他们走向统一。过去他们是一支不协调的队伍，由好几个独立的权威统领，因为地产的占有而植根于法国的土地上；如今，由于你的举措，他们将变成一支可随时调动的正规军，可以克服所有地方性羁绊，由一个首领组织领导，时刻准备等待第一声战斗命令。请比较一下1789年一个主教在其主教区的权威，与六十年后主教的权威。1789年，在贝藏松大主教区的1500个职位和圣职中，大主教至少可以任命100个，大主教教务会可以挑选93个教区的神父；18个教区神父的职位由玛德莱娜教务会任命；70个教区的神父由教堂捐赠领主或其他捐赠人任命；某个修道院院长可指定13个教区神父职位，另一个可指定34个，再一个指定35个，某个隐修院院长可任命9个，修女院院长可任命20个；5个社区可直接任命神父；修道院院长、隐修院院长、议事司铎的任命权在国王手中[①]。在今天，一个主教区的主教任命所有教区神父或主管教士，并可撤销九成此类神职人员的职务；在同样的主教区，1850-1860年之间，没有枢机-大主教的斡旋和同意，很难任命一个世俗官员[②]。要想从源头上理解当代我国教士的精神、纪律和影响力，你可以在制宪议会的这份法令中找到答案。解散一个天然团体不是没有代价的；这个团体会适时自我调整，从而自我革新，其队伍也会随其面临的危险的增大而更加团结。

但是，根据议会的信条，既然世俗国家的宗教信仰是自由的，那么，教会就应服从主权国家。因为教会拥有社团、管理机构和教阶

① Sauzay, I, 168.

② 这是根据我个人的了解。1863-1867年，我四次访问贝藏松。

制,而任何社团、管理机构和等级制都不得在国家中存在,除非以服从者、代理者和雇员身份进入国家结构。从根本上说,教士和其他人一样,是个领薪水的,是因宗教和道德事务而设立的公务员①。如果国家想变更这些灵魂工程师的数目、任命方式、职权范围和其负责的区域,它无须召集他们开会以征求意见,尤其不需要征得一个住在罗马的外国灵魂工程师的意见。当国家想改变"它的教会官员"的身份,它完全拥有这样的权利。它若行使这项权利,不需要任何人的同意,它不能忍受任何人在它和它的代理人中间横插一杠。当议会拒绝召集一个高卢主义的公会议时,它也就拒绝与教宗谈判了,仅凭自己的权威,它就能重组整个教会的组织结构。此后,这个公共管理机构的分支将按其他部门的方式重构。首先②,主教区的范围将和省(département)的界限重合;因此所有宗教区划都重新裁减,48个主教区随之消失。其次,禁止被提名的主教"向教宗汇报以获取其认可"。该主教届时将只需致信教宗,"表明应与教宗保持信仰和情感上的统一"。因此主教不再由教会法上的首脑任命,法国的教会成了分离派。第三,禁止大主教或主教要求新任主教或教区神父进行"别的宣誓,除了表明他们信仰的是正统的、使徒的、罗马的宗教"。主教大主教可以根据自己的意见,审查教士的宗教信条和道德状况,可以拒绝任命这些教士圣职;但在这种情况下,大主教或主教应出具书面说明,并签上自己的意见。不过,主教大主教的权力到此为止,因为,当教士之间发生争端时,裁决者是民事法庭。这样一来,教阶制就被摧毁了,高级教士被束缚了手脚,如果说他还能委派圣职,那也只是形式上的;教区神父对主教的服从终止了,正如主教终止对教宗的服从,法国教会变成了长老会派。实际上,正如在长老会派中一样,现在是人民选举牧师了:主教由本省选民提名,教区神父由区(district)选民提名,最为严重的情形是,这些选民不必属于神职人

① *Moniteur*, 1790年5月30日及随后的会议。(特拉雷尔的报告,罗伯斯庇尔的演说,等等。)

② Duvergier, *lois* du 12 juillet-24 août, 14-25 novembre 1790, 21-26 1791.

员的宗教社群。选民大会中有一定数量的加尔文宗信徒、路德派和犹太人也无关紧要，如在尼姆、蒙托榜、斯特拉斯堡和梅茨；大部分这些人都来自俱乐部，他们都对天主教乃至基督教持明目张胆的敌视态度，这一点也无关紧要。选举大会将挑选主教和教区神父；圣灵骑士团也由选举大会和民事法庭确定，尽管有人激烈反对，但这些新机构将确定该骑士团成员[①]。让教士处于依附地位的最后一步，是禁止任何主教未经本省批准出缺15天，禁止任何教区神父未经本区批准出缺15天以上，即使他们是为了照料临终的父亲，即使是为了请人凿墓碑。由于没有得到批准，他们的待遇悬而未决；作为领薪水的公务员，他必须按时上班，如果他想离开岗位，须恳请市政府的领导批准他告假[②]。所有这些新举措他们都必须遵守，不仅要以消极服从的方式，而且要通过庄严的宣誓。所有新老教士，无论是大主教、主教、教区神父、教区助理神父、布道神父、医院和监狱礼拜堂神父、神学院教师和主持、神学院和中学教师，都必须以书面形式证明其愿意宣誓；此外，他们还要在教堂，“当着全体信徒和整个社区大会的面”公开宣誓，承诺“以其全部权力维护”分裂主义的、长老会派的教会。因为，对于规定的宣誓的意义和力度，不应让人产生任何怀疑。人们徒劳地将这一宣誓包裹在另一个更大的宣誓，即对宪法的宣誓中。教士公民组织法是整个宪法的组成部分，这一点再清楚不过了，它就像一本书里的一个章节，在这本书上签字，就等于在这一章签字。不过，在议会要求教士上台所作的誓词中，这一章应被特别

---

① 圣灵骑士团成立于1578年，正式消失于1830年，是法国最著名的骑士团，其成员来自法国各大贵族世家，首领为历代法国国王，该团成员与圣米迦勒（或圣米歇尔）骑士团（比圣灵骑士团早成立110年）成员合称“国王骑士团骑士”。—译者

② *Moniteur*, 1790年5月31日，罗伯斯庇尔以隐晦的措辞要求教士可以结婚。米拉波也曾准备就此事进行一个完整的发言，其结论也是教士和修士可以结婚；当意欲结婚的教士和修士带领未婚妻来到教区神父面前时，后者有责任给他们的婚姻祈福，等等。1790年6月2日，米拉波就此事写道：“罗伯斯庇尔……回避了我关于教士婚姻的提议”。总体而言，国民公会所有立法的种子都在于制宪议会。（Ph. Plan, *Un collaborateur du Mirabeau*, 56, 144.）

提及，对此不得有任何例外和保留①。克莱蒙的主教和很多其他教士，都是迅速且全面服从的教士，他们明确表示接受宪法的全部内容，只有涉及精神事务的法令除外，但人们剥夺了这些人的发言权。至于精神事务的领域范围有多大、应止于何处，议会甚至也不比教士懂得更多；议会自行决定哪些属于精神事务，并将自己的定义强加给神学家和教会法学家；于是议会成了教宗，它的决议是所有的良知都应屈从的。教士应该进行"简单明确的宣誓"，否则他们就是"抗拒派"（réfractaires）。这个词语一旦说出，其后果将极其严重；因为法律虽只针对教士，但它很快就涉及世俗界。此外，所有拒绝按要求宣誓的教士全都被撤销圣职。如果他们继续"以任何形式干涉公共事务，或留在其此前任职的岗位上"，他们"将作为扰乱秩序者被追究责任，以违法分子论处"，剥夺所有积极公民的权利，不得担任任何公职。对于拒绝宣誓但仍坚持认为自己是主教，并对教士下达指令、发布训谕的原主教，已经实施了这类惩罚。所有未经宣誓却仍在布道或做弥撒的教区神父，也将遭受此类惩罚②。另一方面，所有拒绝按要求进行宣誓的公民，包括选民、市政官员、法官、行政管理人员，都将失去投票权，其职务被撤销，并不得担任任何公职③。这样一来，信仰方面严格自律的天主教徒被排除出行政机构、选举会议、尤其是教会选举；可以说，信仰越坚定，就越无权选举自己的神父④。这项法律以改革教会和世俗弊端为托词，将所有信徒，无论是教士和平民，都置于法律之外，这真是罕见的现象。

最初几天，事情就变得很明朗了。134位大主教、主教和主教助理

---

① Duvergier, *lois* du 27 novembre – 26 décembre 1790; du 5 février, 22 mars et 5 avril 1791. – *Moniteur*, 1790年11月6日及以后的会议，尤其是12月27日。"我宣誓，以我全部的权力维护法国宪法，尤其是有关教士公民组织法的法令。"—Cf. 1791年1月20日的会议，克莱蒙主教的演讲。

② Duvergier, *Loi* du 7 mai 1791，维持未宣誓教士在公共和私人建筑物中做弥撒的权利。（根据西耶斯和塔列朗的要求。）

③ *Archives nationales*, F7, 3235，洛泽尔省议员Châteauneuf-Randon的信件，1791年5月28日。根据5月23日的法令，该省所有公务员都辞职了。

④ Duvergier, *Loi* du 21-29 mai 1791.

拒绝宣誓；这类高级教士当中只有四个宣誓了，其中三个人早就不信教，而且以品德败坏而为人所知，他们是：塔列朗、雅伦特（Jarente）和布里安。其余的人则凭着自己的信仰、更主要是出于团体精神和荣誉感而拒绝宣誓。大批教区神父团结在这个指挥部周围。在贝藏松主教区[1]，1400名教士中，只有330人宣誓，1000人拒绝，80人收回此前的宣誓。在东布省，只有1/5的教士同意宣誓。在洛泽尔省，“250个教士中只有10个”宣誓了。“事情已经很清楚，”当时最了解情况的一位观察者写道，“在法国各地，2/3的教士拒绝宣誓，或者像克莱蒙主教一样，只有在有所保留的情况下才宣誓。”因此，7万名教士中，4.6万人被撤销圣职，而且大部分的教区信徒是支持他们的。人们发现，在为替换这些教士而召集的选举会议上，没有多少选民到场：在波尔多，900个选民中只到了450个；在别的地方，会议之聚集了“1/3或1/4”的选民。很多地方根本没有候选人，或者当选者根本不想接受。为了填补这些空缺，不得不到处寻找还俗的僧侣和可疑而卑鄙货色。从此，每个教区有了两个派别，两种信仰，两种宗教，随之而来的是持续不断的争吵。就算老神父和新神父能够相互容忍，上述情形也足以让他们发生冲突。对于老神父，后者是“僭越者”。作为灵魂的守护者，老神父不能不告诉自己教区的信徒，这个僭越者已被绝罚，他主持的圣礼无效，或者就是亵渎，听他的弥撒肯定就是罪过。作为公务员，新神父不能不写信告知当局，那个抗拒派教士笼络信徒，他们的信仰很狂热，暗中破坏宪法，应该武力镇压之。换句话说，老神父让新神父成为光杆司令，新神父让老神父面临警察的威胁，于是迫害开始了。但这里有一种离奇的倒错：大部分人遭受迫害，而施加迫害的是少数人。各地宣誓派教士的弥撒无人问

---

① Sauzay, I, 366, 538-593, 750. – *Archives nationales*, F7, 3235, Châteauneuf-Randon的信件，1791年5月10日。 - *Mercure*, n. du 16 avril et du 23 avril 1791. Mallet du Pan的文章，1791年3月20日发自波尔多的信件。

律[①]。在旺代,五六百个教区信徒中,大概只有十来个人参加;周日和节日,经常会看到整个村子、整个镇子的人跑一两法里,去参加正统教士的弥撒;村民们说,"如果把过去的神父还给他们,他们自愿付两倍的捐税"。在阿尔萨斯,"至少九成的天主教徒拒绝承认宣誓派教士"。在弗兰什-孔泰、阿图瓦等十个其他的省,情况也是这样。到头来,类似化合物分解的情形发生了。在老神父周围,团结了所有有信仰或重归信仰的人,所有凭信念或传统坚持做圣礼的人,所有凭习惯或信仰、期望或需要听弥撒的人。新神父的听众只有些怀疑论者,无神论者,宗教冷淡者,俱乐部分子,行政职员,他们来教堂就像去市政厅上班或出席民众协会,根本不是出于宗教热情,而是出于政治热情,他们之所以支持那位僭越教士,为的是支持宪法。

这种情形下,新神父没有狂热的信徒来支持他,但他有很热情的保护者,虽然这些保护者没有信仰,但他们掌握的武力可以为他服务。在他们看来,对付不服从的主教或教区神父,任何手段都合适,这不仅包括法律,即他们强行解释、以非法裁决使之变本加厉的法律,还包括骚乱,即他们自己挑唆、或暗中默许授权的民众暴行[②]。不服从的主教或教区神父被驱逐出教区,被押送到省府,被囚禁在保险的地方。安省省长宣布他们扰乱公共秩序,禁止他们主持任何圣礼,违者重罚。卡奥尔市政府下令关闭某些教堂,责令未进行宣誓的教士二十四小时内离开该城。洛城市政府公然谴责这类教士是"凶猛的野兽",纵火犯,内战的挑唆者。下莱茵的省长把他们监禁在斯特拉斯堡及离边境十五法里的地方。在圣-波尔-德-列昂,主教被迫逃亡。在奥什,大主教被拘禁;在里昂,大主教助理布瓦巴塞尔

---

① Buchez et Roux, XII, 77. 派往旺代和两塞弗尔的Gallois和Gensonné的信件(1791年7月25日)。*Archives nationales,* F7, 3253. 下莱茵省长的信件(重申1792年1月7日的一封信)。*Le District de Machecoul* de 1788-1793, par Lallier. *Histoire de Joseph Lebon*, par Paris.Sauzay, tome I et II, tout entiers.

② *Mercure*, 15 janvier, 23 avril, 16 et 30 mai, 1er juin, 23 novembre 1791. – Le District de Machecoul, par Lallier, 173. – Sauzay, I, 295. – Lavirotte, *Annales d'Aarnay-le-Duc* (5 février 1792). – *Archives nationales*, F7, 3223. 蒙彼利埃几个居民的请愿书,1791年11月17日。

（Boisboissel）被囚禁在皮埃尔-昂西兹，理由是他在自己家中收藏了他的大主教的一份指令，不宽容的神职人员到处在施暴。安省有个神父，1789年时他养活了2000个穷人，但由于在布道台上宣读了一份关于四旬斋的指令，市长就揪住他的衣领，阻止他上祭坛；“两个身穿短袖衬衣的爱国者”当场把刀架在他身上，脱去他的帽子；这位神父无法回家，被放逐到两法里远的地方，遣送他的人还沿途敲鼓。在巴黎的圣厄斯塔什教堂，人们厉声责骂教区神父，有人用手枪顶着他的头，有人揪住他的头发，对他拳脚相加，直到掷弹兵介入，他才走到法衣室。在正统派教士通过所有合法程序租用的泰阿丹教堂，一伙暴徒冲了进来，驱散神父及其助手，掀翻祭坛，亵渎圣瓶。省政府于是张贴了一份告示，号召人民遵守法律。“我看到，”一位目击者说，“招贴被人愤怒地扯掉，人们还大声责骂省政府、教士和虔诚的信徒。有个头领站上台阶，滔滔不绝地讲开了……最后他总结说，应该不惜一切代价防止教会分裂，除了他的信仰，任何其他信仰都不能容忍，应该鞭打不听话的妇女，痛殴不服从的教士。”的确，“有个跟着母亲前来的年轻姑娘在教堂的台阶上被人鞭打”；在别的地方，暴行竟可以针对修女，甚至包括圣樊尚-德-保罗（Saint-Vincent-de-Paul）修会的修女，从1791年4月开始，这种羞辱性或致命的攻击行为在各个城市泛滥开来。在第戎，木棒就插在各个修女院的门口；在蒙彼利埃，两三百个匪徒手持包铁大棒，打死男子，羞辱妇女。制宪议会只是用大赦来包庇罪犯，立法会议则用法律来认可地方当局的敌意行为①。从此，没有宣誓的教士被剥夺伙食费，并被宣布为“反抗法律、对祖国怀有恶意的嫌疑犯。”当时一个新教徒这样说，“根据这些嫌疑，根据这些意图，地方政府可以专横地将和平与慈善的上帝侍者、在宗教方面无可挑剔的神职人员，从自己的辖区驱逐出去，尽管法律禁止他拥有任何司法权责”。于是，“各地都因为宗教观点问题

---

① Duvergier, *décret* du 29 novembre 1791. – Mercure, n. du 30 novembre 1791. (Mallet du Pan的文章。)

发生骚乱，骚乱或是因为狂热分子鞭打品德高尚的慈善修士而引起，或因为性急如牛的武装盗匪侮辱别人而激发，如在尼姆和蒙彼利埃，在六个月的时间里，他们以有伤风化等罪名，流放未曾宣誓的教士；这些教士被迫与同甘共苦的家人分离；他们被遣送到大道上游荡，任其生死由公众的慈悲或残忍来决定，但就在那个时候，一个招惹是非的恶棍会把罪责归咎于他们"。于是爆发了农民起义，在尼姆、弗兰什-孔泰、旺代、布列塔尼等地的叛乱中，流亡，流放，监禁，断头台和溺死等暴行频发，2/3的法国教士，不可胜数的信徒，如农民，工匠，日工，裁缝，女佣，总之，人民大众当中最卑微的人，全牵涉到这类事件中。这一切都是制宪议会的法律导致的。对于教士，正如对于国王和贵族一样，议会为了深入一扇敞开的大门而拆除了一堵坚固的围墙；如果整个房子垮塌，压在其居民的头上，那是丝毫不奇怪的。改革是必须的，但尊重和利用优越感和团体组织也是必须的；然而，议会以抽象平等和民族主权的名义，一心想要废除它们。为了废除它们，议会采取、纵容和筹划了各种攻击财产权和个人的行动。人们犯下的罪行，是议会犯下的种种过错的必然结果；因为由于它的宪法，坏的变成更坏的，社会大厦已然因为它采取的愚蠢的拆除行动而行将倒塌，而在它仓促之间拼凑的乖张和不协调的构件的重压下，它很快就会全垮下来。

第三章　建设— 1791 年宪法

Ⅰ. 中央权力—议会的分权原则—立法机构和国王之间的联系全部中断—行政权处于服从地位的原则—议会如何取消行政权—必然的冲突—国王必然丧失权威。Ⅱ. 行政权力—等级制原则—取消上下级—集体性权力—所有机构选举产生，下级的影响—必然导致无序—市政机构的权力。Ⅲ. 市政机构—责任繁重。无能为力—权威的虚弱—行政手段的不足—国民自卫队的作用—Ⅳ. 国民自卫队选民—权力巨大—任务繁重—很多工作落到积极公民头上—他们逃避职责—少数积极分子—他们的构成—俱乐部—他们的影响—他们如何解读人权宣言—他们的篡权和他们的攻击行动—关于制宪议会工作的小结。

所谓的政府,就是各种权力的协奏曲,任何个别部门的权力,都是为了最终的整体性工作而一起努力。政府应努力做到这一点,这是它全部的价值所在；一台机器的价值完全在于其效果。重要的不是机器在图纸上画得漂亮,而是要在实地运转良好。建设者说自己的图纸如何漂亮,定理论证如何连贯,全都是徒劳；因为向他们要求的不是图纸,不是定理,而是一件工具。这件工具要具有有效性和可操作性,必须满足两个条件。首先,公共权力应该协调一致,做不到这一点它们就会相互抵消。其次,公共权威应该得到服从,做不到这一点它们等于零。然而,宪法既没有提供协调也没有带来服从。在它自己制造的这台机器里，各个马达之间相互抵牾，推力无法传送，中央到边缘的齿轮系运转不灵，中央和上方的大齿轮处于空转状态，最底层的小齿轮要么变形，要么断裂；即使根据它自身的原理，这台机器虽然已经就位，但它毫无用处，状态过热，虚荣的雾气在它上方蒸腾，内部传来嘎吱嘎吱的摩擦声和清脆的断裂声，一切都预示着这台机器将化为乌有。

I

我们首先考察两个中央权力机构，议会和国王。一般来说，当宪法设立源头不同的权力时，它会将他们分开，应设立上议院，作为双方冲突时的仲裁者。至少，议会会赋予它们相互牵制权。议会应对国王有所牵制：这就是拒绝批准税收的权利。国王也应对议会有所牵制：这就是解散议会的权力。否则的话，如果一方被置于无能为力的地位，另一方就会变成全权者，其后果是可怕的。在这一点上，一个全能的议会和一个拥有绝对权力的国王一样危险。如果议会想坚持己见，就必须像国王一样拥有压制和监督手段；反过来说，如果它可以通过拒绝给国王拨款来牵制国王，则国王也可以通过诉诸选民来对抗议会。但是，除了这些极端手段（其使用很危险，也很少用），还有一个经常会用到的可靠办法：国王有权在议会中挑选自己的内阁。当时最常见的情形是，议会多数派担任大臣，通过这种任命方式，国王和议会可达成协调：因为大臣既是议会的人也是国王的人。这种办法既可让议会放心，因为是它的领导人执政，也可让议会满足，因为议会领袖一下子成了负责任的主管者。当他们处于政府工作的中心时，他们就可以判断法律是否有益或可行；由于必须执行法律，他们会在提出或接受法律前考量其后果。对多数派而言，没有什么比自己的领袖组阁更合理的事情了，这也是消除议会的鲁莽轻率的最有效的办法。火车司机不会心甘情愿地让别人卸下自己机车里的煤，不会容忍车辆将要通行的铁轨被人折断。尽管有各种不足和不便，这套程序已是人类经验所能找到的防止社会走向专制和无政府状态的最佳途径。绝对权力可以建立或拯救社会，但也可压迫和榨干社会，但人们逐步用分权取代了绝对权力，分权下的权力虽然各有不同，但它们通过第三方仲裁者、通过一种相互依存关系和共有的运作方式而联系在一起。

但是，在制宪议会的议员们看来，经验无关紧要，他们以原则的名义一步步斩断了所有可以导致两种权力协调步伐的联系。根本没有设立上议院；这本来是个贵族的庇护所和蓄水池。另外，"既然民族的意志是统一的"，故不宜"赋予其不同的机构"。于是议员们按照意识形态中的卓越定义，将所有现成的术语和隐喻都付诸实践。国王对立法机构毫无牵制：行政机构只是个手臂，它只能服从，如果手臂竟可以以某种方式忤逆或指挥大脑，那倒是很可笑的。君主的搁置否决权是非常勉强才通过的；即使如此西耶斯还抗议说，这是"一封针对公意的逮捕密札"，而且一些宪法条款不受搁置否决权影响，如财政法案和其他法律。召集议会的不是君主，也不是议会的代表；国王对议会组成的过程没有任何发言权和监督权；选民自行聚会，自行投票，无须国王的召集或监督。一旦议会选出，国王不得推迟其会议或解散之。他甚至不能向议会提出任何法案①，仅仅可以"敦请议会考虑某个问题"。他被完全限制在其执行权中，更确切地说，人们在国王和议会之间建立了一堵墙，人们小心翼翼地堵上了可让他和议会直接接触的小缝隙。禁止议员在整个任期内和卸任两年内担任大臣：人们担心，跟宫廷接触会导致议员腐化，而且，不管是谁担任大臣，人们都不能忍受他们拥有巨大影响力②。如果某个大臣来到议会，那可不是来提供建议的，而仅仅是来汇报情况，回应质询，以谦卑的

---

① 国王只在一个问题上有主动权：只有事先经他正式提议，议会方可下达战争法令。这个例外是经过激烈的争吵后才获得的，其中米拉波的努力居功至伟。

② Lanjuinais的发言，1789年11月7日。"我们已经愿意分权。既然如此，为何我们还建议将立法权和执行权合并于大臣之手呢？"

言辞但可疑的姿态去表达自己的热忱[1]。因为,作为国王的代理人,大臣就像国王本人一样靠不住,人们把大臣封闭在办公室里,就像把国王封闭在宫殿中一样。这就是宪法的精神[2]:根据理论,为了更好地保证分权,人们彻底摧毁了权力机构之间自愿的谅解,为了弥补它们之间无法达成的协调,剩下的就只有一条路:让一方成为主人,另一方成为差役。

人们还是做到了这一点,而且,为了更稳妥,人们还将差役变成了钟点工。人们只是在表面上和名义上赋予他执行权,实际上他没有这个权力,人们在考虑把它转交给别人。实际上,所有执行机构的代理人,所有次等的和地方的权力机关,都是选举产生的。在法官、公诉人、主教、教区神父、税收征收员和管理员、治安官员、区及省的行政官员、市长和市政官员的选任上,国王没有任何直接或间接的发言权。顶多是在某个行政官员违法时,他可以废除该官员的措施,将其停职;而且,作为高级权威的议会还有权撤销国王作出的停职决定。国王一直被视为军队的最高司令,但如今军队也已完全脱离其控制:国民自卫队不接受他的命令;宪兵和军队应服从市政当局的要求,而后者也不是国王能够选择和撤销的。人们早已下定决心打碎行政机器,人们已经切断边缘轮系与中心手柄的联系,从此以后,这个掌握在国王手里的手柄无法传递推力,完全处于怠惰状态,或者将推力浪费在了空处。"整个行政机构,全体陆海军的最高首脑,公共秩序与安宁的守护者,民族的世袭代理人",尽管有这些动听的头衔,国王却没有将其所谓的权力运用到实处的工具,无论是编订某个不驯服的社区的捐税表,还是迫使某个欠税不交的纳税人交钱,亦或是组织小麦流通,执行某项判决,镇压某场叛乱,保护财产和个人,等等。因为,对于那些号称服从他的代理人,他实际上没有任何强制权

---

① 见大臣在立法议会的出庭记录。

② "所有没有确定分权的社会,都不可能有宪法"(*Déclaration des Droits*, article XVI).–这个原则借自孟德斯鸠和美国宪法。其他的全部遵循卢梭的理论。

力；他唯一的办法就是提醒和劝说。他把所有批准过的法令发往每个省的议会，请求它们传达和执行，接收省议会的报告，可以责备或赞许。但是仅此而已：他只是个毫无权力的中间人，一个传令官或公共报话员，或者一部徒劳鸣响着的中央回声器，所有消息都会到那里，所有法律都出自那里，但它发出的仅仅是一阵可有可无的声响。

虽然这声音可有可无，而且尽可能地降低了，人们还是觉得太吵。人们剥夺了国王的特赦权，“这就割断了君主制政府最后的动脉①”。人们还针对他设计了很多预防措施。他只能根据议会的法令宣战。他必须按议会的法令宣布停战。除非得到议会的批准，他不能缔结和约，盟约，甚至商业条约。人们已经专门宣布，国王只能提名2/3的海军准将，一半的少将、旅长、舰长和宪兵上校，1/3的中校和1/6的海军上尉。他不得在离议会约60公里②的范围内调动和驻扎军队。他的卫队不得超过1800人，有卫兵都必须经过审查，并通过公民宣誓来防止国王的诱惑。没有议会的允许，他的推定继承人不得离开法国。从法律上说，议会负责他未成年的儿子的教育。除了这些预防措施，还有威胁手段：五种情况可导致国王被废黜；八种情况可导致其大臣被判处12-20年的徒刑，五种情形可导致他们被判死刑③。在宪法的字里行间，随处可见对叛国行为的忧虑和提防，人们似乎总是相信，不管怎样的执行权，本质上都是公共敌人。国王被拒绝任命法官，理由是“宫廷和大臣是民族之中最不可信任的一部分”④。虽说人们给予其任命大臣的权力，那是因为“人民任命的大臣必然声望太高”。从原则上说，“立法机构应该单独享有人民的信任”，王权总会败坏其受托的权威，执行机构总喜欢滥用权力和玩弄阴谋。如

① *Mercure de France*, Mallet du Pan的话。

② 原文是三万toise，toise是旧时长度单位，约合1.95米。— 译者

③ *Constitution* de 1791, chap. II, articles 5, 6, 7. – *Décrets* du 25 septembre – 6 octobre 1791, section III, articles 8-25.

④ 巴纳夫和罗德勒（Roederer）在制宪议会的发言。— 巴纳夫和迪波尔（Duport）在雅各宾俱乐部的演讲。

果说人们在宪法中引入这类机构,那时出于迫不得已,是一种无奈,而且是以给它们套上枷锁为条件的:对它们的限制越严、监督越多、越是威吓它揭露它,它们就危害越小。显然,这样一个角色是不能被人容忍和接受的,一个人必须像路易十六那样消极怠惰才会心甘情愿。但是,不管他怎么做,他的角色还是维系不下去。即使他小心翼翼地保持沉默,即使他一字不差地履行宪法,也是徒劳,由于他没有权力,议会便认为他缺乏热情,并将那台并非由他操纵的机器中的所有摩擦都归咎于他。如果有一天他胆敢使用否决权,那便是造反,一个公务员对其上司的反叛,这上司就是议会,是一个臣民对其君主的反叛,如今这君主就是人民。在这种情况下,他失去权力是合乎法律的事,议会只是简单地宣告了一下:人民只需履行这项法律,因此宪法导致了一场革命。类似的机制也因为特有的运作方式而自行毁灭。根据哲人们的理论,人们不愿意将政府的两套轮系分开,因为这样必须将它们相互分解和孤立。根据民众的信条,人们要让主动轮系处于服从地位,削减它的所有功效,这就必然将其作用降至最低点,并中断所有联系,将其悬置于空中,像个木偶或像个障碍物一样被肆意拨弄。在人们把它当玩偶戏弄一番后,最后必然把它当做麻烦而摧毁。

II

让我们从中心下到边缘,看看实际运作中的行政管理[①]。一个部门若要运转良好而精确,首先必须有个单一的首领,其次,这个首领

① 主要文件(Duvergier, *Collection des lois et décrets*)。关于市政和行政组织,1789年12月14日和12月22日,1790年8月12-20日,1791年3月15日。关于巴黎的市政组织,1790年5月21-6月27日。关于司法组织,1790年8月16-24日,1791年9月16-29日,1791年9月29日-10月21日。关于军事组织的法律,1790年9月23日-10月29日,1791年1月16日,1791年7月27-28日。关于财政组织,1790年11月14-24日,1790年11月23日,1791年3月17日,1791年9月26日-10月2日。

应该可以任命、奖赏、惩罚和撤销其下属。因为，一方面，当他是唯一的领导时，他会产生责任感，他在处理事务时会很专注，会采取主动，会注意协调一致，会具有一个临时受托者所不可能具有的分寸感；集体性的愚蠢和虚弱不会殃及他个人，指挥权只有由一个人掌握才有效。另一方面，作为领导者，他可以指靠他所选择的下属，可以靠希望和恐惧来控制他们，可以在他们行事不力时撤换他们，否则的话，他就控制不了下属，下属也不会是可靠的工具。只有在这个条件下，工厂才可以担保在指定的日期交货。在所有私人或公共企业中，直接而迅速的强制是唯一被认可的、合乎人性的、能保证行动者认真服从的可行方法。因此在所有国家，始终存在管理者，其机构是一套或几套公职人员，每个人都处于一位中央首脑领导之下，后者将所有指挥权合并于自己的手中。

新宪法把一切都颠倒了。在我们这些立法者看来，服从应始终是自发的，决不可强制，为消除专制主义，他们消除了政府。在他们设立的机构分层中，普遍的规则是，下属独立于上级，因为上级不能任命下属，不能撤换他们，他对后者只有建议和劝诫的权利。他顶多在某些情形下可以撤销他们的行为，可以暂停他们的职务，但暂停本身是可以撤销和质疑的。正如已经看到的，任何地方权威都不是中央权力委派的，后者像一个坐在镀金扶手椅里的没有手和胳膊的人。财政大臣不能任命和撤换任何征税员和收税人；内务大臣不能任命或撤换任何省、区和社区的官员；司法大臣不能任命和撤换任何法官或监察官。在这三个部门，国王都只有一个属于自己的人，即负责到各法庭巡查法律之实施、判决发出后的执行情况的特派员。中央权力的肌肉一下子全被切除，从此每个省都是单独生活的小王国。

但是，在每个省内部，类似的截肢也使得所有上级控制下级、指导下级的纽带全部被斩断。如果省的行政官员可以对区的官员施加影响，区的官员对市政官员施加影响，那也是通过警告和请求的途径。任何地方的上级官员都不能发布命令或采取强制，他们全都是喋喋不休的抱怨者。为了进一步削弱已然十分虚弱的权威，各级机构的每一级都分裂成了好几级。省、区、社群的管理机构是一些叠床架屋的委员会。所有委员会都没有领头的负责人。所有的执行机构及其常设机关都是5-8个人组成的委员会，1个2、3、4、6或7个成员的办公室，其中选举产生的首脑，如主席或市长①，只拥有荣誉上的优先权。受商议程序和连篇废话的影响，所有的决策和行动都显得迟钝、缓慢和不足，而且只有在好几种相互冲突的意愿达成痛苦纷乱的妥协之后，决策和行动才会形成。尽管这些权力机构是集体性的、选举产生的，人们还是想方设法地提防它们。人们不仅将它们置于一个选举产生的委员会的监控之下，不仅每两年改选它们一半的成员，而且，市长和社区监察官在任职四年之后，省和区的检察长在任职八年之后，区收税官在任职六年之后，一律不得连任。就算他们值得并赢得了选民的信任，就算他们通过实践获得了罕见而珍贵的能力，也是徒劳，这对公共事务和公众来说就更糟了；人们不愿意他们长期留在自己的岗位上。尽管他们长期任职会带来连贯性和远见，但这一点没有意义，人们担心的是他们会获得太大的影响力，法律将在他们刚刚成为专家和权威的时候把他们赶下台。从来没有哪种嫉妒和猜疑，对即使是合法合理的权力都保持着如此高的警惕性。人们破坏这种权力，给它捣乱，即使是在最必须的部门也是如此，如在军队和警察部门②。在军队中，要任命一个士官，现任士官们要提出一个名单，然后上尉从中挑选三个候选人，最后由上校在这三个人中间定夺。要任命一个少尉，应由所有军官投票，然后根据多数派选定。在警察部门，要任命一个警员，省长须提出一个名单，上校从中指定五个人，省长再从中间挑一个。要任命一个警员队长、中士或者中尉，

---

① *Décrets* du 14 décembre 1789, du 22 décembre 1789. 例如“在组成人员为3人（社区居民少于500）的市政机构中，执行权委托给市长1人”。

② *Lois* du 23 septembre – 29 octobre 1790, du 16 janvier 1791 (Titres II et VII). – 参阅关于军事法庭的法律规定。在所有控诉和裁决陪审团中，1/7的成员来自士官，1/7来自士兵；另外，根据被告的军衔，其同级的陪审员数翻倍。

除了要惊动省长和上校，还需要征求士官和其他警察官员的意见。这是一套复杂的选举和抽签制度，它将部分选择权交给民事机构和下级军警，上校过去的影响力只剩下三分之一或四分之一。至于国民自卫队，新原则得到毫无保留的实施。所有士官和上尉以下的军官，全都由自己的下属选举。所有的高级军官都由下级军官选举。所有士官和各级军官全都只能当选一年，只有在一年的间隔期之后方可再当选，在此期间他们要像普通卫兵一样服役①。后果显而易见：在所有民事和军事部门，指挥权都软弱无力，下级不再是严格可靠的工具，首领对他们不再拥有有效的控制力。因此，他的命令得到的是软弱乏力的服从，一种十分可疑的尊重，有时还有公开的抵制；命令的执行同样软弱，不明确，不完整，有时干脆完全没有执行；因此，法律本身就暗含着组织性的瓦解，随后这种瓦解昭然若揭了。

在层级化的机构中，权力逐级下滑，由于宪法的作用，权力最后落到了最底层的官员手里。管理社区的不是国王，不是大臣，不是省长或区长，而是市政官员，他们领导社区就像君临一个小小的独立共和国一般。只有他们是强势人物，只有他们可以从惹不起的纳税人的口袋里搜出钱财，保证税款之完纳；只有他们可以揪住叛乱者的衣领，保卫财产和生命，简言之，只有他们可以把法律的许诺或威严转化为直接的行动。所有武装力量，包括国民卫队，正规军，警察，都要根据他们的命令行动。他们是所有官员中唯一拥有这一主权权利的人，省和区唯有邀请他们才可使用这一权利。颁布戒严令的也是他们。因此剑的把手握在他们手中②。在社区委员会任命的特派员的协助下，他们拟定动产税和地产税税册，确定每个纳税人的税额，裁决征税中的纠纷，审核纳税登记薄和收税人的钱柜，签发契据，削减无力纳税者的额度，担保税款的缴纳并授权采取强制手段③。因此个人

---

① *Loi* du 28 juillet – 12 août 1791.

② *Lois* du 14 novembre 1789 (art. 52), du 10-14 août 1789. – *Instruction* du 10-20 août 1790, § 8. – Loi du 21 octobre – 21 novembre 1789.

③ *Lois* du 14 novembre, 23 novembre 1790, du 13 janvier, 26 septembre, 9 octobre 1791.

的钱包就任由他们支配，他们可以从中抽取他们认为属于公众的东西。掌握了钱袋子和剑，他们成为主人就万事俱备了，更何况，所有法律的实施都得靠他们；议会给国王、国王给大臣、大臣给各省、各省给各区、各区给各社区的所有指令，只有通过他们才能在地方真正落到实处，每个普遍性的措施他们都按自己的意思解释一番，因此总有可能变形、削弱或夸大，具体情况看他们是优柔迟钝还是大胆暴虐，以及他们的偏见。他们几乎总是毫不迟疑地让人感受一下他们的力量。在所有地方，我们都可以看到，这些人对抗自己的上级，对抗区、省、大臣，甚至议会的命令，借口总是具体情况，如他们缺乏资源，他们处境危险，并以公共利益为说辞，目的就是不服从，就是自作主张，这种公然的不服从还要被大肆美化一番，借口是他们在法律上享有全权。特鲁瓦的市政官员[①]，在联盟节上拒绝接受省的上座权，声称上座权是他们的，因为他们是“人民的直接代表者”。布雷斯特的市政官，不顾区政府接二连三的禁令，公然派遣四百人带着两门大炮，要迫使邻近的社区服从他们那位宣誓过的教区神父。阿尔奈-勒杜克的市政官员逮捕了几位亲王夫人，虽然她们的通行证上有大臣的签字，他们仍然不顾区和省的命令，扣留了这几位贵妇，甚至在国民议会专门就此事发布指令后，他们仍然不让这几位妇女通过，还派遣两个代表到巴黎，要人接受他们自己的决定。军火库被抢劫，城堡被攻破，车队被拦截，信件被扣留，通信被中断，不服从的案例从未中断且与日俱增，篡权行径从未消停且毫无节制，就这样，市政机构在其领地内、甚至在其领地外，攫取了恣意妄为的权力。从此以后，这个王国分化成4万个拥有主权的群体。人们把权力交给它们，它们也在使用这些权力。它们的使用真是妙到了极致，以致其中的一个群体，即巴黎这个大社区，利用近水楼台的方便，将围困、肢解、操控国民议

① Albert Babeau, I, 327 (1790年7月14日联盟节)。*Archives nationales*, F7, 3215 (1791年布雷斯特议会的辩论。5月17日和19日，该省省长的信件)。*Mercure*, n. du 5 mars 1791. “亲王夫人们被扣留，直到阿尔奈-勒杜克共和国向议会派去的两名代表回来之时，当时这两个代表试图向议员们指出，必须把国王的这些近亲留在王国境内。”

会，并通过后者来围困、肢解和操控法国。

Ⅲ

我们且看看堪称自己领地中的国王的市政官们：他们的责任非常广泛，超过人类的能力范围。所有事务的细节全都委托给了他们，对他们而言，关键不是遵循那些针对细枝末节的小规章，而是要面对社会秩序的整体瓦解，以及社会秩序的整体重建。他们拥有价值40亿的教会财产，包括动产和不动产，很快他们还有25亿流亡者的财产可以查封、估价、处置、清查、分割、出售并让人付钱。他们有七八千名男修士和3万名修女要迁移、安置、审查和供养。他们有4.6万教士，包括主教、议事司铎、教区神父、助理神父，要去没收其财产，要撤换他们（通常以暴力措施），稍后还要驱逐他们，逮捕他们，监禁他们，给他们提供饮食。对于新的行政区划，无论是社区、区还是省，他们必须商讨、划界、熟悉并告知民众。他们必须召集、安顿、保护众多的初级和二级选举大会，必须监督它们的运转，有时这样的会议能持续数周，他们还必须安顿当选者、治安法官、国民自卫队的军官、法官、公诉人、教区神父、主教，以及区和省的行政官员。他们必须编订新的纳税人花名册，必须根据全新的征税方式摊派税款，包括动产税和地产税，必须裁决各种抗议，任命征税员，定期核查他的款项和账目，向他提供强力后盾，支持商品税和盐税的征收，国民议会虽然表面上改革和削减了这些税收并使之平等化，但它们已经没有进账，虽然议会颁布了各项法令。他们必须寻找资金，好为国民自卫队提供服装、行头和武器，好在自卫队和军事指挥官之间赢得某种发言权，好维系各营之间的和谐。他们必须保卫森林免受破坏，防止侵占公地，继续征收入市税，保护受威胁、有嫌疑的前公职人员、教士和贵族，但首先是给这些人提供日用所需，不惜以任何方式保障缺衣少食的社区的生计，因此必须发起认捐活动，必须同外地甚至外国商谈采购事宜，必须保证护送队能行进，必须赔偿面包店老板，必须每周为市场供应货品，尽管面临饥荒，尽管道路不安全，尽管农民不时进行抵制。如果从远方、从上级派来一个有绝对权威的首领，即使他精力最为充沛，处事最为内行，即使他有纪律最严明、最为服从的军队为支持，要完成上述任务也是极难的；但如今，处理这一大摊子问题的只有一个市政府，而且它什么都缺：权威、工具、经验、能力和意志。

一个演讲者曾说[①]，在农村，“4万个市政府中，有2万个市政府的市政官既不会读也不会写”。实际上，教区神父已经从法律上被排除出市政府，而且，贵族领主已经从民意上被排除，只有旺代是个例外。另外，在很多省，人们讲的是方言土语[②]；法语，尤其是新法律和新宣言使用的抽象的哲学化的法语，对他们而言根本就是天书。来自巴黎的复杂法令和文绉绉的指示，根本得不到理解和执行。在整个任职期间，这些市政官都要跑到城里，让人给他们解释和评论这些法律和指令，他们努力去理解，然后装得已经理解了，但第二星期，他们又得进趟城，因为他们其实什么都没懂，无论是如何进行民事登记、如何编订税册，还是如何区分废除的封建权益和保留的封建权益，他们也弄不懂选举过程中应该遵循的规则，搞不清法律要求他们服从及赋予他们的权力的界限。所有这一切都无法进入他们粗糙幼稚的大脑；因为他们不再是刚刚放下犁头的农民，而必须成为一个由胥吏辅佐的法律人士。他们除了无知，还很胆小怕事，不愿意在自己的社区树敌，因此他们总是在逃避，尤其是在税收问题上。在爱国捐法令颁布9个月之后，“2.8万个市政府迟迟没有行动，既没有送来税册也没有寄来报告”[③]。1792年1月底，“40911个市政府中，只有5448个编订了土地清册，只有2560个最终核定并开始征税。众多的

① *Moniteur*, X, 132, Labergerie的发言，1791年11月8日。

② 在蒙托榜，督办客厅中的当地贵妇只讲方言，这是一位非常有教养的人物的祖母告诉我的，她实际上不懂别的语言。

③ *Moniteur*, V, 163, 1790年7月18日的会议。报告人Le Couteulx的发言。

市政府连基本的划片工作都没有开始[①]”。如果市政官们自以为理解了政策并着手实施的话，情况就更糟了。在他们无法进行抽象的头脑中，法律发生了转变，各种稀奇古怪的解读使其面目全非。当问题涉及封建捐税、森林、公地、小麦流通、粮食价格、监视贵族、保护人身和财产安全时，您会看到法律变成了什么样子。在他们看来，只要当前有必要或他们有意愿，法律就已授权他们并要求他们即刻采取强制手段。较大城镇和城市的市政官，一般更有文化，通常也能理解政府法令，但他们很少能很好地实施这些法令。他们可能很有头脑，也充满善意，对公共利益很有热情。总的来说，在大革命的头两年，在省政府和区政府涉足公务的市民最有教养，最为开明。他们几乎全都是法律人士，如律师，公证人，诉讼代理人，一小部分人是以前的特权者，但他们也服膺同样的开明精神，如贝藏松的某个议事司铎，如尼姆的某个贵族。他们有最良好的意愿，他们热爱秩序和自由，他们奉献了自己的时间和金钱，他们完成了艰巨的工作；他们还经常自愿冒巨大的风险。但他们是哲人市民，就像国民议会中的议员一样，由于这双重的原因，他们也像议员们一样，无力管理这个已经解体的国家。同样由于这双重的原因，他们对旧制度怀有恶感，敌视天主教和封建权益，不喜欢教士和贵族，倾向于扩大近期法令的范围，夸大其严厉程度，他们拥护人权，因而是人道的、乐观的，他们愿意原谅人民的不法行为，面对骚乱，他们一般很犹豫，行动迟缓，而且经常是措施不力，总而言之，他们在写作、劝诫和推理方面很出色，但对于打碎别人的头颅、使唤人去镇压殴打，他们可不在行。他们的教养从来都不是为了成为随时行动的人。到现在为止，他们在生活中一直是个消极的被统治者，是安静的个体，是办公室和书斋里的雅士，深居简出，谈吐风雅，彬彬有礼，但对他们，言辞遮盖了实情，他们晚间可以在

① *Moniteur*, XI, 283, 1792年2月2日的会议，Cambon的发言："市政人员回家时觉得别人的解释他们全都懂了，但第二天又来要求重新进行解释。于是我们派出的官员不想去现场指导市政人员，说这些人什么都听不懂。"

书信和漫步中徜徉，为那些崇高的政治原则而激动，但从未考虑过实际运转中的机器，那台机器的最后一个齿轮就是骑警队，正是它保卫着他们的安全，他们的漫步和他们的闲谈。他们根本没有造就真正领袖人物所必须的社会危险意识，这种意识要求把敏感的怜悯心置于公共责任之下。在他们的手中，镇压从来都不是迅速、强硬和坚定的。在市政厅中，他们还像此前在家一样，像个法学家和文书，大量炮制宣言、报告和信件。这就是他们全部的角色，如果他们中间某个更有魄力的人想走出去，他在宪法规定他领导的社区也找不到行动的手段，对于为维持法律而交给他的武装力量，他同样掌握不了。

实际上，一个权威若要受尊重，它就不能从当地产生，不能置于服从者的手中。当权威的实施者就是权威针对的对象时，权威就失去了它的威望和独立，因为在服从权威的时候，这些人总记得他们还是权威的实施者。刚才一个候选人还忙于获得他们的选票，现在却成了发号施令的长官，这样的转变实在太突然，而且竟然是他们一手制造的。他们从全权的选举者到驯服的被统治者的角色转化也是困难的，他们很难承认自己任命的人的指挥权。恰恰相反，他们只在有限制条件的情况下才承认这个人的权力，而且他们实际上保留了法律上赋予此人的权力。"我们任命他，是为了让他执行我们的意志"：民众的这种推理再自然不过了。这种推理甚至运用到市政官的腰带和国民自卫队军官佩戴的肩章上，因为，腰带和肩章都是选举人的专断意志授予的，在他们看来这是一种可以随时收回的赠礼。如果上级是直接由其领导的下级任命的，那么后者始终认为前者是个小伙计，危险情况下、群情激奋的时刻就更是如此了。这样的市政权威只能是断断续续的、不稳定的、虚弱的；市政厅的官员貌似握住了剑柄，但他始终不能按自己的意愿拔剑出鞘，因而他的权威就更虚弱了。因此他只好请求国民自卫队，但国民自卫队根本不听命于他，他掌握不了这支部队。市政官若要指望国民自卫队的协助，军官们首先得有听从其请求的意愿，军官的部下首先得服从他们选举出的军官，而临时上阵的士兵首先得同意放下农活，离开工场、商店和办公室，牺牲一整个白天，晚上还要巡逻，还得忍受飞来的石子，还得准备向骚乱的人群开火——但他们自己经常怀有和骚乱者一样的怒火和偏见。也许他们偶尔会开火，但通常是把武器抱在怀中。最后，他们厌倦了这项烦人的、危险的、没完没了的、可憎的、生来就不适合的差事。他们要么不来执勤，要么只有稀稀拉拉几个人，而且很晚才到。在这种情形下，调来的部队就像市政官一样无能无力，当市政官们发现，剑已经从手中滑落时，他们只好痛苦地报告区和省的上级，民众发生暴乱，而他们束手无策。其他情形下，尤其是在农村，市政官的处境就更糟了。这里的国民自卫队时常击鼓开道，前往社区办公室寻找市政官，目的是要当着他的面，要他发布指令，授权和认可他们想要发起的攻击行动。市政官会被人揪着衣领，在刺刀的胁迫下签字画押。这一次，他的工具不仅从手里溜走了，还掉转头来反对他；他不仅没有握住剑柄，反倒领教了剑尖的锋芒，于是乎，本来应该由他调遣的武装力量反而调遣他了。

IV

这就是真正的君主，享有投票权的国民自卫队的选民。宪法正是将他们变成国王；所有等级层次上都有这样的国王，他们有权投票选举和任命权威，而且会用枪来保证权威的实施。通过他们的自由选择，他们创立了各级地方权力机构、中层权力机构和中央权力机构，包括立法、行政、宗教和司法机构。在初选大会上，他们直接任命市长，市政团体，监察官，社区委员会，治安法官和陪审员，以及二级选举大会上的选民。他们还通过自己选举的选民，间接任命区和省的行政官员和检察官，民事和刑事法官，公诉人，教区神父和主教，国民议会议员，以及全国高等法院的陪审员[①]。他们任命的所有这些官员任期都很短，无论是市政官、二级选举大会上的选民还是议员，都只有两年任期，任期届满后，他们要投票重选，这样一来，如果他们不喜欢某人，便可以用别人来替代。他们不能为自己的选择束缚，在一所摆设整齐的房子里，合法的主人应该能够任意地、轻松地、经常地换换自己的差役。人们只相信差役，为安全起见，人们还把武器交给了他。当差役要使用武器时，这武器也是借来的。选民想要的，就是国民自卫队要做的。选民可以两度介入，而且其方式总是决定性的，他对合法权力机构的影响不可抗拒，因为这些机构由他投票产生，并且只有在他的协作下才能得到服从。但所有这些权利同时都是责任。宪法将这样的选民确定为积极公民，他们的确也应该如此，因为公共行动只能由他开始，由他结束，因为一切都取决于他的能力和热情，因为政治机器性能不佳，其运转只能依靠他们的辨别力、认真的程度、冷静和坚定的程度、投票程序及他们集体的纪律性的松紧。作为警察和选民，法律要求他们夜以继日地全身心地服务。警察的责任究竟有多重，可以从叛乱的数量中判断出个大概。选民的责任有多繁，选举名单也能说明一二。

1789年2月、3月、4月和5月，为挑选选民和起草陈情条款而召集的教区大会十分漫长；但选举议员和编订陈情书的司法区大会更加漫长。1789年7月和8月，各地自发举行选举和确认市政机构的大会；为组建民兵和任命军官又自发召开了其他的大会；接下来，为组建统一的国民自卫队、为重新任命军官、为向国民自卫队联盟派遣代表，各地民兵又接连不断地召开新的大会。1789年12月和1790年1月，为选举市政官员和市政委员会召开初选大会。1790年5月，提名省和区行政官员的初选和二级选举大会。1790年10月，选举治安法官和陪审员的初选大会，选举区法庭的二级选举大会。1790年11月，

① *Loi* du 11-15 mai 1791.

改选一半市政官员的初选大会。1791年2月和3月，任命主教和教区神父的二级选举大会。1791年6月、7月、8月和9月，改选一半省区行政官员、提名刑事法庭庭长、公诉人和书记员、选举议员的初选大会和二级选举大会。1791年11月，改选一半市政委员会成员的初选大会。请注意，由于投票者缺乏经验，由于选举程序过于复杂，由于意见分歧严重，很多大会要拖延很长时间。在1791年8月和9月的图尔，会议延续了13天[①]；在1790年1月的特鲁瓦，会议由原定的3天延长为3个星期；在1791年9-10月的巴黎，仅仅选举议员的会议就拖了37天；很多地方的会议受人质疑，被迫中断，然后又重新开始。普遍性的会议将全法国都动员了起来，此外还有地方性会议，比如一个社区会通过这些会议来支持或反对市政官，或向省、国王或议会提出诉求，或要求留用其教区神父、维持其市场的供应、要求派驻或撤走一支军队；要知道，所有这些会议、请愿、提名都意味着要成立预备委员会，要召集预备会议，要事先进行讨论。所有民众大会一开始都是反反复复的意见陈述。并不是一下子就能着手挑选候选人，尤其是选定一个候选人名单，因为每个社区要任命3-21名市政官，6-42名缙绅名流，12名区行政官员，36名省行政官员，更何况，候选名单上的人数应两倍于实际任职的人数。在所有重要的选举中，人们只好提前一个月动员选民，即使这样，要对候选人进行审查，要拉拢选票，四个星期的磋商、谋划和密谈其实都不算多。因此每次漫长而且反复的选举前，都有漫长的预备工作，由此造成了巨大的混乱和无序，浪费大量时间，骚乱所有工作，这都是选举导致的。每次初选大会为时一天到三天，社区办公所和区首府周围大约汇聚了335万初选大会选民。每次二级选举大会的召开，都要在各省首府、然后在各区首府安顿大约4万名选民。国民自卫队的每次改组或重新选举，要在公共场所聚会，或在社区办公所鱼贯而行，进行选举，参与人数高达

① *Procès-verbal*, 安德尔-卢瓦尔省选举大会（1791年，印刷品）。

三四百万。每次联盟节也要举行类似的聚会和游行，然后向各省各区派遣代表，数量从几百到上千，派往巴黎的则达万人。花了这么大力气建立起来的权力，只有靠同样的努力才能维持运转：仅仅在行政部门[①]，各级人员数目为：省一级2988人，区一级为6950人，社区一级为117.5万人，总共将近120万行政官员，可以看看他们的职务是否清闲。从未有哪台机器的建造和运转需要花费如此庞大的精力。在美国，政府机器因为自身的逻辑而发生变异，那里的人们进行了一番计算：为维护法制、为保证每个政府程序的准确运转，每个公民每周应该付出一整天的时间，也就是把六分之一的时间奉献给公共事务。在法国，在新制度制造出的普遍混乱之中，国民自卫队的工作只会给选民和行政官员添麻烦，我估计人们每周要花两天时间用于公务。这就是宪法导致的后果；每个积极公民每周要把三分之一的时间用于公务：这就是它未曾言明的终极指令。

然而，这120万行政官员，这三四百万选民和国民自卫队，恰恰是法国最没有闲空的人。实际上，积极公民阶层包括几乎所有脑力和体力劳动者。法律排斥的只是从事家庭服务的仆役，以及没有任何财产收入、每天工资低于21苏的普通劳工。所以，一个在磨坊干活儿的小伙子，一个贫寒的分成农，任何拥有一间茅屋或一小块菜地的村民，一个普通工人，都可以在初选大会上投票，都可以成为市政官员。另外，如果他每年缴纳10法郎的直接税，如果他承租或以分成制领有的土地每年产值达到400利弗尔，如果他的房屋租金达到100-150法郎，他就有资格当选为区和省的行政官员。按这样的资格标准，有选举资格者人数太多：在1790年的东布[②]，三分之二的人是积极公民。因此，通往所有官职的路向所有人、或几乎向所有人开放，法律没有采取任何措施为精英们做一些保留或优待，虽然他们可以更好地履行职责。相反，在实际中，贵族、高级教士、高等法院法

① Ferrières, I, 367.

② Sauzay, I, 191 (23388名等级选民中，21711人有被选资格)。

官、旧制度时期的高级官员、上层市民，几乎所有有闲有钱之人，都被粗暴地从选举中排除，都因为舆论而不得任职；他们很快就退隐到私人生活中，由于沮丧或反感，由于其君主主义或宗教方面的顾虑，他们离弃了公共生活。因此新职务的所有重担都落到了最忙碌的人头上：商人、工厂主、法律从业者、职员、店主、手工业者、农民。他们必须从本已很紧张的时间中抽出三分之一的时间，必须放下私人事务从事公务，必须离开麦田、工作台、货摊和文件，以护送运货车、安排巡逻，并要前往社区办公所、区首府和省府[①]，在那里驻留办公，忍受着咆哮的言语和没完没了的文牍，其实他们觉得自己是在完成一桩无偿的劳役，更糟糕的是这种劳役对公众几乎无益。头六个月，他们干得还算心情舒畅：起草陈情书，武装防范盗匪，取消捐税、地租和什一税，等等；那时他们还是充满热情的。不过，当这一切都获得成功，或通过敲诈获得成功，在法律上已经认可，在事实上已经完成之后，他们就不想再惹麻烦了。他们要忙自己的事情了；庄稼等着收割，老主顾等着应酬，订货等着交付，诉状等着草拟，票据等着支付，他们有各种各样紧迫的活计不容许放弃，也不能中断。因为局势紧迫的缘故，他们出了力帮了大忙，把公共马车从泥泞中拽了出来，如果可以这样说的话；但是他们可不想被长期套上，自己亲自拉车。几个世纪以来，他们一直局限于自己的私生活，每个人都有一辆小推车，这是他们首先要料理的，特别是他们自己也是这么认为的。从1790年初开始，投票清单显示，缺席者和出席者一样多：在贝藏松，3200名登记选民中，只有959人投票；四个月后，超过一半的选民缺席选举[②]，在整个法国，甚至在巴黎，政治冷淡情绪逐步增长。路易十五和路

---

① *Procès-verbal*, 安德尔-卢瓦尔省选举大会，1791年8月27日。"议会的一名议员曾提议，应补偿所有议员因赶路和长期驻留议会所在城市而造成的开支。他评论说，乡村居民受害尤甚，因为他们的农活是他们唯一的财富来源；如果对他们的要求充耳不闻，尽管他们很爱国，但也不得不退隐，放弃他们的重要职责；届时选举会议无人参与，或者仅由那些其资财足以让其忍受这种牺牲的人构成。"

② Sauzay, I, 147, 192.

易十六的臣民,不可能转瞬之间就成为佛罗伦萨和雅典的公民。在三四百万人的头脑中,无法仓促间就培养起这样的能力和习惯:把三分之一的精力用于一项新工作,而且还是一项无偿的、附加的、不相称的工作。在已经作出、十年内还将继续进行的所有政治谋划中,其根本之处在于一个错误的数字,这是个可怕的错误。人们没有仔细观察,就武断地认定他们要使用的人类材料的重量和耐力。试验表明,这块材料的耐力要小十倍,其重量则是估计值的二十倍。

V

由于大多数人逃避,就只有少数人从事这个行当,并且掌握了权力。既然大多数人已经放弃,小部分人就成了主权者,大多数意志不坚定、消极怠惰之人所放弃的公共事务,落到了一个坚定、活跃、积极参与的群体手中,这些人认为公务是件乐事,很愿意承担。在一个一切职务都要经过选举、选举活动十分频繁的体制中,政治成了这样一些人的职业:他们把私人利益置于政治之下,或者能从政治中捞到个人好处;每个村子有五六个这样的人,每个镇子有二三十,每个城市有好几百,在巴黎有好几千①。这才是真正的积极公民。只有他们可以为公共事务付出全部的时间和专注力,与巴黎的报纸和议员保持联系,在每个重大问题上接收和贩卖各种口号,举行各种密谈,策划各种会议,草拟各种提案,编订各种发言稿,监督、斥责和揭发地方官员,组建各种委员会,提出和支持各种人选,在各个城区和乡间游走以拉拢选票。这样做的奖赏就是他们获得了权力;因为他们操纵选举,被自己的选民推选为官员或担任某项职务。这样的职务和位子多得惊人,不仅有国民自卫队的军官和社区、区和省的行政官等无偿或接近无偿的官职,还有很多带薪水的官职②:83个主教, 750名议

① 详细数字请见第四卷《雅各宾的征服》第四章。

② Ferrières, I, 367. 参阅以上各种法律。

员，400名刑事法官，3700名民事法官，5000名治安法官，2万名治安陪审员，4万名社区收税员，4.6万名教区神父，还不包括数万或数十万低级和辅助性的职务，从秘书、文书、执达吏和公证人，到宪兵、助理执达员、办公室助理、教堂执事、掘墓人、查封财产保管员。对有抱负的人而言，牧场非常辽阔；对于终日操劳但不得温饱的人来说，这块草地也不算小，他们把握了机会。这就是纯粹民主制的规则：正如在美国，政客的繁殖就像蚂蚁窝一样遍地都是。当法律不断召唤所有公民参与政治行动时，其实只有少数人很投入。在这项专门的工作中，这些人成了专家，接着就占据了支配地位。不过，既然他们付出了辛劳，他们就该得到薪水，选举给了他们位子，因为是他们操纵了选举。

这个占统治地位的少数派来自两类人：一类是狂热派，另一类是被社会排斥的人。到1789年底，有职业的温和人士都已回家，而且一天比一天不想出门。公共场所属于别人，属于凭热情和政治狂热而放弃自己事务的人，属于被压缩在自己的社会小方格中，或者从通常的格子中被排挤出来、只有等待新出路才能发迹的人。在这个革命乌托邦的时代，这两类人都不缺乏。人民主权的教条被用力抛向空中，飞行一段距离后会像种子一样落在地上，在狂热的头脑和简单冲动的思想中生根发芽，这些头脑一旦着迷于一种观念，就会在那里面固步自封，这种观念来自推理者，这类人从一种原则出发，就像一匹蒙上了眼罩的马一样一条路跑到底，法律从业者尤其如此，因为从职业上说，他们习惯于演绎，比如乡村诉讼代理人，还俗的僧侣，僭越教规和被处以绝罚的教区神父，特别是记者和地方演讲人，因为他们首次发现了听众、掌声、影响力，还有某种前途。新宪法所涉及的复杂而漫长的工作只能依靠他们了；因为只有他们抱有无限的希望，只有他们的梦想仍然坚定，只有他们的信条简单明了，只有他们的热情具有传染效应，只有他们根本不存在顾虑，只有他们自以为是到无以复加。于是他们铸造并锻炼出强健的意志，一种内在驱动每天都在收紧,然后将他们推向宣传和行动的各个岗位。在1790年下半年,到处都可以看到,人们以巴黎的雅各宾俱乐部为榜样,以宪法之友会的名字组建各种民众社团。在每个城市和每个小镇,都诞生了一个爱国者俱乐部,它们每天晚上,或一周好几个晚上聚会,"为公共事务提供有益的协作[①]"。这是一个新的自发性的机构,它是补充性的、寄生性的,是在合法的机构旁边、在社会肌体中生长出来的。但它在不知不觉地膨胀,抽取别人的资源为自己所用,利用别人达到自己的目的,然后它取代别人,单独并且仅仅为了自己而行动,这是个贪得无厌的寄生物,其侵略性无法抗拒,不仅是因为局势和宪法的效应滋养了它,而且因为它的种子埋藏得很深,这种子就是宪法活生生的组成部分。

实际上,宪法的开头处和与之相关的法令,都要显摆一下人权宣言。从此,甚至立法者自己也已承认,应该区分法律中的两个部分:一个是高级的、永恒的、不容违反的,显然他就是原则本身;另一个是低级的、过渡性的、可以商讨的,它所包含的实际运用具有程度不一的准确性和错误。但如果这一运用违反了原则,则完全无效。如果法律之实施违背了它本应保障的权利,则不应服从任何制度或权威。这些神圣权利先于社会,也优先于任何社会约定,如果我们想知道一项法令是否合理,只要检验它是否符合自然法。因此,在任何可疑或困难的情境下,我们要求助于这一哲学福音,求助于这一无可抗辩的教义手册,求助于国民议会宣告的原初信仰条款。议会也明确要求我们这样做,因为他提醒我们,"对人权的无知、遗忘和蔑视,是公众之不幸及政府腐败的唯一根源"。它宣布,"一切政治联合的目的是为了维护不受时效约束的自然权利"。它之所以作这样的声明,是"为了立法机构和执行机构的行为能始终与整个政治制度的目标相比照"。它要"它的宣言永远存在于社会的所有成员那里"。这就是告诉我们根据原则来监督法律之实施,这就是向我们提供一个可

① Constant, *Histoire d'un club jacobin en province* (Fontainebleau), p. 15. (Moret, Thomery, Nemours, Montereau等地俱乐部的记录。)

以也必须遵守的规则，这就告诉我们应衡量甚至拒绝自己对现有制度和合法权威的服从、尊重、容忍。

在出现争执的时候，这些高级权利当中谁会是仲裁者呢？在这一点上，没有任何类似于美国宪法的明确条文①，任何可以作为司法上诉依据的确切规定，任何事先防止好几种法律出现的公开禁令：所有这些都为公共权力划定了行动范围，规定了国家不能进入的领域，因为这些领域专属于个人。相反，在国民议会的宣言中，大部分条款都是些空洞的教条，玄学上的定义，多少具有文学色彩、也就是多少有些错误的公理，因为它们时而措辞模糊，时而相互矛盾，可能同时具有好几种意思，而且是相反的意思，它们很适合于华丽的演讲，但不适合于实际运用，它们仅仅是些装饰，某种很有气派但沉重不堪、毫无用处的旗帜，它们飘扬在宪法大厦的正门上方，每天都有狂暴的手臂去摇晃它们，这当然很快就会让它们掉到行人的头顶上②。对于显而易见的危险，没有采取任何防范措施。这里没有类似于美国的最高法院来守护宪法，对宪法的威胁甚至可以来自议会，因为它会以宪法的名义事实上废除某项法律，即使后者在所有程序中都得到了所有权力机构的通过和批准；最高法院这样的机构，还可听取受违宪法律损害的个人的申诉，可以制止治安法官或收税官伸向此人的权力之手，可以要求这些权力人士对受害者作出赔偿。但法国没有这样的制度。人们宣布了一些不明确的、相互龃龉的权利，却没有在解释、运用和制裁等方面作任何的说明。人们没有为它们安排任何专门的机构。人们没有组织专门的法庭，以接受有关此类权利的申诉，

---

① Cf. la *Déclaration d'indépendance du 4 juillet 1776*（除了第一句，因为它是就当前局势向欧洲哲人呼吁）. – 关于1789年3月4日的宪法，杰弗逊曾提出一个人权宣言，但被拒绝。人们只是满足于添加11项修正案，它们对基本的公民自由作了说明。

② 第一条，“人人生来且始终是自由的，并在权利上是平等的。社会区分只应以公共利益为基础。”

第一句话谴责了宪法任何的世袭君主制。但第二句话可以论证世袭君主制和贵族制的合理性。第10条和第11条涉及宗教观点、言论自由和出版自由的表达。根据这两条，人们可以将信仰、言论和出版置于最严厉的镇压体制之下，等等。

以和平及合法的方式了结相关的诉讼，总而言之，没有一项可以成为先例的确切法令将草率的权利条文细化。人们把一切责任交给了所有人，准确地说，交给了愿意承担这一责任的人，也就是参与磋商和行动的少数人。于是，在每个城市和镇子上，地方俱乐部（它们甚至得到立法机构的认可）既是运动员，又是裁判员、解说员、人权的使者，它们可以用高级权利的名义抗议和反叛，只要它们觉得合适；而抗议和反叛不仅针对合理的法律和合法的权威，而且针对宪法和法律条文本身。

在考虑人们所宣告的这类权利时，不要忘记煽动家的评论，他们的听众或是俱乐部中头脑发热、跃跃欲试的狂热分子，或是街道上粗野亢奋的暴民。人权宣言的所有条款都是投向人类社会的匕首，其作用只能是在刀柄上推一把，让刀子扎进社会躯体中[①]。在"不受时效约束的自然权利中"，立法者们列出了一项"反抗压迫"的权利。我们受到压迫，我们就要拿起武器奋起反抗。根据立法者们的说法，"社会有权向其管理机构的任何公职人员问责"。那我们就到市政厅去，质问冷漠或可疑的官员，监督他们的会议，检查他们是否在追究教士，是否在解除贵族的武装，我们要防止他们阴谋反对人民，我们要赶跑所有邪恶的官吏。根据立法者们的说法，"所有公民在法律上都应亲自或通过其代表协助法律之制定"。于是，因为交了三个法郎的捐税而成为特权选民，这并不合理，要打倒积极公民这一新贵族；要恢复200万无产者的选举权，这权利被宪法偷偷剥夺了！根据立法者们的说法，"人生来并始终是自由的，在权利上是平等的"。因此，任何人都不能被排除出国民自卫队；最穷苦的人也应该有武器——无论是长矛还是火枪——来捍卫自己的自由。根据人权宣言的说法，"任何公共职务都不得买卖和世袭"。于是王权的世袭是非法的：我们去杜伊勒里宫，将王冠打翻在地。根据人权宣言的说法，

① Buchez et Roux, VI, 327（马鲁埃关于复议问题的演讲，1791年8月5日）。"你们总是给人民各种主权的诱惑，却没有立刻将主权的实施交给他们。"

"法律是公意的表达"。那就听听广场上公众的呼声、看看所有城市都在草拟的请愿书吧！这就是公意，是活的法律，它要废止书面法律。正是根据这些理由，巴黎一些俱乐部的首领将废黜国王，将大闹立法议会，将清洗国民公会。换言之，嚣张聒噪的少数派将取代享有主权的民族，从此没有任何东西能妨碍他们为所欲为。因为在宪法的奇妙作用下，他们获得了实际权力，而宪法的前言给了他们法律上的外衣。

VI

这就是制宪议会的工作成果。有些立法还是播种了很好的种子的，特别是涉及私生活的法律（如民事身份制度），以及刑法典和农村法典[1]，制定统一的民法典的起步工作和远景，在税收、行政程序等问题上宣布了几项简单原则，等等。但是，就整个政治制度和社会组织而言，它的工作就像乌托邦主义者组成的科学院，而不是一批实践者构成的立法机构。对于这个它要照管的病人，它施行的截肢手术既无益又过度，它的包扎工作既不足又带有副作用。除了两三项缺乏条理的限定，除了维持一个徒有其表的王权，除了对选举加了一点必须的纳税条件，它所有的工作，其原则从头至尾都是卢梭的原则。有了这种先定意识，它拒绝考察眼前实际的人，只是执拗地看见书本中创造的抽象的人。因此，它以一个思辨型外科大夫的盲目和呆板，在社会肌体中进行大刀阔斧的手术，这个肌体要服从它的手术刀和它的理论，于是，它不仅切除了肿瘤及各器官上的肿胀和挫伤部分，还切除了器官本身，甚至那些活生生的、居于主导地位的内核也被摧毁了，但正是在这些内核周围，细胞才得以聚合并重组成器官；这些内核，一方面是古老的、自发的、持久的群体，它们是地理、历史、职业

① *Décrets* du 25 septembre – 6 octobre 1791, 28 septembre – 6 octobre 1791.

和利益的共同性塑造出来的，另一方面是群体的天然领袖，他们的名字、声望、教养、独立、善意和才干使其成为首要人物。议会一方面抛弃，任凭整个上层社会被摧毁和流放：贵族、高等法院法官、大资产阶级。另一方面，它剥夺和解散所有历史或天然的团体：宗教修道团，教会，旧时的省（provinces），高等法院，工艺和手工业等职业性行会。手术完成后，人与人之间的所有联系纽带都已被斩断，所有的服从和等级制都已消失。现在既没有干部也没有首领。现在只剩下个人，2600万相互脱离的平等的原子。从来没有分化得如此严重、如此缺少韧劲的材料被交到想捏合它的手中；对这只手而言，只要行事强硬粗暴就可以达到目的。这只手已经准备好了，它非常残暴，议会在制造齑粉的同时也准备好了一根强有力的杵。无论是拆毁还是建造，议会都笨拙不堪，为了让一个动荡不安的社会重回秩序，它发明了一台机器，只有这台机器可以在混乱的社会重建安宁。要在没有动荡的情况下完成这样的社会平等化、这样的群体解体工作、这样的财产转移，最绝对、最集中化的政府权力丝毫都不嫌多。除非有一支纪律严明、俯首帖耳且随时听命的军队，人们不可能和平地完成一项重大的社会变革；这就是为什么沙皇亚历山大能解放俄罗斯的农民。但新宪法[①]的做法完全相反，在一个已经解体的国家，它把国王削弱为一个荣誉主席的角色，而且还受人质疑。在国王和立法机构之间，宪法制造的只有冲突的机会，它取消了所有协调的渠道。至于本应由国王领导的行政机构，实际上没有任何影响力；从国家的中心到边缘，各种权力机构之间相互独立，于是在法令与执行之间，到处

---

① 关于这部宪法的荒谬之处，当时一些有识见的公正人士的看法是一致的。

"这部宪法真是个怪物。对一个共和国来说，它有太多的君主制因素，对一个君主国来说，它又有太多的共和制因素。国王就是个拼盘；到处都能见到他的身影，但没有一个地方有实际权力。"（Dumont, 339）。

"普遍的、几乎一致的看法是，这部宪法无法实施。那些炮制宪法的人从头到尾都是在诅咒它。"(G. Morris, 1791年9月30日。)

"每一天都会更清楚地表明，他们的新宪法一无是处。"（*Id.*, 1791年12月27日）。

同样可参阅马鲁埃富有远见的明智言论（1791年8月5日：Buchez et Roux, XI, 237）。

都是冷漠、迟缓和不服从。法国已经变成4万个享有主权的市政机构的联盟，这些市政机构中，合法官员的权威要看当地积极公民变幻不定的意愿，那里的公民负担太重，只好逃避公共职责；那里野心勃勃的少数狂热分子垄断了话语、影响力、选举、权力和行动，他们还以人权宣言为他们层出不穷的篡夺行为、漫无边界的专制行径、变本加厉的暴行寻找法律依据。思辨推理和混乱实践的杰作已告完成；根据宪法，自发的大混乱成了合法的大混乱。混乱也有完美的境界，这可是九个世纪以来未曾见过的绝佳作品。

第　三　卷

宪法的实施

第一章

I. 联盟节—哲学理论的民众运用—社会契约的田园颂歌—表层意愿与深层意志的差别—持续的混乱。Ⅱ. 市政机构的独立—它们措施的根源—危险意识—1789年的伊希-莱维克—源自傲慢的激情—1790年的布列塔尼—市政机构的篡权行为—占据城堡—针对指挥官的暴行—截留运输车辆—领导者的无能—办事人员的无能—1790年的马赛。Ⅲ. 各种独立群体—其措施的根源—议政的民众—市政机构的无能—它所遭受的暴力—1790年的埃克斯—各地都不服从政府或歪曲政府。

I

如果说有哪种乌托邦看起来可以付诸实践,或竟已付诸实践、转化为现实、要作为制度设定下来,那就是1789年和随后三年中卢梭的乌托邦了。因为,不仅它的原则进入了法律,它的精神贯穿于整个宪法,而且这个民族似乎把卢梭的意识形态把戏和抽象的迷梦当真了。这个迷梦正被这个民族一点一滴地实践着。自发的、实际的社会契约,人与人的巨大集合,第一次转为人与人的自由结合,他们相互承认对方的权利,并以条约明文担保,以庄重的誓言相互联合,这就是哲人们规划的社会方案:我们应该照字面严格执行。而且,正如这个方案被认为无可挑剔,它还受到想象力的驱动,时代的感知就是其力量所在。人们以为，一旦人重归平等就会再次成为兄弟[1]。所有意志、所有思想之间突然而奇妙的和谐，就会在大地上重现黄金时代。因此社会契约应该成为一个节日，一曲崇高而感人的田园牧歌，从法国的这一头到那一头，所有人都应手挽手，在这个新契约面前宣誓，他们应载歌载舞，喜极而泣，这样才配得上公共幸福的新纪元。实际上，全民一致的协约所奏响的田园曲，恰似按事先写好的节目表展开。

1789年11月29日，在瓦朗斯附近的埃图瓦尔，联盟节就已开始了[2]。罗讷河两岸的1.2万名国民自卫队成员承诺，“永远团结一致，保卫粮食流通，支持国民议会颁布的法律”。12月13日，在蒙特利马尔，6000男子，并代表2.7万其他人，也进行了类似的宣誓，并与他们的先驱者结成联盟。于是，这种兴师动众的活动逐月在各省展开。弗兰什-孔泰的14个司法区城市组成了一个爱国者同盟。布列塔尼和安茹在彭蒂维缔结联盟。维瓦莱和朗格多克的10万国民自卫军派代表前往武特参加联盟会。孚日的8万自卫军派人前往埃皮纳尔。1790年2月到5月，阿尔萨斯、香槟、多菲内、奥尔良、都兰、里昂、普罗旺斯，全都出现了类似的场面。在德拉吉尼昂，8000国民自卫军当着2万观众的面宣誓。在里昂，5万男子代表五十余万其他人进行公民宣誓。但是，要组成法兰西，光有地方联合是不够的：还应有全体法国人的整体性联合。很多国民自卫队已经写信要求与巴黎的自卫队联合，6月5日，在巴黎市政府的提议下，议会下令创办全国联盟节。7月14日，所有地方将同时举行这一节日，无论是在国家的中心还是其最边缘的地方。每个区的首府、每个省的首府、这个王国的首都，都将举行一个这样的节日。为此，每200名国民自卫队将派一名

① *Adresse de la Commune de Paris*, 5 juin 1790. “愿这一天（占领巴士底的周年纪念日），更为动人的呼声响彻云霄：‘法国人，我们都是兄弟！’是的，我们是兄弟，我们是自由人，我们共有一个祖国！”（Buchez et Roux, VI, 275.）

② Buchez et Roux, IV, 3, 309; V 123; VI, 274, 399. – Duvergier, *Collection des lois décrets*. Décret du 8-9 juin 1790.

代表到巴黎,每个团将派一名军官、一名士官和四个士兵到巴黎。在马尔斯教场,也即这次节庆活动的舞台,人们看到1.4万外省国民自卫队的代表陆续到来,看到1.1万-1.2万陆海军的代表入场,此外还有巴黎的国民自卫队,还有六晚聚集在教场小丘上的观众,而在沙约和帕西的圆形竞技场上,聚集的人群就更多了。所有人都起立,宣誓效忠于民族、法律、国王和新宪法。当宣告宣誓开始的炮声响起时,所有留在家中的巴黎人,无论男子、妇女还是小孩,都举手朝向马尔斯教场,高喊他们也在宣誓。法国所有省、区和社区的首府,都在同一天举行同样的宣誓。从没有哪个社会契约以如此明确的方式缔结。在参与者看来,世界上第一次诞生了一个真正的、合法的社会;因为它是通过自由缔约、通过庄严的规定、通过确定无疑的赞同而构建起来的。人们因此有了一个名副其实的社会证书和日期准确的社会记录。

还有更多的东西:从此刻的景象看,大家的心都凝聚在了一起。个人与个人之间的所有隔阂似乎毫不费力就破除了。省与省之间不再有对抗:布列塔尼和安茹的联盟者写道,他们不再愿意成为安茹人或布列塔尼人,而只愿是法国人。不再有宗教纷争:在阿莱附近的圣-让-德-加尔,教区神父和新教牧师在祭坛上相互拥抱;在天主教教堂中,新教牧师坐在最前排,而在新教徒的聚会上,天主教的教区神父坐在荣誉席位上聆听新教牧师布道①。不再有身份等级区分:在圣-安德奥尔,"带领人民宣誓的荣誉被授予两位老人,一位93岁,另一位94岁,一位是贵族和国民自卫队的上校,另一位是普通农民"。在巴黎,20万人来给尚未准备就绪的马尔斯教场运土,七天就在一块平整的广场上堆起两个山丘,中间形成一条小山谷;在这期间,人们不论身份高低,不论年龄性别,不管是士兵还是军官、僧侣还是喜剧演员、学生还是老师、穿着优雅还是衣衫褴褛、贵妇还是卖鱼妇、

---

① Michelet, Histoire de la Révolution fran?aise, II, 470, 474.

各行业的工人还是城郊的农民，全都成了并肩劳动的群众，全都不辞辛劳，或推车运土，或挥锹挖地。在斯特拉斯堡，司令官吕克纳尔（Lückner）光着膀子，整个下午都在劳动，仿佛是最能干的挖土工。参与联盟节活动的人，每条路上都有人供应食宿，资助盘缠。在巴黎，旅店主和带家具的饭店老板甚至降低价格，丝毫没想到在新客人身上好好赚一把。更有甚者，“各区争先恐后地招待外省来客[①]，每天都有1200-1500名宾客”。外省人、巴黎人、军人、市民，纷纷就坐入席，不分彼此，还一起举杯致意，相互拥抱。尤其是士兵和士官被人群团团围住，一会儿被人欢呼致敬，一会儿又得接受招待，最后忙得晕头转向，身体都支持不住了；甚至还有更严重的情况。有个“服役超过五十年的老骑士，因为喝得太多、兴奋得过了头，竟死在了回家的路上”。总而言之，喜悦之情泛滥成灾，仿佛一个世纪的心愿就在这一天实现了。这真是圆满的幸福，当时的书籍和版画都证明了这一点。埋葬在人造文明之下的自然人摆脱了枷锁，重现最初的面目，如在塔希提岛上，如在哲学和文学牧歌里，如在奇幻的田园剧中；人们现在彼此信任，彼此相爱，达致真正的幸福境界。“所有人都重新找回最初的手足柔情，此情此景之下，心灵自是不胜陶醉”，法国人如今更是喜悦、更是天真，交际、同情和情感流露的本能已经完全支配了他，他现在已经忘乎所以了。

当时所有的想象都是为了激发他的情绪的，他所拥有的全部传统修饰，无论是言辞上的还是戏剧化的，全都被他用来装点这一节日。尽管人们已经很兴奋了，但他还想更加兴奋。在里昂，来自南方的5万名联盟节参与者，排成战斗队形围在一座人造岩石周围，岩石有五十尺高，上面还栽上了小树，岩石顶上是一座协和神庙，一尊巨大的自由女神雕像；人们把旗帜展开在岩石底部的台阶上，然后在公民宣誓前举行了一个庄严的弥撒。在巴黎，马尔斯教场中央已经变成

---

① Ferrières, II, 91. – Albert Babeau, I, 340.（致Poterat骑士的信，1790年7月18。）– Dampmartin, *Evénements qui se sont passes sous mes yeux*, etc., I, 155.

巨大的马戏场，那里矗立起一座祖国祭坛；周围是正规军和各省来的联盟者；在它的对面，国王和王后及太子坐在王位上，近旁的坐席上是亲王和亲王夫人们，国民议会在就坐在圆形看台上。200名身穿白色法袍、腰系三色腰带的教士，围在奥顿主教四周举行祭礼；300名鼓手和200名乐师一齐伴奏；40门大炮同时鸣响；40万人齐声欢呼。从没有过如此让八方沉醉的壮举，从没有人将大家的神经拨动到如此颤动不已的境界。精神世界的颤动同样强烈，甚至更强烈。一年多以来，长篇演讲、声明、报告、报纸宣传和各种事件，每天都在加温。这一次，数以千计的演说被数以百万计的小报扩散，以至于人们的精神世界都沸腾了。在法国所有的地方，夸张言辞如巨大的炽热气泡在同一底色的修辞河床上奔腾。在不能自已的气氛中，人们已经无法区分夸张和真诚，虚假与真实，言辞和行动。联盟节已经成为一幕大戏，每个人都在街道上十分投入地扮演着自己的角色；人们还招来儿童，人们不认为孩子是小玩偶，人们认为他们刚刚学会的和谐复合句乃肺腑之言。在贝藏松，当联盟节活动的参与者返回时，几百名12-14岁的"年轻公民"[①]，身着国民卫队军服，"手持军刀"，迈步走在自由军旗前。3名11-13岁的少女，两名9岁的小男孩，分别发表"火热的演说，言辞中洋溢的只有爱国精神"；随后，一个14岁的姑娘，一面展开旗帜，一面高声依次向议会、议员、国民自卫队、市长和军官发表致辞，这幕大戏的最后是一场舞会。到处都是这样的谢幕戏：男人和女人，孩子和大人，百姓和名流，首领和服从者，全都摆动腰身，仿佛田园剧最后的谢幕。在巴黎，一个目击者写道："我看到圣路易骑士团的骑士和布道神父在街上跟来自各地的民众一起跳舞[②]"。在马尔斯校场，联盟节当天大雨滂沱，但"先来的人已经开始跳了起来，后来的也加入跳舞的队列，他们组成了一个大圆圈，很快就占据了广场的一大片……周围的30万观众鼓掌打拍子以示应

① Sauzay, I, 202.

② Albert Babeau, *ib.*, I, 339. - Ferrières, II, 92.

和”。随后几天，在马尔斯校场和大街上，人们还在跳舞、饮酒、歌唱，“小麦交易场有舞会和饮料招待，巴士底原址上也有舞会”。在图尔，来自相邻各省的52支小部队汇聚在了一起①，聚会一直持续到凌晨四点，疯狂的喜悦激发出不可抗拒的冲动，“军官、士官和普通士兵混杂在一起，他们在街道上奔走，有的手拿军刀，有的组成跳舞队列，一边高喊国王万岁！民族万岁！一边把帽子扔到空中，路上碰到谁就拉谁来一起跳舞。当地大教堂的一位议事司铎本想安静地经过该地，结果被滑稽地扣上了一顶掷弹兵的帽子”，然后被拉入人群一起跳舞；随后两个修士也遭受同样的礼遇，“被人又是拥抱又是亲吻”，折腾够了才让他们离去。市长和蒙托歇尔（Montausier）侯爵夫人的马车来了，于是人们钻进马车，或攀上车子的后部，或坐上车顶，唯恐车子不散架，然后强迫车夫载着他们在各条大街上巡游。这根本不是出于恶意，而是表达兴奋之情的顽皮剧。“虽然所有人都醉醺醺的，但没有人受到虐待和侮辱”。但是第二天，安茹团的士兵跑出兵营，“彻夜不归，无人能够阻拦”，这可是个很严重的信号。还有更严重的：在奥尔良，当国民自卫队夜里在广场上跳舞结束后，“大批志愿者跑到城里，敲着鼓声嘶力竭地呼喊，应该消灭贵族，应该吊死天主教分子和贵族”。他们冲进一家可疑的咖啡馆，粗暴地驱逐那里的常客，还对一位绅士动手，他们认为此人的叫喊不似他们正确和有力度：这个人差点被吊死②。这就是18世纪的同情心和哲学所收获的果实：人们以为，要建立完美的社会，要让自由、正义和幸福在大地上扎下跟来，只要有内心的冲动和自愿的行动就够了。他们刚刚有了这一冲动，刚刚采取了行动；他们为之激动，为之沉醉，高兴到连自己都不认

① *Archives nationales*, H, 1453. Bercheny先生的通信，1790年5月23日。

② *Archives nationales*, *ib.*, 1790年5月13日．“Rifaudière先生被人从马车里拉出，并被带到看守所，那里很快就塞满了人。外面只听见这样的呼声：吊死贵族！事实上，他们的确喊了二十遍‘国王和民族万岁’，但当有人要他们只喊‘民族万岁’时，他们喊出了这样的口号：‘民族能活多久就活多久吧！’”在布卢瓦，联盟节当天，一伙人在街道上巡游佩戴假发的木制人头，人头上挂了个牌子，上面写道：要割断贵族的脖子！

识自己了。现在该是他们回归自己的的时候了。他们的努力已经产生了一切可能产生的效应，就是说，情感和言语的大泛滥，语言上而非实际中的契约，华丽但徒有皮相的手足之爱，一场为良知举办的假面舞会，一次情感的激发和沸腾：但这情感因为自我炫耀而很快蒸发殆尽；总而言之，这一切就像一场讨人喜欢的嘉年华，但它只能持续一天。

这是因为，在人类的意志中有两个层次，一个是人能够意识到的表层，另一个是其意识达不到的深层：第一个层次很脆弱，易变动，如疏松的泥土，第二次层次如岩石般稳定和坚固，非人的花哨想法和躁动举止所能撼动。唯有后者决定土地的整体坡度，而人类行为大体趋向也必然沿着这样的斜坡展开。人们当然可以相互拥抱，可以宣誓；但在仪式之后，正如在仪式之前一样，他们还是几个世纪的行政奴役和一个世纪的政治文学塑造出来的。他们仍然保留着无知、傲慢、偏见、怨恨和猜疑，以及他们心灵和头脑中根深蒂固的习惯。他们是人，他们的胃每天都需要填饱。他们有想象力，但如果面包稀缺，他们会担心没有吃的。他们喜欢存钱胜过喜欢捐钱，所以，对于国家和个人对他们的债权，他们会尥蹶子不认账；他们会尽可能地逃避债务支付；如果公共财物保管不善，他们会很乐意捞上一把；最后，他们习惯于认为，警察和有产者是有害的人，尤其是因为一年以来人们每天都向他们重复这一点。另一方面，情况并未改变。他们一直生活在一个已经解体的社会中，一部并无实际可能的宪法之下，而摧毁一切公共秩序的狂热，换来的只是个博爱的假象，在这个幌子下面，热情看来正在退却。劝诫人们相信千年王国已经实现，不能不付出代价；因为大家都希望即刻就享受这一幸福，而无法在等待中忍受失望。在毫无边际的期待导致的急切心情下，他们觉得自己的任何意愿都是合法的，任何看法都是可靠的。对于这些意愿和看法，他们不知道与之保持距离，不知道自我约制；他们满是兴奋和热情的大脑中只容得下一个想法，一个强烈的、执着的、掩盖一切的想法。每个人都沉浸在自己的意识中，这意识甚至外溢出来；每个人都变得焦躁、专横、执拗。既然承认所有阻碍都已消除，因此他们碰到每个阻碍时都会义愤填膺；不管这阻碍是什么，他们都要立刻粉碎，而且，在他们亢奋的想象力中，爱国主义的美好名字可以掩盖他们专制主义和篡夺行为的本能欲望。

因此，在攻占巴士底之后的三年中，法国出现了一幅离奇的景象。一方面是言辞中的博爱与法律上相应的条文；一方面是行动上的暴力和现实中的混乱。在远处看是哲学的统治，从近处看是加洛林末期的解体。一位目击者说①："外国人其实不知道我们是否扩大了自己的政治权利，他们不知道，在法律上，个人自由已经被削减到零，在实际中，个人自由任凭六万个按宪法召集的大会随意处置；他们也不知道，没有任何措施可以防范任何公民免受这类民众团体的侵害；根据这些团体对人对事的看法，它们可以在一个地方采取这样的行动，换个地方可以搞另一套……在这里，某个省可以单凭省长的意思、未经任何协商就可以对船只实行禁令；在那里，另一个省可以下令驱逐一支军队，尽管后者对饱受盗匪困扰之地的安全至关重要，而面对相关者留下驻军的请求，官员可以答复说：省里要这样做。在别的地方，就在国民议会下令保证未宣誓教士的信仰安全和自由时，各级政府却命令在24小时内把这些人从家中赶出。法律不是超前就是滞后，永远都是这样；要么冒失大胆，要么怯懦畏缩，有民众暴行撑腰时什么都敢，但要约制暴民的放纵时毫无作为；为了赢得民意而反对弱者时，法律总是急于滥用权威，它只知道以牺牲安宁和公共安全的方式来维持秩序；复杂的新政府体制的缰绳就在它手中，但它手足无措，于是狂热之上又平添了无能和幼稚：大部分掌权者都是籍籍无名之辈，脑袋里没有主意，倒是满脑子的自负和傲慢，如今，权力的使用、公共财富、安全保障和政府权力的基础，竟都仰赖于这些人。在

① *Mercure de France*, Mallet du Pan的文章（1791年6月18日和8月6日。1792年4月）。

国家的所有部门，在行政机构的所有分支中，在每一份报告上，都能看到权威的混乱，服从的不可靠，全部制约机制的瓦解，资源上的缺口，各个紧张的机构之间可悲的纠结和复杂情景；没有任何强力措施落到实处，全部的依靠就是法律，但这些法律推定法国的居民完美无瑕，连狂热都不会有，它们让人重回原始的独立状态。”几个月之后的1792年年初，马鲁埃这样总结说，“这是阿尔及尔的摄政体制，但少了戴伊（Dey）”[①]。

II

事情不会朝别的方向发展。因为，早在10月6日国王被押解到巴黎之前，政府实际上就被摧毁了；现在，通过一系列的议会法令，它在法律上也被摧毁了，每个地方群体都自行其是。过去的督办逃走了；军事指挥官无人服从；司法区法官不敢断案；高等法院暂停履职；当区和省一级的行政机构终于选举产生时，已经过去了七个月的时间；新的法官上任则要等一年的时间；而在此前，全部的实际权力掌握在社区机构手中，而且此后也一样。这些社区机构负责组织武装，挑选首领，安排供应，防范盗匪，救济穷人。它们还负责出售国有财产，安排宣誓派教士，在众多贪婪的欲望和相互摩擦的利益之间完成改造旧社会、建设新社会的任务。它们还须应对各种危险：危险或是持续性的或是再生出的，或是已直接对它们发起攻击，或是它们自己想象出来的。危险很严重，而且它们会夸大其词。它们很警觉，因为它们没有经验。在行使这样一种仓促构建起的权力时，它们越过天然或法律上的界限是再自然不过的事情，它们这样做时，仿佛连宪法在它们的权利和国家权利之中设立的玄学界限都未曾注意到。饥饿、恐惧、怒火，每一种民众激情都不能让人安心等待；人们没有时间

① 奥斯曼土耳其时期设在阿尔及尔的一种地方管辖体制，其首领称戴伊。—译者

请示巴黎。必须行动，必须立即以各种可能的方式采取行动；必须想尽一切办法自救。乡村市长自任将军和立法者。小城市确立了自己的宪章，有如12世纪的拉昂和韦泽莱[①]。1789年10月6日[②]，在奥顿附近，伊希-莱维克镇成立独立国家。教区神父卡里昂（Carion）召集教区大会，人们任命他为行政委会和新的军事指挥部成员。他当场提请通过了一系列的法案，包括政治、司法、刑事和军事各个方面，共计六十条。这部宪章一应俱全，其中有“关于城市管理、街道和公共广场的整治、监狱的修缮、劳役和粮食价格、司法程序、没收和罚款、国民自卫队体制”的各种规章。此人乃外省的梭伦（Solon），是个热心公共利益、并勇于实践的人。他在布道台上发布指令，威胁抗令不遵者。在市政府，他颁布法令并亲自审判。在市镇外面，他手提军刀指挥国民卫队，亲自为自己的法令提供武力保证。通过委员会的书面指令，他可以决定任何公民下狱。他设立并征收入市税，他下令拆除修道院的围墙，前往农民中间征集谷物，扣留那些未曾向其储粮仓上交应纳份额之人的车队。一天上午，他命人鸣鼓开道，来到城墙外宣布“农业法”，现场进行土地分配，并以旧时公有地或神父领有地的名义，将一块土地占为己有：所有这一切都是有意的、公开的行为，为此他还找来了公证人和誊写员，以便将自己的行为登记在册，因为他深信，人类社会一旦停止存在，每个地方群体都有权利按自己的方式重新开始，它无需请教任何人就能履行自己给自己制定的宪法。也许是此人调子太高，步子太快，司法区法官，然后是夏特莱法庭，然后是国民议会，纷纷下令暂时中止他的举措。但他的原则是民众性的，而且法国的4万个社区也将像4万个独立的共和国一样展开行动，尽管中央权威严厉申斥，但这申斥越来越徒劳，最后几乎成了一种情感的表达。

---

① 12世纪公社解放运动中两个通过激烈斗争赢得独立地位的城市。— 译者

② *Moniteur*, IV, 560（1790年6月5日的会议），Fréteau的报告。“这些事件已经有50个目击证人。” - Cf. n. du 19 avril 1791.

现在,人们都因为一种新意识而激动,感觉自己挺直了腰杆儿,沉浸在发觉自己独立而强大后的骄傲和喜悦中。地方首脑们的这种喜悦比任何人都更强烈,市政长官和国民卫队指挥官就是这类人。过去如此屈从、如此人微言轻之人,陡然间有了这样高的权威,这样重要的地位,这可是从来没有过的事。从前他们是督办或督办助理的差役,由他们任命,看他们的脸色,任他们责骂,从来不曾涉足重要事务,处理的都是抵制增加税收的谦卑呈文,操心的都是上座权和社交礼仪上的纠纷①;作为小市民或农民,他们从来没想过有朝一日会插手军事事务②,但从现在起,他们已经是军事和民政首脑了!某个市镇的市长,某个教区的管事,某个市民或某个身穿罩衫的农民,过去的督办和军事长官可以随意将他们投入监狱,但如今,他们可以要求一位绅士、一位龙骑兵上尉前进或立定了,而且那个上尉真的会按他的要求前进或立定了。附近的城堡,大地主及其家人,高级教士,当地所有头面人物,其安全都得看这个市民或村民的了。如果他们想要有所依靠,那就得需要这位市民或村民的保护了;碰到骚乱时,如果后者不派国民自卫队或部队来救援,他们可就要被抢劫了。他通过在社区的建议,他可以随意确定这些大人物的税额。通过发放或拒绝发放通行证,他可以迫使这些人留在当地或准许他们离开。通过提供或拒绝提供保障地租之征收的公共权力,他可以给予或夺走这些人的生计。因此他是统治者,唯一的条件是他的统治要符合其同类的心意,正是这些吵吵嚷嚷的大众、这个惹是生非且盛气凌人的群体选举他为统治者的。尤其是在城市,特别是在大城市,这种今昔对比就更是巨大了,因为小民除了掌握全权,还有了广阔的行动空

① *Archives nationales*, KK, 1105. 布列塔尼军事长官Thiard的通信(1789年9月)。"在所有小城市,三种权力相互冲突:初等法院、市民民兵和常设委员会。每一方都想占据上风,此刻我在兰迪维乔看到的场面有可能又变成一场流血,但实际上它很滑稽。事情起因于一场激烈的争吵,三个演讲者在争谁该第一个发言。这件事竟报给我定夺。为了不冒犯任何一方,我宣布三个人一起发言:这个决定竟一丝不苟地执行了。"

② 在旧制度时代,军事行业尤其具有贵族色彩。— 译者

间。在马赛、波尔多、南特、鲁昂和里昂，当这些人可以掌管8万或10万人的身家性命和财产时，想想他们的头脑中会有怎样的反响吧！更何况，这些市政官员中，四分之三是诉讼代理人或律师，他们沉醉于新教条，深信合法的权威只在于他们这些直接民选的人手中。最近的成功让他们目眩神迷，但他们又像暴发户一样心神不宁，对所有旧权威和新的竞争者都十分反感，他们的想象和他们的无知都让他们十分警惕，总是因为过去的角色和今天的地位太不匹配而感到莫名的烦恼，既为国家感到不安，也为自己的地位焦虑，于是他们只有通过篡夺行为才能保证其安全。这些市政官按照咖啡馆里的传闻去审判公职人员，裁决他们为叛徒。由于罕见的信念上的顽固和自负与狂妄，他们认为有权在没有命令的情况下反抗公职人员的命令，甚至反抗议会的命令，因为，在已经解体的法国，每个市政机构都是民族。

同样，如果说武装力量现在服从某个人，那也是服从社区机构，且仅仅服从于它们，不仅国民自卫队，而且依照国民议会的法令应服从市政机构征调的正规军[①]，也只愿听从后者的调遣。从1789年9月开始，外省军事长官就声称，他们已经无能为力了：在他们的命令和市政机关的命令之间，部队执行的是后者的命令。“尽管有时急需把部队调往事态紧迫之地，但村庄委员会的反对会让他们止步不前[②]。”布列塔尼的军事长官写道：“我认为调遣一支部队去美丽岛换防是明智之举，但瓦内和奥莱两地反对新部队前来，而且没有任何合理的理由……政府每迈出一步都会遭遇阻碍……军事大臣不再是部队调动的掌管者了……没有一项命令被执行……所有人都想当指挥官，没有人愿意服从……如果各城市认为它们有权给各部队发布相反的命令、有权改变部队的方向，国王、政府和军事大臣又怎能协调地方需

---

① *Décret* du 10-14 août 1789.

② *Archives nationales*, KK, 1105. Thiard的通信，1789年9月11日。“部队只服从市政当局的命令。”—1790年7月30日和8月11日。

要和军队调度呢？”更糟糕的是[①]，“人们以臆想的强盗和子虚乌有的阴谋为借口，要我给城市和农村提供武器，甚至提供大炮……如果这样，整个布列塔尼很快就会成为一台可怕的战争机器：因为敌人实际上根本不存在，人们很快就会把武器对准自己”。但这都无关紧要，恐慌已经成为“一场瘟疫”，人们愿意相信有“强盗和敌人”。在南特，人们一直念叨说，西班牙人会在这里登陆，法军将发起进攻，一支盗匪正在逼近，城堡已经受到威胁，或者城堡本身就是威胁，因为那里有很多战斗工具。外省军事长官徒劳地写信给市长们，要他们放心，向他们重申“市政机构是城堡的主人，也是城堡中所有仓库的主人。为什么得知手中有武器时反而紧张了呢？一座军械库中有武器弹药有何奇怪的呢？”但这些措施都不管用，城堡还是被人攻破，两百名工人开始拆除防御工事；恐慌之下人们什么都听不进去，也不相信能够采取多少防范措施。虽说小城堡没有什么攻击性，但人们认为它们很危险；虽然军事长官非常随和，但人们还是认为他们很可疑。即使是松弛和不固定的缰绳，他们也会大为不满；他们扯断了缰绳，将它扔到地上，以致不会再有人握紧它。每个市政机构，每支国民自卫队，都要在自己老家治理天下，都不愿意接受任何外来的约制；这就是它们所谓的自由。既然它们的对手是中央权力机构，就应该解除后者的武装；由于害怕后者介入，就应以持续坚定的本能，从各方面保障城市的全权：占据堡垒，抢劫军火库，这样一来城市也事先防止自己不受镇压了。

在布雷斯特，市政当局想把一个海军军官交给人民，但被国王的代表拒绝，随后市政府常设委员会命令国民自卫队准备射击[②]。在南特，市政当局拒绝承认派来的旅长埃尔维里（Hervilly），该省各城市

---

① *Archives nationales*, KK, 1105. Thiard的通信，1789年9月11日和25日，11月20日，12月25日和30日。

② Buchez et Roux, V, 394 (1790年4月)。– *Archives nationales*. 调查委员会的文件，DXXIX, I (M. de la Tour-du-Pin的便笺，1789年10月28日)。– Buchez et Roux, IV, 3 (1789年12月1日); IV, 390 (1790年2月); VI, 179 (1790年4-5月)。

纷纷写信宣告，在它们自己的土地上，它们只接受联盟者的队伍。在里尔，城市常设委员会要求军事当局每晚都把城门钥匙交给它，几个月后，国民自卫队与叛乱的士兵一起占领城中心的堡垒，并抓走了指挥官里瓦罗（Livarot）。在土伦，军火库指挥官里约姆（Rioms）和其他几个海军军官被关进禁闭室。在蒙彼利埃，城中心的堡垒被攻占，俱乐部写信给国民议会，要求拆毁堡垒。在瓦朗斯，指挥官瓦赞（Voisins）试图进行自卫，结果被人杀死，从此市政当局单独指挥卫戍部队。在巴斯蒂亚，卢利（Rully）上校在枪林弹雨中身亡，国民卫队占领城堡和弹药库。这并不是短暂的意外：两年之后，同样的不服从精神再次遍地开花①。国民议会的特派员徒劳地试图从梅茨调出拿骚团：因为色当拒绝接收该团；蒂永维尔则宣布，如果这支部队到来，他就拉起吊桥；萨尔路易威胁说，如果该部队靠近，就要用炮轰击。在卡昂，无论是市政府还是省长，都不敢执行要求将城堡还给正规军的法律；国民自卫队拒绝走出城堡，并禁止炮兵军官进入巡视火药。如此情势下，政府只存在于名称中，实际中则已消失，因为它没有强迫人服从的手段。每个社区都窃取了搁置或阻止执行最紧迫最简单之命令的权利。尽管诸位亲王夫人全都拥有通行证，她们还是在阿尔奈-勒杜克被拦截，即使有合法的指令也无济于事；奥布河上的阿尔西扣留了内克，蒙蒂尼（Montigny）将阻截法国大使加雅尔（Caillard）先生②。1791年6月，一辆满载价值8万埃居钱币的车辆从巴黎出发前往瑞士，这笔钱是法国政府偿还瑞士索勒图恩（Soleurn）地方政府的，交付期已到，路程也已确定，所有必需的钱币都已凑齐，必须到期交割；但人们不能指望地方市政机构和国民自卫队。车辆在奥布河上的巴尔被拦截，直到一个月后，国民公会的法令才得以让车辆再次上路。但在贝尔福，车辆再次被拦截，并在那里

① Mercure de France. Emmery的报告，1790年7月21日的会议，N. du 31 juillet. – *Archives nationales*, F7, 3200. 卡尔瓦多斯省长的信件，1791年9月26日和10月20日。

② *Archives nationales*, F7, 3207. Dumouriez大臣的信件，1792年6月15日。M. Caillard的报告，1792年5月29日。

一直滞留到11月。下莱茵省长下令放行都不行,贝尔福市政当局根本不理会这项命令。这位省长只好派一位特使现场督办,结果仍然不行,特使本人还差点被大卸八块。最后只好由吕克纳尔将军亲自强力干预,车子才得以穿过边境,此时路上已经花了五个月[①]。1791年7月,在鲁昂前往考德贝克的路上,一艘传言满载桶装金银的法国船被拦截了。检查过后本该放行,因为这艘船所有文件都齐全,省也要求区遵守法律。但区官员回答说,放行不可能:"塞纳河两岸所有市政机构都武装起来等着这艘船通过",国民自卫队也下令要求船只卸货。

如果小社区的叛乱都是这样,大城市该闹成什么样子呢[②]?省和区徒劳地发出指令,市政当局拒不理会或者不予遵守。索恩-卢瓦尔的省长写道:"自从马孔市政会议召集以来,在我们看来,它所采取的步骤没有一个不是违法行径,它所发出的话没有一句不是失当言辞,它所进行的商议没有一次不是违抗姿态。"卡尔瓦多斯的省长写道,"如果奥尼团不马上赶到我们这里,如它不采取迅速而有效的措施,确保我们拥有公共武力,我们全都要离职,因为在普遍的不服从、放纵和对权威的普遍服从当中,我们难以继续坚守岗位,因为在这种状况下,绝对不能履行托付给我们的职责。"罗讷河口的省长遭人侵犯后,在马赛人的刺刀前仓皇逃窜。热尔的省长跟奥什市政当局发生冲突,差一点被痛殴。至于制度上就已被人怀疑的大臣,甚至比省长更不受待见。议会总有人检举他们,市政当局把他们寄来的信件退了回去,甚至连信封都不屑于打开[③],到1791年底,他们日益虚弱的

---

① Mercure de France, n. du 16 juillet 1791 (6日的会议); n. du 5 novembre et du 26 novembre 1791.

② Albert Babeau, Histoire de Troyes, t. I, passim. – *Archives nationales*, F7, 3257. 索恩-卢瓦尔省政府致国民议会的信函,1790年11月1日。F7, 3200. 卡尔瓦多斯省政府的信件,1791年11月9日。F7, 3195. 埃克斯市政府的会议记录,1792年3月10日。F7, 3220. 热尔省政府会议纪要和国王的信件,1792年1月28日。省政府主席Lafitau的信件,1月30日。(他被人揪住头发拖着走,并被迫离开该城。)

③ *Mercure de France*, n. du 30 octobre 1790.

权力终于彻底消失了。举一个简单的例子便可作出判断。1791年12月，里摩日无法运走刚刚在安德尔省购买的粮食；需要六十个骑兵来护送运粮队，安德尔的省长恳请大臣为他提供这支小部队[①]。三周的努力后，大臣答复说，事情超出了他的权力范围：他到处求告，到处碰壁。"我已经向贵省在国民议会的议员指出，"这位大臣写道，"办法在于从奥尔良调遣第20骑兵团的连队，我向他们保证，将就此事跟鲁瓦莱的议员先生磋商。"但仍然需要等待答复；因为两个省的议员必须达成协议，否则大臣不敢调动60名士兵护送运粮车。显然，行政权力已经不存在，中央权威已经不存在，法国也已经不存在；存在的只有瓦解后的独立社区，即奥尔良和里摩日，它们通过自己的代表彼此协商，一方是因为没有部队，另一方是因为缺面包。

让我们去现场详细感受一下这种全面的解体。1790年1月18日，新的市政府上任。按照惯例，大多数选民并不参与选举[②]，马赛市长马丹（Martin）只是由八分之一的积极公民选举出的。不过，虽说这一占统治地位的少数派人数并不多，但它意志坚定，绝不容许在任何问题上受到干犯。市政府"刚一组成"[③]，就派代表请国王撤出在马赛的部队；国王总是个好说话的软柿子，最后答应了这个请求：命令开始草拟，市政府也知道了此事。但它不能容忍任何的拖延，自己当场"起草、印制并向国民议会分发一份检举书"，控诉马赛的军事指挥官和两名副手，理由是这些人假托或取消国王的命令。与此同时，市政府开始设防和武装，好像要投入一场战斗。从一开始，它就废除了对秩序过于友好的资产者卫队，设立了一支国民自卫队，很快那些无产者就被允许加入。"这支队伍每天都会新添军事装备[④]，市政府构筑的堑壕、街垒不断增加，炮兵部队也有所扩大，城里躁动异常，好比离

---

① Archives nationales, F7, 3226. 安德尔省政府给Cahier大臣的信件，1791年12月6日。Lessart大臣先生给安德尔省政府的信，1791年12月31日。

② Fabre, *Histoire de Marseille*, II, 422. 马丹只获得3555票，稍后的国民卫队总数达到2.4万。

③ *Archives nationales*, F7, 3196. Saint-Priest大臣致国民议会的信，1790年5月11日。

④ *Archives nationales*, F7, 3196. 军事指挥Miran先生的信件，1790年3月6、14和30日。

敌人近在咫尺的一座兵营。”既然有了武力，市政府就要使用，而且首先用来反对司法公正。在这之前，1789年8月的一场骚乱被镇压了，三个主要领头人，雷贝基（Rébecqui）、帕斯加尔（Pascal）和格拉奈（Granet）被囚禁在伊夫堡。他们是市政府的朋友，应该被释放。应市政府的要求，这个案子从宪兵司令手中转交给司法区官员；但与此同时，宪兵司令及其助手将因为履行其职责而受惩处。市政府利用自己的权威禁止这些人履行任何职务。他们受到公开的谴责，“受到匕首、绞刑架和各种类型的刺杀的威胁[①]”。他们自己的申辩词没人敢印刷，因为担心“惹恼市政府”。于是监察官及其助手被迫到圣约翰城堡中寻找避难所；宪兵司令稍微多待了些时日，随后也离开马赛逃命去了。至于那三个囚犯，市政府全体出动去探望，并要求暂时开释他们；其中一个此前已经逃脱，它拒绝下达重新抓捕的命令；另两个于4月11日离开伊夫堡，像凯旋的英雄一般，两旁有800国民自卫队护送，并按常规程式前往司法区的监狱；第二天，他们正式获得自由，所有诉讼程序宣告废止。相反，王家海军上校昂贝尔（Ambert），因为一句针对国民自卫队的过激言辞而受控告，结果被传唤到法庭，法庭宣告他无罪；但他只是在两千名士兵的保护下才被秘密释放，民众还要烧毁那个胆敢赦免他罪行的法官的房子，后者因而也身处险境，被迫逃到当地军事司令的家中躲藏[②]。与此同时，市政府和俱乐部印制的传单，手抄本，各种侮辱诽谤文字，各区暴力或煽动性的决议，大批小册子，都被免费分发给百姓和士兵：人们早已打定主意，要鼓动群众起来反抗首领。首领们就算谦和、克制、通融也于事无补。现在要把驻扎在三个堡垒中的一个团全都赶出去。这是俱乐部的提议，不管别人愿不愿意，反正人民的意志必须实现。4月29日，两个喜剧演员在50名志愿者的协助下，袭击了一座岗哨，并占领了拉加德圣母院。同一天，6000名国民自卫队占领圣约翰堡和圣尼古拉堡。

---

① *Archives nationales*, F7, 3196. 重罪法庭法官Bournissac的信件，1790年3月6日。

② *Archives nationales*, F7, 3196. Miran先生的信件，1790年4月11日和16日，5月1日。

当市政府被敦促应遵守要塞法规时，它的回复竟然是要求打开要塞大门，准许国民自卫队与士兵一起共同守卫。要塞军官们迟疑不决，并根据法律请示上级。结果第二道更紧迫的要求到了：军官们若拒绝第一个要求，由此引发的麻烦将由他们负责，如果他们进行抵抗，就会被宣布为内战的挑唆者[1]。他们让步了，签署了投降书。只有一个军官，圣约翰堡的少校柏塞（Bausset），拒绝在文件上签字；次日，当他来到市政厅时，被人逮捕杀害，他的脑袋被挑在枪尖上，行凶者，一伙士兵和平民，兴高采烈地叫喊着，围着少校的尸体跳起舞来。"可怕的意外，"市政府的文件这样写道[2]，"这位柏塞先生此前一直配得上并赢得了颂词，何种厄运让他来玷污我们的桂冠呢？上天对他的裁决我们无法避免。这场悲剧的造作者全都是地道的外乡人，根本不应由我们来追究他们。"此外，他还是"有罪行的……叛乱者，已受到舆论的审判，就连上天好像也要他承受这份不可收回的复仇判决"。至于占领那些要塞堡垒，那可是再合法不过的事了。"这些地方过去由国家的敌人掌握，如今它们回到了国家宪法保卫者的手中。对那些想从我们这里夺走它们、将它们建成反革命中心的人来说，这真是一件太不幸的事情！"的确，该省的军事司令米朗（Miran）先生曾提出过类似的要求。但"米朗大人虽以国王的名义要求将这些地方交还给陛下的军队，但实际上他已背叛国王，而这些地方如今已由我们掌握，它们保障的是民族、法律、国王和公共安全，如此一来，米朗的这等要求还能赢得一丝同情的希望么？"根据国民议会的要求[3]，国王命令市政当局将要塞归还给指挥官，并撤出要塞中的国民自卫队。但是根本行不通。市政府对命令十分愤慨并进

① *Archives nationales*, F7, 3196. 4月30日的会议记录。

② *Archives nationales*, F7, 3196. 马赛市政府致国民议会的信件，1790年5月5日和20日。

③ *Archives nationales*, F7, 3196. 国王的命令，5月10日。Saint-Priest先生致国民议会的信，5月11日。国民议会的法令，5月12日。市政府给国王的信，5月20日。Rubum先生的信，5月20日。马赛发来的报告，5月31日。市政府致巴黎宪法之友会主席的函件。在关于夺取要塞的叙述中，可以看到如下文字："我们毫无困难地接近到了指挥官，并强迫他同意和解，我们借助的是武力和恐惧的影响力，它们会跟理性一起说服别人。"

行抵制。在它看来,错全都在军官和大臣那里。这些军官"以其要塞中的气势汹汹的装备、以其囤积的物资和炮兵,扰乱了公共安宁。因此,大臣若想撤走我们要塞中的国民自卫队,并将它们交给一些陌生的军队看守,那他究竟想干什么?这个计划已经表明其意图……他想挑起内战"。"马赛所有的不幸,其源头都在于大臣们与国家敌人的秘密勾结"。尽管市政府被催促撤出要塞,但它早已下定决心拒不交还,次日,当它接到国民议会的命令时,它竟想拆毁这些要塞。5月17日,200名事先已领到钱的工人开始拆毁工作。为了在形式上装装样子,以示对上级命令的尊重,市政官们于上午十一点来到现场,告诉工人们停止工作。但他们一走,工人们又继续干了起来,到晚上六点,他们作出这样一个决定:"为防止城中堡垒(citadelle)完全被拆毁,最好同意拆除其面向城市的一部分"。5月18日,作为市政府的走卒、合谋者和顾问的雅各宾俱乐部,要求每个人为拆毁工作出钱,并"派人到每家每户,到所有行会管事那里,要求他们缴纳相应的钱款,并让人在一份文件上签字,文件宣称,所有公民都赞同市政府的行为,都感谢它这样做……每个人都必须签字、付钱并保持沉默,如若拒绝可要倒霉了!"5月20日,市政府竟致信国民议会说,"这座恐吓人的堡垒,这座绝妙的专制主义的可憎纪念物,即将归于尘土";为了给自己的不服从找理由,它还提请注意,"对所有国家而言,对祖国的热爱是所有堡垒中最坚固最持久的"。5月28日,为了犒劳拆除城堡的工人,市政府在两所剧场上演了一幕戏剧,表现的是占领马赛各要塞的场景。与此同时,它还呼吁巴黎的雅各宾派支持它,并打算跟里昂和王国的所有市政机构结成联盟,以共同声讨内阁;它还强迫米朗先生离开埃克斯,后者已经收到死亡威胁,并在路上中了埋伏,不过稍后它又召回了米朗[1]；直到6月6日，它才根据国民议会的特别命令，下令暂停拆毁工作，但此时城堡已经拆得差不多了。挑战和戏弄本应服从的权威，不可能没有代价。但目标达到了：城堡已经没了，部队撤走了，留下的只有恩斯特团，它也会受到骚扰、侮辱，然后被打发走了。撤到埃克斯后，马赛国民自卫队还会来到这里，以解除这支部队的武装并解散它。从此市政府已无任何掣肘，"只遵守它认为合宜的法律，可以按自己的意愿随意行事，总之以最专制最横暴的方式进行统治[2]"，不仅在马赛是这样，而是横行于全省，因为它在这里一手遮天，可以派遣军队四下惩戒，可以用自己的武装手腕到处劫掠。

III

但愿解体至少能到此为止吧！但恰恰相反，每个社区都远不是处于官员控制下的平静的小国家。致使市政机构反对中央权威的原因，同样导致个人反对地方权威。个人也感到处于危险之中，也想设法自救。而且，根据宪法和具体局势，他们也认为负有拯救祖国之责任。他们也认为有能力自行决定一切，有权力亲手执行一切。作为选民和国民卫队成员，他们手握选票和武器，因此，小店主、工人和公民一下子成了与其上级平等的人，甚至成了后者的主人；他们不再服从，而是指挥者，几年没接触他们的观察家们回来后发现，"他们的举止和姿态全都变了"。塞居尔（Ségur）先生说[3]，"到处都笼罩在一种

---

① *Archives nationales*, F7, 3196. Miran的信，5月5日。马赛当权派的气质，可以从这份文件的几份印刷品附件看出来，其中有一份是叫"致路灯检察长德穆兰的诉状"。里面提到一件"爱国文具盒"，它是刚刚用被拆毁的城堡的石块制成的，呈四头蛇状，四个头分表代表贵族、教士、大臣和法官。"应该在四头蛇的四个爱国脑壳中汲取墨水，书写驱逐宪法敌人的诉状。这个文具盒是用从尼古拉堡拆下的第一块石头打磨而成的，它将供马赛的爱国议会使用。马赛的自由英雄Renaud曾以伪装巧计突袭因加尔德圣母院事件而提高警惕的哨兵，他以自己出色的巧计和大无畏的男子气概，为占领这座反革命大堡垒做出了决定性的贡献：他是新的丢卡利翁（Deucalion），这块石头是他人格化的象征，是自由女神从威胁我们的巴士底监狱上拔下来的……"

② *Archives nationales*, F7, 3198. 国王特使的信件，1791年3月13日和15日。

③ Ségur, *Mémoires*, III, 482 (1790年头几个月)。

极端的变动氛围中。在街道上，在广场上，我都看到成群的人在兴奋地相互交谈着。村子中的鼓声震耳欲聋，我在镇子上碰到大批手拿武器的男子，这让人十分惊奇。如果我询问几个下层阶级的人，他们总会有骄傲大胆的嗓门高声回答我。我在所有地方都能看到平等、自由的意识留下的印记，那时它们已然成为一种十分强烈的激情。”他们自认为已经站起来了，自认为已经被吁请领导一切，不仅在他们的地方事务中，普遍性的事务同样如此。法国现在由他们统治：根据宪法，他们获得了这个权利，由于无知，他们以为自己有这个能力。混乱模糊的新观念汹涌而至，几个月内塞满了他们的脑子。现在出现了一些他们从来没想过的重大问题，如政府，王权，教会，教义，外部列强，内部和外部危险，巴黎和科布伦茨发生的事情，尼德兰的叛乱，伦敦、维也纳、马德里和柏林的内阁，等等，所有这些他们都竭尽全力去打听。有个横穿法国的军官讲述说[1]，驿站老板让他等马匹等了老半天，直到他“讲了所有详情。农民半道上拦住他的马车，连珠炮似的给他提问题。在奥顿，虽然天冷得要命，我还是得从一扇朝向大广场的窗户里讲话，告诉大家我所知道的议会的情况”。所有这些道听途说的消息，口耳相传之间都会变形和放大。到最后，这类消息会演变成各种绘声绘色的传奇，具体细节依据接收消息的心态模式，以及传播它们的主导性情绪。你可以追踪一下这类广为传颂的故事产生的后果，可以观察一个农民，一个卖鱼妇，一个偏僻的村子，一个人口密集的市镇，看看那些野蛮的或几乎是野蛮的，同时还十分激烈、狂热和兴奋的大脑有何反响：反响是可怕的。因为在这样的头脑中，信念立刻会导致行动，凶猛和杀戮性的行动。在信念和行动之间，只有习得性的冷静、反思和文化，才会注意关照社会利益，遵守成规，尊重法律。但在新君主那里，这些约束全都不存在。他们不能自我克制，也不能容忍别人阻挡他们。情况危急，火烧眉毛，干嘛还这

① Dampmartin, I, 184 (1791年1月)。

么拖拖拉拉？人民要救命的时候，按常规办事起什么作用？法律若是包庇公共敌人，还有什么神圣可言？官员们胆小怕事，或者就是睁眼瞎，只知道消极等待，还冒充遵守法律，还有比这更坏的么？如果公正的做法能就地和立刻进行，还有比这更公正的吗？在他们眼里，冲动和愤怒是责任，是优点。有一天，“洛里昂的民兵决定向凡尔赛和巴黎进军，根本不考虑这段路怎么走，去那里需要些什么[①]”。如果中央政府近在咫尺，他们肯定全都要插手干涉。由于没有更好的办法，他们只能在当地充当中央政府的替代者，全心全意地履行着各项职责，主要是警察、法官和刽子手的职责。

1789年10月，在巴黎，当面包店主弗朗索瓦被杀害后，主要凶手、布莱港的一名脚夫宣称，“他想为民族报仇”，他的话很可能是真诚的：在他脑海中，谋杀是爱国主义的一种形式，这种思想方式立刻流行起来。平常时候，在这些粗糙的大脑中，社会政治观念处于昏睡状态，大抵是些朦胧的反感意识，一些被遏制的憧憬，一点稍纵即逝的虚弱意愿：现在它们苏醒了，精力充沛，专横暴躁，肆意放纵。任何阻力和反对意见它们都不能忍受，因为它们认为，任何的意见不合都是确定无疑的背叛的信号。提到未宣誓的教士时[②]，阿拉斯的527名国民自卫队员写道，“不用怀疑他们的邪恶，他们的阴谋也不值得去质疑……整个城市将会形成一个愿望，它与我们向你们所表达的愿望是对立的，这只能表明，城里到处都是宪法的敌人”，于是，这些人不顾法律的规定和当局的意见，当场要求封闭各教堂。在滨海布洛涅，一条英国船装载了家禽、野味和鸡蛋，“国民自卫队私自决定”前往海边，卸下船上的货物。对于这个事件，宽厚通融的市政府竟赞

---

① *Archives nationales*, KK, 1105. Thiard先生的通信（1789年10月12日）。

② *Archives nationales*, F7, 3250. 该省政府的会议记录，1792年3月12日。“鉴于混乱已到极点，主席先生以痛苦的口吻强调说，他担心会产生最可怕的不幸”，所以他宣布作出让步，并认为该命令违宪。大臣6月23日的答复：“如果合乎宪法的权威就这样被迫向迷途的大众的专断意志让步，那将不存在政府，我们将处于最糟糕的无政府状态。如果您认为合适，我将向国王建议废除您最近的命令。”

同国民自卫队的做法，宣布没收船上的货物，下令将其出售，所得款项一半归国民卫队，一半归慈善机构。简直是自作多情的让步：国民自卫队觉得分一半太少了，“辱骂并威胁市政官们”，并当场瓜分了所有货物：每个人都拿走一份鸡和野兔回家了[①]；面对自己治下的公民手中的枪，市政府还是闭嘴为好。有的时候，市政官们胆子很小，甚至连抵制的尝试都没有，这是最为常见的情况。在杜埃[②]，市政官们三次被敦促颁布戒严令，但他们三次拒绝，最后他们坦言不敢出示红色的戒严旗，“如果决定这样做，我们都会马上成为牺牲品”。实际上，无论正规军还是国民卫队都靠不住，在普遍的冷漠当中，狂暴分子为所欲为，一个小麦商人被吊死。有时行政当局也试图斗争一下，但最后都屈服于暴力。“六个多小时的时间内”，埃唐普区的一个市政官写道[③]，“我们被刺刀包围着，刀尖就对准面颊，手枪顶到了胸口”。暴徒要他们签署命令，撤走前来保护市场的部队。现在，“我们都离开了埃唐普，那里没有区政府，也没有市政府了”；几乎所有人都已辞职，回去的也是为了辞职。有的时候[④]，市政官员会坚守职责，最后因此丧命，但这种情况最为少见。六个月后，在同一座城市，希摩诺（Simoneau）市长因拒绝对小麦征税而被人用包铁的大棒打死，行凶团伙还对他的尸体开枪射击。这是对逆潮流而动的市政府的警告：只要有丝毫的反对，很快就会有性命之忧。在都兰[⑤]，“随着税册的公布”，开始出现针对市政府的叛乱，人们要求后者交出编订的税

---

① *Archives nationales*, F7, 3250. 司法大臣迪波尔的信件，1791年12月24日。

② *Archives nationales*, F7, 3248. 该省政府成员的会议记录，截止于1791年3月18日。Buchez et Roux, IX (Alquier的报告).

③ *Archives nationales*, F7, 3268. 塞纳-瓦兹省政府会议纪要，1791年9月16日，有关于埃唐普骚乱的所有细节。—该区官员Venard的信件，9月20日。“我不会回埃唐普的，除非那里恢复平静和秩序，我要做的第一件事就是在辞职书上签名。我快被这些糟糕透顶的事烦死了。”

④ *Moniteur*, n. du 16 mars 1792. – Mortimer-Ternaux, *Histoire de la Terreur*（针对杀害希摩诺的凶手的诉讼案）, I, 381.

⑤ *Archives nationales*, F7, 3226. 农民Chenantin的通信和回忆录，1792年12月7日。—Langeais区政府的会议纪要，1792年12月5日（关于Langeais附近la Chapelle-Blanche的骚乱，1792年10月5日）。

册，划掉那上面的账目。更为过分的是，“有人杀死和谋害市政官”；在某个大社区，男人和妇女对市政官“拳打脚踢，用木鞋殴打……结果市长深受重伤，社区监察官上午9-10点因此死去；市政官韦托（Véteau）上午行了临终涂油礼”；其他人都逃跑了，因为他们不断接到死亡和纵火的威胁。由于他们不敢回来，“这里现在既没有市长也没有职员”。因此，市政当局针对其上级采取的各种攻击行为，现在它们自己也领教了，国民自卫队这个聚成团伙的民众是主要的肇事团伙，它在社区篡夺了暴力性的主权，这种主权恰是社区从国家那里篡夺来的。

很多骚乱迫使市政官容忍或认可民众的篡权行为，如封闭教堂，驱逐或监禁教士，取缔入市税，对粮食课税，滥用绞刑，殴打或勒死差役、面包店主、小麦商、神职人员、贵族和军官；如果要我列举此类骚乱，恐怕会没完没了。在国家档案馆，94大捆材料中全是这种暴行的记录，而且那里的记载不足3/2。最好再次考察一个详尽、经过核实的个案；作为一个样本，它可以简略地展现法国在相对平静的一年中的景象。在埃克斯，1790年12月①，在两个雅各宾俱乐部的对面，成立了一个反对派俱乐部，那里面充满了各种形式的客套；而且，像巴黎的王政派俱乐部一样，它也声称跟别人一样有聚会的权利。但是，这里也和巴黎一样，雅各宾派只愿自己享有权利，他们拒绝承认对手利用法律。另外，各种令人不安的谣言四处传播。有个来自尼斯的人说，“听说从都灵到尼斯，流亡者资助了一支2万人的队伍，在尼斯，有人还给德保罗的圣弗朗索瓦（Saint Fran?ois de Paule）做了九日经，祈祷上帝开启法国人”。肯定有人在策划一场反革命。

---

① *Archives nationales*, F7, 3195. 国民议会和国王的特派员的报告，1791年2月23日。（关于1790年12月12日和14日的事件。）*Mercure de France*, n. du 29 février 1791.（来自埃克斯的信件，尤其被囚禁在埃克斯监狱的七名军官的信件，1791年1月30日。）最早的雅各宾俱乐部成立于1790年2月，名曰“宪法真正的朋友俱乐部”。第二个雅各宾俱乐部成立于1790年10月，它“原则上是由城郊及其附近地区的手工业者及农民组成”。其名为：“政治反对派兄弟会社”，或“对祖国真正有益的公正兄弟会社”。反对派俱乐部成立于1790年12月，据有些人说，它的名称是“国王、和平与宗教之友”，另一些人说是“和平之友”，还有人说是“宗教、人身与财产捍卫者”。

贵族已经“以不可一世的神情说道，国民自卫队和市政机构就是个笑话，它们全都维系不下去”。这个新俱乐部的一个主要成员基拉芒（Guiramand）先生，一位78岁的老军官，公开发表反对国民议会的言论，试图把工人招进自己的派别中，“假装在帽子上佩戴一枚白纽扣，用以固定纽扣的别针尖高高翘起”；人们还说，他已经命人在几家时髦的女商人那里定制了大量的白色帽徽。实际上，经过一番搜查后，没有在任何一家店铺中发现此类货品，所有问讯过的绶带商人，全都说他们不知道这类东西。但这只能证明罪犯特别狡猾，因而更加危险，拯救祖国的任务更加紧迫了。12月12日下午四点，两个雅各宾俱乐部密谋一番后，组成大队人马经过那家新俱乐部门前，“那里面当时有几个会员，他们是里昂团的军官，有人在安静地玩牌，有人在一边观看”。听到民众在门前喝倒彩，他们并没有发话；接着人群又从门前经过，并高喊：“打倒贵族！吊死他们！”靠近门口的两三个军官生气了，其中一个拔出佩剑，威胁一个年轻人说，如果他还要这样就要揍他。于是人群高呼：“自卫队快来救命啊！拦住那个杀人犯！”于是众人扑向那个军官，后者赶忙回屋找武器。他的同伴也都手持佩剑把守入口；基拉芒开了两枪，自己大腿上中了一枪。一阵冰雹似的石块袭击后，俱乐部的窗户千疮百孔，大门也已被冲破；几个成员从屋顶逃走，另十来个人，大部分是军官，组成一个小分队，举着佩剑冲过人群，既攻击别人也被别人攻击，结果五个人受伤，但好歹逃了出来。得知此事后，市政府下令立刻封死这家俱乐部的窗户和大门，将里昂团遣送出城，下令拘禁七名军官和基拉芒先生，所有这些都在几个小时内完成，而且没有任何凭据——除了得势者的证词。

但是，这些措施如此迅速有力、如此偏袒和狭隘，以致光惩办这家俱乐部还不够；还应该逮捕别的阴谋分子；正是这家俱乐部选定了这批人，并准备吸纳他们。三个月前，律师帕斯卡里斯（Pascalis）先生跟几个朋友曾就解散高等法院一事发表宏论，其中哀叹说，人民很盲目，“受到特权的蛊惑却不知特权的危险”。显然，一个胆敢这样说的人就是叛徒。还有另一个叛徒，摩尔莱·德·拉·罗凯特（Morellet de la Roquette）先生，他本人曾拒绝加入那个被驱逐的俱乐部，但他以前领地上的附庸应该指控他迫使别人同意赎买他的封建权益；另外，六年前，他的马车在路上轧死过一个孩子：所以，他也是人民的公敌。市政府还在商议此事时，“几个雅各宾俱乐部的成员”也在开会，决定应该对帕斯卡里斯和德·拉·罗凯特下手。晚上十一点，80名心地纯正的国民自卫队员，由俱乐部主席率领，前往一法里外的地方，将这两个人从床上带走，投入埃克斯的监狱。如此巨大的狂热还没有引起人们的不安。因为，虽说市政府容忍逮捕行为，它还是想制止屠杀的。因此，第二天，即12月13日，它从马赛请来了恩斯特团的400名瑞士兵和400名国民自卫队，并以埃克斯当地的国民自卫队为补充，将这些队伍布置在监狱周围，防范任何可能的暴力行为。但是，跟随马赛国民自卫队一起到来的还有很多其他的武装人员，他们是制造混乱的志愿军；13日下午，第一批队伍试图冲进监狱，第二天上午，新的队伍组成，要砍下帕斯卡里斯的脑袋。带头的是雅各宾俱乐部的成员，还有“大批来自外地的不知名的人员，由他们指挥和调配”。埃克斯的民众整晚都纠缠不休，所有防范洪水的堤坝同时溃决。第一阵骚动声传来，正在执勤的国民自卫队便自行解散，散布到各处；也没有任何集合别的自卫队的信号，紧急集合鼓根本没有敲响。“大部分国民卫队都离开了，这样看起来他们就不会当场支持攻击行为，何况他们也没接到制止这些行为的命令。和平的公民见状大惊失色”，所有人都逃走了，或在家里闭门不出；街道上冷冷清清，一片死寂。与此同时，监狱的大门被人用斧子劈开。邀请瑞士兵司令保卫囚犯的是该省的总检察长，此刻他已被人逮住并带走，命悬一线。三名身披绶带的市政官到了，但他们不敢下达军官要求下达的命令：制造流血，大开杀戒；显然，在这个关键时刻，他们的责任让他们害怕了。“我们没有命令要下达。”于是，在这座围绕监狱的兵营里，上演了奇特的一幕。站在法律一边的是800武装人员，即400瑞士兵和400马赛来的国民自卫队，他们全都排成战斗队形，火枪就端在手上；他们是带着特别的任务来的，这个任务头天晚上市政府、区和省已经重复过三次，他们也同情所有正派的居民和大部分的国民自卫队。但是，依据宪法有责任就此事表态的人，却始终没有说出那句法律上必须说出的命令，结果一小群狂热分子成为主宰者。现在，在呆若木鸡的士兵们的注视下，这三位市政官被逮捕了，"刺刀顶住他们的胸膛，他们只好签署命令，将帕斯卡里斯先生交给人民"。德·拉·罗凯特同样被交出。"情况似乎是，埃克斯的国民自卫队"，即雅各宾少数派，在监狱门口组成了一个团体，并自立为战争委员会：这些人同时担任"控诉人、证人、法官和刽子手"。一名上尉把两个被告带上法庭，他们被吊死。被人从乡下押到埃克斯监狱的年迈的基拉芒先生，紧接着也被吊死。对杀人犯没有任何调查：新的法庭，或是因为害怕，或是因为有先见之明，早已投靠民众派；结果，它所有的举措都是针对被害者，针对被砸毁的俱乐部的成员。拘禁、传讯、搜查、扣押信件，各种法律程序如暴风雨般落到他们身上。300名证人被审问。被逮捕的军官"戴上镣铐送入监狱"。从此以后，俱乐部君临天下，"让所有人都害怕[①]"。"12月23日到27日，埃克斯共发放了2000张通行证"。"如果外出流亡继续下去，"特派员写道，"埃克斯很快就只剩下找不着工作、没有任何生计来源的工人……整条整条的街道没有人居住……如果这样严重的罪行都能公然不受惩罚，恐惧之情必然会让但凡有点办法到别处生存的人远离这座城市。"在特派员到来后，有几个人回来了，他们希望特派员能带来安全和公正。但是，"如果不进行调查和审讯，我们一离开埃克斯，肯定有三四百户人家也会跟着离开……有哪个明智之人可以马上担保说，每个村子都不会有人被吊死呢？乡村的仆役公然审判他们的主

① *Archives nationales*, F7, 3195. 特派员的信，1791年2月11日，3月20日，5月10日。

人……逍遥法外的期待让所有农村居民都到森林里大肆破坏，在一个法律观念极为淡薄的地方，这是最大的危险之一。他们每天都对有钱人提出各种最荒谬最不公道的要求，而要命的绳索总是他们意愿的代言人和象征物”。没有任何避难所可以躲避这些暴行。“省、区和市政机构，都是按照俱乐部名目繁多的请愿书来统治的。”所有人都看得清楚，这些权力机构在一个庄严的日子里已遭受一场大溃败，这标志着它们的软弱，当这些机构的官员们在新主人面前低下头时，他们唯有为得势的党派服务才能保持法律上的权威。

第二章 主权者：不受约束的狂热

Ⅰ. 旧的宗教仇恨—1790年的蒙托榜和尼姆。Ⅱ. 主导性的狂热—其尖锐的表达形态，饥饿的恐惧—谷物流通不畅—选举大会的干预和篡权—尼维尔内的最高限价令和农村法典—1790年的中部四省—物价腾贵的长期性原因—焦虑情绪和不安定的局面—谷物流通的停滞—1791年的巴黎周边各省—小麦无法流通，靠武力收集和征调—1792年排队够粮队伍的增大—厄尔、下塞纳省和安省的乡民武装—8月10日后混乱局面的复发—被放纵的本能的专制—政治和实际措施。Ⅲ. 纳税人的利己主义—1790年的伊苏顿—抗税暴动—1789年和1790年的间接税征收—废除盐税、商品税和入世税—1789年和1790年的直接税征收—纳税的不足和拖延—1791年和1792年的新税收—税册编制中的迟缓、不公和欺骗—征收税款的不足和迟缓—指券支付—纳税人免除了一半的税额—森林被毁—公有财产的分割。P488。Ⅳ. 佃农的贪婪—第三次和第四次农民大暴动—1790年和1791年的布列塔尼、利穆赞、凯尔西、佩里戈尔及相邻各省—对城堡的进攻和纵火—契约被烧毁—拒绝缴纳地租—池塘被毁。—大革命的主要特征，首要推动力和主导性激情。

在这种局势下，激情无拘无束；只要其中有一种能量充沛、可以组织起几百号人的激情，就能缔造一支派别或一个团伙，然后跨越由消极或被蔑视的政府编织起的松散脆弱的红线。人类社会即将获得一次重要的经验：由于维系社会的常规缰绳已经松弛，我们将能衡量出攻击社会的永恒本能所具有的力度。本能始终都存在，即使在平常时期；但这时我们丝毫注意不到，因为它们被压制了，但它们并不因此就不活跃、就没有效能，换言之，本能是不可摧毁的。一旦它们不再被压抑，其恐怖便会昭彰于世，就像托着小船的水一样，一有缝隙就会汹涌而至，湮没一切。

I

首先，靠联盟、拥抱和手足之情的迸发，是抑制不了宗教激情的。在南方，对新教徒的迫害持续了一个多世纪，古老的仇恨已延续了百年[①]。二十年来，镇压新教徒的可怕法令逐渐废弛，但事态并没有改观。1787年以后，新教徒的民事权利全面恢复，但仍然于事无补。过去存活于记忆中，一代代传承下去；新教徒和天主教徒两个群体彼此对立，相互提防，相互敌视，随时准备进行自卫，总是把对方的防范措施视为进攻的企图：在这种局面下只有开枪射击了。当乌泽斯的警报声响起[②]，两千天主教徒突然之间占据了主教官邸和市政厅，400名新教徒则聚集在城墙外的瞭望台，一整夜枪不离手，双方都深信对方会进行屠杀，一方请求雅莱斯的天主教徒前来支援，另一方则求助于加多能克的新教徒。在处于这种状态的两个派别之间，可能只有一种办法能防止内战：就是借助于第三方的仲裁，后者应是一支外来力量，应该始终存在且具有充足的能力。为此，朗格多克的军事长官提出了一个可行的计划：在他看来[③]，要害人物中，一方是下朗格多克的诸位主教，另一方是拉博-圣-艾蒂安一家，包括父亲和两个儿子，三个人全都是牧师；应该让他们“以自己的头颅”对所有的聚

---

① 派往蒙托榜恢复和平的Jeanbon-Saint-André对Mathieu Dumas说的话（1790年）：“这是报复的日子，我们等这一天等了一百年。”(*Mémoires* de Mathieu Dumas.)

② Dampmartin, I, 187（目击证人）。

③ *Archives nationales*, F7, 3223 et 3216. 驻蒙彼利埃的旅长Bouzols的信件。

会、反叛或驱逐军队的企图担负责任；应设立一个12名法官的法庭，法官由12个城市挑选；触犯法律者应传唤到这个法庭；该法庭应享有终审权，其判决应立刻执行。但现行的体制恰恰相反。两个派别都组成了民兵，或依靠民兵力量，因此总会相互开枪，更何况，新的宗教法律对天主教热情的打压力度越来越轻，由此导致火星四溅，随时都会落在填满弹药的枪支的引信上。

在蒙托榜，1790年5月10日是对宗教社团进行盘点和清算的日子[①]，当天特派员无法入场，接近癫狂的妇女横卧在修道院门口，人们必须从她们身体上跨过去，于是方济各修道院门口聚集了大批人群，大家正在签署一份请愿书，要求保留修道院。眼见这种狂热，新教徒们害怕了：他们的80名国民自卫队前往市政厅，武力夺取了市政厅门前的一座哨所。市政当局要求他们撤离，但被拒绝。这个时候，聚集在方济各修道院的天主教徒已陷入混乱，人们开始扔板砖，踹门柱。有人高喊，藏在哨所里的新教徒正从窗户往外开枪。愤怒的群众立刻冲进军火库，拿起所能找到的任何武器，对哨所一阵扫射，5名新教徒被杀，24人受伤。一位市政官和一队骑警赶来，救了其他新教徒的命，但人们要求他们两人一组，身穿短衫，双膝跪地，在大教堂门口当众赔罪，然后再将他们投入监狱。骚乱期间喊出了一些政治口号，如贵族万岁！万岁贵族！打倒民族！打倒三色旗！波尔多得知消息后，认为蒙托榜是在反叛法国，因而派遣一支1500人的国民自卫队前来解救被囚者。图卢兹表示支持波尔多，狂热之情令人恐怖；4000新教徒逃离蒙托榜；各武装城市厉兵秣马，仿佛从前的意大利。好在国民议会和国王派来了一位特使，马蒂厄·杜马（Mathieu Dumas）先生，此公对蒙托榜人民作了一番慷慨陈词，以求释放囚犯、恢复和平。

---

① Mary Lafon, *Histoire d'une ville protestante*（附有原始资料，节选自蒙托榜档案）。

一个月后，在尼姆[①]，一场更为血腥的冲突中，天主教徒落了下风。实际上，在该城的5.4万居民中，新教徒只有1.2万人，但他们控制了大部分的商业，他们掌握着工场，养活了3万名工人，在1789年的选举中，当地8名议员中，他们占了5名。当时人们对他们还是很有好感的，而且没有人想到，占统治地位的天主教会遭遇危险。但这一次，天主教会受到了攻击，两个派别又形成对立。天主教徒曾签署一份请愿书[②]，并招揽城郊的菜农，佩戴白色帽徽，该帽徽被禁止后，他们换成了红色头饰，以示标记。他们的领头人叫弗洛蒙（Froment），是个充满活力、目标远大的人，不过，在他前进的道路上埋设着地雷，而且地雷的爆炸并非由人操控。爆炸会自行到来，会因为双方的猜疑导致的摩擦而偶然引发；终极之日到来之前，双方的挑衅、谴责、侮辱、攻讦、争吵、石头和火器的袭击，已经不下二十次地点燃了引信。1790年6月13日，需要议决哪一方提供区和省的行政官员，于是选举的问题就提了出来，此时战斗开始了。选举大会在主教官邸进行，到场的新教龙骑兵和积极分子"是平时的三倍，都带着装满火药的短筒马枪和手枪，还有沉甸甸的弹药盒"，他们还派人在周边巡逻。在他们旁边，佩戴红色头饰的王党主义者和天主教徒，指责说自己受到了威胁和"嘲弄"。他们命人通知瑞士兵"不许再让任何徒步或骑马的龙骑兵进入，违者处死"，并宣称"主教官邸不是用来做哨所的"。窗外的人群在聚集，叫喊声四起，石头飞了进来，龙骑兵用的集合号被折断，随后是两声枪响[③]。龙骑兵立刻进行齐射，

---

① *Archives nationales*, F7, 3216. 尼姆市政府会议记录，Belmont修士的报告。行政特使的报告，1790年6月28日。天主教徒的请愿书，4月20日。市政府、特派员和Nausel先生关于5月2日和3日事件的通信。- Rabaut-Saint-Etienne的信件，5月12日。寡妇Gas的请愿书，7月30日。Alquier的报告（印制稿），1791年2月19日。Froment关于尼姆天主教徒被屠杀事件的报告（印制稿，1790年）。- 尼姆市长、议员Marguerritte提交的市政府新报告（1790年），印制稿。- *Mercure de France*, 23 février 1791.

② 请愿书有3127人签名，另有1560人附上了他们的十字架，表示他们不会写字。俱乐部的反请愿书有162人签名。

③ 这最后一个事件Alquier在报告中确认过，但被市政府否认。在后者看来，聚集在主教官邸周围的红帽徽没有枪支。

很多人受伤，七人死亡。从这一刻起，整个傍晚和整个夜里，全城都陷入枪战，每一方都认为对方想消灭自己，新教徒认为这是圣巴托罗缪，天主教徒觉得这是“一场米什拉德”（Michelade）[①]。没有人居间调停。市政府根本没有发布命令，相反它只能接受指令，被人辱骂，驱使，像个仆役一样供人使唤。爱国者们到市政厅抓捕了市政官贝尔蒙（Belmont）修士，命令他颁布戒严法，否则就要被处死，接着一面红旗放到了他手里。“走起来，该死的教士！ 旗子举高点，再高点，你个儿挺高的。”这伙人推搡他，用枪托打他。他咯血了？ 没关系，他得走在头里，应该让人看得清楚，就像个靶子，操纵者们是要谨慎地藏在他后面的。修士就这样往前走，冒着横飞的子弹，手里举着红旗，他已经成了红帽徽的囚犯，这些人放他出来只是让他给他们打红旗。第二面红旗由一个本城的差役拿着，于是开始了第二场巡游，枪声再次响起，红帽徽们又夺过这面旗，当然还得挟持第二位市政官。其余的市政官和国王的特使逃进军营，随后派出了军队。但弗洛蒙和他的三个连队驻扎在堡垒和带有防御工事的房屋中，他们在拼死抵抗。但是，这一天过去后，警钟敲响，集合鼓擂起，周围地区的爱国民兵，山区的新教徒，也即粗暴的塞汶人，正在大批赶来。红帽徽们被围困了，一所嘉布遣修道会被夷平，因为据说他们是从那里开枪的，结果五名嘉布遣修士殒命。弗洛蒙的塔楼被大炮摧毁，一阵攻击后被人占领；他的兄弟被杀，尸体被丢弃在城墙根；一所毗邻城垛墙的修道院被洗劫。邻近傍晚，所有战斗的红帽徽都被杀或逃跑，已经没有抵抗了。但暴行还在继续，涌进城里的1.5万乡下人认为他们折腾得还不够。有人向他们解释说，红帽徽的另外15个连队没有行动，这些所谓的进攻者“甚至连防御的能力都没有”，在整个战斗中，他们一直留在家里，因此，为了他们的安全，市政府发还了他们的武器。

---

① 圣巴托罗缪和米什拉德指的是发生在16世纪后期宗教战争期间的两场屠杀。前者发生在1572年8月24日，针对的是巴黎的新教徒，数千人罹难，随后引发全国性的宗教仇杀；后者发生在1567年9月29日的尼姆，八九十名天主教僧侣和教士被新教徒杀害。— 译者

接着，市政议会以白旗开道，来到公共广场劝诫公民相互和解。但这一切都无济于事。“人们以搜查嫌疑犯的房屋为名，大肆抢劫破坏，拿不走的东西一律砸烂”。仅在尼姆就有120所房屋被洗劫，周边地区的破坏同样严重，三天之后，损失总计达70万-80万利弗尔。很多不幸者是在自己家中被杀害的，包括工人，商人，老人和病人；有些人“卧病在床好几年，仍然被拖到门槛上执行枪决”。有些人吊死在瞭望台和新道街，有的则被活生生地用镰刀和砍刀剁死，耳朵、鼻子、脚和手腕被割下。按照通例，恐怖的传说会引发凶残的暴行。有个旅店老板，因拒绝分发反天主教传单而被怀疑在地窖中藏有地雷，而且火药桶和硫磺引信都已经全部装好；闻听此讯，人们用斧头和砍刀劈死他，朝他的尸体开了二十枪；随后死者被摆在门口展示，胸口还挂着一根长面包，暴徒用刺刀扎穿尸体，口中还叫道，“吃吧混蛋，吃啊你！”超过150名天主教徒被杀，很多血淋淋的伤者“堆满了监狱”，人们继续追查不受法律保护的人，一旦发现就像对待狼一样射杀。数以千计的居民申请通行证并离开了这个城市。与此同时，附近的天主教农民也屠杀了六个新教徒，包括一个82岁的老人，一个15岁的少年，以及农舍里的一对夫妇。为了制止屠杀，甚至连蒙彼利埃的国民卫队都介入了进来。然而，尽管秩序恢复了，但仅仅对胜利的一方有利。五分之三的选民逃亡，三分之一的区和省官员是在他们不在场的情形下任命的，新领导机构大部分由爱国俱乐部控制。所以囚犯事先就被看作罪犯对待：“没有哪个执达吏敢为他们服务，人们不允许囚犯为起草辩词而提供证据，没有人知道法官是否自由[①]。”所有地方的政治和宗教争端，都是这样开始、爆发和结束的。当法律要为对手申辩时，得胜的一方就会让法律闭嘴，在一以贯之、极不公正的统治体制之下，得胜者肆意倾轧那些被他们以非法的暴力手段打垮的人。

---

① *Archives nationales*, F7, 3216. 驻尼姆的Lespin少校给普罗旺斯司令Périgord的信，1790年7月27日。“人们归咎于失败一方，并以为在四百个囚犯的姿态中已经发现的阴谋诡计，随着案件的进展越来越不可信了。真正的罪犯全都在控告者当中。”

II

这种激情是人类文化的产物，但它只有在十分有限的领域才会释放。但另一种激情既非历史的也非地方性的，而是自然的、普遍的，它是所有激情中最难以驯服，最为专横，最为可怕的，我指的是对饥饿的恐惧。因为它不会期待，不会推理，除了自己它什么都不理会。每个地方或每个社区都该有自己的面包，自己可靠和连续的生计供应。邻人有吃的，我们也得有；而且我们必须先有，然后再是别人有。或者靠法令，或者靠强力，每个群体都应该为自己守住生计所需，要么就去别人那里夺取自己没有的生计。

1789年年底[①]，"鲁西永拒绝救援朗格多克；上朗格多克拒绝救援本省其他地方，勃艮第不理睬里昂；多菲内封锁本省，诺曼底部分地方不准用买来的小麦救援巴黎"。在巴黎，每家面包店门口都有卫兵把守；10月21日，一个面包店主被吊上路灯杆，脑袋被挂上枪尖。10月27日，在维尔农，轮到小麦商普朗特（Planter）倒霉了，虽然他冬天时还为方圆六法里之内的穷人提供了食物，但此刻，人们还是不能原谅他把面粉运往巴黎；他被吊起来两次，但都捡回一条命，因为两次绳子都断了。只有靠武力或靠卫队护送，才能把粮食运到城市，因为路上总是有国民卫队和起事的百姓拦截粮食。在诺曼底[②]，卡昂的民兵在大道上截留了送往阿尔古尔等地的小麦。在布列塔尼，奥莱和瓦纳扣留了前往南特的运粮车，拉尼昂拦住的是运往布雷斯特的粮食。布雷斯特派人交涉，结果它的特使被人揪住衣领，刀子架在脖子上，被迫签下字据，声明彻底放弃他们付过钱的粮食，然后被人用石头子轰出拉尼昂。听到这个消息，布雷斯特出动1800人，携

① Buchez et Roux, III, 240 (*Mémoire* de ministres, 28 octobre 1789). – *Archives nationales*, D, XXIX, 3. Vernon市政议会的会议记录（1789年11月4日）。

② *Archives nationales*, KK, 1105. Thiard的通信，1789年11月4日。其他类似的事件见于1789年9月4日，10月23日，11月4日和19日，1790年1月27日和3月27日。

带四门大炮，火枪中填满弹药，要夺回自己的财物。这是封建大饥荒的架势，在法国所有的地方，除了城市内部的饥民骚乱，到处都能看到类似的侵犯和诉求。“南图亚、圣-克劳德和赛普蒙瑟尔的人民已经武装起来”，一份公文这样说[①]，“热克斯的生命线再次被切断；任何地方都运不来小麦，所有道路都被封锁。如果不是日内瓦政府紧急救援，向该地提供800斗（coupées）的小麦，这里就肯定会饿死人，要么大家就只能手拿武器，去手里有粮的市政府夺取粮食”。纳尔榜让土伦陷入饥饿，因为在朗格多克运河上，航运已经被阻断，沿岸居民击退了两个连的士兵，焚烧了一座大楼，还要“连运河都要摧毁”。船只被拦截，车辆被抢劫，面包被抢夺，石块和枪弹一阵阵袭来，民众反对国民自卫队，农民反对城里人，买者反对商人，工人和日工反对佃户和地主：在卡斯特诺达里、尼奥尔、圣艾蒂安、安省、下加莱省，尤其是在从蒙布里松到昂热的漫长路线上，也就是几乎整个辽阔的卢瓦河谷地，1790年的场景全都是这样。不过收成一点都不坏。但小麦不再流通；每个小心脏都收得很紧，以便占有食物：于是其他的心脏在挨饿，整个肌体都在抽搐，这就是每个地方群体的彻底独立造成的第一个后果，而这种独立，正是宪法和局势导致的。

“人们叫我们开会，投票，任命管理我们事务的官员：还是让我们自己来吧！装腔作势的废话已经够了：面包还是两个苏一斤吧，我们自己到有小麦的地方去找小麦。”这就是农民的推理，在尼维尔内、波旁、贝里、都兰，选举大会成了叛乱的导火索[②]。在圣索齐，“所有工作开始之前，初选大会要求市政官员抢夺小麦，违者撤职；”在圣热兰，人们要求抢夺面包、小麦和肉类；在巴祖瓦的夏蒂永，所有粮食都应低于市价三分之一或一半，此外还有别的要求。人们逐步对所

---

① *Archives nationales*, F7, 3257. 热克斯的信件，1790年5月29。- Buchez et Roux, VII, 198, 369 (1790年9-10月)。

② *Archives nationales*, H, 1453. 中部四省司令Bercheny的通信。1790年5月25日，6月11、19和27日的信件。—*Archives nationales*, D, XXIX, 4. 波旁-朗西区政府官员的会谈，5月26日。

有他们了解的价格制定一个价目表，等于率先宣布了最高限价令，也等于是个完整的乡村社会经济法典：在这一混乱和缺乏条理的制定过程中，他们的情感和意愿就像镜中的影子一样显现无遗[①]。这是村民的纲领：虽然有各种地方变体，到底应该执行那些条款视情况、需求和时机而定，或者这一条，或者那一条，但首要的都是涉及生计的条款。通常的情况下，欲望产生传说：农民认为自己有权这样做，或者根据国民议会和国王的某条法令，或是依据特地交托给埃斯特雷（Estrées）伯爵的委任状。在圣艾芒的市场上，"一个人爬上小麦堆高喊：以国王和民族的名义，小麦降价一半！"另有人传说，圣路易骑士团的一位骑士，原王家掷弹兵的军官，正带领好几个教区的百姓，以国王和他自己的名义发布命令，谁要是不服从就罚款八利弗尔。在所有地方，穿工作罩衫的人都形成万头攒动的庞大阵势，抵制是徒劳的；他们人太多了，骑警队只能湮没在人海中。因为农村的这些立法者就是国民自卫队，当他们投票征调粮食或给粮食定价时，会使用火枪来推行自己的意志。

不管怎样，市政官们还是应该对这些叛乱者恪尽职守的。在东荣，选民大会就地逮捕市长，并威胁说，如果他不将每斗小麦的价格降到40苏，就要杀了他，烧了他家的房子：他签字了，所有市长都像

---

① *Archives nationales*, H, 1453. 尼维尔内十几个教区的会议记录，6月4日。白面包每斤2个苏，麸皮面包每斤一个半苏。每单位工作量工价，耕地农30苏，割草者10苏，大车修理工10苏，执达吏6苏。黄油每品脱8个苏，肉类5苏，动物油8苏，植物油8苏。石匠40苏，大木鞋3苏。"归还所有靠司法手段占有的公地使用权和放牧权。所有道路像以前一样自由通行。所有领主租税一律废除。磨坊主只能提取加工量的1/32。本省所有领主都应交还所有来路不正的地产。Bièze的教区神父的全部工作只能是九点钟的弥撒和两点钟的晚祷，无论冬夏；他主持的婚礼和葬礼应该免费，除了我们给他的酬金之外。他的弥撒每次可以付6苏；他不得擅离教区，除非是为了做日课经，或是访问教民。帽子价格从3利弗尔到30苏。一打包装钉价格3利弗尔。教区神父只能雇佣年龄50岁以上的女仆。他们不可去市场或集市。所有教区神父都应向Bièze的神父看齐。不能再有贩卖小麦的大商人。不公正地扣留物品的税吏应进行赔偿。租户在圣马丁日结账。Tontenelle伯爵（尽管他不在）和指挥官应很容易签字同意。教区神父Mingot将以书面形式放弃职守；他已经跟女仆一起逃走，圣体瞻礼节的第一个星期五他竟然没有做弥撒，有人猜想他在树林里睡大觉。细木工的工钱参照大车修理工。牛皮带40苏，牛轭10苏。主人支付一半的军役税。公证人的收费比以前削减一半，检验员也是如此。若本社区在这些条款中忽略了某些方面，无论是事实上还是法律上，都可提出抗议。"（签名者二十来人，包括几个市长和文书。）

他一样，因为“否则有性命之忧”。很快，农民“吹着短笛敲着鼓”，散布到邻近的教区，要人以40苏的价格出售小麦，他们的表情是如此坚毅决然，以致四队派去弹压他们的警察觉得还是撤退为妙。如果手上的粮食不多，他们就会分外爱惜储备粮。小麦成了囚犯：在尼维尔内和波旁，农民划出了一条当地任何搜查行动都不得越界的红线，如果有人违反，绳子和火把就在那里等着违法者。还需要监督规章的实施：在贝里，农民成群结队，到每个市场维持他们确定的价格标准。有人跟他们解释说，这样做会导致市场萧条，但没有用。“他们回答说，他们有办法让弄来谷物，他们会到别人家里去收粮食，必要的时候还要收钱”。事实上，“很多人家的粮仓和地窖被抢劫”；人们强迫农户把收成交到公共粮仓中；人们勒索有钱人；“人们让领主缴纳钱物，人们强迫整个庄子捐赠，人们掠走牲畜，人们还试图结果地主的性命”；由于城市对其商店和市场采取了防卫措施，人们便公开采取武力攻击①。波旁-朗西、波旁-阿尚波、圣皮埃尔-勒穆蒂耶、蒙吕松、圣艾芒、贡迪埃堡、德西兹，所有这些小城市都成了一座座孤岛，周边乡民的暴动如涨潮的海啸一样向它们袭来。城里的民兵枕戈待旦，大城市的国民自卫队和正规军也前来镇守岗哨。在波旁-朗西，戒严的红旗整整打了8天，大炮一直装满弹药瞄准目标。5月24日，圣皮埃尔-勒穆蒂耶受到攻击，两边的人马一整夜都在相互射击。6月2日，圣艾芒受到27个教区乡民的威胁，只是靠着防范措施和城防工事才得以幸免。大约就在同时，波旁-朗西受到12个教区的联合进攻，贡迪埃堡受到附近森林中的暴民的威胁；一队四五百人的乡民拦截了圣艾芒的运货车，并迫使护送队缴械；另一支人马以拉方堡为基地，整日骚扰正规军和国民自卫队。大城市也不安全。三四百村民由市政官带领，强行进入图尔，要求该市政府把小麦价格降低1/3

① *Archives nationales*, H, 1453. 同一通信，1790年5月29日，6月11日和17日，9月15日。*Ib.*, F7, 3257. Marsigny市政官员的信件，5月3日；Bourbon-Lancy市政官员的信件，6月5日。Amelot的书信节选，6月1日。

并减低地租。2000名携带火枪、铁钎和叉子的石板工人进入昂热，要求面包降价，并对卫兵开枪，于是国民自卫队和正规军对他们发起进攻，很多人重伤倒地，有两个人当晚被吊死，戒严的红旗飘了8天。一份公文称，“若不是皮卡迪团在，本城就要被洗劫和焚毁。”幸运的是，由于粮食收成喜人，物价下降了；由于选举大会结束，骚乱缓和了，到年底，人们似乎迎来了饥荒内战的停战期，犹如持续的风暴之间，天空短暂放晴。

但停战为时并不长久，20个地方孤立的暴乱时常打破宁静，而到1791年7月，生计无着的焦虑再度引发动荡，而且再也停不下来。在这场普遍的混乱中，我们只考虑一个群体，即围绕巴黎并给后者提供食物的8-10个省。这些地方都富产小麦，如布里和博斯，不仅1790年收成很好，1791年也是个丰产年。有人从拉昂给大臣写信说[①]，在安省，“小麦够吃两年”，“粮仓一般到4月就空了，但在今年，7月之前都不会这样”，因此，“生活必需品是有保障的”。但这些根本不足以保证生计，因为麻烦的原因不在于小麦紧缺。在一块人口稠密的辽阔地区，土地、作物和职业都各不相同，但每个人都要吃饭，因此食物应该能达到不生产粮食的居民手中。要想粮食毫无阻碍地、仅仅根据供需关系就能自发地运到所需地，管理机构必须有能力保护财产权，以及交易和运输的安全。随着国家权威的日益虚弱，安全也就越来越难以保证，而随着安全形势的日益不稳定，生活必需品的分配也就越来越困难，在这台为我们提供每日所需的面包的机器中，警察是必不可少的一个轮系。因此，到1791年，很多人无法得到每天所需的面包。由于宪法的作用，无论在中心还是在边缘，所有已经放开的缰绳都已经松弛下来，并将一天比一天松懈。作为实际上的主权行使者，市政当局对民众的弹压绵软无力，有些是因为民众太大胆，自己太软弱，有些则是因为自己太激进，以至于总是认为民众做

---

① *Archives nationales*, F7, 3185 et 3186. 拉昂区法庭庭长的信，1792年2月8日。

得有理。国民自卫队已经厌倦了，不再来执勤，或者拒绝使用武力。积极公民失去了兴趣，将在家中不问公事。在埃唐普[①]，该省特派员总是召集积极公民商议如何恢复秩序，但出席会议的只有20个人；其他人推脱说，如果群氓们知道他们跟自己不一条心，“就会烧毁他们的房子”，所以他们只好不来了。特派员们写道：“这样一来，公共事务完全由工匠和工人们任性胡来，但这些人的眼界完全局限于自己的那点生计。”因此这是下层人的统治，他们据以发布指令的消息，全都是他们听来或自己捏造的谣言，这可为出于贪婪的攻击或源自饥饿的暴行披上一件合理的外衣。在埃唐普，“有人向民众暗示说，卖给卢瓦尔河以南各省的小麦，其实已在班伯夫装船，然后从那里运出国，卖给外国人”。在鲁昂附近，民众以为“有人蓄意把粮食埋进沼泽、池塘和灰泥中”。在拉昂附近，雅各宾分子组成的愚蠢的委员会，把生活品的昂贵归咎于富人的贪婪和贵族的恶意：在他们看来，“贪心的百万富翁损害人民的利益来挣钱。他们害怕人民的力量”，当然不敢不自量力地与人民进行“光明正大的战斗”，而只能靠“背信弃义”。有了更轻易地战胜人民，他们决心一开始就通过悲惨的贫困和长期的饥饿来消磨人民，所以他们什么都要囤积，“小麦，黑麦和面粉，肥皂，糖和烧酒[②]”。这样的谣言足以唆使困顿已极的群氓们采取行动，而且势必会让他们把那些唆使他们朝这个方向走的人视为顾问和领袖。百姓总是需要领袖，要么在他们的精英中寻找，要么去恶棍当中选择。既然贵族被赶跑了，资产阶级退缩了，农民大地主又让人生疑，于是，一种动物需求激发起间歇性和盲目的专制主义，其最

---

① *Archives nationales*, F7, 3268. 派往埃唐普的两位特派员的记录和评论，1791年9月22-25日。

② *Archives nationales*, F7, 3265. 在很多文件中，以下这份表明了群众臆想中的观念和措施。Forges社区（下塞纳省）几个居民的请愿书：“致善良和不可腐蚀的内政大臣”。（1792年10月16日。）连续三年丰稔之后，饥荒一直在持续。在旧制度时期，如果小麦丰收，人们会拿它来喂猪，用面包喂牛犊。因此小麦肯定是被囤积居奇者和新制度的敌人转移了。农场太大了，应该分割它们。草地太多了，应该全拿来种小麦。应该强迫每个地主或佃农申报收成；申报应属实，如有谎言则处死或监禁，其小麦将被没收。应迫使周围的所有农民只能在Forges出售小麦，等等。

合适的引导者当然是冒险家和强盗们。这样的人不必很多：在一个堆满燃料的地方，几颗火星就能点燃熊熊大火。“在埃唐普和杜尔当，每个城市顶多有二十来个人……在骚乱中他们没有任何东西可以失去，而只会赢得一切：挑起骚乱和暴动的始终是这些人，其他的公民因为漠不关心而成为他们的工具”。在新的民众领袖中，有名有姓的几乎全是惯犯，他们此前就以打砸盗窃为业，经常冒犯并始终蔑视法律。在布吕诺瓦[1]，捣乱的首领是“第18团的两个逃兵，被正式判过刑，但他们逃脱了制裁，并跟该教区最邪恶最大胆的人沆瀣一气，每天拿着武器气焰嚣张地到处流窜”。在埃唐普，谋杀市长的两个主犯中，一个是因为偷猎而几次被判刑的不法分子，另一个是因为不良记录而被团里除名的枪骑兵。他们周围全都是些“居无定所”的工匠，到处漂泊的工人、伙计和学徒、流浪汉、大道上逡巡的不怀好意者，每个集市日，这些人都要进城，时刻准备在时机出现时偷拿敲诈一番。实际上，乡间的流浪汉已经成群地繁衍，针对他们的所有镇压手段都告停了。

“一年以来，”凡尔赛附近的几个教区写道[2]，“我们已经看不到警察，除了来发布命令的警察。”因此，从埃唐普到凡尔赛，道路上、乡村中，“谋杀和抢劫”越来越频繁。13、15、20或22个乞丐组成的团伙抢劫葡萄园，夜里闯入农庄，强迫别人提供饮食住宿，一连15天，天天都如此，偏僻处的农庄和房子成了他们掠夺的对象。在凡尔赛附近，1791年9月26日，一个教士在家中被杀；同一天，一个市民和妻子被人绑了起来，东西被偷窃一空。9月22日，在圣-雷米-奥诺雷附近，八个强盗对一户农家下手。9月25日，在维莱尔-勒塞克，13个

① *Archives nationales*, F7, 3268. 派往该省的特派员的报告，1792年3月11日（关于3月4日的骚乱）。- Mortimer-Ternaux, I, 381.

② *Archives nationales*, F7, 3268. 该区几位市长及行政官员的信件，Velizy, Vilacoublay, la Celle-Saint-Cloud, Montigny等地农民的信，1791年11月12日。Narbonne先生的信，1792年1月13日；埃唐普治安长官Sureau的信，1791年9月17日。Bruyères-le-Chatel的信，1791年1月28日。

强盗抢劫了另一户农家，走前还放下这样的客套话："你们的主子幸好不在这里，否则我们要用大火把他们做成烤肉"。不到一个月的时间内，在半径为三四法里的区域，共发生六起类似的暴行，暴徒全都是拿武器闯入民宅，而且都撂下烧烤的话。"这等激烈大胆的事件发生之后，"当地人士写道，"乡下没有一个稍微富裕点的居民可以指望在家有一小时的安宁。我们的好几个最好的农户已经放弃他们的庄园，另一些人说也要这样做，如果混乱还在继续的话。"更糟糕的是，在这些攻击行为中，大部分强盗"都穿着国民自卫队的军服"。因此最贫穷、最无知、最狂热的国民自卫队成员参加了抢劫。人人都该有生活所需，这是非常自然的，所以小麦所有者就是在囤积，富人多余的财物属于穷人！毁坏布吕耶尔-勒沙特尔森林的农民这样说："我们没有木料，没有面包，没有工作；揭不开锅时不存在法律。"

这样的体制之下，不会有廉价的生活必需品；焦虑不安的气氛太严重，财产权太没有保障，买卖、送货和支付都太不可靠。在一个地区，如果中央政府、地方机构、国民卫队和正规军全都不能履行职守，如果那里对生计问题所采取的举措，甚至最合法、最有益的举措，都要服从于民众追随的二十来个任性胡为的无赖，又怎能储存和运送货物呢？小麦留在了谷仓里，它藏了起来，在等待着时机，它只会偷偷地流入买得起的富人手里，买主除了支付小麦的价格，还要支付风险价格。因此小麦被压入一条狭窄的航道，它的价格因为指券的贬值而进一步抬高，生计之腾贵不仅要继续下去，而且还会加剧。为了治愈这个不幸，民众本能的干预只是一剂适得其反的药方：小麦从此不再流通了，它被拘押在收获地。在拉昂，"民众宁死也不愿别人运走他们的生活必需品"。昂热市政府曾派遣主宫医院的一名官员前往埃唐普，目的是在那里购买250袋面粉，但这个任务无法完成；一连好几天，这个官员都不敢说明他的来意，只好"夜里偷偷地造访城里的几家面粉店"。面粉店老板"很愿意供货"，但是"他们为自己的性命担忧，他们甚至不敢出门"。在上述地区的外围地带，同样出现类似的暴力行为。在谢尔的奥比尼地方，运粮车被拦截，区行政官受到威胁，两个人的脑袋被明码标价，部分国民自卫队已经跟造反者站在一起了[①]。在上马恩省的肖蒙，国民自卫队全体兵变；一辆运载300多袋货物的车子被扣留，市政府受到胁迫，暴乱持续了4天，省长被迫逃亡，民众夺取了火药和大炮。在北方省的杜埃，为了救一个谷物商一命，人们把他送进了监狱，但暴徒冲破监狱大门，卫兵们拒绝开枪，这个人被吊死，省长逃到了里尔。在下加莱省，海边的蒙特勒伊城有两个骚乱头领，一个是个锅匠，另一个是个钉马掌的，"名叫贝戈兰（Béquelin），绰号小无赖"，此人手提砍刀，这样回答市政府的敦告："一粒粮食都不能出城，现在他们就是主子了"，如果市政官再敢说类似的话，"就要他们人头落地"。没有任何制止的办法；国民自卫队接到命令后没有到场；应召而来的志愿者把枪举向了天空；民众聚集在窗户外喝彩欢呼；"我们不会服从的，"他们说，"我们可以凭自己的想法颁布法律。"在下塞纳省的托斯特，附近几个教区的6000人组成了一个武装协商团，为了更好地声张他们的权利，他们用绳子拖来了两台炮车；旁边是22名国民自卫队，每个人都扛着旗；人们强迫和平的居民加入队伍，"否则要他们的命"；市政官竟是他们的头领。这个临时拼凑的议事机构制订了一项全面的谷物法令，还煞有介事地发往省和国民议会，法令中有一条规定，禁止农民"在别处市场上出售小麦"。由于没有别的销售渠道，谷物只能运到本地市场，当本地市场供应充足时，小麦就应该降价。

但让人深感失望的是，即使在法国的产粮区，小麦也很昂贵，大约比期望中的面包价格还贵1/3：按照民众的想法，面包价格应为两

① *Archives nationales*, F7, 3203. 谢尔省政府的信，1791年8月25日。F7, 3240. 上马恩省政府的信，1791年11月6日。F7, 3248. 北方省官员的会议记录，1791年3月18日。F7, 3250. Montreuil-sur-Mer的市政官员的文件。1791年10月16日。F7, 3265. 下塞纳省政府的信，1791年7月22日。D, XXIX, 4. 在托斯特聚会的各市政机构的陈情书，1791年7月21日。Dieppe, Cany, Caudebec等区市政官员的请愿书，1791年7月22日。

苏一斤。于是[1]，在戈奈斯、杜尔当、科贝伊、梅内希、布吕诺瓦、里穆尔、布里-孔特-罗贝尔、尤其是在埃唐普和蒙莱里，几乎每周都有人借助骚动和暴力迫使卖主降价三分之一或更多。行政当局无法维持市场买卖的自由。百姓事先就阻止军队介入；因为，不管士兵如何容忍和通融，百姓还是朦胧地觉得，当兵的不是来让他们抢空麻袋，勒索农户的；为了摆脱所有的监督和桎梏，他们竟利用了市政府，强迫后者自行解除武装。市政官们被困在办公所，有时还受手枪和刺刀的威逼[2]，他们向本来盼望其到来的军队发去命令，让军队原路回去，并请求省长不要再给他们派部队，因为如果部队到了的话，有人就会"让他们后悔的"。根本没有军队前来：在埃唐普，群众总是重复说，"军队是由面粉商人操纵和付钱的"；在蒙莱里，"军队只会武装一部分公民反对另一部分公民"；在里穆尔，"军队会让粮食涨价"。在这个问题上，所有的借口听起来都不错；民众的意志十分专横，当局也在迎合这种意志。在蒙莱里，市政当局"为了避免流血"，将警察限制在各个城门，由于这道命令，骚乱更加肆无忌惮。但是，即使让民众为所欲为，官员做得还不够，他们还要以法令的形式认可群众的要求。人们前往市政厅捉拿官员，把他们拉到集市广场上，在要求确定价格的喧嚣声中，这些官员无非是来签字画押、宣布商品定价的。有的时候，当村子里一群武装民众准备在邻近的市场强施暴政时，他们会挟持市长，不管后者愿不愿意，都要充当他们的官方工具[3]。"面对暴力，根本没有抵抗，"维尔勒佩蒂的市长写道，"他们必须马上就

① *Archives nationales*, F7, 3268 et 3269, passim.

② *Archives nationales*, F7, 3268 et 3269, passim. 塞纳-瓦兹省政府会议，1791年9月20日（关于9月16日埃唐普的骚乱。）区长Charpentier的信，9月19日。该省特派员的报告，1792年3月11日（关于3月4日布吕努瓦的骚乱）。该省特派员的报告，1792年3月4日（关于蒙莱里2月13日和20日的骚乱）。塞纳-瓦兹省政府会议，1791年9月16日（关于科贝伊的骚乱）。里穆尔、隆居摩等地市长的信。

③ *Archives nationales*, F7, 3268 et 3269, passim. – 蒙莱里市政当局的会议记录，1792年2月28日。"我们不能向您提供更详细的情况，否则我们就会受到极端行为的威胁，这对我们而言将十分可怕。"当地治安法官的信，2月25日。"如果我对谋杀Thibault的凶手发出逮捕令，群众的喧嚣声将会告诉我，人民就要起义了。"

走。”“他们对我说,”丰特奈的市长写道,“如果我不服从就要吊死我。”如果某个市政官冒失地提出异议,人们就说“他变成了贵族”。贵族就要被吊死,这是个不可违抗的推论,更何况这个推论实际上已经被运用了。在科贝伊,要求维护法律的监察官差点被打死,人们还到处搜查他,三所房子因此被搅得鸡犬不宁。在蒙莱里,一个谷物商被指控在小麦粉里掺入了蚕豆粉(其实价格比前者贵两倍),结果在家中被人谋杀。在埃唐普,市长因为宣称要坚持法律而被人乱棍打死。啸聚的民众嘴里“只有纵火和毁坏”,而受尽欺凌、侵犯、羞辱、偷窃并面临死亡威胁的殷实农民,则自顾自地逃命去了,说自己再也不会去市场。

这就是民众专制的第一个后果;像所有不具备思考能力的力量一样,它的所作所为与其目标南辕北辙:它在生计昂贵之外又新增了匮乏,它不是在充实市场,而是在抽空市场。此前,埃唐普市场上的小麦有时可达1500-1600袋,叛乱后的一周中,运来的小麦只有60袋。在蒙莱里,6000聚众闹事的人每人只分得一点粗面粉,该城的面包店主连烤面包的原料都没有了。面对这种情况,暴怒的国民自卫队告诉农户,他们将去农庄搜查粮食。他们真的去了[①],在蒙莱里、里穆尔和其他几个大市场周围的大路上捶鼓开道。人们看到200、200、400人的队伍经过,领头的是他们的指挥官或他们带来的市长。他们挨户搜查,爬进谷仓查看收获粮食的数量,并让主人签下承诺书,答应下周把粮食运到市场上。有时,如果他们饿了渴了,会让人当场为他们提供饮食,而且不能惹恼他们:一对农家夫妇差点被吊死在自己的谷仓中。但这都是白费力气:扣留和搜查小麦纯属徒劳,因为它像惊恐的野兽一样躲了起来或逃走了。持续的骚乱也是徒劳;在该省所有集市上[②],武装民众给粮食强行限价的努力同样是徒劳

① *Archives nationales*, F7, 3268 et 3269, passim. 警察的报告,1792年2月24日及随后几天。里穆尔一位下士的信,3月2日;Plessis-le-Comte农场管家的信,2月23日。

② *Archives nationales*, F7, 3268 et 3269, passim. 一朗布依埃公民给国民议会的报告,1792年9月17日。

的。小麦一个月比一个月稀少、一个月比一个月昂贵，从26法郎涨到了33法郎。因为被侵犯的农民“供应的粮食非常少”，这只是“为躲避威胁而必须做出的牺牲；农民其实在家里或在客栈里向巴黎的面粉商出售粮食”。因此，丰稔之后，随着时间的流逝，百姓将陷入更严重的饥荒；他们的暴行已经加剧了自己的困境，是他们自己让自己挨饿的。但他们根本不会把错误归结为自己的不服从，他们只是控诉官员们，在他们眼里，“这些人跟囤积居奇者串通一气”。他们的这种思维定势无法抑止，困境只会更令其怒火中烧，但怒火又会加剧其困境，由于这一致命的恶性循环，他们的侵犯和攻击行径就会不断升级。

从1792年2月开始，这类暴行就无以数计了，而且，前来征调和索要粮食的团伙已经变成了军队。在蒙莱里①，一支6000人的军队统治了市场。入侵韦尔讷伊市场的队伍有七八千人。在拉昂附近，有组织的队伍维持了10天，起初有1万人，随后多达2.5万人。拉昂的150个教区敲响警钟，叛乱蔓延至方圆12法里的区域。五条运粮船被拦截，尽管有区、省、大臣、国王和国民议会的命令，人们还是拒不交还。此间船上的货物已经被享用一空了。“来自各个教区的市政官还领到了酬金：市长每人每天100苏，市政官3利弗尔，卫兵2利弗尔10苏，脚夫2利弗尔。他们规定，这些酬金以谷物形式支付，并将粮食价格定为每袋15利弗尔。可以肯定的是，他们会私分这些粮食，已经有1400袋分发了出去。”国民议会的特派员徒劳地讲了三个小时；讲话结束后，人们就在特派员们面前商议，是否要把他们吊死，或者淹死，或者砍死，并把他们的脑袋穿在修道院栅栏上方的五根尖铁杆上。面对武力威胁，特派员们制定了相应的条文。900名精心挑选的武装人员在聚会中心地点日夜执勤，周围所有村庄的钟楼上都有哨兵把守，只要发出信号，24小时内就能召集2.5万人。只要政府还

① *Archives nationales*, F7, 3268 et 3269, passim. 蒙莱里市政机构的会议记录，1792年2月27日。Buchez et Roux, XIII, 421 (1792年3月), et XIII, 317. *Mercure de France*, 1792年2月25日。(该省省长Dauchy的信件；内阁特使Gouy的信件，等等。) *Moniteur*, 1792年2月15日的会议。

存在，它就会竭力去战斗；但是，它的力量在逐月衰落，8月10日之后，政府被打翻在地，从此民众团伙取代了它的位置，成了各地无可争辩的主权者。从这一刻起，不仅保护生计的法律无力对抗扰乱流通和买卖的捣乱分子，而且，议会实际上认可了这类叛乱者，因为根据法令[1]，议会终止了针对叛乱者的诉讼，废除了已经颁布的判决，释放了所有在押或判刑的囚犯。于是，政府部门，商人，有产者，农户，全都任由饥民和盗匪的怒火支配：此后生计就属于那些想要并且能够得到的人了。"有人会告诉你们，"一份请愿书这样说[2]，"我们违反了法律。对于这种恶毒的诽谤，我们的回答是，人民的福祉就是最高的法律。我们是为了市场上有食物供应、为了整个共和国小麦的价格都一样而来的。因为，当人们没有面包时，最纯洁的爱国情操也会熄灭，这是确定无疑的……反抗压迫，对，反抗压迫，这是最神圣的义务；还有比缺少面包更可怕的压迫吗？没有，肯定没有……你们跟我们一起干吧！就这样，就这样：这份请愿书在这样的爱国主义气氛中结束，真是再好不过了。"请愿书写在一面鼓上，周围是一圈火枪队；有这样的装备为伴，请愿书自然成了一道命令。暴徒们很清楚这一点，有时，他们不仅将自己的私人权威变成法律，甚至使其成为权利的依据。在卢瓦尔和谢尔省[3]，一伙四五千人的人马自称"最高权力"。他们走遍各个集市，从圣加莱、蒙杜布罗、布卢瓦，一直到旺多姆，沿途强夺食物，其队伍也像滚雪球一样越来越大；因为他们威胁"烧掉那些不像他们这么勇敢的人的家具和财产"。在社会溃散的状态下，骚乱就像一块溃疡，健康的部分会受病变部分的感染，成群的乌合之众在各地不断聚集和再生，它们或大或小，但都像脓疮一样繁殖和复发，最后粘结在一起，相互摩擦，苦不堪言。城市反对乡村，

① *Décret* du 3 septembre 1792.

② *Archives nationales*, F7, 3268 et 3269, passim. Montfort-l' Amaury, Saint-Léger, Gros-Rouvre, Gelin, Laquette, Méré等地公民致朗布依埃市政官员的请愿书。

③ *Archives nationales*, F7, 3230. 旺多姆区一位行政官的信，附有旺多姆社区的会议记录，1792年11月24日。

乡村反对城市。一方认为，“所有向市场供应粮食的都会（在老家）被视为贵族[①]，成为受乡民们憎恨的人”。另一方面，城市为了不至于饿死人[②]，派国民自卫队到乡下到处查抄抢劫。在农村，每个市政机构都有权与人隔绝，这是普遍的认识。但在城市，人们普遍认为，每个城市都有权获得农村供应的食物。每个社区的穷人都以为，社区应该供应他们免费的或廉价的面包。正因为如此，石块和枪弹如雨点一样横飞：省反对省，区反对区，人们都在争夺食物，最强有力的一方占据或保留了粮食。我描绘的还只是北方的情况，这里三年来收成都很好！我省略了南方，在那里，大西洋-地中海运河的交通已经中断，在那里，奥德省的检察长因为要保护车队通过而刚刚被杀，在那里，收成并不见好，在那里，很多地方的面包价格为每斤6个苏，在那里，几乎所有省的小麦价格都要比北方贵一倍！

这真是所有景象中最奇特、最富教益的一幕，因为我们能从中看到人的最深处。此时的人，仿佛身处海难之后的一条木筏上，没有生计，重新落入自然状态；此前，文明曾将他包裹在理性的习惯和观念编织的纤薄外衣中，现在，这件外衣已被撕碎，变成一块块破布飘零在他四周；野蛮人的胳膊又裸露了出来，他正晃动着这两条胳膊。要利用和引导这两条胳膊，只需要一个向导，这就是痛苦的胃所刺激的本能，这种本能从头几天就开始支配他，并成为唯一的行动皈依；这是动物的需求，但伴随着狭隘而暴虐的暗示，时而血腥，时而滑稽。这个由本能支配的愚蠢或惊恐的人始终像个黑人国王，唯一的政治手段就是屠宰场的步骤或狂欢节中的臆想。内政部长罗兰（Roland）派往里昂的两名特使，几天之后就能远远地观察这种狂欢

---

① *Archives nationales*, F7, 3255. 下塞纳省行政官员的信，1792年10月23日。鲁昂特别委员会的信，1792年10月22-23日。“情况似乎是，越是激励农民的热情和爱国主义，他们就越是固执地躲避市场，市场一直处于完全无货可卖的状态。”

② *Archives nationales*, F7, 3265. 农民David的信，1792年10月10日。省行政官员的信，1792年10月13日，等等。内阁给国民公会的信（印制稿），11月4日。临时执行委员会的宣言，1792年10月31日。（每塞提埃小麦合240斤，在南方售价为60法郎，但在北方便宜一半。）

和屠宰场[1]。有时候，农民在大道上拦截所有行人；在民众眼里，每个行人仿佛都是溜走的贵族，活该这些人落到他们手里！在奥顿附近，四个教士按照法律的要求前往边境，但人们"为了他们的安全"而将其送进监狱；一刻钟后他们又被拉了出来，尽管有骑警队的32名骑兵在场，他们还是被人杀了。"当我路过时，他们的车辆还在燃烧，他们的尸体就躺在不远的地方。车夫还被扣留着，虽然我想说服人们释放他，但没有用"。而在里昂，一连三天，权力机构落入站街妓女手中。"她们占据了中央俱乐部；她们自立为治安特派员；她们以这种身份签发告示；她们搜查商店"；她们确定所有食品的价目表，从面包和肉类，"一直到优质桃和普通桃。她们宣称，不管谁违法限价，就将被视为祖国的叛徒，并被添加到被驱逐者的名单中"：所有这一切，都是由"妇女治安特派员"公布、宣告和实施的，而这些人是社会底层中最底层的烂泥。勤劳善良的主妇根本不在此列，"任何阶层的劳动者"也都不会如此。在这个滑稽拙劣的管理机构中，行动者无非是些"放荡女子，少数吃妓女软饭的男人和渣滓女败类"。在那边的大道上，被放纵的本能的专制导致教士被屠杀，而在这里，在法国的第二大城市，本能的专制导致婊子的统治。

III

对缺少面包的恐惧，只是一种更为普遍的激情的尖锐的表达形式，这种更普遍的激情就是占有的渴望和不愿放弃的意志。任何的民众的本能，都没有像在旧制度时代一样，受到如此长时间的、如此粗暴的、如此普遍的伤害；也没有哪种本能在强制之下翻腾得如此剧烈，若要抑制它，必须构筑更高更厚的堤坝，堤坝必须用坚硬的材料筑成。因此从一开始，当本能溃决或湮没低矮纤薄的边沿时，宪法号

① *Archives nationales*, F7, 3255. Bonnemant的信件，1792年9月11日；Laussel的信，1792年9月22日。

称要夯实的脆弱的土质堤坝便在瞬间崩塌。第一波洪流吞没了国家债权、教士和贵族。在人民眼里，这些东西都被废除了，至少他们已经了结了它们。对于这一点，人民的想法一经形成就确定不移了；对于他们，革命的意义就在于此。已经不再有债权人，他们也不想再有，他们不会支付一分钱，首先是不再给国家付钱。

1790年7月14日联盟节当天，在贝里的伊苏顿，民众举行庄严聚会，为的是进行一次漂亮的宣誓，以永远确保公共和平、社会和谐和尊重法律[①]。很可能这里会像别处一样，大家在筹办一场动人心弦的仪式：将会有白衣少女，动情而文雅的官员将发表充满哲学色彩的长篇演说。但官员们发现，到场聚会的民众拿着棍棒、镰刀和斧头，国民自卫队也不阻拦这些人使用武器，恰恰相反，因为国民自卫队的成员，几乎完全由葡萄农和关心废除葡萄酒捐税的人构成，如箍桶匠、旅店老板、小酒店老板、酒桶工人、运酒桶的车夫，以及其他诸如此类的人，这些粗野汉子都按自己的方式去理解社会契约。巴黎发布的、或新政府机构向他们传达的众多法律、条令和言辞，其影响全都比不上给每瓶酒保留一个苏的捐税。不能再有酒类商品税了：只有满足这个明确的条件，他们才会进行公民宣誓，当天晚上，他们焚烧了两个议员的塑像，因为这两个人在国民议会"不捍卫他们的利益"。几个月后，全体国民自卫队被召集起来，官方要求他们保护税吏，但应召前来的只有一个指挥和两名军官。就算碰到个驯服的纳税人，人们也不让他缴税，这会被视作变节，甚至是叛国。既然已经宣布要对酒类销售进行三道验核，人们就用石头砸破酒瓶，自己喝掉一部分，剩下的拿到军营里犒劳军士；人们还威胁王家鲁西永团的指挥官苏查（Sauzay）先生，他竟胆敢救税吏的命，因为这个劣迹，他差点被吊

① *Archives nationales*, II, 1453. Bercheny的通信，1790年7月24日，10月24日和26日。这种状态一直在持续。1830年7月起义过后，伊苏顿爆发了一场大规模的抗税暴动，七八千葡萄农焚烧税务档案和税务机关，将一个职员拖到街上，每碰到一个路灯就说一遍："该把他吊死。"派去镇压的将军进城后只得投降，因为当他到达市政厅时，罗姆郊区的一个男子将一把大砍柴刀架在他脖子上，并告诉他说："要么撤销税吏，要么同归于尽。"

死。市政府被要求介入并使用武力，但它的回答是，“区区小事，不值得拿公民的性命去冒险”，根据它和民众的命令，前往镇压的正规军纯粹是走过场。五天之后，商品税税务局的玻璃窗被砸烂，布告牌被人搬走；骚乱持续不断，苏查先生在信中说，要维持该城的秩序，需要一个团的兵力。在圣艾芒，骚乱已经完全失控，只要依靠暴力才能镇压下去。在弗雷斯的圣艾蒂安，商品税税吏贝尔特亚斯（Berthéas）被人诬告囤积粮食①，虽有国民卫队保护也难免受人攻击。按通常的做法，为了救他一命，人们把他送进监狱，而为了保险起见，按民众的要求，人们给他戴上了铁链。但是这些暴民顿时改变了主意，他们冲破大门，把此人从牢房中拖出痛殴一顿。他躺在地上，头还在动弹，一只手搁在头上，于是一个妇女抱起一块大石头，一下子把脑袋砸裂了。这远非孤立的事件。1789年7月和8月，在这个王国的几乎所有城市，税卡全都被焚毁，国民议会下令恢复和维持商品税和入市税，向人民解释说这是公共需要，哀婉动情地提醒说，议会已经在其他方面减轻了他们的负担，但统统都是白费口舌，人民更喜欢自己起来减轻负担，更准确地说，是立刻和彻底地卸除负担。对消费品已经不再征收捐税了，不管是为国家还是为城市征收。“对葡萄酒和牲畜征收的入市税，”圣艾蒂安市政府说，“几乎没有一分钱的进入，我们的力量根本不足以继续征收这些捐税”。在康布雷②，连续两场骚乱迫使商品税税务所和市政官将啤酒税降低一半。但是，“恶劣的先例起先仅限于本省一角，但它将很快传播开”；而现在，里尔、杜埃和奥尔齐的大法官们写道，“我们几乎没有一个税务所不曾蒙受屈辱，没有哪家税务所的征税工作不是完全取决于民众的意愿”。交钱的人想交多少就交多少；因此“舞弊到了无以复加的地步”。实际上，纳税人在保护自己时非常高明，总能找到理由或遁词来逃避税收。在康布

① *Archives nationales*, F7, 3203. 谢尔省政府的信，1790年4月9日。Ib., F7, 3255. 1790年8月4日的信。初审法庭的审判，1790年11月4日。圣艾蒂安市政当局的信，1790年8月5日。

② *Archives nationales*, F7, 3248. Sénac de Meilhan的信，1790年4月10日。司法区大法官的信，1790年6月30日。

雷，他们声称，既然现在特权者像其他人一样缴税，国库应该相当充足[①]。在努瓦永、哈姆、肖尼及附近教区，屠户、小酒店老板和旅店主联合起来抵制商品税，他们找到一项特别法令，根据该法令，国民议会认为他们这样做合法，因此必须颁布第二道特别法令，好让这些我行我素的立法者闭嘴。在里昂，办法更为简单：32个区分别任命自己的特派员，后者宣布反对征收入市税，并要求市政府废除。后者必须同意，因为暴怒的群众就在窗外。不过，在等待授权期间，民众已经自己行动起来了，他们冲向税卡，驱赶税吏，而此刻大批粮食"由于离奇的宿命"而等在城门外等待，于是粮食未经征税就进城了。面对纳税人普遍的敌意，面对汹涌而至的舞弊风潮，国库官员们在竭力坚守，在修补被突破的堤坝，在封堵堤坝上的缝隙，征税工作还是重新开始了。但是，如果法庭不敢审判违法者，公共权力不敢支持法庭[②]，民众乐于对抗法庭和公共权力，并且保护罪证最确凿的强盗、恶行最昭彰的无赖：在这样一个国家，征税工作又怎能正常而全面呢？在巴黎，八个月的无法无天之后，开始对1789年8月13日焚烧税卡的暴乱者发出预审令了，但税区的官员，"鉴于其群众已经陷入严重的骚乱中，鉴于人民处于极度的不安中，鉴于人们已经懂得警钟敲响就可以知道威胁到来"，还是被迫将预审推后，并就此事请示议会；而议会"鉴于若同意在巴黎进行此类诉讼，则必须授权在全国进行司法追究"，故决定"给法律女神的雕像裹上面纱[③]"。

议会不仅掩盖了法律女神的塑像，还根据民众意志的苛求而拆除它、改造它、肢解它，在间接税方面，所有议会法令都是民众敲诈的结果。从一开始，针对盐税的叛乱就十分剧烈：仅仅在安茹，6万人曾

---

① Buchez et Roux, VI, 403. Chabroud的报告，关于里昂1790年7月9-10日的暴乱。Duvergier, *Collection des décrets*. *Décrets* des 4 et 15 août 1790.

② *Archives nationales*, F7, 3255. 1790年7月2日大臣给罗讷-卢瓦尔省政府的信。"国王已经得知，在贵省的广大地区，尤其是在圣艾蒂安区和蒙布里松区，局势混乱到了极点，法官不敢断案，有些地方的市政官竟带头闹事，另一些地方的国民自卫队不服从调遣。"—1790年9月5日的信件。"在Thizy镇，匪徒抢劫了几个棉纺厂，摧毁了部分设施，并公开拍卖抢走的货物。"

③ Buchez et Roux, VI, 345, Muguet的报告，1790年7月1日。

聚集起来试图废除盐税，政府只得把盐价降低16个苏[①]。但这样民众仍不满足，他们已经因为盐的垄断而吃了太多的苦头，即使削减后的盐税他们也不想忍受，他们总是支持私盐贩子反对税吏。1790年1月，在贝齐埃，32名税务职员曾以贩运私盐为由扣押走私者[②]，但现在被民众一直追赶到市政厅；市政官拒绝保护他们，于是这些人只好逃走；军队前来保护，但也是徒劳。五个人被酷刑折磨，先是被残忍地截肢，后被吊死。1790年3月，内克宣称，根据最后一个季度的财务报告，盐税征收中的赤字上升到每月400余万，这个数字占到平常收入的4/5，对烟草的垄断销售，情况也不比盐更好。在图尔[③]，市民卫队拒绝支援税吏，"公开保护走私者"，"走私烟草在集市上公开出售，就在市政府的眼皮底下，但后者不敢制止"。因此[④]，所有间接税收入都同时下降。从1789年5月1日到1790年5月1日，总包税所的收入从1.5亿降为1.27亿；商品税和各种销售税合计收入原本为5000万，这个年度只有3100万。流向公共金库的溪流因为民众的抵制而日益被堵塞，在民众的压力下，议会最终完全堵死了它们。1790年3月[⑤]，议会废除了盐税、关税、皮革税、油税、淀粉税和铁牌税。1791年2月和3月，它又废除了所有城市和市镇的入市税，所有商品税或商品税附加，尤其是对所有对饮料的制造、销售和流通征收的捐税。最后人民胜利了；1791年5月1日，在法令实施的当天，沉浸在

① *Procès-verbaux de l'Assemblée nationale* (1789年10月24日的会议)。1789年9月27日的法令，自10月1日起实施。其他减缓措施从1790年1月1日起实施。

② *Mercure de France*, 1790年2月27日(掌玺官的报告，1月16日)。内克对于财政委员会报告的评论，1790年3月12日的会议。

③ *Archives nationales*, H, 1453. Bercheny的通信，1790年4月24日，5月4日和6日。"非常令人担心的是，烟草税的命运会和盐税的命运一样"。

④ *Mercure de France*, 1790年7月31日(7月10日的会议)。财政总监Lambert告知议会，"由于持续不断的骚乱，盗匪横行，秩序全无，法国全境的征税工作遇到重重困难。一方面，有人告诉百姓，如果坚定地拒绝缴纳违反其权益的捐税，这种捐税最终就会废除。另一方面，武装走私泛滥，人民保护走私者，国民自卫队拒绝向民族进军。在其他领域，人们挑拨仇恨情绪，制造部队与税卡官员之间的分歧，后者被屠杀，税务机关被抢劫焚毁，监狱被打开" - *Mémoires à l'* Assemblée nationale, par M. Necker, 21 juillet 1790.

⑤ 1790年3月21日和22日的法令，4月21开始实施。1791年2月19日的法令，5月1日开始实施。

爱国主义氛围中的巴黎国民自卫队欢天喜地，绕着城墙尽情庆祝。残老军人院和新桥上响起了炮声，仿佛是在祝贺一场大捷。晚上街道上亮起了灯，人们整夜畅饮，到处都是一派节日景象。的确，啤酒三个苏一罐，葡萄酒六个苏一品脱；价格降了一半，没有比这更得民心的成就了，因为它让所有人的喉咙都能享受一下酒精的刺激[①]。

但是，从前由入市税支付的那些开支，现在仍然需要支付。1790年，巴黎的入市税收入为35 910 859利弗尔，其中25 059 446上交给国家，本市留用10 851 413利弗尔。巴黎现在如何为警戒、路灯、街道清扫和收容院的维持等工作拨付钱款呢？陷入同样困境的其他120个城市和市镇又该怎么办呢？废除总包税所、入市税和商品税之后，国家一下子失去了2/5的收入，它又应该怎么做？1790年3月，当议会废除盐税和其他捐税时，设立一项总额为5000万的替代税收，该税将分摊到直接税和城市入市税上。既然现在入市税废除了，这笔新负担就完全落在了直接税上。直接税能征收或能继续征收吗？当然，在这么多的骚乱中，间接税是很难征收的。但是间接税比其他税收引发的叛乱要小，因为国家的税款征收消解在了货物价格中，税务机关的手隐藏在商人的手后面。昨天，税吏来到一家店铺，出示手中的公文，零售商缴税，并无太多的反感，因为他知道，明天顾客就会补偿这笔钱，而且他仍然能赚；间接税的征收就这样实现了。虽说现在有困难和争吵，但可能是发生在零售商和纳税人之间，后者来到商店为的是采办一点货物，他之所以抱怨，是因为物价太贵，因为对此他有切身感受，可能他抱怨的是赚走他的雪花银的零售商；但他根本不去责怪税吏，因为他看不见，而且税吏也不在现场。相反，在直接税的征收中，现场拿走他珍贵的银币的是可见的税吏。对于这种被认可的偷盗，他没有得到任何补偿：这是实实在在的损失；当他离开店铺时，可以带走一罐酒、一壶盐，或者其他类似的东西；当他走出税务

① E. et J. de Goncourt, La société fran?aise pendant la Révolution, 204. – Maxime du Camp, *Paris, sa vie et ses organs*, VI, 11.

所时，拿走的只有手中的一张单据，一片字迹潦草的烂纸。但现在，他成了社区的主人，他是选民，是国民自卫队，是市长，是唯一有权使用武力并负责对自己课税的人。他们将积蓄深埋在地下，那里贮存着他全部的心血和灵魂，小陶罐中是他一枚枚积攒起来的钱币，这是他多年省吃俭用乃至忍饥挨饿、同住户催缴员周旋之后才换来的，其间经历了督办助理、税区主管、征收员和差役们的多少次骚扰啊！而你们要他把这个钱罐挖出来！

从1789年5月1日到1790年5月1日[①]，军役税、军役税附加、人头税、二十分之一税，总收入由原来的1.61亿降为2800万；在三级会议地区，这项收入从2800万降为600万。按规定，爱国税（contribution patriotique）应对超过400利弗尔的收入课税1/4，对每个人贮存的银器、珠宝、所有铸成货币的金银课税2.5%，这项捐税带给国家的收入为970万利弗尔。至于爱国捐赠（dons patriotiques），即使把议员们捐出的银腰带计算在内，其总额也只有361 587法郎，而且，越是认真检查这些数字，就越能发现农民、工匠和原来的军役税缴纳者的捐赠数量很少。实际上，从1789年10月以来，特权者已经被列上税册，毫无疑问，他们是最富有的阶层，容易接受普遍观念，是最名副其实的爱国者。因此，在直接税和爱国税产生的4300万收入中，他们很可能缴纳了大部分，可能占到2/3，也许是3/4。在这种情况下，大革命的第一年中，作为从前的纳税人，农民可能没有或几乎没有从口袋里掏一分钱。例如，在爱国税问题上，议会曾让每个人按自己的良知确定税额：六个月后，它发现人们的良知太宽大了，因而不得不让市政当局负责此事。结果[②]，某个将自己的税额定为48利弗尔的人被课税150；另一个只交了6利弗尔的农民被判可以缴纳100。在每一支部队里都会是这样的情况：一小群勇敢

① *Compte des revenues et dépenses* au 1er mai 1789. – *Mémoire* de M. Necker, 21 juillet 1790. – *Mémoires* présentés par M. de Montesquiou, 9 septembre 1791. – *Comptes rendus*, par le minister Clavière, 5 octobre 1792. 1er février 1793. – *Rapport* de Cambon, février 1793.

② Boivin-Champeaux, 231.

的精英冒死冲在前面。一个国家也是如此，一小批诚实人组成的精英纳税时以身作则。在一支部队里，若要填补那些不够勇敢的人造成的欠缺，就必须使用强制手段，而在一个国家，同样必须用强制来弥补诚实的欠缺。在接下来的八个月，即从1790年5月1日到1791年1月1日，爱国税的收入仅仅为1100万，其原因正在于此。两年之后的1793年1月1日，应该有4万份税册对该税进行摊派，但仍然有7000份税册没有完成该项工作；在1.8亿的应纳税款中，仍有7300万拖欠。然而，在所有的收入来源中，纳税人的抵制全都造成了类似的欠款和滞纳情形①。1790年6月，一位议员在议会发言中称，"每月应纳的3600万税款中，实际征收的只有900万②"。1791年11月，一份预算报告称，每月收入总额应该为4000万-4800万，但实际收入不超过1150万。1793年2月1日，1789年和1790年的直接税中，仍然有1.76万拖欠。显然，对于旧捐税，即使是制宪议会认可和延长后的捐税，老百姓也是全力反抗，征收来的税款是尽全力从他们口袋里掏出来的。

百姓对新税收态度会缓和一些吗？议会曾这样规劝他们，并向他们阐述说，既然负担已经减轻，既然作为爱国者就应该成为纳税人，因此你们能够也应该缴纳新税。是的，百姓能够纳税，因为他们已经免除了什一税，封建捐税，盐税，入市税和商品税，现在他们轻松多了。他们也应该纳税，因为被认可的税收对国家而言必不可少，而且它们很公平，是按财产比例分摊到所有人头上，并在严格的监督下入库和支出，不会有挪用和浪费，因为一切账目都很准确和清晰，都经过定期的审核。因此，当新的财政制度从1791年1月1日起开始实施时，每个纳税人毫无疑问都会争前恐后地作为一个好公民缴税，2.4亿新地产税、6000万新动产税，还有其他的税，如登记税、营业税和

---

① *Mercure de France*, 28 mai 1791 (5月22日的会议)。Allarde的发言："勃艮第连1790年的税都没交。"

② *Moniteur*, 1790年6月1日的会议。Fréteau的发言。*Mercure de France*, 1791年11月26日。Laffon-de-Ladébat的报告。

关税，都将自动地、按时地、轻松地进账。

不幸的是，在收税官征收头两项税收之前，必须先进行税收摊派，为此必须在地方百姓的抵制和无知当中起草文件、拟定章程、处理异议，这套复杂的工作会无限期地迁延下去。1791年的动产税和地产税由国民议会负责在各省之中分摊，但这项工作直到该年6月份才完成。而省在各区之间的分摊则到7、8、9三个月才完成。区在各社区之间的分摊要等到10、11和12月。因此，直到1791年的最后几个月，社区内各个纳税户之间的分摊工作还没有完成，这样一来，1791财政年度中，纳税人整整一年分文未交。到1792年，每个纳税人开始收到他们的税单。税单拟定中的不公和隐瞒行为，需要写一本书才能讲清楚。这首先是因为，摊派员的工作很危险，而负责让每个人接受其税额的市政当局，并不能自如地处理公务。早在1790年①，蒙巴宗的市政官就收到了死亡威胁：如果他们敢根据军役税册征收产业税的话；于是他们半夜逃往图尔。但就是在图尔，附近三四百个造反者硬拉上三个市镇的市政官，跑来向市政当局宣称，"不管怎样征税，他们都只想每户支付45个苏"。我已经讲过，在1792年，该省居民"屠杀和谋害市政官"，因为后者竟敢公布动产税册。在拉克勒兹省的克吕尼雅克，当书记官宣读税册时，一伙妇女扑了上去，一把夺过税册，"把它扯得粉碎，嘴里还大骂不休"；市政议会受到攻击；200人朝它扔石头；一个市政议员被掀翻，头被人剃光，并被拉到村子里示众，供人嘲骂。当小纳税人这样自卫时，人们就被警告要放他一马。因此，在乡村政府中，税收分派是同伙之间的协同欺骗行为。人们以邻为壑，转嫁负担："人们对有产者课税，试图让他们负担所

① *Archives nationales*, H, 1453. Bercheny的通信，1790年6月5日，等等。F7, 3226. 农民Chenantin的信件，1792年11月7日，区检察长的信件，11月6日。F7, 3269. Clugnac市政当局的会议记录，1792年8月5日。F7, 3202. 司法大臣迪波尔的信件，1792年1月3日。"蒙塔日区根本不存在公共权力，致使所有政府工作和法律执行都完全不可能。待征收的拖欠税款高得惊人，强制令的颁布存在风险，也无法执行，要么因为执达吏不敢承担责任，要么因为纳税人的暴力无人敢于抵制。"

有税收”。对贵族和从前领主的课税之高令人发指，有些地方根本缴不足。另一方面，人们都在装穷，都在歪曲和规避法律的规定。“在大部分市政机构，房屋、建筑和工厂[①]，都只根据表面价值估价，应视为头等土地的地产，结果税额几乎为零”。舞弊行为不仅限于农村。“据称，在一些有8000-1万人口的市镇，人们在摊派税收时口径一致，结果竟找不出一所价值超过50苏的房子。”最后一招：社区尽可能地推迟税册的编订。1792年1月30日，40 911份税册中，只有2560份最终确定；到1792年10月5日，4 800个市政机构连征税的底册都未制订出来；请注意，这时本财政年度已经过去九个月了。到这个时候，仍有6000多个社区尚未开始征收1791年的地产税，超过1.5万个社区尚未开始征收1791年的动产税，国库和各省只收到了1.52亿，仍有2.22亿拖欠未交。直到1793年2月1日，1791财政年度仍有1.61亿拖欠，而为替代盐税和其他被撤销的捐税而设立的5000万新税中，收入仅为200万。最后，到同一时期，1792年的两种直接税中，实际征收的不足400万，而本来的预期收入为3亿。欠债的有句格言：交钱的时候能拖则拖。不管债主是国家还是个人，人们都靠长期的拖欠来捞取哪怕是皮毛小利的好处。那句格言是对的，这一次的成功将再次证实它的正确。1792年，农民开始支付拖欠的款项，但是以指券支付的。但是，到1792年1、2、3月，指券贬值34%、40%、47%；到1793年1、2、3月，指券贬值45%-50%；1793年5、6、7月，贬值54%、60%、67%。于是，国家过去的债权在它自己手中不断消失，那些保留着硬通货的人赚了50%或者更多。另外，纳税人越是拖延，他们的债务下跌得就越厉害，他们已经通过拖欠缴款而找到了解除一半负担的办法。

与此同时，他们还把手伸向那些所有者过于虚弱、保护不力的地产。对于这些粗糙的大脑来说，要把国家这一抽象、朦胧和不可见

① *Rapport au Comité des finances*, par Ramel, 19 floréal an II.（制宪议会将房屋的地产税定为租金收入的1/16。）

的存在想象成一个真正的个人、一个合法的所有者,永远都是一件困难的事,尤其是当人们反复向他们灌输说国家就是全体人的时候。所有人的东西就是每个人的东西,因此,既然森林是公共的,第一个到来的人就有权使用它。1789年12月①,在布洛涅和万森森林,超过六十个人的团伙在砍伐树木。1790年4月,在圣日耳曼森林,"巡逻队日夜都在缉拿各种各样的违法分子";这些人被移交国民自卫队和市政机构之后,"几乎被立即释放,他们甚至带着偷伐的树木扬长而去"。面对"下层群众层出不穷的攻击和威胁",没有任何镇压措施;在一个前近卫军的煽动下,一伙妇女在护送队眼皮底下抢走一车薪柴,将它交给一所济贫院,而在森林里,偷盗者放火焚烧巡逻队。— 在尚蒂伊,三个狩猎官员被打成重伤②,连续18天内,两片林地备受蹂躏,所有猎物都被捕杀,并被运到巴黎出售。在尚博尔,骑警队军官写信说他已经无能无力了,森林被毁坏,甚至被烧毁,偷猎者现在成了当地的主人,他们甚至掘开堤坝,放干池塘里的水来捉鱼。在多菲内的克莱,一位行会官员试图禁止别人在承租的小岛上砍树,结果被人逮住折磨了五个小时,然后暴徒用石头砸他。国民议会发布了三道命令和规章,要求行政机构监督和保护森林,但根本不管用;行政机构太害怕它们治下的百姓了。在遥远而虚弱的中央权力和近在眼前的强大的人民之间,它们只好作出有利于人民的决策。尚蒂伊周围的五个市政当局,没有一个敢于执行法律,区和省的领导机构也认可它们的消极无为。同样,在图卢兹附近③,茂密的拉拉麦森林被一批武装人员在光天化日之下摧毁,民众一番折腾过后,

① *Mercure de France*, 1789年12月12日。—*Archives nationales*, F7, 3268. 驻扎在Conflans-Sainte-Honorine的巴黎国民自卫队的几名指挥官的报告(1790年)。普瓦希市政官员的证明,3月31日。

② *Mercure de France*, 1791年3月12日和26日。—*Archives nationales*, H, 1453. 布卢瓦骑警队长的信,1790年4月22日。—*Mercure de France*, 1790年7月24日。两名凶手对试图救这个官员性命的人说:"巴黎早就在吊死人了。滚开,你们这些贵族。巴黎的报纸将会提到我们的。"(证人材料。)—关于保护森林的法令和宣言,1789年11月3日和12月11日。—另见1790年10月。1791年1月29日。

③ *Archives nationales*, F7, 3219. Virieu司法区法官的信,1792年1月26日。

连灌木丛和矮林都没剩下，“除了几棵孤零零的树木和砍得参差不齐的树干”；对这一暴行，图卢兹和图尔内费伊市政府拒绝作出任何反应。更糟糕的是，在其他地方，如在阿尔萨斯，“全体市政官员在市长的率领下，砍伐他们就手的树木并将它们运走[①]”。如果哪个法庭敢于维护法律，那不仅毫无效果，而且自己要冒风险，要么无法进行审判，要么被迫撤回原判。在巴黎，针对入市税税所纵火者的判决就不敢发出。在蒙塔日，一些偷伐者在国有林地中砍了好几车树木，但针对这些人的判决书不得不进行修改，而且是法官们自己修改。就在法庭宣布没收车辆、扣押拉车牲畜的时候，抨击他们的暴怒狂叫声震耳欲聋，听众在厉声辱骂，被告高声叫喊，他们要用武力夺回车辆和牲畜。在这种场面下，“法官们退回合议庭，片刻之后，他们回到审判席，宣布取消判决中所有有关没收的内容”。

不过，这种司法行为不管多么可笑、多么容易就被违反，但它毕竟还能起到一点抑制作用。当它跟政府一道消失时，一切都成为暴力侵夺的对象，再无公共财产可言。从1792年8月10日起，每个社区和个人都在霸占对它们合宜的东西，包括产品和土地。破坏者甚至说，既然政府没有镇压，就等于认可他们的行为[②]。“他们甚至摧毁刚刚栽种的小树”。枫丹白露附近的一个村子瓜分并清空了一片矮树林。在朗布依埃，从8月10日到10月底，“损失超过10万埃居”，农村肇事者要求并威胁在居民之中瓜分森林。但是“破坏极其巨大”，而且延续数月，这位大臣说，公共收入的这一来源就这样长期枯竭了。公地并不比国有财产更受尊重。在每个社区，大胆的穷苦人、乡村乌合之众都在利用公地，利用特权享用公地。光享用还不够，他们还想要所有权，在国王倒台四天后，立法议会在普遍的溃乱中乱了手脚，这

---

① *Mercure de France*, 1791年12月3日（来自萨尔路易的信件，1791年11月15日）。*Archives nationales*, F7, 3223. 蒙塔日的市政官员的信，1792年1月8日。

② *Archives nationales*, F7, 3268. 朗布依埃国有领地主管的信件，1792年10月31日。*Compte rendu* du ministre Clavière, 1er février 1793.

就使得穷人有了实践自己的农业法的机会[①]。从此，在一个社区，只要有1/3的两性居民同意，女仆、短工、牧人、农场和马厩的帮工、甚至领救济的穷人，就可以要求瓜分公地。除了公共建筑和树林，所有公地都按人头抽签瓜分，每人份额相等，每个人都能得到一份。这项工作之所以会进行，是因为"它让最穷困的居民兴奋异常"。在奥布河上的阿尔西，90个社区中只有十来个有2/3的人投票反对瓜分，或宣布愿意保留公地。从此，社区不再是独立的所有者，它不再有自留地。在遭遇困难时，社区要自行课税，如果有可能的话，还会动用附加收入。但如今，它未来的收入已经落到新的所有者口袋里，而且口袋捂得严严实实的。这一次，私人的贪欲再次造成短视行为。受损害的总是公共利益，无论是国家的还是社区的利益，而且总是因为少数穷人的篡夺而受损害，个中原因，有时是因为公共权力不敢对抗这些篡夺者的暴行，有时是因为被多数人授予权威的公共机关的合谋勾结。

IV

当公共权力不能保护公共财产的时候，它也不能保护私人财产；因为攻击二者的是一样的贪婪和欲望。两种情形之下，只要找个拒绝债务的借口就行了，而要找到这样的借口，佃户的贪婪心与纳税人的自私心相比不遑多让。"既然封建制度废黜了，就不存在任何残留，不再有领主捐税了。尽管巴黎的议会还维持着好几种此类捐税，但它这样做是因为疏忽大意或腐败；我们很快就得知，它已经废除了全部领主捐税。在此期间，我们先自行了结了它们，我们去到存放契据的地方去烧了它们吧！"

---

① *Décrets* du 14 août 1792, du 10 juin 1793. – *Archives nationales*. Missions des Représentants, D, § 1.（特鲁瓦区的会议记录，共和三年风月2日。）在Thennelières，抽签在共和二年果月10日进行，后来为了女仆Billy还再次举行了一次，后者是个很有影响力的市政官，她跟"同事有着一条心"。*Ib.*，关于奥布河上的阿尔西区的事件的简报，共和三年雨月30日。"2/3的社区是这种情况。大部分都赞成并进行了分配，或者正忙着此事。"

根据这种推论，农民暴动又开始了；说真的，这是一场持续的普遍的暴乱。在一个躯体中，最后的鲜活元素会因为一场组织病变而发生变质，同样，我们也应在看似健康的肌体中找寻病灶；那些没有发生暴乱的地方，也许暴乱一触即发；一种持续的焦虑、一种深层的病态、一种潜伏中的热病，都已显示暴乱即将到来。在这里，负债人不付钱，而债主也不敢追究；在别处有一些零散的火星：在奥克松[①]，曾幸免于1789年7月大暴乱的地产、森林被摧毁了，据护林人揭发说，愤怒的农民朝一个城堡进发，那里只住着一个老人和一个孩子。全村的男女都来了，他们用斧头劈开封死的大门，并朝前来救援的邻居射击。在其他地方，如在圣艾蒂安和蒙布里松区，"人们公然抢走别人的树木而不受任何追究，人们拆毁修道院的围墙和台地；如有人抱怨就会受到性命威胁，于是他只好眼睁睁地看着自家房子被夷平"。在巴黎附近的蒙塔日、内穆尔和枫丹白露周边地带，很多教区拒付什一税和实物捐，尽管议会刚刚再次确认这些捐税；人们还搭起绞架，威胁要把收税员送上架子；在托内尔附近，负担地租的农民聚集起来朝前来维护地租的骑警队开枪。在亚眠，村子的市政官来到拉密尔（La Mire）伯爵夫人家[②]，请她放弃实物捐和三一所得税。她拒绝了，但市政官仍然坚持。她仍然拒绝，于是有人警告她"会倒霉的"。的确，两名市政官已经命人敲响警钟，全村人都跑去拿武器。伯爵夫人的一个家仆胳膊上中了一弹，她和两个孩子遭到凌辱和殴打，为时达三个小时；有人强迫她在一份文件上签字，但不允许她看文件；一把刀向她砍去，她用胳膊去挡，结果从肘部到手腕全都被砍裂了；城堡被洗劫；只是由于几个家仆的忠心，伯爵夫人才得以逃

---

① *Mercure de France*, 7 janvier 1790.（上索恩省的奥克松城堡。）—*Archives nationales*, F7, 3255.（内阁大臣致罗讷-卢瓦尔省政府的信，1790年7月2日）。—*Mercure de France*, 1790年7月17日（Broglie的报告，7月13日，7月13-18日的法令）。—*Archives nationales*, H, 1453 (Bercheny的通信，1790年7月21日）。

② *Mercure de France*, 1790年3月19日。 来自亚眠的信，2月28日。（Mallet du Pan在*Mercure*上发表的只是有人签名的真实信件。）

脱。与此同时，大规模的暴动蔓延到各省全境，一波未平一波又起，热病感染了那些人们曾以为已经治愈的地区，到最后，溃烂的疮口彼此相连，一块大伤口覆盖了社会肌体的整个表面。

1789年12月底，长期的骚乱在布列塔尼进入最激烈的高潮期。通常的情况是，人们根据臆想编织出一个阴谋，于是，按民众的说法，如果他们发起进攻，那是为了自卫。谣传[1]在朗巴尔附近，哥永（Goyon）在他的城堡里聚集了一些贵族和600名士兵。朗巴尔的市长和国民卫队即刻携带武器出发；结果他们发现哥永家里很平静，只有两三个朋友跟他在一起，除了四支猎枪，没有别的武器。但是，震动已经产生了。1月15日，彭蒂维的大型联盟节庆祝活动让人们头脑亢奋。人们喝酒，唱歌，呼喊，祝贺新法令的颁布，尽管在他们面前手拿武器的农民听不懂法语，更不消说法律术语了，结果，这些农民在回去大路上用下布列塔尼语进行推理，以离奇的方式对法律进行解读。“他们以为，国民议会的一项法令就是逮捕法令”，而议会的主要法令是反贵族的，所以，这些法令都是针对贵族的逮捕法令。几天以后，从1月底，经整个2月份，一直到4月，逮捕行动乱哄哄地展开了，其执行者是村民和流浪汉的队伍，波及南特、奥莱、雷东、迪南、普罗埃梅尔、雷恩、甘冈和其他城市周边地区。然而，根据南特市长的说法[3]，“乡村百姓认为烧毁契据就可以免除地租，在这种信念的驱使下，最纯良的人也会加入其中”，或者听之任之；暴行十分剧烈，因为有些人“借机发泄私愤，而且所有人都喝得面红耳赤”。在雷东附近，圣救主修道院已经化为灰烬。雷东受到威胁；普罗埃梅尔几乎被围得水泄不通。一个月后，总计有39个城堡受到攻击，25个城堡中的契据被焚毁，12个城堡主人被迫签署放弃租税的文书。两座刚起火

---

① *Archives nationales*, KK, 1105 (Thiard先生的通信；Bévy骑士及其他人的信，1789年12月26日到1790年4月5日)。*Moniteur*, 1790年2月9日。*Mercure de France*, 1790年2月6日和3月6日（城堡名单）。

② *Archives nationales*, KK, 1105 (Thiard的通信)。南特市长的信件，1790年2月16日，雷东市政府的信件，2月19日，等等。

的城堡被国民自卫队救了回来。但布瓦-奥-武耶被彻底烧毁，另几个被抢劫。此外，"十几个税务员、书记员、公证人和领主法庭官员遭抢劫或纵火"，城堡主人逃进城里，因为他们现在已经无法在乡下居住。

与此同时，在另一个地方，第二块脓肿也破裂了[①]。破裂发生在1月初的下利穆赞，从那里，化脓性炎症蔓延到凯尔西、上朗格多克、佩里戈尔、鲁埃尔格，并在2月份从图勒发展到蒙托榜，从阿让一直传染到佩里格和卡奥尔：它已经覆盖了三个省。这一次，按照常规的情况，焦急的等待创造出了自己的目标。由于十分期望法律取消所有租税，于是人们自认为这样的法律已经制订出来了；人们反复地说，"国王和议会已经命令各个代表团种植五月树并点亮城堡"。另外，强盗和流浪汉总是跟武疯子一起充当头领，以他们的方式领导暴乱：这仍然是惯例。一旦组成团伙，他们就在大路、田野和偏僻的茅屋打劫，如果他们想要动手的话，还会拿老实的乡民做掩护。除了强迫，他们还使用恐怖手腕。他们支起绞架，恫吓那些向教士缴纳酬金（droits casuels）或年税的人，凯尔西的一些教区威胁佩里戈尔的邻居们说，如果后者不按凯尔西的榜样展开行动，一周内将对其采取血与火的行动。警钟敲响，鼓声阵阵，一个个社区都在完成它的"仪式"。人们从教区神父那里抢来教堂的钥匙，焚烧领主的坐席，有时还烧掉刻有领主纹章的细木护板。人们来到领主家，拔去风向标[②]，强迫他提供一根上好的树木，以及装饰用的羽毛和绶带，当然还忘不了领主用来征收谷物或面粉的三件量器[③]。人们把领主提供的树种植在村子的广场上，在树顶安上风向标，挂上绶带和羽毛、三件量器

① *Mercure de France*, 1790年2月6日和27日（Foucault的发言，2月2日和6日的会议）。*Moniteur*（同一日期）（格雷古瓦的报告，2月9日，Sallé-de-Choux和Noailles先生的发言，2月9日）。图勒市议员的报告，Morellet修士编（根据该省83个市镇和城市的会议和通报）。

② 风向标（girouette）在旧制度时代被广泛视为贵族领主特权的标志。它在古希腊时代就已存在，在中世纪的法国，风向标可能是随维京人一起到来的。后来它逐渐演变为贵族和教会的一个标记，一般立于屋顶，由金属制成，教堂的风向标多呈公鸡状。— 译者

③ 可能是指测量长度、重量和容积的三件工具。— 译者

以及一张标语："根据国王和国民议会的命令，租税彻底结清了。"一番折腾之后，贵族没有了风向标，在教堂里没有了坐席，没有了征收租税用的量器，所以他不再是领主了，他也无法继续征收租税了。于是，广场上传来欢呼声，人们欣喜若狂，尽情庆祝。领主、教区神父和富人，只要还交得出钱就应该纳税；人们大吃大喝，"老百姓喝得都醒不过来了"。在这种状态下，民众就像一支军队到处攻击，遇到抵抗就纵火惩罚。在昂热地区，拉梅特（Lameth）侯爵和艾吉永（Aiguillon）先生的城堡被焚毁，在上朗格多克，遭殃的是布纳泽尔（Bournazel）先生的城堡，在佩里戈尔，倒霉的是巴尔（Bar）先生的城堡，巴尔还被人狠揍了一顿；凯尔西有六个人被杀。在蒙托榜周围和利穆赞，很多城堡受到枪击，好几个被抢劫。1200人组成的匪徒团伙横行乡里："他们憎恨一切形式的财产权"；他们还要纠正过去的错误："重新审理三十几年来的诉讼案，退回已经执行的判决书"。如果有人冒犯这一新法典，就要遭受惩罚，得益的是新的主权者：在昂热，一位贵族支付了他的采邑负担的租税，百姓就拿回他的收条，对他可课以相同数额的罚款，然后拿着这笔钱在他窗外大吃大喝，得意洋洋地尽情奚落他。

暴徒肆虐，盗贼蜂起，面对这种情形，还有一些国民自卫队在积极行动，很多市政机构仍然是秩序的朋友，众多留在当地的贵族还在使用武器自卫。有几个明目张胆的盗匪被从重处罚，并被当场处决以儆效尤。对于这个国家的所有人来说，社会危险是如此明显和紧迫：如果这种罪行不受惩罚，法国可能也就没有财产权，也没有法律了。因此波尔多高等法院要求进行追查；83个市镇和城市签署请愿书，并向国民议会派遣了一个特别代表团，要求继续已经开始的诉讼案，要求惩处被拘押的罪犯，尤其是关押在宪兵队的罪犯。但是，议会在回复中对波尔多高等法院进行了最严厉的申斥，并着手对整个司法领域进行全面的拆建①。从现在开始,它下令重罪法庭的所有判决全部推迟执行。几个月后,它又迫使国王宣布,针对布列塔尼农民暴动的预审程序一律作废,被逮捕的叛乱分子全部释放。议会全部的镇压手段,就是向法国人民发布一篇情感劝导文,这份文绉绉的12页文件乏味之极,好像是弗洛良(Florian)在描绘埃斯特尔(Estelle)和内墨兰(Némorin)②。于是,一个无可避免的结果是,在难以扑灭的灼热炭火周围,新的炉灶又被点燃了。在圣特区③,波尔多高等法院的推迪巴蒂(Dupaty)先生在用尽所有温和手段后,终于决定传唤那些不愿交纳地租的佃农;得知此讯,科斯纳克圣托马斯教区联合五六个其他教区,一起向他在布瓦-罗什和圣乔治-德-阿古的城堡发起进攻,结果城堡被洗劫,随后被烧毁,他的儿子在枪林弹雨中捡回一条命。公证人和管家马丹(Martin)也遭受同样的待遇,他的家具和钱财被洗劫一空;"女儿受到最令人发指的凌辱",一队人马甚至闯入居蒙(Cumont)侯爵家,强迫他放弃所有地租,否则就放火烧房子。这伙纵火犯中,领头的正是圣托马斯的市政官,而他们的市长则已逃走了。制宪议会确立的选举体制开始产生后果了。国王的特使写道,"在几乎所有地方,人们都排斥大有产者,由于职务被刚刚符合被选举资格的人占有,由此便引发了家境不宽者对拥有大量家产的人的激烈抨击。"六个月后,该省的奥雅克、米格隆和瓦赖兹等地,国民自卫队和农村权力机关决定不再支付什一税、地租、实物捐和其他任何仍然保留的捐税。省里废除这些决议,并派遣特使、警察和执达吏前来,但全都无功而返。特使被驱逐,执达吏和警察遭到枪击,前往省政府汇报的副区长在路上被抓捕,并被强迫辞职。七个

---

① *Moniteur*, 1790年3月4日的会议。- Duvergier, *Décrets* du 6 mars 1790 et des 6-10 août 1790.

② 1790年2月11日的告示。这篇东西滑稽之极,但足以让人理解整个大革命的历史。译者按:弗洛良(1755-1794)是法国作家,《埃斯特尔和内墨兰》是他的一部田园诗。

③ *Archives nationales*, F7, 3203. 国王特使的信件,1790年4月30日和5月9日。- *Lettre* du duc de Maillé, 6 mai. – *Procès-verbaux* des administrateurs du départment, 12 novembre 1790. – *Moniteur*, VI, 515.

教区跟奥雅克联合起来,跟米格隆联合的有十个教区;瓦赖兹敲响警钟,方圆四法里的村庄一起起事,1500人手拿火枪、镰刀和叉子前来支援。这次举动是要解救瓦赖兹的领头人普朗什(Planche),他被人抓了起来,还要惩罚瓦赖兹的市长拉铁斯(Latierce),因为人们怀疑是他揭发普朗什的。拉铁斯被痛打一顿,"各种骇人听闻的虐待持续了三十个小时";然后人们带上他前往圣-让-当热里,要求释放普朗什。市政当局一开始不同意,但最后还是答应了,条件是释放拉铁斯作为交换。结果,普朗什被开释,群众一阵胜利的欢呼。但拉铁斯没有被释放,人们又折磨了他一小时,然后杀了他;区政府不像市政当局那样驯服,但见此情景也只得逃跑。从种种症状来看,毫无疑问的一点是,这里的情况跟布列塔尼一样:人们显然始终处于反叛状态。社会溃疡远没有清空,相反它在继续化脓,在膨胀;它将在同样的地方第二次溃烂:1791年像1790年一样,农民暴乱的烽烟遍及布列塔尼和利穆赞全境。

因为,从性质上说,农民的意志不同于我们的意志,它更执着、更富韧劲。当一种观念落在他的意志中,就会以一种朦胧但深邃的形态生长,这种形态是语言和推理所不能把握的;一旦那观念扎下根来,便会随自己的意愿生长,这跟我们的观念不同,因为任何的法律文本,任何的司法判决,任何的行政文件都不能改变它产生的果实。这果实是好多个世纪的酝酿,它是一种极端的占有意识,也是一种彻底解脱的渴望。由于从前给所有人付出了太多,现在它不想再给任何人付钱,要压制这种观念是徒劳的,因为它总会以本能的方式抬头。1791年1月[①],群众团伙再次在布列塔尼形成,这是因为从前的采邑所有者要求缴纳地租。联合起来的各教区首先拒绝向采邑管家缴纳一分钱,随后农村国民自卫队前往城堡胁迫采邑领主。一般是

① *Archives nationales*, F7, 3225. 伊尔维莱那市政府的信,1791年1月10日,迪南市政府的信,1月29日。*Mercure de France*, 1791年4月2日和16日。雷恩市政府的信件,3月20日;雷东市政府的信件,3月12日。

国民自卫队指挥官，有时是社区诉讼代理人指使领主放弃权利；另外，人们还让领主签署有利于教区或某些个人的文件。根据这些文件，领主应进行归还和补偿：因为所有的封建权益都已被废除，他应该把上年征收的钱物交出来；既然封建权利已经不存在，他就应该"为它们的过往进行补偿"。两支大部队，每支1500人，在迪南和圣马洛周围从事这类活动；为保险起见，在圣图亚尔、贝索、伯曼努尔、拉里维耶尔、拉贝列尔、夏托内夫、谢奈、肖萨瓦尔、图尔德兰和沙龙日城堡，他们烧毁了文书契据；此外，当军队赶到时，他们放火烧了夏托内夫。一开始，他们的脑子里还浮现出某种模糊的社会秩序和法律观念：在圣图亚尔，当他们向商人索要2000利弗尔之前，还要强迫市长给他们开个书面许可证；在伊维尼亚克，当他们的头领被要求表明其权力来源时，他宣称"已经得到民族全体人民的公意的授权"[①]。但是，一个月后，当他们受到军队镇压，当他们因自己进行和自己受到的打击而陷入极度的狂热时，当他们被释放囚犯的市政当局的虚弱惹怒时，就变成了最邪恶的强盗。2月22-23日夜，距马尔斯特鲁瓦三法里的威尔弗朗士城堡遭到攻击，32名蒙面匪徒冲进大门，领头的人身穿国民卫队的制服。城堡里的仆人被捆绑起来，主人布尔多奈（Bourdonnaye）老人和他60岁的妻子被人杀害，尸体被摆放在床上，暴徒随后在死者的脚部开始点火，谓之"烧烤"。与此同时，金银细软、织物珠宝、2000法郎的钱币，乃至钟表、腰带和戒指，全被洗劫一空，马厩里的马被拉了出来，货物由12匹马驮着离去。当匪徒攻击某个产业时，一种暴行会触发一连串的其他暴行，佃农有限的觊觎心理最终会演变成强盗的贪得无厌。

在同一时期的西南各省，同样的原因也产生同样的后果，深秋时节收获结束后，地产主要求农民缴纳货币或实物地租，但后者依据自

① 会议记录中的说法。

己不可撼动的想法,再次拒绝支付地租[①]。按农民的理解,如果有某项法律对他们不利,它肯定不是国民议会的法律;这是前贵族领主编造出来敲诈他们的法律,所以它是无效的。尽管省和区的官员无数次重申应该交税,但他们还是充耳不闻,有的时候他还会惩罚官员。农村的国民自卫队也是由租地农构成,他们不去镇压农民,而是支持后者。从一开始,农民就栽种五月树以象征解放,同时也搭起绞刑架作为威胁。在顾尔东区,一支部队和骑警赶来镇压农民,后者闻讯后立刻敲响警钟,附近各个教区的四五千人手执镰刀和火枪前来支援;这一百名士兵被迫退守一座教堂,但在被围困24小时后,他们投降了,并不得不说出请求他们来干预的地主的名字:埃布莱(Hébray)、冯唐齐(Fontanges)和其他人。这些地主的房子全被掀了个底朝天,他们本人为了不被吊死而仓皇逃命,雷培尔和萨尔维亚城堡被焚毁。八天之后,凯尔西也爆发骚乱,三十座城堡被烧毁。一支农村国民自卫队的头领约瑟夫·里那尔(Joseph Linard)带领队伍进入顾尔东,盘踞市政厅,自称是人民的保护者并对抗区政府,他以“其武装兄弟”的名义写信给省里,大肆鼓吹自己的爱国情操。但在此期间,他以征服者的姿态下令打开监狱,还许诺说,如果击退骑警和军队,他和他的手下就会以良好的秩序撤出此地。不过,这种在进攻的欢呼声中出现的混乱权威,是没有抵抗能力的。里那尔刚一退出,野蛮的暴行就不可遏制地泛滥开了。“人们悬赏捉拿官员,他们的房子一开始就被摧毁,所有富人的房屋都遭抢劫,乡下的城堡和那些看起来稍微宽裕一点的民宅也遭此厄运。”面对日益扩散的农民暴动,15个贵族聚集在卡斯特尔的埃斯凯拉克(Escayrac)家[②],他们号召所有正直的公民救援受到攻击的有产者,但在农村,这样的有产者太少了,而每个城市又有太多的这类人需要保护。经过几场小战斗,埃斯凯拉

① *Moniteur*, 1790年12月15日的会议(洛特省的通报,12月7日)。—12月20日的会议(Foucault的发言)。—*Mercure de France*, 1790年12月18日(佩里戈尔的Belves的信,12月7日)。—*Ib.*, 1791年1月22日和29日(克拉拉克的信,1月18日)。

② 1790年12月17日。

克被村里的市政当局抛弃了，他受了伤，退隐到朗格多克的一位少将克拉拉克(Clarac)伯爵家。但即使跑到那里，城堡仍然被当地国民自卫队围困和堵塞[①]。克拉拉克下来跟他们对话，但有人朝他开枪。他只好跑回去，从窗户往外扔钱；暴徒们一边忙着捡钱，一边朝继续朝他射击。很快城堡也着火了，埃斯凯拉克身中五枪后死亡，克拉拉克和另一个人逃入拱形地下室，差一点被闷死，三天后的早上，邻近地区的国民自卫队把他们揪了出来；他们被押送到图卢兹，关进监狱，公诉人开始对他们进行审问。与此同时，蒙居克附近的拜加城堡被拆毁；菲雅克附近的埃斯帕尼亚克修道院受到枪击，人们强迫女院长放弃她征收的所有地租，并偿还20年前修道院赢得的一场官司中的4000利弗尔的费用。

取得这样大的成功之后，叛乱势必会进一步蔓延，数周或数月之后，邻近的三个省已是遍地烽烟。在拉克勒兹省[②]，人们威胁说，如果法官下令缴纳年贡，或者地主催缴地租，全都会有性命之忧。在有些地方，尤其是在山区，农民"觉得他们就是民族，教会的财产就是国民所有的财产"，于是他们不想别人去出售这些财产，而是自己把它们分了。拉苏特兰周围的50个教区都收到纵火邀请信，信里请当地居民拿着武器进城，"以武力和血的威胁要求出示所有地租契据"。方圆八法里的范围内，听到警钟声的农民全都闻讯而动，身披绶带的市政官走在前面，一支4000人的队伍浩浩荡荡进发了，队伍还携带了一辆装满武器的大车；他们的目标是要审查和重新决定土地所有权。在多尔多涅省[③]，一些自我任命的仲裁者强行在收获季节介入地主和分成农中间，不准地主索要什一税和地租，也不准分成农缴纳，任何

---

① 1791年1月7日。

② *Archives révolutionnaires du département de la Creuse*, par Duval (该省行政官员的信件，1791年3月31日). - *Archives nationales*, F7, 3209. 省政府的决议，1791年3月12日。*Procès-verbaux* de la municipalité de la Souterraine, 23 août 1791.

③ *Archives nationales*, F7, 3269. 里贝拉克区政府的决议，1791年8月5日，检察长的公诉状，8月4日。该区政府的信件，8月9日和22日。该省检察长的信件，8月24日和9月11日。国王特使的信，8月22日。

此类契约一律禁止；任何人，无论是地主还是分成农，若违反制度，都要被吊死。为了执行该制度，贝尔热拉克、艾克希戴伊、里贝拉克、穆西当、蒙迪尼亚克和佩里格等区的农村武装人员，由市政官率领，到各社区强迫地主在放弃权利的文书上签字，这类造访“总是伴随着偷盗\凌辱和虐待，要想躲避，唯一的办法就是完全的服从”。此外，这些人还要求废除“所有捐税和分配土地”。“对稍微有点钱的有产者而言”，乡下根本待不住，他们从四面八方逃入佩里格，并在那里同警察和该城的国民自卫队组成一支部队，然后去各处恢复秩序。但是，没有任何办法能让农民相信，这支部队要恢复的是秩序。在农民的脑海中，有一种任何东西都无法克服的偏执信念，它就像一眼泉水，总能找到沁出的缝隙：他们认为，前来弹压的“警察和国民自卫队”是“伪装的教士和贵族”。另外，新的理论已经落到最底层，从中得出废除债务甚至实行新农业法的结论，是再容易不过的事。在里贝拉克，邻近教区的居民已经涌入，骚乱者中有个演说家，是个乡村裁缝，他从口袋里掏出一本宪法教义手册，同该城的检察长辩论，他试图向后者证明，起义者只是在实施人权。首先，这本书里说，“法国人都是平等的兄弟，应该相互支持”，所以，主人应该跟别人一同担当，尤其今年是个“歉收”年。其次，书中写道，“一切财产归于民族”，所以“民族占有了教会的财产，但民族是由全体法国人构成的”，这样结论就很清楚了。在裁缝眼里，既然每个法国人的财产都属于所有法国人，所以他裁缝至少也有权获得一份。这种思维倾向很快就被推向更远的地步，因为每个团伙都想立刻并按自己的方式从中受益。对邻人没有丝毫的顾虑，对后果，哪怕是最直接可见的后果，也没有丝毫的顾虑，就这样，在二十个地方，篡夺来的财产消失在了篡夺者的手中。

要想更好地观察这种毫无理由的破坏，请去第三个省，也就是拉克雷兹看看[①]。自革命开始以来，农民已经拒付地租；他们已经“种下五月树，上面还挂着可用来吊死人的铁钩”，谁要是敢催缴或支付地租，就会第一个被吊死；“整个社区”都参与暴力行动，暴力形式多种多样，而且“小社区的国民自卫队也涉足其间”；已经被下令逮捕的罪犯仍然逍遥在外，“对敢于采取行动的执达吏，人们唯一的回应就是吊死他”；但严重的情况远不止此。关于水源所有权、保留地、引水渠、水的分配等问题，已经产生了严重的混乱，在这样一个坡度很陡的地区，可以想象此类行为产生的后果。在离图勒三法里远的地方，有一处半圆形的山谷，谷中有一个深20尺、面积为300阿尔庞的池塘，一堵很厚的堤坝位于山谷的一头，堤坝外布满房屋、磨坊和庄稼地。1791年4月17日，邻近三个村子里的五百名武装人员鸣鼓集合，准备拆除这条堤坝。当地的地主、国民议会的候补议员赛迪耶尔（Sedières）夜里11点才接到报告，他立刻跟客人和家仆骑马赶赴现场，朝这群可怜的疯子开枪射击，驱散这批人；他来得正是时候：掘开的口子已经有20尺深，几乎跟水面齐平了，再晚半个小时，滚滚洪水就会吞没山谷里的居民。但是，面对普遍和持续的攻击，这样的果断行动太少了，取得幸运结果的就更少，因此几乎没有防御行动。正规军和警察都处于重建和瓦解中，它们都太不可靠，也太虚弱了。拉克勒兹省只有三十名骑兵，拉克雷兹省也差不多了多少。城里的国民自卫队因被频繁地派往农村而不堪重负，而且用于军事调动的资金也不足。最后，由于民众掌握选举，那些倾向于容忍各种民众暴行的人就掌握了权力。在图勒，二级选举大会上的选民，几乎全都在农民中间挑选，而且都是受俱乐部的教条影响最深的人，他们只挑选那些公开反对地租和池塘的人为候选人。到5月底，全面拆毁堤坝的浪潮已经开始。在离省府1.5法里的地方，拆除一大片水塘的堤坝的工

① *Archives nationales*, F7, 3204. 该省政府的信件，1791年6月2日，9月8日和22日。司法大臣的信件，1791年5月15日。Lentilhac先生的信件，9月2日。国王特使Melon de Pradou的信件，9月8日。*Mercure de France*, 1791年5月14日（一位证人Loyac的信，1791年4月25日）。

作持续了一周还没有人阻拦；在别的地方，如果有看守和警察前来，人们就开枪射击。到9月底，全省所有的堤坝都被掘开：过去的池塘如今成了一片片恶臭的烂泥地；磨坊停转，草地无水可浇。但这些破坏者拎着一筐筐鱼回了家，池塘排干后的土地成了他们的公有地。驱使他们的甚至不是仇恨，而是一种贪婪的本能：所有违抗法律的暴力之手，其报复的对象不是有产者，而是所有权本身，与其说他们出于敌视，不如说他们出于贪婪。拉克雷兹省有位叫圣-维克图（Saint-Victoux）的领主，已经五年不住在当地了；革命开始后，尽管封建租税收入占到他的土地收入的一半，但他仍然禁止在征收这些捐税时使用严厉手段；这样一来，从1789年以后，他实际上没有征收一分钱的捐税。另外，由于自己有小麦储备，他向缺粮的佃户出借了4000法郎的粮食。最后，他还是个自由派，在附近的乌塞尔城，他甚至被认为支持雅各宾派。尽管如此，他还是像别人一样受到粗暴对待；因为他领地上的那些教区是"俱乐部派"，受一批农村平等主义的实践派支配；在其中的一个教区，"匪徒组建起市政机构"，他们挑选自己的头头当社区管事。8月22日，80名武装农民挖开他的一个大水塘的堤坝，差一点湮没邻近的一个村子，幸好后者的居民及时赶来堵住缺口。随后两个星期，他的另外五个池塘也被毁坏，价值四五千法郎的鱼被偷走；剩下的是一滩一滩枯死的水草[①]。为了确保剥夺工作万无一失，人们还想烧毁他的契据；他的城堡夜里受到两次攻击，只是因为乌塞尔国民自卫队的到来才得以幸免。现在，他的分成农和仆人都很犹豫要不要继续种庄稼，于是前来询问他的管家可否播种。对这事，当权者也拿不定主意：行政官员、法官们，即使是自己的地产"也不敢公开显露"，因为"不想让自己置于法律的盾牌下"。通过新法律和老法律，民众异常执拗地凭自己的意愿行事，不达目标誓不罢休。

说到底，不管革命用怎样高贵的字眼装点自己，无论是自由、平

---

① *Archives nationales*, F7, 3204. Saint-Victour的信件，1791年9月25日、10月2日和10日。—Saint-Victour领地管家的信，9月18日。

等还是博爱，本质而言它都是财产权的转换：它最隐秘的支柱、最持久的力量、最原初的动力，还有它的历史意义，都在于此。从前，在古代，人们也采取过类似的措施，如废除或削减债务，没收富人的财产，分割公有土地，等等；但这类行动局限于某个城邦，涉及的地域很有限。这么大规模地在一个现代国家采取这样的行动，这还是头一次。从前，大国发生深层的暴动时，总是为了反对外来统治，或反抗信仰方面的压迫。在15世纪的法国、16世纪的荷兰、17世纪的英国，农民、工匠和短工之所以拿起武器，为的是反抗敌人或捍卫信仰。在宗教和爱国热忱之后，如今的动因是物质利益方面的需求，新动机像别的动机一样强烈；在我们的工业、民主和功利主义的社会，物质利益将支配几乎一切人的生活，并激发出几乎全部的能量。这种激情在被压抑许多个世纪之后，突然挺起身子，晃动着曾经压制它的两大支柱：政府和特权。它像一只野兽那样，用尽一切办法残暴地撕裂所有合理合法、公共和私人的所有权。它所遇到的阻碍只是使得它更具毁灭性：除了财产权，它还要去攻击有产者，最后还以流放来进行抢劫敲诈。

第三章　统治欲望的发展

Ⅰ. 贵族的态度—贵族的抵抗很微弱。Ⅱ. 民众对贵族的想象—猜疑偏执狂—贵族成为嫌疑犯并被视为敌人——个贵族在其领地上的处境—布希事件。Ⅲ. 入户搜查—第五次农民大暴动—1791年的勃艮第和里昂—夏博奈和基兰-迪蒙德事件。Ⅳ. 贵族被迫离开乡间—他们逃进城市—他们遇到的风险。P523 — 卡昂的82名贵族。Ⅴ. 贵族在私生活中遭受的迫害。Ⅵ. 军官们的行为—他们的牺牲精神—士兵的状态—军事骚动—军纪涣散的蔓延和增长—军官们辞职。Ⅶ. 流亡及其原因—第一批针对流亡者的法律。Ⅷ. 未宣誓教士的态度—他们为何成为嫌疑犯—地方行政机构的非法命令—国民自卫队的暴力和串通行为—暴民的攻击—南方的执行机构—第六次农民大暴动—它的两个原因北部、东部和西部的孤立骚乱—中部和南部的全面暴乱。Ⅸ. 精神状态—塞纳省的三批未宣誓教士—革命心理学。

I

如果说民众的激情导致谋杀，原因并不在于抵抗力量的强大和猛烈。相反，贵族从未以如此大的耐心忍受着别人的剥夺，如此稀少地使用武力来维护自己的特权甚至财产。准确地说，贵族只挨打不还手，就算他们武装起来，也总是跟市民和国民自卫队一起武装，总是应官员的邀请，总是依法行事，总是为了拯救生命或财产。贵族只想不被杀死，不被伤害，仅此而已；将近三年的时间里，他们没有打出过任何政治旗帜。在他们具有较大影响力、被人谴责为反叛城市的地方，如在芒德和阿尔勒，他们的反抗也仅限于压制骚乱，抑制暴民，维护法律。他们根本不是反对新制度，而是为了反对残暴和混乱而联合起来。“在芒德，”当地市政府说[①]，“我们很高兴率先光荣地结清了1790年的税收。我们已经更换了主教；我们已经安排好主教的继任者，没有引起任何麻烦，也没有借助任何外来力量……我们已经遣散了大教堂的所有成员，尽管我们跟他们有血缘关系或友谊；从主教到唱诗班的孩子，我们全都遣散了。我们只有三个托钵僧修会，但现在它们全被取消了。我们已经出售了所有国有财产，无一例外。”实际上，他们的警察指挥官是原近卫军的成员，国民自卫队的上层军官是贵族或圣路易十字勋章获得者。不过，如果说他们为反对雅各宾分子而自卫，但他们根本不反对议会。阿尔勒控制了它的下层民众[②]，它自行武装起来并关闭了城门，因而被视为王党阴谋分子盘踞的巢穴；国王和议会派来特使，在一个月的调查过后，这些谨慎而有影响力的人物发现，除了对法律的服从和对公共事务的热情，这里没有任何异样。他们这样说：“这些被诋毁的人们，他们珍爱宪法，所以才憎恨狂热、煽动和混乱。如果这些公民不是在危险时刻保持清醒，他们早就像自己（阿维农的）邻居一样被人宰了。盗匪们抹黑的，就是这种针对犯罪的抗争行为。”他们之所以关闭城门，是因为“马赛的国民自卫队，以及孔塔地区劣迹斑斑的自卫军，朝该城进发；这些武装人员借口维护自由和防止反革命，其实是要抢劫该城”。刚刚举行的选举十分明智，十分平静，人们高喊民族万岁！国王和法律万岁！“人

① *Moniteur*, XI, 763(1792年3月28日的会议)。*Archives nationales*, F7, 3235.1791年11月29日和1792年1月27日省政府的决议。芒德和四十三个其他城市市政机构的请愿书，1791年11月30日。

② *Archives nationales*, F7, 3198. 阿尔勒市政官员的会议记录。国王和国民议会特使的信件，1791年10月24日，11月14、17、21日、12月21日。为公正起见，特使们分别参加了一位未宣誓教士和一位宣誓教士的弥撒。前者的弥撒，“教堂里全是人”，而后者“几乎无人参加”。

们表达了公民对宪法的忠诚之情……”“他们服从法律，以最热情的态度缴纳公共税收，这就是我们在所谓的反革命分子中看到的情形。所有应缴纳营业税的人，都在市政厅门口排队纳税。”“收税厅刚一开门，这些诚实的人就涌了进来；相反，那些自称的真诚爱国者，也就是共和派或无政府分子，却很少在这样的场合露面：他们中间愿意服从的人少之又少。其他绝大多数人，当向他们要钱时，他们震惊异常：一种迥然不同的希望已经把他们愚弄成这样了！”

总而言之，连续三十多个月的时间内，在持续不断的威胁、劫夺和凌辱之下，留在法国的贵族没有对这个迫害他们的政府采取或准备采取任何敌对行动。他们中间的任何人，甚至包括布叶（Bouillé）在内，没有策划过任何真正的内战计划；在这个时期的贵族队伍中，我只发现一个意志坚定、准备采取行动的人，他试图组建一个战斗党派以应对另一个战斗党派；他的确是个政治活动家和阴谋策划者，他与阿图瓦伯爵关系密切，并策动要求让国王和教会重归自由的请愿书签名，他组织了武装连队，招募农民，在朗格多克和普罗旺斯筹划另一场旺代叛乱；但这是个市民，是尼姆的弗洛蒙①。但是，当要采取行动的时候，在他认为已经为其事业争取到的18个连队中，只有3个连队愿意跟他走。其他的连队都留在了家里，弗洛蒙失败后，他们在家里被人杀害，幸存的人逃往雅莱斯，那里并不是个堡垒，而是个临时避难所，即使到此时，他们也从没有把并无行动力的愿望转变成强有力的意志②。贵族像其他法国人一样，也经受过君主集权制的长期压迫。他们并不构成一个团体，他们已丧失联合的本能。他们已经不能自主行动，他们是被统治者，他们在等待来自中央的推动，而在

① *Mémoire* de M. De Mérilhou pour Froment, passim. – Alquier的报告，54. –Dampmartin, I, 208.

② Dampmartin, I, 208. 他们对天主教农民说：“去吧，我的孩子们，国王万岁！”热烈的呼喊。“这些民主派恶棍，应该给他们教训，以便恢复国王和祭坛的神圣权利。”“随便你们，”乡民们用土语回答说，“但应该保卫革命，因为革命里有某些好东西。”他们待着不动，拒绝前往乌泽斯救援，并在国民自卫队靠近时退回到山区。

中央，国王，即他们世袭的将领，已经成为人民的囚徒，只好下令他们逆来顺受，不要有任何举动。此外，像其他法国人一样，他们也是在18世纪的哲学氛围中长大的。“自由是如此珍贵，”布里萨克公爵写道[1]，“以致必须付出某种代价才能得到；封建制虽已被摧毁，但并不妨碍有人与人之间的相互尊重和热爱，这是正确的，也是一定的。”很长时间以来，他们一直抱有这种幻觉：他们是乐观主义者。他们不能理解，自己对人民怀有如此的善意，何以人民如此敌视他们；他们固执地认为，动乱只是暂时的。宪法刚一公布，他们就成群结队地从西班牙、比利时和德国返回，一连好几天，特鲁瓦的驿站都无法给这些回归的流亡者提供足够的马匹[2]。因此，他们不但承认封建制的废除和公民平等，而且还接受政治平等和多数人的主权。从某些外部表现看，美好的愿景很可能已经让他们发自内心地拥护民主制度。他们甚至愿意跟百姓打成一片，把自己降低到普通人的层次，过普通人的生活。如果他们获得的待遇像隔壁的市民或农民一样，如果他们的财产权和人身权得到尊重，他们会毫无怨言地支持新制度。固然有大领主外逃，固然有旧宫廷的人员在科布伦茨和都灵策划阴谋，但这是很自然的事，因为他们失去了一切：权威、地位、薪金、闲差、生活的愉悦，等等。但对外省中小贵族、圣路易骑士团骑士、下层军官、乡居地主来说，损失并不大。法律已经取消了他们一半的领地捐税，但法律同样也解除了他们土地负担的什一税。他们在民众选举中将不会有特殊地位，但他们也不再任由专制大臣的支配。对他们而言，权力从内阁转入民众之手意义并不大；他们没有受权力优待的习惯，他们将继续平常的生活，打猎，漫游，读书，访友，交谈；只要他们能

---

① Dauban, *La Démagogie à Paris*, 598. 布里萨克公爵的信，1789年8月25日。

② *Moniteur*, X, 339 (*Journal de Troyes* et letter de Perpignan, novembre 1791).

在公共道路和自己家里得到安全保障[1]，他们就会像穷乡僻壤来的小伙计和农庄里的帮工一样平静。

Ⅱ

不幸的是，民众的激情是一种盲目的力量，由于没有光明，它只有靠幻觉来指引。想象力在高速运转，而且是根据孕育这种想象的灼热脑浆的结构在运转。旧制度如果再来怎么办！如果我们要交还教会的地产怎么办！根据法律，我们不用再支付盐税、商品税、军役税和地租，而且，虽然有法律的规定，我们也不再支付其他税收和地租，如果我们不得不再次缴纳这些租税该怎么办！这么多贵族的城堡被烧毁，被人用刀架着脖子，威逼之下放弃了他们的租税，如果他们要报复、如果他们恢复过去的权益该怎么办！而且，确实有贵族这样想过，他们还相互串通，里通外国；那时他们将首先扑向我们；必须监视他们，镇压他们，必要时消灭他们。这种本能的推理从一开始就占据上风，随着混乱的加剧，它还会进一步强化。领主始终是个债主，过去的、现在的、未来，至少可能是，所以他是最恶劣最可怕的敌人。他的所有举动都是可疑的，即使他游手好闲也是有着不良动机的；不管他干什么，都是为了武装自己。在多菲内[2]，离罗芒一法里远的地方，吉利耶（Gilliers）先生跟他的姐姐和妻子住在一起，他们平时以种些花草树木为乐；离他家十几步远的地方是另一片田园，主人是老军人蒙科勒尔（Montchorel）和巴黎的老律师奥斯蒙（Osmond），他们和自己的妻儿住在一起，业余爱好跟吉利耶差不多。吉利耶曾

---

① *Mercure de France*, n. du 3 septembre 1791. “有人向我们宣讲自由，然后法国就将跪倒在自由面前；但高贵而骄傲的心灵将永远抵抗带着神圣伪装面具的压迫。他们将援引自由，但这是没有罪行的自由，这种自由能够自我维系，无须动荡，无须宗教裁判官，无须纵火犯，无须盗匪，无须强制性的宣誓，无须非法的联合，无须民众酷刑；最后，这种自由不能容许任何压迫者逍遥法外，它也不会将任何和平公民置于锁链的重压之下，这锁链已然被它粉碎。”

② Rivarol, *Mémoires*, (Servan 的信件，发表于 Actes des Apôtres)。

用几根木管引水，结果有人谣传这管子是大炮。他家的客人塞尔旺（Servan）收到一个英国式的旅行箱，有人说箱子里装满手枪。奥斯蒙和塞尔旺曾一起拿着稿纸和铅笔在田间散步，被说成是在给西班牙人和萨伏伊人画当地的地图。两个庄户的四辆马车前往罗芒访客，结果被说成了19辆车，且满载着贵族归来，好让这些人都藏到地下。塞内维尔（Senneville）先生从阿尔热回来时顺道拜访他们，当时他佩戴了一条红绶带，结果被说成是蓝绶带，蓝绶带就是阿图瓦伯爵的化身。阴谋昭然若揭了！早上五点钟，18个社区的2000人手拿武器来到这两户人家门前；呼喊声和死亡的威胁持续了八小时；有人在离嫌疑犯四步远的地方朝后者开了一枪，但很意外地没有打中；瞄准射击的农民对同伴说："给我一枚24苏的硬币，我要添两颗子弹射死他们。"吉利耶先生因参加一个洗礼不在现场，回来时多菲内的王家轻骑兵和罗芒的国民自卫队保护着他，正是由于他们的帮助，他的家人才得救。这只是城市的情况。在某些城市，一个毫无进攻意图的贵族受到攻击时，偶尔也能得到一点救援：那可能是人们臆想中的贵族魔鬼形象不那么可怖；半明半暗中的百姓可能还有一点良知，可以防止出现过于荒诞的传言。但是，在乡民大脑的幽暗之处，猜疑的偏执狂无法遏制。梦魇在他们的脑子里迅速传播，仿佛一口深洞之中的稗草一样；梦魇在那里扎根，在那里生长，成为一种言之凿凿、无法动摇的信念；这种信念结出了它的果实，这就是敌意，仇恨，杀人放火的念头。眼里瞅着城堡，乡民们看到的是必须被攻占的武装的巴士底，他们不再想跟领主打招呼，只想着朝他开一枪。

我们现在来追踪一段地方史[①]。1789年7月，马孔第五次农民大暴动期间，维里耶尔（Villiers）教区声称得到其领主、原龙骑兵上校布希（Bussy）的支持；布希回来了，他供应村民饮食，尝试组织市民卫队以防止纵火和抢劫：带着一批心智良好之人，他"每夜都派人巡

① Archives nationales, F7, 3757. 有关布希案件的笔录，庭审记录和通信（1790年10月）。

逻,以维护教区宁静”。但有谣言说,“有人在井里投毒”,他就在每口井旁边加派看守,除了自己家的井,此举是为了“证明他这样做是为了教区,而不是为了他自己”。总之,他竭力与村民保持和谐,并让他们从事服务于公共利益的工作。但是,因为是领主和军人,他成了嫌疑犯,现在社区听从的是它的管事佩隆(Perron)。佩隆宣布,国王“已经收回他的誓言”,不能再信任他了,因此也不能信任他的军官和贵族了。布希提议国民自卫队去救援正在燃烧的迪尔(Thil)城堡,佩隆阻拦说:“纵火犯是贵族和教士。”布希先生坚持、恳求,他愿意放弃“自己的赋税册”,也就是所有的领主权,只要大家愿意跟他前去制止灾祸,但人们还是拒绝了。但他仍然坚持,当得知茹耶那(Juillenas)城堡处境危险时,再三敦促之后,他终于召集本教区的150人及时赶到现场,拯救这座纵火暴徒们试图摧毁的城堡。但是,他刚刚在茹耶那平息的民众狂热已经蔓延到他自己的部队中;匪徒们在引诱他的部下,“他只好带着队伍回去,一路上都有人提议朝他开枪”。回来之后,他在自己家都受到威胁;一伙人来进攻他的城堡,发现城堡有防御之后,便决定放弃并转向古塞尔(Courcelles)城堡。在暴力的狂潮中,布希先生带着十几个朋友和仆人,靠着耐心、毅力、冷静,不仅维护了自己,而且在未杀害或伤害任何人的情况下,最终恢复了整个地区的安全局势。农民暴动平息了,新秩序似乎要稳定下来,于是他让布希夫人回家。几个月过去了。但是民众的脑子已经中毒,不管这位贵族这么做,当地人都不会容忍他。在离该地几法里远的地方,国民议会代表布瓦-戴西(Bois-d' Aisy)先生回到自己的教区参加新的选举①。他刚一到,布瓦-戴西社区的市长就向他指出,“本社区不想他参选”。他来到了在教堂举行的选举大会,看见一个市政官正在高处的布道台上辱骂贵族和教士,宣称他们不能参加选举。所有人都把目光转向布瓦-戴西先生,因为在场的只有

① Mercure de France, 1790年5月15日(Bois-d'Aisy的信件,4月29日在国民议会宣读)。*Moniteur*, IV, 302, 5月6日的会议。韦托治安法官的记录,4月28日。

他一个人是贵族；尽管他作了公民宣誓，但这差一点要了他的命：周边的人都在低声指责，一些农民说，应该吊死他以阻止他宣誓，就像对待圣科隆布的领主那样。实际上，头一天，圣科隆布的领主韦托（Viteaux）先生，一位74岁的老人，被驱逐出初级选举大会，随后又从藏身的房子中被拉出乱棍殴打；他被拖到街道和广场上；有人往他嘴里塞入牛马圈里的厩肥，耳朵里插了根棍子；"三个小时的折磨后，他终于断气了"。同一天，在塞缪尔的嘉布遣教堂，一些乡村教区在那里聚会，用同样的办法赶跑了自己的教士和贵族：达马斯（Damas）先生和圣摩尔（Sainte-Maure）先生被人用棍棒和石块打昏；马西尼的教区神父被捅了六刀后死去；维里厄（Virieu）先生拼尽全力才得以逃命。有了这样的先例，很多贵族大概就不会再想行使自己的投票权了。布希先生根本没有这样的奢望，他只想表明，他忠实于民族，他根本没有反对国民自卫队或人民的意思。从一开始他就提议马孔的志愿者加入他的小队伍，但这些人拒绝了；因此，在这件事上，他并没有犯什么过错。1790年7月14日，他所在的地方举行联盟节，他将全部人马都派往维里耶尔，每人都要佩戴三色徽。他自己和三个朋友前去参加仪式，并进行宣誓，四个人全都身穿制服，帽子上佩戴三色灰，除了腰间的佩剑和手里的手杖，没有携带任何武器。他们向来自附近三个教区的国民自卫队打招呼，并置身圈外，以免惹人怀疑。但是他们没有料到新的市政机构的偏见和敌意。过去的社区管事佩隆如今成了市长，另一个市政官是村里的鞋匠拜伊（Bailly）；他们的顾问原来是个龙骑兵，很可能是个开小差或被除名的士兵，属于那种在几乎所有骚乱中都要惹是生非的人。一支十几个人的小分队从大队人马中走了出来，帽子拿在手里，来到四位贵族面前。突然，这些人用枪瞄准了他们，神情狂躁的拜伊质问他们，"这些该死的来这里干嘛……"布希先生回答，得知联盟节的消息，前来宣誓，和别人一样。拜伊又问，为何携带武器。布希说，"曾经当过兵，佩剑是不可或缺的行头"，而且从前他们出门从来都是带佩剑的；更何况，他们并没有其他武器。拜伊始终怒气冲天，这些听起来很充足的理由更是让他怒火中烧，他转过身去，拿过火枪，面对这支小部队的头领，一连问了三次："我的指挥，难道真的该这样吗？"这位指挥不敢把一场毫无由头的屠杀的责任揽到自己身上，先是沉默了一会儿，随后下令布希："滚吧……""遵命。"布希说道。回到家后，布希向市政当局写信，详细说明这次出行的动机，并要求对其遭受的粗暴对待进行解释。市长佩隆把信扔到了地上，看都不愿意看；第二天，布希刚听弥撒出来，国民自卫队就到了，荷枪实弹拦在他面前，面色凶恶，围满了他家的整个院子。— 几天之后，在拜伊的挑唆下，隔壁另两个地主被人在家里杀害。最后，在前往里昂的旅途中，布希得知"在普瓦图的城堡再次被点燃，这种事将在各地重新开始"。在各种各样的警报之下，"他决定组建一支志愿军，驻扎在自己的城堡里，一接到合法的请求就前往本区各地救援"。他估计十五个正直勇敢的人就够了。1790年10月，已经有六个人追随他，他们被要求身穿绿色衣服，还购买了制服上的纽扣。七八个仆人也可算在内。至于武器弹药，城堡里1789年之前就有两桶火药，七支短筒马枪和五把骑兵马刀，这些武器是布希从前的龙骑兵路过时留下的；此外还有两支双管猎枪，三支装药火枪，五对手枪，两支破旧的简陋火枪，两把老式佩剑，一把狩猎用砍刀：这就是全部的卫戍装备和武器储备；但是，如此正当和有限的防卫措施，在偏见和谣言的作用下，竟被歪曲成一场巨大的阴谋。

实际上，从第一天开始，村民就怀疑他的城堡；所有的宾客，所有的进出，所有与之有联系的人，全都受到窥伺，全都被人检举，并被大肆夸张和歪曲。一天中午，仓促间拼凑起的众多国民自卫队，因为操作失误或不慎而导致枪支走火，一颗子弹飞入一户谷仓中，结果人们说子弹是从城堡射出的，是贵族在朝农民开枪。附近的城市也有这样的猜疑。瓦朗斯市政府得知两名年轻人订制"颜色可疑"的服装，立刻召见本城的裁缝；裁缝承认"制订的衣服暂不配上纽扣"。这个细节令人警惕。调查开始了，可疑的警报不断传来：有人看到一队着装不明的人经过，他们前往维里耶尔；当这些人在那里凑足200时，就会加入贝藏松的部队；他们将四人一组分开出发，以便迷惑监视者。在贝藏松，他们将组成一支由奥迪尚(Autichamp)率领的队伍；这支4000人的队伍将开赴巴黎，掳走国王，解散国民议会。它沿途将招募国民自卫队。随军一段时间后，每人将可得到1200利弗尔；这次行动结束时，参与者将被任命为阿图瓦近卫军，或者带着1.2万利弗尔的赏金回家。与此同时，孔代亲王将率领4万人从朗格多克的圣灵桥出发，纠集卡彭特拉和雅莱斯一带的不良分子，占领塞特和其他港口。最后，阿图瓦伯爵将带领3万人从波瓦赞桥进入法国。这真是个可怕的发现：瓦朗斯市政府将此事通知里昂、贝藏松、夏隆、马孔和其他市政府。马孔市政府在得到消息后，“鉴于革命的敌人总是竭尽全力消灭造福于这个国家的宪法”，深信“挫败他们的图谋十分重要”，故派遣200人的国民自卫队前往维里耶尔城堡，“并授权其在遇到抵抗时使用武力”。为保险起见，这种部队还召集了附近三个教区的国民自卫队。布希先生看到他们翻进院子，便取来火枪瞄准闯入者，但没有开枪，在提出合理的要求之后，他同意这些人进行全面搜查。结果搜出6件绿衣服，7打大纽扣，15打小纽扣：这可是明显的证据。他解释他的计划和动机：彻头彻尾的借口。他用手势给自己的差役下了一道命令：肯定是串通的信号。布希先生，他的6个客人和1个仆人，全都被逮捕并被押往马孔。审讯盘问过后，真相大白了，虽然有最不怀好意的证人的指控，事情很清楚：布希先生从未想过自卫。但偏见蒙住了心怀敌意的人的眼睛；人们不愿意承认，在如此完美的宪法之下，一个事不关己之人可以冒这么大的危险；人们以为，“组建一个武装连队，以防范并没有威胁到他的破坏行为，这很不正常”；人们事先就认定他有罪。根据国民议会的命令，内阁下令这些被告应由骑警队和轻骑兵押送到巴黎；但“处于极端混乱中”的马孔自卫队宣称，“布希先生已经由他们逮捕，他们不想别的部队将他带走……可能这是打算在路上放跑他”;他们要一直拘押他。事实上,他们自己押送布希到巴黎,一直把他送进阿培监狱,布希将在那里呆上好几个月,经过新的调查和审讯后,对其指控的荒谬终于大白于世,人们不得不释放了他。这就是大部分贵族在自己领地上的处境。布希先生虽然被无罪释放,但他很明智地没有返回自己的故土。

III

反正留下也只是个人质。贵族要一个人面对一千人,他是所有人都憎恨的、已然废除的体制的残留的代表,当政治动荡看来就要损害新制度时,人们就会归咎于贵族。起码贵族具有危险性,应该解除他们的武装,但这一任务是由民众完成的,他们尽情宣泄自己的残暴和贪婪,就像一头撞破大门的公牛在屋子里横冲直撞。几个月后,在同一个省①,当国王在瓦楞被拦截的消息传来后,“所有未宣誓的教士和前贵族都成为各种迫害和恐怖的对象”。武装团伙强行进入贵族家里搜查武器;科马兰(Commarin)、格罗布瓦(Grosbois)、蒙居罗(Montculot)、肖德奈(Chaudenay)、克雷昂塞(Créancé)、杜瓦西(Toisy)、夏特尔诺(Chatellenot)和其他家族都被搜查过,好几家被抢劫。1791年6月26-27日夜,“克雷昂塞城堡被抢了个精光,玻璃被砸碎,绘画作品被撕毁,门被撞破”。户主科摩-克雷昂塞(Comeau-Créancé),圣路易骑士团骑士,“受到可怕的虐待,被人拖到楼梯底

① *Archives nationales*, DXXIX, 4. Le Belin-Chatellenot先生(阿尔奈-勒杜克附近)致国民议会主席的信件,1791年7月1日。“在这个自由王国,我们却生活在最残暴的专制和最彻底的无政府状态下,行政和治安机构才刚刚建立,它们行动时手脚都在颤抖……到目前为止,在所有罪行当中,他们最关心的是减少犯罪而不是惩处罪行。因此,罪犯收到的只有几句温柔的敦告,比如:*亲爱的兄弟和朋友,你犯错了,要当心了*,等等。” - *Ib*., F7,3229. 马恩省政府的信件,1791年7月13日。(国民自卫队对城堡的搜查,解除前特权者的武装。)“我们的法令没有一条被遵守。”比如,默里地方Guinaumont家遭受的毁坏和暴力;人们甚至抢走猎场看守的枪支、铅弹和火药。“Guinaumont先生没有任何武器防范闯入其树林和院子中的疯狗和其他猛兽。”默里的市长被迫带着国民自卫队前来,徒劳地告诉犯事者这是违法行为。一议员Ambly的夫人的请愿书,1791年6月28日。由于她已经把枪支都交了出去,人们给了她150法郎。

下，他像个死人一样躺在那里”；而此前，“人们强迫他交了一大笔税，并要他偿还革命前作为当地领主征收的全部罚款”。邻近的两个地主也是圣路易骑士团的骑士，他们也受到同样的虐待：“三个勇敢的老军人服役换来的就是这样的报偿”。第四个很平静，因为事先他就逃走了，将钥匙和园丁留在了家中。但大门和柜子被撬开，抢劫持续了五个半小时，有人还威胁放火，如果这个领主不到庭的话；人们还打听“他是否参加过新教区神父的弥撒，从前是否征收过罚款，还有，是否有哪位居民要控诉他”。没有任何控告，相反，他很受人喜爱。然而，在这种骚乱中，100个暴徒和50个异类能将他们的法律强加给冷漠和胆怯者。犯罪者宣称，“他们秩序良好，他们迫使市长和检察长目睹他们的抢劫；他们事先还以最可怕的威胁来胁迫几个城市的公民跟他们走”。这些被强迫的人第二天又来向被抢劫的人家道歉，市政官对他们遭受的暴力作了记录。但是，暴力已经铸成，由于它没有受到惩罚，它肯定还会继续。

人们已经在两个相邻的省开始和完成暴力运动；尤其是在南方，没有什么比引发骚乱的冲动和堕落更能说明问题的了：它最初是以公共利益的名义点燃骚乱，但很快受到私人利益的驱动并导致犯罪。在里昂周围[①]，暴徒团伙以同样的借口，在同样的日期，进行着类似的搜查，在所有搜查中，“他们烧毁赋税册，抢劫和焚烧房屋。为保护财产权而创建的市政权威如今已在很多人手中，完全成了损害财产权的工具。国民自卫队则是为保护混乱和抢劫而武装起来的”。夏博奈（Chaponay）先生是六个孩子的父亲，其中三个孩子在服役；三十多年来，他将大量收入花费在博里厄的领地上，在那里雇佣了大批人员，包括男人，女人和孩子。1761年曾发生过一场大冰雹，几乎摧毁了整个莫拉内村，冰雹过后，他重建了33所房子，为其他家庭提供梁木，为社区谋取小麦，并给居民争取到连续几年的军役税削减优

① *Archives nationales*, DXXIX, 4. 罗讷-卢瓦尔省行政官员的信件，1791年7月6日。（Vitet先生是签字者之一。）*Mercure de France*, 1791年10月8日。

待。1790年,他隆重庆祝联盟节,举办两场宴会,一场宴会有130人参加,招待邻近的市政机构和国民自卫队,另一场有1000宾客,款待普通卫兵。如果有哪位贵族可以自认为深得民心、完全不用为安全担忧,那肯定就是他了。1791年6月24日,莫拉内、吕瑟奈和夏瑟莱市政当局的市长和国民自卫队,大约2000人,敲着鼓打着旗来到他的城堡。夏博奈迎上前去,问究竟什么"有劳"他们造访。他们回答说并不是为来冒犯他的,而是为了执行区政府的法令,后者要求他们占领这座城堡,并交由60名自卫队员看守:明天区政府和威尔弗朗士的国民卫队再来搜查城堡。请注意,这条命令是个托词,因为当夏博奈要求他们出示该命令时,他们拿不出来。情况很可能是,他们听到威尔弗朗士国民自卫队即将来此的谣言,为了不让自己垂涎的战利品落入旁人之手,他们就采取行动了。不过夏博奈屈服了,他只是请求市政官们亲自搜查以保持良好秩序。听到这话,吕瑟奈国民自卫队的指挥官怒吼道,"所有人都是平等的,所有人都要进去。"于是所有人都冲了进来。"夏博奈先生命人打开房门,但门又被关上了,因为工兵们要用斧头把它们劈倒在地"。所有东西都被人抢了,"银器、指券、细软、花边和其他物什,林荫道边的树木被砍倒弄残,酒窖被搬空,酒桶在台阶上滚来滚去,葡萄酒流得到处都是,塔楼被摧毁……官员们还催促行动迟缓之人"。晚上九点左右,家仆告知夏博奈,市政当局已经命令他在放弃封建权益的文书上签字,然后要他的脑袋。他跟妻子从唯一没有人看守的门逃了出去,几支小部队搜捕了他一整夜,他冒着子弹到处摸索,第二天才到达里昂。但匪徒已经向他指出,如果他不放弃赋税册,就要砍伐他的森林,在他的领地上到处放火。实际上,他的城堡曾三次被人纵火;而此间一队抢劫过拜耶尔城堡的匪徒,在经过他的领地时摧毁了一个价值1万利弗尔的船闸。但是,对这些暴行,公诉人闭口不谈,尽管有人为他提起了诉讼:公诉人大概在想,对一个被搜查的贵族而言,能逃命就已经万事大吉了,而别人并没有这么幸运,如基兰-迪蒙特(Guillin-

Dumontet)先生。

这位迪蒙特先生原来是东印度公司的一位船长,后在塞内加尔担任军事指挥官,现已退休,跟年轻的妻子和两个年幼的孩子、他的姐妹一家人住在博莱缪城堡中：他的家人和仆人中共有10名女性,一个黑人男仆,再加上自己,一个年逾花甲的老人[①]；这就是要尽快解除其武装的军事密谋者的老巢。不幸的是,基兰的一个兄弟十个月前就因为危害民族而被逮捕,这让周围的几家俱乐部很是满意。1790年12月,他的城堡就已经被附近的教区居民搜了个遍,但他们什么都没发现,省政府谴责并禁止这类专横的搜查。不过这一次他们将干得更漂亮。1791年6月26日上午十点,人们看见,两个披挂绶带的市政官带着300名国民自卫队朝城堡走去,借口仍然是搜查武器。基兰夫人出来了,提醒他们注意省里的禁令,并要求他们出示授权法令,但被拒绝。基兰先生也下来了,说如果能出示命令就开门。但他们没有命令可出示。交涉期间,一个叫罗兹耶(Rosier)的国民自卫队的指挥官,两次开小差的老兵,一把抓住了基兰先生的衣领：老船长试图自卫,拔出手枪威胁对方,不过没有开枪,随后他挣脱了那双抓住他的手,退回去关上了大门。于是四周的警钟立刻敲响,三十个教区都出动了,一共来了2000人。基兰夫人苦苦哀求,民众总算同意派遣他们选出的代表搜查城堡。这些代表搜过了所有的房间,宣布他们只发现了一些常规武器。但这个说法不管用：暴民们已经在等待中变得急不可耐了,他们意识到了自己的力量,不能让这种力量朝空中发泄。一阵射击之后,城堡的窗户变成了筛子。基兰夫人在做最后的努力,她怀抱两个孩子走了出来,来到市政官的面前,敦促他们履行自己的责任。但后者根本不这样做,还把她作为人质扣押了,并把她放在这样一个位置上：如果有人从城堡里开枪就会打中她。此时一扇扇大门已经被撞开,房子被抄了个底朝天,随后被放火焚烧；

① *Mercure de France*, 1791年8月20日， Mallet du Pan的文章。"我刚刚描绘的这幅画卷中的所有要点,都是迪蒙特夫人亲自告诉我的"。我"有她的亲笔签名,担保叙述中的准确性"。

基兰先生躲进塔楼里，眼看就要被火烧死。此刻几个不那么凶残的人要他下来，并担保不会要他的性命；但他刚一走出塔楼，另外几个人便扑向他；有人叫喊应该杀了他，他还从国家领取3.6万法郎的终身年金，"民族将能赚到这笔钱"；"于是他被活活剁成好几块"；有人割下他的脑袋，挂到长矛尖上，尸体被切碎，每个教区送去一份；有几个人把他的手蘸上血，在他脸上涂上血污。骚乱，喧嚣，纵火，抢劫和谋杀，不仅唤醒了他们野蛮人的残忍本能，也激起了野兽般的食肉胃口：夏瑟莱的警察抓获了几个暴徒，他们把死者的前臂用火烤了，一顿狼吞虎咽[①]。基兰夫人因两个居民良心发现而保住一条命，在经历各种可怕的危险后，她终于来到了里昂：她和她的孩子失去了一切，城堡，家业，前几年的收成，酒，粮食，家具，银器，现钱，指券，契据，合约，十天后，该省通报国民议会，"同样的计划正在酝酿和准备中，人们（一直）在威胁，要烧毁城堡和赋税册"；在这一点上，任何怀疑都不可以也不可能："农村居民等待的只是不断刷新这样的恐怖场景[②]"。

Ⅳ

面对汹涌而至、此起彼伏的农民暴动，只有逃走一条路可走了，从乡间被驱逐的贵族，纷纷到城里寻求庇护。但那里也有暴动在等着他们。随着宪法带来的后果的不断发展，更新后的政府机构要么变得更加虚弱，要么变得更为偏狭；而失去约束的民众则变得更为亢奋，更为狂暴；已经上位的俱乐部则更为多疑，更加专制。俱乐部从此通过政府或越过政府去引导民众，于是贵族发现城里人跟农民一

① *Mercure de France*, 1791年8月20日，Mallet du Pan的文章。"在里昂的预审已经坐实了这场人肉盛宴。"

② 该省的这封信最后以这样天真或具有讽刺意味的话结尾："您还有一项任务未完成，这就是让人民服从和遵守法律。"

样敌视他们。他们所有的组织机构(cercles)[①],即使是自由派的,都因为民众团伙的非法介入、或因民众派官员的粗暴干涉而遭封闭,如在巴黎的俱乐部。他们所有的结社,即使是合法的有益的,都因为粗暴的武力和市政机构的不宽容而被粉碎。人们因为他们曾想自卫而惩罚他们,因为他们曾试图躲避刀子而屠杀他们。三四百名在自己领地上受到威胁的贵族,带着妻小到卡昂城寻求庇护[②];他们觉得已经找到了避难所,因为市政府连发三道命令,向他们承诺提供协助和保护。不幸的是,民众俱乐部有不同意见。1791年8月23日,它印制并张贴了一份名单,列举这些贵族的姓名及其住址,宣称,既然"他们可疑的观点导致其离开农村",那么他们就是"内部流亡者";因此应该"严密监视其举动",因为"他们的举动可能是某种针对祖国的危险阴谋的表现"。15个人的名字被特别指了出来,其中包括圣卢的前教区神父,贵族们的猎犬,但所有这类人都十分可疑,都怀有最邪恶的意图。这样一番检举揭发和指名道姓之后,我们就能理解这些贵族为何寝食难安了;此外,由于他们的住址已被公布,他们随时都可能遭受搜查和室内暴力的威胁。至于政府机构,不能指望它们的调停,省政府已经向内阁通报说,根据法律,它不能把城堡交给正规军[③],按它的说法,这会引起国民自卫队的骚乱。"但是,没有公共武力,怎能把这些要塞从占据它们的人的手中夺过来呢?对我们而言,仅有宪法赋予的手段是根本做不到的"。因此,就保护这些受迫害者而言,宪法是废纸一张。所以,逃亡的贵族唯一的保护只有他们自己,

---

① 在本卷中,作者使用club(俱乐部)时,一般特指革命派的俱乐部或雅各宾俱乐部,而对贵族等其他非民众派别的结社组织,多使用cercle一词,该词亦可理解为俱乐部。可能是作者特意作了区分。—译者

② *Archives nationales*, F7, 3200. 关于1791年11月5日事件及其前因后果的文件,另见证人Morant的信件。*Moniteur*, X, 356. 卡昂市政府、省政府的报告, XI, 164, 206. Guadet的报告和诉讼文件。*Archives nationales, ib.* 内政大臣Cahier的通信, 1792年1月26日,省政府主席Doulcet de Pontécoulant先生的信件, 1792年2月3日。省政府的通告。

③ *Archives nationales*, F7, 3200. 1791年9月26日的信件。一名被逮捕的贵族身上发现的信件:"一群没有勇气的市民,地下室中的领导者,一个俱乐部式的市政府,它们向我们发起最不合法的战争。"

他们开始彼此互助。没有哪种结社行为比这更公正、更和平、更无辜的了。它的目标仅仅是“在财产和人身受到侵犯的时刻要求诉诸法律”。他们开始在每个街区组织“正直人士”,还计划建立一个八人委员会,委员会中将有“一名司法官员,一名行政机构成员,一名国民自卫队的军官或士官”。如果某个公民的人身或财产受到攻击,该组织将为其提交请愿书。如果特殊的暴力行为需要调动公共武力,街区委员会成员将在司法官员和国民自卫队军官的主持下开会商讨,以便采取强力措施。“在所有情况下”,他们“将竭尽所能地避免任何针对个人的侮辱;他们认为其联合行为只有一个目标:保障公共和平,为每个公民提供法律应该提供的保护”。总之,这是一批志愿警察:那个抱有敌意的市政府和抱有偏见的法庭后来虽然对他们进行了各种调查,但都没有找到证据:因为确实没有发现别的可疑迹象。唯一一个对某位贵族首领不利的证据是,一封信让一个本想去科布伦茨的贵族改道了,信中说,他来卡昂会更好。针对这个贵族组织的主要不利证据是,它想让一个市民加入进来,于是有人询问了此人的想法;这个市民回答说,他赞成依法行事,于是询问者答道:“那么,您就是我们的人,您都没想到,其实您很贵族的。”的确,他们之所以是贵族,全在于他们阻止暴力抢劫行为。没有什么比这种做法更公正的了,因为它在一个自以为万事皆可的派别面前竖起了一道壁垒。10月4日,奥尼团离开卡昂,这些贵族如今交给了自卫队,这些部队或穿制服或没有穿,现在只有他们手里有武器了。当天,圣约翰的前教区神父比内尔(Bunel),在当局的许可下,在其宣誓派的继任者的协助下,很长时间以来第一次举行弥撒,大批正统派信徒蜂拥而至,这让爱国者十分不安。次日,比内尔先生还有一场弥撒,但是,爱国者操纵市政府,宣布禁止他举行圣礼,比内尔屈服了。但是,由于事先没有接到通知,还是来了大批信众,教堂都塞满了。这可是危险的聚会,于是爱国者和国民自卫队前来“恢复秩序”,其实秩序此时并没有被扰乱,反倒是这些人的到来扰乱了秩序。接着,贵族的仆人和国民自卫队进行了一番言辞激烈的争吵。国民自卫队拔出了刀，一个年轻人被砍伤，被人踩在地上；萨弗雷（Saffray）先生前来救援，但没有带武器，结果自己也被砍倒，刺刀贯穿了他的身体，另两个人也受了伤。与此同时，在邻近的街道上，阿沙尔·德·瓦格涅（Achard de Vagogne）先生看到手拿武器的人正在殴打一个男子，于是上前劝架，结果那个被打的男子被一枪打死，阿沙尔先生被刺刀和马刀扎成了筛子；"尸体上没有一块肌肤不沾满血污，鲜血一直流到鞋跟上"。死者就这样和萨弗雷一起被送到他的城堡里；另一伙人撞开罗泽尔先生家的大门，这是位75岁的老军官，从军59载，为了捉拿他，暴徒们甚至翻过了他家的院墙。第四伙人抓住了正赶回乡下住所的埃里希（Héricy）先生，这也是一位年逾七旬的军官，也像罗泽尔一样，对外面发生的事一无所知。卡昂城到处是骚乱，根据市政府的命令，紧急集合鼓敲响了。

对志愿警察而言，行动的时刻到了；大约60名贵族，还有几个商人和工匠，一起出动了。按照他们结社时的章程，也是出于一种明智的谨慎，他们请求一个经过此地的国民自卫队军官担任他们的头领，队伍随后来到圣救主广场，碰上市政府给他们派去的一个少校，根据后者的第一道命令，队伍跟着他到了市政厅。到达之后，他们未经任何抵抗就被逮捕、缴械和搜身。有人在他们身上搜出结社时的章程：显然他们在策划反革命。民众暴怒，"为保险起见"，他们被关进一座城堡，一路上有好几个人饱受暴民虐打。另一些人在家中被捕，其中勒瓦扬（Levaillant）先生和埃里希先生的一个仆人也被送了过来，浑身血污，身体都被刺刀扎穿了。82个人就这样被堆在一起；即便如此，人们还总是担心他们逃跑，"他们的面包和肉被切成碎片，以防止里面包藏任何东西，人们还禁止医生去探视，因为医生也被视为贵族"。与此同时，他们的房屋连夜被搜查；一道命令规定，任何外来人均须前往市政厅说明住在当地的原因并上缴武器；禁止任何未宣誓教士做弥撒。省政府本来试图抵制，但无奈被束缚了手脚，表示它无能为力。它在文件中写道："人民知道自己有力量，而我们手里没有武力；在一些邪恶公民的蛊惑下，他们恣意放纵自己的狂热，完全凭自己的意向行事；他们干扰我们的会议，迫使我们通过别的情形下不可能采取的措施。"三天之后，得势的民众开始庆祝胜利，"他们敲鼓奏乐，点燃火把，拿上锤子前去清除贵族房屋上已经被涂上石膏的徽章"；贵族被彻底击溃了。但贵族的无辜是如此明显，以致立法议会也不能不承认。十一周的拘押之后，一道命令发了下来，要求释放所有囚犯，只有两个例外：一个未满18岁的年轻人，一个将近80岁的老人，因为两封没有弄明白的信仍让他们难脱嫌疑。但人民并不是那么愿意放他们出来。国民自卫队就拒绝释放和护送他们。头一天，"成群的妇女（中间夹杂着几个男子）就在议论，只要这些人脚一迈出城堡，就把他们统统杀光"。于是只好在凌晨两点偷偷地放他们出来，鉴于看守严密，所有人即刻离开这座城市，就像六个月前他们离开乡村一样。无论在乡村还是在城市[①]，贵族都不能得到民事和宗教法律的保护，一位没有牵涉这一案件的贵族评论说，他们的处境比旧制度时期新教徒和流浪汉遭遇的最糟糕的年月还要恶劣："法律不是允许（未宣誓）教士有做弥撒的自由吗？但为什么没人去听弥撒而不至于冒生命危险呢？法国不是规定所有公民都有权保卫公共和平吗？为什么听到'拿起武器'的喊声后出门捍卫秩序的人，会因其贵族身份而遭受攻击？在没有命令和控告，也没有明显的违法行为的情形下，为什么有人可以公然闯入被法律宣布为神圣的公民庇护所？为何要优先解除贵族和有钱人的全部武装？难道这些武装不是完全用来维护那些从前没有武装、如今滥用武装的人吗？既然税收面前人人平等，为什么要挑一些人出来骚扰和侮辱呢？"他的话完

① *Archives nationales*, F7, 3200. 巴约检察长的信件，1792年5月14日，巴约市长的信件，1792年5月21日。即使在巴约，流亡者也被人检举，处境危险。根据经过核查的申报，他们的人数勉强达百人。"说实话，他们中间有几个未宣誓的教士。（但）其他的人大部分是一家之主，因为平时住在临近各区而为大家熟识，他们之所以离开老家，是因为已经成为或担心成为宗教不宽容或造反派与盗匪们的牺牲品。"

全在理。从此，支配一切的是贵族的对立面，法律的对立面，乃至自然的对立面。因为，在文化和文明的等级阶梯中，由于一场陡然的倾覆，下层现在位于上层，而上层处于底部。宪法取缔了不平等，但不平等又以倒转的方式出现了。城市和乡间的群氓比封建男爵们更专断、更残暴、更不公正，他们在指控、监禁、抢劫和屠杀，他们过去的首领成了农奴和附庸。

V

我们可以设想，如果要免遭嫌疑的指控，贵族就只能放弃武器，避免结队行动，不要在选举场所露面，将自己软禁在家中，严格局限于不具任何攻击性的私生活圈子。但是，即便如此，同样的猜疑和同样的敌意也会深入到私生活中。在卡奥尔[①]，市政府不顾法律规定，强行驱逐查尔特勒会修士，而他们本可依法选择居所和集体生活；临走之前，两名修士将他们园子里的四棵小梨树和一点洋葱给了他们的邻居和朋友博蒙（Beaumont）先生。得知这个消息后，市政府发布决议说："路易·德·博蒙（Louis de Beaumont）先生，前伯爵，因放肆而狡黠地败坏国有财产而犯下罪行"，故罚款300利弗尔，责令"从明天起，将从原查尔特勒修会处夺来的四棵梨树连续四天放置在这位博蒙先生家门口，并派两名枪手日夜看守，其费用由此位博蒙老爷负担，树上应悬挂这样的告示：路易·德·博蒙，国有财产败坏者。本决议将印制1000份，其费用由此位博蒙老爷承担，以供阅读、公布和张贴，使能知照洛特全省及该省各区，并通报所有宪法及自由之友社"。这份字里行间充满詈骂声的法律文书，渗透着一位从前低声下气的地方小文人内心的嫉恨和泄愤情绪。博蒙先生此前曾通过公证人购回了一座区政府出售的教堂，包括教堂全部的装饰物和礼

① *Mercure de France*, 1790年6月4日（来自卡奥尔的信件，5月17日；1790年5月10日市政府的命令）。

拜用具，但是，第二年，市长和市政官员带着工人，前来教堂大肆抢劫和破坏，告解座、祭坛，乃至150年前埋葬的圣徒的遗体，都被劫走，这伙人离开时，“整座建筑就像一座堆满瓦砾碎屑的谷仓[①]”。请注意，此时的博蒙先生还是佩里戈尔的司令官：从他的遭遇可以看出，人们会如何对待普通贵族；我并不想描绘他们如何遭遇强制判决[②]。虽说他们在家庭娱乐中还有自由，但当他们来到沙龙时，是否能平静地享受夜生活呢？即使在巴黎，在圣奥诺雷区的公馆里，众多上流社会的社交人士，包括丹麦和威尼斯的大使，也能听到陌生访客的协奏曲。事情是这样的：一辆满载马匹用的50捆草料的大车驶进公馆。一位爱国者看到大车进来，以为是国王藏在了草垛里，跑到这里来跟贵族们策划外逃。于是人群聚集了起来，一个特使带着国民自卫队赶来，四个掷弹兵负责看守大车。这时特使开始搜查整个公馆，看到的只有乐谱架和夜宵餐盘；然后他走了出来，命令卸下大车上的货物，向众人宣布，没有发现任何可疑之处。但人民不相信，要求进行第二次搜查。这次搜查由24个代表进行，此外人们还清点麦草的捆数，并解开了几捆，但什么都没发现。暴民们本来指望着看场好戏，此刻遭受的失望让他们大为光火，于是他们要求，所有宾客，无论男女，一律走出公馆，登上他们摆放在街尽头的车子。“空车子先走”，然后是穿着晚礼服的男宾，梳妆打扮十分隆重的女士，全都“吓得体如筛糠，眼都不敢抬”，“两边是密密麻麻的男人、女人和孩子，他们全都凑近了盯着这些宾客，并大肆辱骂[③]”。贵族在家里都被人怀疑搞密谋，在自己的公馆中都要被人追查，那他们至少有权涉足公共场合、在餐厅里用

---

① *Archives nationales*, F7, 3223. Louis de Beaumont伯爵的信件，1791年11月9日。他的信十分温和，最后是这样结尾的：“先生，所有事情都让人很不舒服，尤其不可思议的是，市政官员竟是这座城市中所有骚乱的始作俑者。”

② *Mercure de France*, 1792年1月7日。Granchier先生从里约姆发给省政府一份请愿书，因为他想购买四年前安葬他父亲的那块墓地，此举是为了防止墓地被下令挖掘，并为自己的家族留一块坟墓。同时他还要求购买圣保罗教堂，以便在这里为他父亲的灵魂举行弥撒。省政府回信道（1791年12月5日）：“鉴于促使该申请人作出这一要求的因素只是个伪善的幌子，它掩盖了以无效的声望来引诱健全理智的本质，故省政府决定不接受Granchier先生的要求。”

③ Férrières, II, 268 (1791年4月19日)。

餐、在阳台上透气吧？米拉波子爵刚从罗亚尔宫参加宴会回家，走到窗边透口气，没想到被人认出，很快就聚集了一伙人一起高呼：打倒酒桶米拉波①！“人们从各个方向他扔石子，有时还丢石块：一块石头砸碎了窗玻璃，米拉波捡起石头，走到窗边向民众出示，他神态很平和，还做出了保持克制的手势。”此时爆发出一阵阵的叫骂声，朋友们让米拉波赶紧回去，市长巴伊亲自前来才平息了这批攻击者。的确，这些人有理由去憎恨。他们要用石头砸的这个贵族活得很惬意，脑满肠肥，喜欢吃喝，食量很大，而且吃得很讲究，于是民众把他想象成一头怪兽，更糟糕地说，食人饕餮。鉴于贵族最大的错误就是他们过于文雅、过于讲风度，于是那些亢奋的头脑便编造出奶妈嘴里的故事。住在黎塞留街的蒙罗齐埃先生前去国民议会时，发觉有人在盯着他。尤其是圣纪尧姆小巷一个摊子上卖肉的妇女，大约30-32岁，“以异样的目光盯着他，看见他走近时，此人拿起一把又长又大的刀子在他面前磨来磨去，还向他投以凶狠的目光”。他询问自己的女管家，听说本街区的两个孩子失踪，被流浪汉掳走，但现在有人传言是蒙罗齐埃、米拉波子爵和其他右派议员“聚在一起纵情狂欢，席间一项内容就是烹食儿童”。

在这种舆论状态下，任何一项罪行都会归咎于他们，所有有伤风化之事都是他们干的。叛徒、暴君、密谋者、杀人犯，这就是当时的俱乐部和报章形容他们的流行字眼。贵族就意味着这一切，谁敢揭穿这种诽谤，谁自己就是贵族。在罗亚尔宫，一直有传言说，卡斯特里（Castries）先生在上次决斗中使用有毒的剑，一个海军军官对这一谣言提出抗议，但他自己当场就被人控告，并被判处“拘禁或被扔进水池里②”。所以贵族尽量避免像往常那样捍卫自己的荣誉，或以挑战来回应侮辱。头一年，在卡奥尔附近的卡斯特诺③，一批前去救火

① Montlosier, II, 307, 309, 312.

② *Moniteur*, VI, 556. 分舰队指挥Aymar先生的信件，1790年11月18日。

③ *Mercure de France*, 1791年5月28日和6月16日。来自卡奥尔和卡斯特尔诺的信件，5月18日。

的人当中，有一位圣路易骑士团的骑士白律(Bellud)，跟他当近卫军的兄弟一起来到公共广场，此时响起一阵阵的叫喊：打倒贵族！吊上路灯！他兄弟还穿着早礼服，脚上是一双拖鞋：他们不想惹事，所以一句话也没说。一队国民自卫队经过，嘴里也喊着同样的口号，他们仍然沉默。但叫声一直在持续，最后，白律先生请求指挥官让他的手下安静一会儿。后者拒绝了。于是白律请他到城外决斗。听到这话，国民自卫队扑向白律，刺刀对准了他。他兄弟脖子上挨了一刀，他自己在抵挡砍来的剑时，让指挥官和一个卫兵受了点小伤。兄弟俩一边跟这些人对打，一边退向自家的房屋，但他们在那里被包围了。晚上七点多，卡奥尔的两三百国民自卫队赶来增援进攻者。房子被占领，白律的近卫军兄弟在穿越一片田野时扭伤了脚，结果被抓获。白律本人跑到另一所房子里继续自卫，有人点燃了这所房子，旁边的两所房屋也烧了起来。白律躲进地窖，继续开枪，人们把点燃的麦草捆从通风窗扔了进去。快被熏死的白律从地窖里冲了出来，一枪打死了冲在最前面的进攻者，另一枪结果了自己的性命。他的脑袋被割了下来，一个家仆也遭此不幸；暴徒强迫被抓获的白律兄弟亲吻这两颗头颅，当他想要杯水喝时，人们把他兄弟脑袋上滴下的鲜血灌到他嘴里。随后，得胜的队伍向卡奥尔进发，刺刀上挂着两颗脑袋，车上拉着受伤的白律兄弟。他们在一所房子前停了下来，那里是一个受到雅各宾俱乐部怀疑的文学会社的聚会场所；白律的兄弟下了车，人们把他吊了起来，朝他身上射击，接着一伙人冲进这所房子，“把家具从窗户扔了出去，然后摧毁了这所房子”。所有民众行为都大同小异，既迅速又彻底，有点像东方的国王，不经任何调查和审判就立刻和亲手惩办冒犯他尊严的人，而且，任何的冒犯行为都只有一种惩罚，就是死亡。在图勒[1]，王家纳瓦尔团的军官马瑟(Massey)先

① *Mercure de France*, 1791年5月28日。联盟节那天，马瑟先生不想让自己的骑兵给马刀头戴上帽子，这其实很难做到。就因为这件事，有人控告他亵渎民族，他只好离开图勒几个月。— *Archives nationales*, F7, 3204. 图勒法庭的记录摘要，1791年5月10日。

生因为打了一个侮辱他的人而在其藏身的房屋中被抓捕，虽然有三个行政官员在场，但他还是被当场处决。在布雷斯特，在军队咖啡馆的墙上，两个反革命漫画像被人用炭笔涂黑，民众聚集起来谴责全体军官。其中一个军官巴特里（Patry）说是自己干的，就在他要被群众撕成碎片的那一刻，他试图开枪自杀。但他被缴械了；当市政官员赶来救援时，发觉他"刚刚毙命，尸体上伤痕无数"，他的头则已经被挂在了枪尖上[1]。生活在东方国王手下或许还要好点，因为这样的国王并非像暴民一样无处不在、时刻处于暴躁和疯狂的状态。无论在公共生活还是在私人生活中，无论是在乡村还是在城市，无论是聚在一起还是个人独处，贵族都毫无安全保障可言。民众的敌意就像一片时刻会酝酿暴风雨的乌云压在他们头上，这片云从大地的一头延伸到另一头，风暴时刻都把一连串的挑衅、侮辱、诽谤、抢劫和暴力倾泻到他们身上；在这片土地上，几乎每一天，致命的雷击都会毫无征兆地劈向最无害的人的脑袋，如一位熟睡的老贵族，一位在散步的圣路易骑士团骑士，一个在教堂里祷告的家庭。不过，在到处被镇压和谋杀的贵族当中，有一个群体注定要最受雷神关注，它所遭受的打击从未停止过，这就是军官群体。

Ⅵ

军官中固然有一撮人自命不凡，混迹沙龙，在宫廷中如鱼得水，靠在候见厅中施展诡计爬上高位；但在这个群体中，尤其是在其中层，可以发现品格最高尚的贵族。在法国，没有哪一群人表现出如此坚定可靠的美德；一个年轻时经常出入这个群体的才智之士道出了他的见闻：很多这样的军官"具有最讨人喜欢的性格和最高贵的精

① *Archives nationales*, F7, 3215.布雷斯特市政官员的笔录，1791年6月23日。

神[①]”。的确，对他们大多数人而言，投身行伍并非飞黄腾达之路，而是一项由其出身决定的义务。按照常规，每个贵族家庭都会有一个儿子参军，至于他能晋升到什么地位，这都无关紧要。这是他的地位所必须承担的责任，但他对此心满意足；二三十年的军旅生涯之后，他会赢得一枚圣路易十字勋章，有时会有一点微薄的年金，这就是他全部的合理期待。9000到1万名军官中，大部分出身外省穷苦小贵族，能当个近卫军、中尉、上尉、少校、中校或者上校，此外就没有别的奢望了。他们对自己所受的亏待忍气吞声[②]，安于自己的次等军衔，将高级职务留给大家族的继承人、凡尔赛的殷勤客和暴发户，他们安心做公共秩序的守护人和国家勇敢的保卫者。在这种制度下，只要一个人的心灵不是太卑鄙，他就会自我升华：人们以毫无报偿的服务为荣，人们只关心公共利益，尤其是在此刻，他们全部的考量和全部的著述，都是为了公共利益。在这个不被赏识的精英群体中，倡导自我牺牲精神的实践哲学，比在其他任何阶层都更加深入人心。在文雅、光鲜、有时还很轻浮的外表下，他们有着一颗严肃认真的灵魂，过去的荣誉感转变成了爱国主义。作为被委任的执法者，他们可以用手里的武力、以恐惧来维持和平，但他们深知自己责任重大，两年的时间里，他们一直以罕见的克制、温和和耐心履行职责，这不仅要冒生命危险，而且要忍受层出不穷的可怕羞辱，这意味着牺牲他们的权威和自尊，意味着将自己健全的意志置于强加给他们的新主人的无能和专制之下。这些贵族军官有很多十分艰难的任务：他要服从

---

① *Mémoires* de Cuvier (Eloges historiques par Flourens), I, 177. 居维叶（Cuvier）当时在勒阿弗尔（1788年），此前他曾在一所德国行政学校进行高等研究。他说，“Surville先生，阿图瓦团的军官，是我见过的精神最高贵、性格最可爱的人之一。他的同伴中这样的人很多，我总是很奇怪，为什么这样的人长期在步兵团的低级职位上得不到提拔。”

② Dampmartin, I, 133. 1790年初，“一些普通军官说：我们应该提出要求，因为我们的意见至少和我们的骑兵一样多”。La Rocchejaquelein先生在旺代取得重大胜利后说道：“我希望国王恢复职务后能给我一个团。”我期待的就这些。（*Mémoires* de Mme de Rochejacquelein.）—Cf. *Un officier royaliste au service de la République*, par M. De Bezancenet, Dommartin将军的信件和自传，此人后来死于埃及远征中。

一个仓促建立的市民政府的命令[1]；要让自己的才能、勇气和谨慎屈从于五六个新官员的紧张和笨拙；他要以自己的主见和能力来为这些胆小慌乱的官员的傲慢服务，为他们的举棋不定和虚弱无能服务，即使这些人的命令或拒不接受命令明显很荒诞、很有害，即使他们违反军官们的将领和大臣此前发布的指令，即使他们的做法会导致市场被抢劫、城堡被焚毁、无辜者被杀害，即使他们被迫在犯罪现场保持中立，剑不得出鞘，双手交叉在胸前[2]。对贵族军官来说，痛苦的事情还不止这些。他必须忍受在自己部队的对面成立另一支部队，这是民众的、市民的独立队伍，跟他的部队有竞争或敌对关系，其人数至少多出十倍，既容易暴怒又要求苛刻；军官必须讨好他们，尊敬他们，把哨所、军械库和要塞让给他们，对他们的头领要平等相待，不管这类人多么无知，多么卑鄙：在这里可能是个律师，在那里可能是个狂热的教徒，在另一处可能是酿造工或鞋匠，但最有可能是个煽动者，在好多市镇和乡村则是个逃兵，是个因为行为不检点被部队除名的人，还可能正是他的手下，一个从前被他遣送的、带着军人离队证明的邪恶臣民，当时他还对此人说：到别处去被人吊死吧。对贵族军官来说，痛苦远没有到此为止。他每天都因为自己的军阶和头衔而公然被人诽谤中伤；在俱乐部中、在报纸上，他被称为叛徒；他的名字引发群众的猜疑和愤恨；他在街道和剧院里被人喝倒彩；他必须忍受士兵们的不服从；他时常被自己的士兵和暴民检举、侮辱、拦截、绑架、驱逐、谋害；他可能被人十分残忍和卑鄙地杀害却不可能复仇，如在巴黎被杀的德劳内，在卡昂被杀的贝尔松斯，在马赛被杀的柏塞，在瓦朗斯被杀的瓦赞，在巴斯蒂亚被杀的吕利（Rully），在

---

① *Correspondances* de MM. de Thiard, de Caraman, de Miran, de Bercheny, etc., citées ci-dessus, *passim*. – *Correspondance* de M. de Thiard, 1790年5月5日："瓦内城的专制氛围开始让我反感：它想让国王给它提供敲鼓槌，第一次火刑的出现使得这种要求的实现更为容易和迅捷了。"

② *Archives nationales*, F7, 3248, 1791年3月16日。在杜埃，小麦商人Nicolon被吊死，因为市政机构不敢宣布戒严令。指挥官Lanoue没有权力调动自己的掷弹兵，谋杀就发生在他眼皮底下。

圣埃蒂安被杀的罗什泰耶(Rochetaillée),在太子港被杀的莫迪伊(Mauduit)[①]。所有这一切,贵族军官们都必须忍受。没有任何市政机构,即使是雅各宾派,能找到借口说他们拒不服从命令。由于注重分寸,行事谨慎,他们避免了与国民自卫队发生任何形式的冲突。他们从未进行任何挑衅,即使是在被挑衅时,他们也很少进行自卫。不够谨慎的谈话,言语中的冲动,打趣逗乐的玩笑话：这就是他们最严重的过错。他们就像忠实的看门狗,即使惊恐的羊群将他们踩在脚下,即使他们被羊角刺穿,他们都任由自己被刺穿和踩踏而不会张嘴去咬,只要没有人驱赶他们,他们就会一直在岗位上坚守到底。

但这些全都无济于事。他们是双重的嫌疑犯：既是被驱逐的阶层的成员,又是武装力量的首领,正是在他们身上,民众的猜疑点燃了最剧烈的炸药。士兵是自愿招募的,大多来自"狂热、骚动并且有一点放纵的人群",因此军队的成员"是这个民族中更为狂热、更为骚动、更为放纵的一群人[②]"。此外,军队中还有成群的渣滓和弃儿：军服之下无赖多的是。如果考虑到军饷的微薄,伙食的恶劣,纪律之苛严,考虑到晋升全无可能和司空见惯的开小差,军队的解体就丝毫不奇怪了：对于这样的人而言,放纵的诱惑力实在太强烈了。从一开始,酗酒、女人和金钱就让他们成批地开溜,这股潮流像瘟疫一样从巴黎蔓延到外省。在布列塔尼[③],法兰西岛的掷弹兵和轻骑兵"卖掉他们的服装、武器和鞋子,还要求预支军饷,好在酒馆里吃喝";彭铁弗尔团的56名士兵"试图杀死他们的军官",他们打算完全自己说了算,没有军饷的时候,"他们就到大路上去抢劫杀人"。在厄尔-卢瓦

---

① 后者的死尤其带有某种英雄主义的温和色彩。(*Mercure de France*, 1791年6月18日。6月9日的会议,两位太子港驻军军官的发言,其中一个是目击者。)

② Dampmartin, II, 214. 即使在平时,开小差现象也很严重,外籍军团"四分之一的兵员"来源于此。1789年底, Dubois de Crancé,前火枪手和未来的山岳派,曾在国民议会发言说,旧的募兵体制导致军队中充斥着"流浪汉和无家可归者,他们经常是为了避免民事惩罚而来当兵的"。(*Moniteur*, II, 376, 381, 1789年12月12日的会议。)

③ *Archives nationales*, KK, 1105. M. de Thiard的通信, 1789年9月7日, 1789年11月20日, 1790年4月28日和5月29日。"不服从的精神开始出现在巴西尼团,这就像一场瘟疫,不知不觉地传遍所有部队……所有部队都发生病变,所有市政机构都违抗让它们采取行动的命令。"

尔省，龙骑兵们手里拿着马刀和手枪[①]，跑到农村抢劫面包和钱财，王家弗兰什-孔泰团的步兵、直属团的龙骑兵大批开小差，成群结队地跑到巴黎寻欢作乐。对他们而言，这首先是“一场花天酒地”。的确，最早发生在巴黎、凡尔赛、贝藏松和斯特拉斯堡的大兵变，开始或结束时都是欢天喜地的游艺活动。在粗野贪婪的根基之上，合法而自然的抱负心滋生出来。20年来，很多士兵已经会阅读，并且自认为有能力担任军官。此外，1/4的年轻士兵家庭境遇尚可，他们参军纯属头脑发热。这些人在狭窄、低矮、阴暗、封闭的通道里快要窒息而死，因为源自出身的特权已经堵死了他们全部的出路，他们要把自己的长官踩在脚下才能前进。于是军营里也产生了不满者，推理者，演说家；而且，军营里的政治与街头政治很快就合二为一。这些人从同一点出发，经同一条路径迈向同一个目标；民众脑海中的臆想在诋毁政府，同样的臆想则在士兵的脑海中诋毁军官。

国库已经干涸，士兵军饷屡屡拖欠。各城市债台高筑，无法给军队提供足额的物资；在奥尔良，面对市政府的极端困境，老城堡的瑞士兵只好每人每天克扣一个苏，以便能置办过冬的薪柴[②]。粮食稀缺，面粉变质，本来就够恶劣的军用面包如今更差了。行政机构已然因为从前的弊端而被蛀空，现在又因为新的混乱而运转不灵，它的解体和它的浪费一样，都让士兵遭殃。士兵觉得他们被人偷窃了，他们在抱怨，一开始还很是克制，人们也以为他们的要求有理有据。很快他们就要求查账，于是账目就交给了他们。查账工作在斯特拉斯堡当着凯莱曼（Kellermann）[③]和国民议会一位特使的面进行，但最后证明一分钱都没有搞错；但士兵每人还是得到六法郎的赏赐，于是他们

---

① *Archives nationales*, H, 1433. M. de Bercheny的通信，1790年7月12日。

② *Mémoire justificatif* (par Grégoire) pour deux soldats, Emery et Delisle. – Bouillé, *Mémoires*. – Dampmartin, I, 128, 144. – *Archives nationales*, KK, 1105. M. de Thiard的通信，1790年7月2日和9日。*Moniteur*, 1790年6月4日和9月3日。

③ 指的应是François Christophe Kellermann (1735-1820)，15岁即参加法国军队，历经法国大革命和拿破仑战争，1792年曾指挥瓦尔密战役，后晋升为法国元帅。—译者

说自己很满意，不会再提任何要求了。几个月后，他们又开始抱怨，于是又一次查账：结果一个旗手被控贪污，士兵们要吊死他，于是此人被当众审判；但所有的账目都很清晰，没有任何证据可以佐证控告，这一次，士兵们沉默了。还有几次，他们听人宣读账目，一连听了几个小时，他们开始打哈欠，不想再听了，纷纷出门喝上一杯。但是，士兵们在营房里计算并决定了的数字，已经深深扎根于他们的脑海中；它不断浮现出来，每一次审计后的驳斥都不能让这个数字消失。一定欠他们一笔钱，只是没有字据和说法而已：欠博内团1.1万利弗尔，欠弗雷兹团3.95万利弗尔，欠萨尔姆团4.4万利弗尔，欠老城堡团20万利弗尔，其他的部队也被拖欠。如果库房里钱不够，军官们可就更倒霉了；他们要么自己凑齐，要么立下字据，找市政当局和城里的富人借钱。在很多地方，为了保险起见，士兵们自己控制军用钱库，在其周围加强防范：钱库是他们的，因为他们就是部队，而且，钱在他们手里，无论如何要比落在可疑之人手里更稳妥。早在1790年6月4日，军事大臣已在议会宣布，"军队有可能陷入全面的大混乱中"。他的报告指出，"各种最闻所未闻的要求公然张贴了出来，命令毫无效力，军官毫无权威，军队的钱库和旗帜被抢夺，甚至国王本人的命令也被公然顶撞，军官们受人鄙视、侮辱、威胁、驱赶，有些人干脆成了自己部队的囚犯，在憎恶和羞辱中苟且偷生，最令人发指的是，指挥官就在士兵眼皮底下被弄死，他们有时亲自动手"。

七月联盟节过后，事态更糟了。部队的代表，即低级军官和士兵，在俱乐部中受人款待、备受恭维，还被灌输了各种理论，回来后就成了部队的雅各宾分子，并且与巴黎的雅各宾派保持联络，"接受后者的指令，并向他们汇报[①]"。

---

① Bouillé, 127. *Moniteur*, 1790年5月27日的会议，1790年8月6日的会议。一真实文件中披露的有关南锡事件的更多细节，*passim*. Emmery先生的报告，1790年8月16日，其他文件见Buchez et Roux, VII, 59-162.Bezancenet, 35. M. de Dommartin的信件（1790年8月4日，梅茨）。"这里的联盟节很平静；但不久之后，一个团的士兵准备私分积存金，于是他们立刻在负责看守钱库的军官的门口派兵把守，强迫他辞职。另一个团随即拘禁了全部军官。第三个团发生哗变，要将所有马匹拉到市场上出售……人们到处都听到士兵们在说，如果他们缺钱，他们总有办法找到钱。"

三周之后，军事大臣向国民议会通报说，军队中的违纪现象已经毫无节制。“每时每刻都能接到新的申诉报告。”这里要求大笔钱款，并提议“分了它们”。那里的一支卫戍部队敲锣打鼓出城去，罢黜自己的军官，回来时手里拎着刀。每个团都由一个士兵委员会管理：“在普瓦图团，委员会曾两次准备拘禁中校；王家香槟团的士兵委员会策划了骚乱”，以拒绝承认派来的副官。“每一天，大臣办公室里都挤满了士兵代表，这些人要来向他骄傲地转达其委托人的意愿。”最后，驻斯特拉斯堡的七个团每团派三个代表，组成了一个军事代表大会。同一月，南锡爆发可怕的骚乱：三个团发起叛乱，还有暴民一起配合，他们抢劫军火库，街道上的残酷的战斗持续三个小时，叛军从房屋的窗户和地窖通风口朝外射击，胜利的一方死亡500人，失败的一方死亡达3000。随后一个月再次发生兵变，时间延续六个星期[①]，虽然不那么血腥，但规模更大，组织更协调，抵抗更为顽强，它波及一整支舰队：布雷斯特的2万人都叛乱了，起先是反对他们的司令和军官，接着是反着新刑法和国民议会，后者徒劳地对叛乱者进行敦告，但最后不仅没有依法严惩叛乱，而且还修改了法律[②]。

从这一刻起，整个舰队和陆军中，我再看不到持续性的骚乱。经大臣的许可，士兵可以进入俱乐部，人们将在那里向他们反复灌输说，出身贵族的军官是叛国者；在敦刻尔克，有人甚至告诉他们如何除去这些军官。骚乱、检举、侮辱、枪击，这些都是很自然的手法，而且人们的确在使用；但最近还发现了另一种手法，可以用来驱逐意

---

① *Archives nationales*, F7, 3215. 国王特使的信件，1790年9月27日，10月1、4、8、11日。“这2万人中，大部分都深信公共幸福面临着真正的敌人的威胁，这四名特使有什么办法说服他们呢？由于更替的原因，大部分船员现在几乎都完全不懂航海，根本不懂得服从规则，而且，*从革命一开始，这些人就是内部骚乱的最积极的参与者。*”

② *Mercure de France*, 1790年10月2日。海军司令Albert de Rions的信件，9月16日。“尊严号”的两名士兵拒绝操练，“爱国号”的水手拒绝服从。“我很想知道，以前他们是否对舰长有过抱怨？—没有。—对我呢？—没有。—对其他军官有怨言吗？—没有。”这是一个阶级针对另一个阶级的叛乱，他们的口号只有民族万岁！把贵族吊上路灯杆！大批人群在海军少将Marigny家门口立起绞架，少将辞职了，Albert也跟着辞职。— *Ib.*, 1791年6月18日。6月3日来自敦刻尔克的信。

志坚定、让人恐惧的军官。人们争取到一个刚刚向军官挑战的爱国击剑手。如果军官应战但没有被杀死，市政当局将传唤他，而军官的上司将把他和他的助手一起遣送，“免得扰乱军队与公民的和谐”。如果他拒绝决斗，他将备受士兵奚落，最后不得不离开。这样，两种情形下他都要走人[①]。对于贵族军官，人们根本没有任何顾忌：他肯定跟流亡国外的同事有勾结，这个传言早已深入人心。以前，为了证明有人将面粉袋扔进河里，士兵们提到，这些袋子上系着蓝带子。现在，为了论证某个军官与科布伦茨有勾结，只要证明他骑白马就够了；在斯特拉斯堡，一个上尉因为骑白马差一点被砍死：“这个魔鬼没有让大家对他的间谍行为丧失警惕，而且有只小母猎犬”在他漫步时跟着他，“随时发出信号”。一年以后，当国民议会完成它的工作时，拉梅特、弗雷托、阿尔杰（Alquier）在议会作证说，吕克纳尔、罗尚波等最得民心的将军“无法对任何事情作出担保，奥弗涅团赶跑了它的军官，组成了一个不服从于任何人的特别协会。博内的第二营差一点放火烧了阿拉斯城。法尔斯堡的驻军发动兵变，几乎要围攻该城。在这里，“将领的命令无人服从是家常便饭”。在那里，“必须不停地央求士兵留守岗哨，人们不敢在军营里维持纪律，当兵的威胁放火烧死军官，擅离职守，到处抢劫，哪个下士想要带他们回去，他们就把枪口对准谁”。在布卢瓦，该团的部分士兵回营时衣物和武器全没了，他们在路上卖了这些物什大吃大喝。他们中间的一个人受战友委托，向巴黎的雅各宾派建议对军队“去贵族化”，撤销所有贵族的军职。另一个人则在俱乐部的欢呼声中宣布，“单凭基苇街城防栅栏的构筑方式，就可在巴黎第六区的法庭上检举军事大臣”。

显然，对贵族军官而言，位置已经保不住了。在23个月的忍耐过后，很多人已经自觉离开了，当时国民议会要求他们进行第三次宣

---

① Dampmartin, I, 219 et 222.—Mercure de France, 1791年9月3日（8月23日的会议）；Cf. *Moniteur*（同一日期）。– *L'Ancien Régime*, II, 276。

誓，而且将国王（他们天生的司令）的名字从誓词中删掉了[①]。另一些人是在制宪议会末期离去的，因为那时他们“已有被吊死的危险”。大多数人是在1791年底到1792年头几个月之间辞职的，当时新法典和新的征兵制已逐步展现其后果[②]。一方面，士兵和下层军官已经在其首领的选任中享有选举权，并成为军事法庭的成员，因此“军纪的影子已经荡然无存；他们的决定纯粹凭自己的心性；士兵们沾染了蔑视长官的习惯，他不用担心因此受惩罚，也不用担心受到报复；军官们已经无法履行职责，完全成了多余的人”。另一方面，大部分的国民志愿军都是行政官员或“市镇收买来的”，都是些街角恶棍，“乡村流浪汉，凭运气或金钱驱使[③]”，再加上一些狂热盲目之人；因此，从1792年3月开始，从这些人的入伍地到边境地带，一路上都留下他们抢劫、偷盗、毁坏和谋害的痕迹。当然，他们在路上，在边境，都一直在揭发、驱赶、监禁或杀害军官，尤其是贵族军官。然而，即使在这种极端的情形下，很多贵族军官，尤其是在炮兵和工兵部队中，依然坚守岗位，一些人是出于自由原则，另一些人是出于责任感，即使在8月10日之后，9月2日之后，1月21日之后[④]，如比隆（Biron）、屈斯丁（Custine）、福莱尔（Flers）、布罗格里和蒙特斯丘（Montesquiou）

---

① Maréchal Marmont, *Mémoires*, I, 24.“我对国王本人有一种难以言表的情感……这是一种几乎带有宗教色彩的忠诚，一种发自内心的敬畏，就面像对某这高级存在一样。‘国王’一词有一种魔力和力量，在所有正直纯洁的心灵里，这是任何东西都不能改变的。这种情感之花……仍然存在于民族大众之中，尤其是存在于出身高贵的人们中间，这些人跟权力中心相距遥远，他们之所以遭受打击，主要是因为其身份，而不是因为其缺陷。”—Bezancenet, 27. Dommartin的信件，1790年8月24日。“我们刚刚再次进行了宣誓；我不认为这有太多的意义；作为一个军人，我只承认我的国王；但现在我要服从两个主人，据说这两个主人将带给我和我的兄弟幸福，如果他们协调一致的话。”

② Dampmartin, I, 179. 见其辞职的详情（III, 185），1792年6月20日之后。—*Mercure de France*, 1792年4月14日。普罗旺斯王家轻骑兵营军官们的信（3月9日）。他们的士兵拒绝服从，并被后者封锁在营房中，因此他们宣布，由于这一原因，他们辞去军职并离开法国。

③ Rousset, *Les Voltaires de 1791 à 1794*, 106. Biron给内阁的信（1792年8月）；225, 北方军团驻巴黎第三营营长Vezu的信（1793年7月24日）。—*A Residence in France from 1792 to 1795* (1792年9月，阿拉斯). 关于这些暴行的细节，见第六卷书末注释。

④ 8月10日指1792年8月10日，巴黎民众攻占杜伊勒里宫，实际上废除了君主制；9月2日指1792年9月2日，当天开始，巴黎发生大屠杀，数千名监狱中的犯人被杀；1月21日指1793年1月21日，路易十六被处决。—译者

等将领，尽管当他们一离开战场、甚至在卡尔诺(Carnot)[①]的办公室中，随时都有可能被送上断头台。

Ⅶ

因此军官和贵族应该离开，应该去外国，不仅是他们，还有他们的家人。“勉强有600利弗尔租金收入的贵族也会步行离开[②]”，关于他们离开的动机，人们不会不清楚。“谁要是公正地考察一下流亡的唯一和真正的原因，”一个正直人士说道，“就会发现原因在于混乱的局势。如果个人自由不是每天都受到威胁，”，在民事和军事领域内，“如果人们不把乱党宣扬的荒谬的教条——即多数人的罪恶是上天的裁决——付诸实践，3/4的流亡者都不会离开法国。两年来，他们遭受着屈辱和危险，各式各样的凌辱，不可计数的迫害，还有凶手的刀剑，纵火者的火把，最无耻的控告”，“他们腐败的仆人”的检举，街上第一声流言就会招致的“入户搜查”，“调查委员会专横的监禁”；他们还会被剥夺公民权利，从初级大会上被逐出；“人们要求他们汇报他们的窃窃私语，人们对他们的惩罚的痛楚只有备受折磨的牲畜才能体味”。“没有出现任何抵抗，从亲王的宝座到教区神父的住所，这场风暴已让所有不满者弯腰折服，逆来顺受”。这些人完全受制于“俱乐部、指控者、受威逼的官员的狂暴，他们发现到处都是刽子手，因为谨慎和国家的福祉决定了他们甚至连敌人的面都见不到……谁要是憎恶这些骇人听闻的狂热行为和公开的暴行，谁要是对堆塞在合法权利和恶劣行径之瓦砾堆下的遇难者表示些许同情，谁要是敢

① 卡尔诺是革命议会中负责军事事务的核心人物。—译者

② *Mercure de France*, 1791年3月5日，6月4日，9月3日，10月22日(Mallet du Pan的文章)。—*Ib.*, 1792年4月14日。布雷斯特舰队骚乱之后，600多名海军军官辞职。“各港口发生的22起重大骚乱事件仍未得到处理，尽管好几起已经由海事陪审团作出了裁决。”“军港里和舰船上的任何骚乱、针对海军军官的所有攻击行为，全都没有惩办，这是前所未有的……不必到别的地方寻找海军军官们离职的原因。从他们的信件来看，所有人都在为法国奉献热血，但都拒绝指挥不愿服从的人。”

于提出一点点的质疑和抗辩，谁就会被打上民族敌人的标签。在将这么多不满者说成是密谋者之后，人们又在意识中为所有针对他们的暴行寻找合法依据。公众意识的塑造者是乱党分子和一群政治寄生虫，即使对一个野蛮民族而言，这样的寄生虫也是一种耻辱；对这样的公共意识中，对财产权和城市的攻击只被视为民族的正义，而且，当他们得知一次谋杀或一个可能处死无辜者的判决时，便会爆发出欣喜若狂的咆哮声。因此现在有两种自然权利，两种司法，两种道德；根据其中的一种，只要一个人是爱国者，就可以对被称为贵族的同类施加任何罪行……谁能预见到，两年之后，这个到处是法律、法官、法庭、庄严宣誓捍卫公共秩序和安全的公民卫队的法国，会一直是个猛兽吞噬手无寸铁者的竞技场呢”。所有人，甚至包括老人、寡妇、孩子，试图逃脱他们的利爪就是一项罪行。立法议会谴责所有的流亡者，根本不区分为避祸而逃跑的人和武装进攻边境的人。制宪议会对他们征收三倍的地产税和动产税[①]，规定对他们征收的地租和捐税扣除三倍的预留款。立法议会扣押、没收并出售他们的财产，包括动产和不动产，现金价值约1500万。他们回来就要被民众用刀架着脖子，要么就会沦为乞丐，而且世代行乞。面对这种情形，一个外国人，一个自由派资产阶级义愤填膺，此人就是马莱·杜潘，他惊呼道[②]："什么！2万个跟科布伦茨的计划和组织毫无关系的家庭，它们已经流散到全欧洲的大地上，因为俱乐部的狂怒，因为盗匪们的罪行，因为持续的缺乏安全，因为陷于瘫痪的政府机构的愚蠢而可耻的冷漠，因为对财产的大肆掠夺，因为成群结队、缺衣少食的小暴君们的蛮横，因为谋杀和纵火，因为默不作声的官员们的奴颜婢膝，总而言之，因为这个革命带来的一连串的灾祸！什么！这2万个不幸的

---

① Duvergier, *Décrets* du 1er-6 août 1791; du 9-11 février 1792; du 30 mars-8 avril 1792; du 24-28 juillet 1792; du 28 mars-5 avril 1793. – *Compte rendu* de Roland, 1793年1月6日。他估计这些财产价值48亿，其中应抽出18亿付给流亡者的债主，还剩30亿。然而，这时指券的名义价值已经贬值55%。

② *Mercure de France*, 1792年2月18日。

家庭,不幸的妇女和老人,将看到自己的家产任由国家挥霍!什么!基兰夫人,她本该在惊恐中逃离那块暴徒焚烧其房屋、杀害并烹食她丈夫的地方,但现在她只能眼睁睁地看着这些暴徒若无其事地生活在她房子四周,看着自己的财产被社区没收,而她可怕的遭遇正是这些社区造成的!克拉拉克先生也必须离开,否则也要遭此厄运,但他要在那群恶棍差点闷死他的地方修复自己的城堡!"不敢回来的人就只能认命了。他们被褫夺公民权,永远流放异乡,如果他们违背禁令,就要被送上断头台;跟他们一起上断头台的还有更为无辜的人,如离开故土的法官,普通的富人,市民或天主教农民,特别是整整一个阶层,即未宣誓教士阶层,从大主教-枢机主教一直到普通的乡村助理神父,所有这些教士都要受追究,既受民众的压迫,也受法律的压迫,每种压迫都会激发并加剧另一种压迫,到最后,民众和法律已经相互串通,无论是贵族还是教区神父,均已无片瓦遮身,无粒米果腹,无片刻逃命。

Ⅷ

因为,笼罩一切的激情敌视所有阻碍,包括它自己横在路上的阻碍。不信神明、冷淡漠然的少数派,通过一次骇人的篡夺,试图将自己的宗教形式强加给天主教多数派,他们给正统派造成十分尴尬的处境:要么他成为教会分裂派,要么肯定就是敌人。正统派教士言听计从,任由别人夺取他的财产,他离开自己的住所,将教堂的钥匙交给自己的继承人,自己靠边站,他没有因为疏忽或行为过失而违反任何法令中的任何条文:但这些全都是徒劳。他放弃违背其良知的宣誓,其实是在行使自己的合法权利,但没有人理睬。单凭这一点,他就是在拒绝公民宣誓,因为教士宣誓包含在其中;就是在拒绝宪法,尽管他们仅仅对有关寄生虫的那一章有所保留;就是在阴谋反对新社会和政治秩序，尽管他经常赞成且几乎总是服从这一秩序[①]。尽管他局限于公认的专属领域，即精神指导事务，也是徒劳。仅仅因为这一点，他就要抵制试图进行精神指导的新立法者，因为根据正统教义，他必须认为这些当选者已不在信徒行列，这些人的权责是不合法的，作为牧人，他必须阻止自己的羊群前往邪恶之泉饮水。他们徒劳地宣扬克制和尊重。这一点足以造成宗教分裂，分裂的后果已经展现出来。农民不会像自己的教区神父那样总是很耐心。农民20年前就认识教区神父，是他给他们举行洗礼和婚礼的，他们觉得他的弥撒才是唯一正确的，他们不乐意跑两三法里去找另一个神父，而让自己从前修建的教堂落入外人之手，许多世纪以来，他们祖祖辈辈就是这所教堂里祈祷，何况这个外人还是个新来的异端，他做圣事时面前的座椅几乎全是空的，旁边还站着手里拿枪的警察。如果这位新来的神父走在街上，人们肯定对他怒目而视；丝毫不奇怪的是，妇女和孩子们很快就会嘘他，夜里有人向他的窗户扔石头，在天主教信仰很深厚的省，如上莱茵和下莱茵省，杜省和汝拉省，洛泽尔省，两塞弗尔省和旺代省，菲尼斯泰尔省，摩尔比昂省和北滨海省，迎接他的是普遍的逃避，然后他被公众的恶意所排斥，他的弥撒被打断，他的人身受

① 关于教士的总体态度，见Sauzay, tomes I et II, entiers。*Mercure de France*, 1791年9月10日："在这场迫害中，在如此众多的以狂热和反叛为依据的指控中，没有哪位公正人士能够逃脱，但还没有发生任何的抵抗行动。告密者、被俱乐部操纵的市政机构把大批未宣誓教士投入监狱。他们要么离开，要么待在这里受罪，但不会对他们进行审判，实际上，没有哪个法庭认为他们有罪。"内政大臣Cahier的报告，1792年2月18日。"他宣称，还没有听说任何教士被法庭判定为公共秩序扰乱者，虽然好些人受到了这方面的指控。" *Moniteur*, 1792年5月6日 (François de Nantes的报告)："三十个月以来，没有一个人受到惩罚。"

到威胁[①]，此前仅限于社会上层的宗教冷淡，现在已波及民众阶层，在法国各地，到处都在酝酿对新制度的敌意，因为政治和社会组织与宗教组织是结合在一起的，正如一个带有尖顶的建筑，正是通过这个尖顶，人们才能从天上的乌云中寻求暴风雨。所有的不幸都来自这个笨拙、毫无根据和强制性的嫁接，因而来自嫁接的人。但是，从来没有一个得势的党派会承认自己会犯错的。在它眼里，未宣誓教士是唯一有罪的人；它对这些人的捣乱思想十分恼火，为了摧毁思想深处最不可触及的圣殿，任何合法或残忍的暴力它都不会放弃。

于是又是一场新的公开的猎逐，猎物极其丰富，因为其中不仅包括所有黑袍或灰袍修士、4万多教士、3万多修女、数千男僧侣，还包括所有稍微狂热一点的正统信众，也就是所有中下层妇女，还不包括外省贵族，此外还有大多数严肃规矩的市民，大部分农民，东部、西部和南部几个省几乎全部的民众。人们给他们贴了个标签，就像马上会给贵族贴标签一样，这个标签是“狂热派”（fanatique），此标签跟“贵族”（aristocrate）标签是等值的，因为它指的也是应置于法律之外的公共敌人。法律维护他们也等于零，因为法律的解释是针对他们的，法律被专横地扭曲了，被抱有偏见或被裹挟的政府公然违反了：由于宪法的作用，这些政府逃脱了中央权力的监控，而置于暴民

---

① 关于天主教农民中的自发暴行，见*Archives nationales*, F7, 3236 (Lozère, juillet-novembre 1791); Florac区的决议，1791年7月6日，该省特派员关于埃斯帕尼亚克骚乱的报告。7月5日，宣誓派教士Richard要求市政当局安排其就职。“仪式没有完成，因为妇女和孩子的嘘声，以及各色人等发出的威胁，有人说：应该杀了他，应该绞死他；他是个新教徒，他结过婚，他有孩子；他无法进入教堂，因为教堂的大门已经被大批妇女堵塞了，她们在仪式开始前就来了。”7月6日，他终于就职了，但经历了很多困难。“在教堂内部，一群妇女在高喊，在为撤换教区神父一事而哀叹。回来时，这些妇女在街上碰到宣誓派教士就扭过脸去……她们只是一边抽泣一边诉说……唯一的动作就是用帽子盖住脸，扑到在地上。”7月15日。教堂执事不想做弥撒，也不愿敲钟，于是教区神父Richard就想自己敲钟，结果群众威胁说，如果他敢这么做就要揍他。1791年9月8日。Saint-Chély区Fau教区神父的信。“那天晚上，一伙匪徒砸开大门和窗户，在我住所中大肆抢劫，我离死神只有一步之遥。”1791年9月30日。另一个教区神父来参加宗教游行，结果六十多个妇女用石块袭击他，并一直把他赶出这个教区。1791年8月5日。芒德的宣誓派主教和四个助理的请愿书。“我们在履行职责时，没有一天不受人侮辱，每走一步路都会听到嘘声。出门时，有人威胁要用卑劣的手段杀死我们，要用大棒痛殴我们。”—F7, 5253（下莱茵，省政府的信，1792年4月9日）：“至少要有11-12个天主教徒拒绝承认宣誓派教士。”

的权威之下。从1791年头几个月开始，驱赶猎物的行动就开始了，而且，市政机构、区和省经常充当了猎物驱赶者的领头人。六个月后，立法议会颁布11月29日法令[①]，吹响了大猎逐的号角，尽管国王否决了该法令，但猎犬队从四面八方出动了。到1792年4月，42个省针对未宣誓教士颁布“既未经宪法认可也未经其授权的法令”，而到立法议会任期届满时，另43个省也步其后尘。根据这一系列的非法法令，法国各地的未宣誓教士，在没有任何过错、未经任何审判的情况下，从自己的教区被赶出，拘押在省和区的首府，在有些地方，他们被投入监狱，跟流亡者等量齐观，并被剥夺了全部的财产，包括动产和不动产[②]。他们就缺一份全面的驱赶令了，不过，等到议会清理掉国王时，这份命令也就顺理成章了。

与此同时，力主颁布这些法令的国民自卫队，将把严格执行法令当做自己的责任，他们的敌意一点也不奇怪。商业已经停滞，工业陷入萧条，工匠和店主不堪其苦，要解释这无所不在的麻烦，他们显然只在教士的不服从中寻找原因。如果不是他们顽固不化，一切都会运转顺利，因为宪法完美无瑕，因为只有教士不接受宪法。不过，既然他们不接受，就应该打击他们。他们被视为公共幸福最后的障碍，他们是替罪羊；人们看到城市的市民武装扑向这颗眼中钉，这些武装或是自作主张，或是受到暗中串通的市政当局的挑拨；他们骚扰宗教活动，驱散宗教集会，扭打教士，将他们推搡出城，还威胁说，如果教士胆敢回城就吊死他们。在杜埃[③]，群众武装手拿枪支，强迫省政府下令封闭济贫院和修道院的所有祈祷室和礼拜堂。在卡昂，荷

① Duvergier, *Décrets* du 29 novembre 1791 et du 27 mai 1792 (未被批准). —国王倒台后，*Décrets* du 26 août. – *Moniteur*, XII, 200 (1792年4月23日的会议)，内政大臣的报告。

② Lallier, *Le District de Machecoul*, 211, 263. – *Archives nationales*, F7, 3234. Tonneins社区诉讼代理人的公诉状（1791年12月21日），旨在逮捕或驱逐八名教士，“仅仅因为最微弱的内心或外在的敌意”；—*Ib.*, F7, 3264. 科雷兹省行政委员会的决议（1792年7月16、17、18日），准备逮捕所有未宣誓教士。—在这两个日期之间，几乎所有的省都针对未宣誓教士发布过各种类型的、越来越严厉的决议。

③ *Archives nationales*, F7, 3250. 省政府的会议记录及各种相关文件，1791年3月18日。- F7, 3200. 卡尔瓦多斯省政府的信件，1792年6月13日，附带问讯记录。损失估计为1.5万利弗尔。

枪实弹的民众武装人员携带一门大炮，前去进攻紧邻的维尔松教区，他们闯入民房，抓捕十五个信仰正统的嫌疑犯，包括议事司铎，商人，工匠，短工，妇女，姑娘，老人和病人，并且割去他们的头发，用枪托殴打他们，然后排成一行拴在大炮后面押送到卡昂，所有人都要去卡昂，因为未宣誓教士还在维尔松做圣礼，而且很多虔诚的信徒还从卡昂跑来参加弥撒：由此可见，维尔松是个反革命老巢。另外，在被人闯入的民房中，家具被砸毁，酒桶被打穿，银器细软及器皿被抢走，这就是为什么卡昂的民众参加此次行动的原因。这里和所有其他地方一样，人们的行动随心所欲，由于他们的行动针对的是危险人物的财产，自由，生命和荣誉，所以国民自卫队很谨慎地避免干涉。这样一来，正统派的教士和信徒，无论男女，现在都完全受这伙人支配，而且，由于武装力量拒绝介入，恶棍们就在这个被驱逐的阶级身上恣意发泄其残暴、抢劫、淫荡和毁灭的本能：这些本能对他们再平常不过了。

公开和私下的宗教活动都被明令禁止，而执行者的手段更是相得益彰。在这里，如果未宣誓教士胆敢给病人做圣礼，他刚刚进门时房子就被人占了，而另一个教士居住的另一所房屋，窗户和大门已经被人砸得稀巴烂①。在另一处，两个工人被指控请未宣誓教士给孩子做洗礼，于是他们的住所被人洗劫，差不多都要被夷平了。在有的地方，暴民拒绝死前没有宣誓的老教区神父的遗体入葬墓地。还有，一所教堂在晚祷期间遭到攻击，里面的东西全被捣毁；次日，邻近的一所教堂也被人攻击，还有一座于尔絮勒女修道院被摧毁。在里昂，1791年逾越节那天，六点的弥撒结束时，一伙人手拿鞭子扑向参加弥

① *Archives nationales*, F7, 3234. 洛特省政府的决议，1792年2月24日，关于Marmande的骚乱。—F7, 3239. 兰斯市政府的会议记录，1791年11月5、6、7日。两名工人一个是皮件工，另一个是梳毛工。做洗礼的教士被当做公共秩序扰乱者投入监狱。— F7, 3219. 派往卡斯特尔萨拉森法庭的国王特使的信，1792年3月5日。— F7, 3203. 1792年6月1日拉罗谢尔区政府的信。“武装部队亲眼目睹，并被请求制止公然施暴的犯罪分子，但部队拒绝执行。”

撒的妇女[①]。妇女们被掀翻在地，扒去衣服，一顿痛打，头栽到烂泥里，一直被打到浑身是血、气息奄奄时才让离开；有个年轻姑娘被活活折磨而死；这样的暴行层出不穷，在巴黎，前去参加正统派弥撒的妇女，甚至只有穿上用衬衫缝合成的男用衬裤才敢出门。当然，为了更好地利用眼前的猎物，组成狩猎团体是很自然的事情。在蒙彼利埃、阿尔勒、乌泽斯、阿莱、尼姆、卡彭特拉、加尔、沃克吕兹和埃罗三省的大部分城市或市镇，都有这样的组织，它们人数的多寡视城市人口而定，少则十来个，多则一百到三百，这些人都很有干劲，其来源千奇百怪，其中就有"黥背者"（tape-dur），即从前的强盗和惯犯，背上还有烙印。有些组织给自己的成员佩戴用于辨识的标记，如一块号牌；但所有的组织都自称执行机构，宣称它们自己有权采取行动，以"加速法律的执行"。它们的借口是要保护宣誓派教士，从1791年4月之后的20个月中，它们为此采取行动时，"配备带有锋利铁尖的狼牙棒"，外加砍刀和刺刀[②]。通常它们在晚间采取行动。"被怀疑没有爱国心的公民"、未宣誓教士、基督教学校教师的房屋突然遭人侵入，所有东西都被砸烂或抢走；P553 房屋主人被勒令24小时内离开该地，有的时候他还被当场打昏，大概是为了稳妥起见。此外，武装团伙白天也在街道上滋事，鞭笞妇女，手提砍刀进入教堂，将未宣誓教士从祭坛上赶跑，所有这一切都为政府当局所见所闻，但它要么已经瘫痪，要么对此纵容姑息，而行动者则像某种神秘的补充性政府，它不仅要填补教会立法中的空隙，还要在个人的钱包中翻个遍。在尼姆，这些高卢教会的新拥护者在一位爱国舞蹈教师的带领下，不满足于"拘禁、谋害、斥责或者经常地大批屠杀被放逐者"，他们还试图点燃纳税人的

---

① *Mémoire* par Camille Jordan (Sainte-Beuve, *Causerie du Lundi*, XII, 250). 自卫队拒绝施以援手，或者姗姗来迟，而且仅仅"是来目睹混乱场景，从来不去压制"。- Montlosier, II, 300.

② *Archives nationales*, F7, 3217. 乌泽斯教区神父的信，1792年1月29日；阿莱教区神父的信，1792年4月5日；加尔省行政官员的信，1792年7月28日；Griolet先生的信，1792年9月28日。- *Ib.*, F7, 3223. Thuéri和Devès的请愿书，以蒙彼利埃被迫害者的名义，1791年11月17日；两人给内阁的信，1791年10月28日；检察长Dupin的信，1791年8月22日；该省的决议，1791年8月9日；Courmonterral居民的请愿书，1791年8月25日。

热情。人们已经提议进行一场认捐活动，以支持在外活动的志愿者的家人，执行机构(pouvoir exécutif)负责审核捐款名单；它蛮横地对那些没有捐款、或在它看来捐得太少的人课税，某些“穷苦工人捐50利弗尔，另一些捐200、300、900、1000，违者抄家并受虐待”。在塔拉斯孔附近的鲍克斯等社区，志愿者们大肆搜刮，他们“借口要出征保卫祖国，向有产者征收巨额捐税”，有个人被征了4000，另一个被征了5000，如果无力支付，他们就拿走农户全部的粮食，甚至包括留作种子的余粮，并威胁说，如果申诉的话就放火烧毁一切，所以这些受害者不敢作声，连邻省的检察长自己都害怕了，他要求匿名检举。城市下层的暴动蔓延到了农村。农民暴动已经是第六次了，这是三年来人们所见的规模最大的暴动①。

两个因素在刺激着农民。一方面，有关军事行动的谣言、外来入侵即将到来的预报频频发出，这让他们惊恐万分。自皮尔尼茨宣言②以来的各俱乐部和报纸，四个月来立法议会中的演说者，都将警报当做他们行动的信号；而农民在地里赶牛犁田的农民，朝这头牛喊：“吁！普鲁士！”朝另一头牛喊，“走啊，奥地利！”奥地利和普鲁士，外国的国王和贵族，他们跟法国的流亡贵族沆瀣一气，将强行进入法国，恢复盐税，商品税，封建捐税，什一税，将收回已经出售或转手的国有财产，没有离开或已回来的贵族将帮助这些入侵者，未宣誓教士也与之串通，何况他们宣称出售国有财产乃渎神行为、且不愿意赦免买主罪行。另一方面，复活节周将近，一年以来，买主的心理承受了太大的压力。1791年3月24日，出售的国有财产价值只有1.8亿；但议会延长了支付期限，并为大地产的零售转手提供了方便，对农民而

① *Moniteur*, XII, 16, 1792年4月1日的会议。Laureau的发言。“你们看，外省已经陷入一片火海，叛乱波及19个省，到处都有暴动的迹象……自由完全是杀人放火的自由，我们已经没有税收，没有秩序，没有权威。”—*Mercure de France*, 1792年4月7日。“20多个省陷入无政府主义的恐怖局面，骚乱虽然严重程度不一，但都具有摧毁性。”

② 1791年8月27日，神圣罗马帝国皇帝和普鲁士国王在皮尔尼茨发表宣言，号召欧洲各国支持路易十六，并警告法国的革命者不得伤害他们的国王。这个宣言被视为欧洲列强干涉法国大革命的重要信号。—译者

言,这种诱惑太大了,简直无法抗拒;所有积蓄都从羊毛袜底和埋在地下的陶罐中掏了出来。七个月内,农民花了13.46亿购买地产[①],他们的产业终于有了完全彻底的产权,终于获得了多年来垂涎的那一小块土地,有时还是一块意想不到的大块土地,甚至还有一片树林,一个磨坊,一块草地。如今,他需要和教会进行商量,虽说交钱的日期推后了,但宗教日期会按时到来。根据十分古老的传统,他必须在复活节有所捐纳[②],他妻子、他母亲同样如此,就算他是例外,但她们不会。另外,他们年迈多病的父亲、他刚生下来的孩子或者已到第一次领圣体年龄的孩子,都需要做圣事。然而,领圣体、洗礼、忏悔,所有诸如此类的圣事,若要有可靠的质量就必须有可靠的源头,这跟面粉和埃居是一回事;这个世上劣币太多了,宣誓派教士每天都在贬值,就像指券一样。所以不得不求助于未宣誓教士,只有他能提供有效的赦罪,刚好他就在那里,但固执的农民不仅拒绝他,而且把它视为整个新秩序的敌人。在这种困境下,农民求助于其常用的办法:蛮力。他掐住教区神父的脖子,就像过去对付领主一样;他要神父开具了结其罪过的收据,就像一张租税结算单那样。最起码,他们试图强迫未宣誓教士宣誓,封闭他们的一些教堂。偶尔,他们也会指责未宣誓教士的支持者,以及城堡、豪宅、贵族、富人和各个阶层的有产者的同情者。最后,由于1791年9月大赦之后各监狱释放了囚犯,由于半数的法庭尚未到位[③],由于三十个月来没有警察,小偷、强盗、流浪汉便无人镇压和监管,他们不断滋生繁衍,并成群结队地行动,赃物装满了袋子。

---

① *Moniteur*, XII, 30. Cailhasson的发言。到1791年11月1日,出售财产收入总额为15.26亿,未出售财产价值仅为6.69亿。

② *Archives nationales*, F7, 3225. 伊尔-维莱那区政府的信,1792年3月24日。"本区国民自卫队已经下定决心要驱逐所有未宣誓和未被取代的教士,*借口是他们在复活节期间还不忘制造麻烦。*"

③ *Moniteur*, XI, 420 (1792年2月18日的会议), 内政大臣Cahier的报告。

在下加莱省[1]，300个村民击鼓开道，闯入一家查尔特勒修女院，见什么抢什么：食物、饮料、衣服、家具、日用品，与此同时，邻近教区里另一伙人也在市长和前教区神父家干着同样的勾当，还威胁说"杀光烧光一切"，并且信誓旦旦地说，下个周日还会来。在下莱茵省的路易斯堡附近，20所贵族房屋遭抢劫。在伊尔-维莱那，串联起来的乡村武装走遍各个教区，并以暴力手段扩充力量，最后其队伍多达2000人，他们封闭教堂，驱赶未宣誓教士，抢走敲钟锤，敲诈居民，大吃大喝，有时甚至在市长和收税员家也是如此，他们纵情于砸烂一切。如果某个公共官员敢谴责他们，他们就喊"打倒贵族"。一个不识时务的推事背上挨了一枪托，另两个推事被人用枪瞄准；此外，带领他们出征的头领的境遇也不见得更好，就他们自己的内心来说，他们之所以担任头领，是为了避免自己被抢劫或被吊死。同样的场景也见于马耶内、奥尔内、摩泽尔和朗德等地[2]。但在这些地方，骚乱是孤立的，而且还几乎是宽厚的；在南部和中部，灾祸像块巨大的麻风皮，从阿维农到佩里格，从奥里亚克到图卢兹，几乎连续覆盖了十个省：沃克吕兹、阿尔代什、加尔、康塔勒、科雷兹、洛特、多尔多涅、热尔、上加龙、埃罗。所有地方的农村大众都在同一时刻为了同样的事业发动了起来：一是战争的临近，二是复活节的临近。在康塔勒省，奥里亚克举行区人会以招募军队[3]，一位乡村国民自卫队指挥官要求报复"那些不爱国的人"，有传言说，巴黎来了一项命令，要摧毁城

① *Archives nationales*, F7, 3250. Gosnay和Hesdiguel两地（贝图恩区）市政官员的措施，1792年5月18日。六个教区参加了这个行动，市长夫人脖子上被人套上了绳子，差一点被人吊死。*Moniteur*, XII, 154. 1792年4月15日。*Archives nationales*, F7, 3225. 伊尔-维莱那区政府的信，1792年3月24日，及驻维特雷区特派员的记录；该区政府的信，1792年4月21日，及派往Acigné的特使的报告，4月6日。

② *Moniteur*, XII, 200. Cahier的报告，1792年4月23日。四个省的政府拒绝撤回它们的非法法令，理由是"它们的国民自卫队正在缉拿未宣誓教士"。

③ *Mercure de France*, 1792年4月7日，奥里亚克的来信。- *Archives nationales*, F7, 3202. 奥里亚克区政府的信，1792年3月27日（附带7份报告）；圣富鲁尔区政府的信件，3月19日（附特派员的报告）；司法大臣Duranthon的信，4月22日；奥里亚克市政官员Lorus的请愿书。Duranthon的信件，1792年6月9日。"派往圣富鲁尔区的国王特使刚刚通知我，自从部队离开后，官员们便陷入盗匪的包围，无法行使职权。"

堡。另外，骚乱者称，教士因为拒绝宣誓而将民族引向内战；“人们已经厌倦了这些人造成的动荡；愿他们变成好公民，愿所有人都去参加弥撒”。听到这些话，骚乱者闯入民宅，绑架居民，不仅是“教士和前贵族”，还有“被怀疑为他们的同党的人，这些人根本不参加宣誓派教士的弥撒”，他们甚至连穷苦工匠和农民也不放过，也要敲诈5、10、20、40法郎，并且把他们的地窖或箱子扫荡一空。18个城堡被抢劫、焚毁或夷平，其中好几个城堡的男主人或女主人从未离开过该地。在他们中间，于蔑尔（Humières）先生是个80岁的老军官；佩罗南克（Peyronencq）夫人只是把儿子化装成农民才救了他一命；伯克莱克（Beauclerc）夫人逃往山区，眼看着患病的孩子死在自己怀中。在奥里亚克，大房子前面搭起了绞架；人们为了救前治安法官尼奥赛尔（Niossel）的命而把他投入监狱，但随后又被人从监狱里拉出，脑袋被砍下扔到厩肥里；从马耳他来的科里奈（Collinet）被怀疑为贵族，结果被开膛破肚，剁成肉酱，脑袋挂在枪尖上游街示众。最后，当市政官员、法官、国王特使开始对杀人犯进行调查时，他们发现自己身陷巨大的危险之中，最后不得不辞职或开溜了。

同样，在上加龙省[①]，叛乱一开始也是“指向未宣誓教士和他们的追随者”。而且，在很多教区，宣誓派教士是俱乐部成员，他们要求清除自己的对手；其中圣-让-洛尔内的宣誓派教士“登上一辆大车，鼓动800信众结伙抢劫”。随后，这伙人分成小队，一开始是驱赶未宣誓教士，强迫他们的信众参加宣誓派教士的弥撒。但这样的成就完全是抽象和干涩的，它很少能带来实惠，造反的农民不能这样廉价地自我满足。十来个教区一起出动，一整天都用来参加公共事务，那是

① *Archives nationales*, F7, 3219. 上加龙省行政官员Niel先生的信件，1792年2月27日；Sainfal的信，3月4日；省政府的信，3月1日；国王派驻卡斯特尔萨拉森法庭的特使的信，3月13日。

要作出补偿的，补偿方式或者是树木，或者是小麦、葡萄酒或金钱[1]，而出门闹事的费用则要由贵族负担。贵族不仅包括包庇未宣誓教士的人，如某位“十分狂热”的年迈夫人，“40年来她将所有收入都用于慈善事业”，“还包括所有富人，无论是农民还是老爷们”，因为他们想“饿死”穷人，“谷仓和储存室里的粮食和酒卡着不卖，他们让人的干的活仅限于生活必需，目的在于剥夺农村工人的生计”。因此，越是剥夺他们，就越是为公众服务。按骚乱者的说法，必须“削减民族敌人手中的收入，使其不能再将收入转到科布伦茨和王国之外的其他地方”。随后，600、800、1000人组成的团伙在图卢兹和卡斯特尔萨拉森等地横行：所有地主，无论是贵族还是爱国地主，都必须缴纳捐税。在某处，某位老妇人“为人慈善，但很狂热”，于是“众人冲进她家，砸毁家具，拿走82塞提埃小麦和16桶葡萄酒”。在另一处，即罗什费列尔，人们烧毁封建契据，抢劫了一座城堡，在稍远的拉瑟尔，匪徒要敲诈3万法郎，随后抢走所有现钱。各地的市政官员几乎全都身披绶带，认可抢劫行径，不管心里乐意不乐意。此外，他们“还以指券对食品定价，价格远比按现钱定价低”，而每天的工价则提高了一倍。与此同时，另一些团伙在摧毁国有森林，而警察只想着如何迎合破坏者，因为他们怕被人称作贵族。

在这种情形下，显然已不再有个人财产权，除非个人是赤贫者或

---

① 关于农民的贪婪的例证：

在Lunel，4000农民和乡村国民自卫队试图进村吊死贵族，他们的妻子牵着驴子也跟来了，驴背上有“篮子，她们很希望满载而归”。（*Archives nationales*, F7, 3223. Lunel市政当局的信，1791年11月4日。）

在乌泽斯，农民进城驱赶王党派天主教徒，费了老大劲才摆脱他们的骚扰。“招待他们吃喝”都不行，他们走时“憋着一肚子气，尤其是妇女，她们牵着骡子驴子来装运战利品，但现在竟然要她们空手而归”。（Dampmartin, I, 195.）“在谈到旺代人围攻南特时，一位老妪告诉我：‘哦，是的，我也去参加围城了；我姐姐也去了，我们还拿了袋子。我们本来想着，最起码要进入卡斯里街。’”（卡斯里是一条珠宝商和金银首饰店集中的街道。Michelet, V, 211。）

盗贼。实际上，在多尔多涅省[1]，暴民团伙“以驱逐未宣誓教士为借口，抢劫和偷盗落入他们手中的一切……带风向标的房子里的粮食被扣押”。乡民们在所有森林中大肆砍伐，占用所有流亡者的财产，好像它们是公共财产一样。而且这种占用十分彻底。例如，有伙匪徒觉得一个新粮仓的建筑材料不错，于是一哄而上拆了它，木料瓦片全被瓜分。在科雷兹省，1万个武装农民来到图勒，解除未宣誓教士及其追随者的武装并驱逐他们，他们在嫌疑者的房子里见到什么砸什么，费了老大劲才让他们空着手离开了。但他们回去之后，立刻摧毁了圣雅尔、塞拉克、顾尔东、圣巴希尔、拉罗谢特城堡，此外还有大量其他的房屋，有些房屋甚至是外出的平民的。这是一场抢夺大赛，而且从未有过如此彻底的财产转移。一份记录中说道，抢劫者拿走能够拿走的一切，他们十分细心，从家具、挂毯、玻璃、橱柜、绘画、葡萄酒、储备粮一直到楼板和细木护板，“直到最细小的铁制器具和细木物件”，剩下则要全部打碎，到最后，房子“只剩下四堵墙、屋顶和楼梯了”。洛特省两年来骚乱没有停歇过，那里的毁坏情况更严重。1月30-31日夜间，“苏雅克所有上好的房屋全都遭人入侵和抢劫，被人闹了个底翻天[2]”，房子的主人被迫逃走；该省的骚乱如此频繁，以致省政府都没有时间向内阁汇报。整片整片地区都起来造反了，“在每个社区，由于所有居民都是同谋者，因此找不到开立刑事诉讼的证人，违法行为一直得不到惩处”。在卡布莱勒区，人们要求归还从前征收的地租，偿付20年来支付的各种费用。小城菲雅克遭到邻近民间武装的进攻，其居民被解除武装，任由城郊雅各宾分子处置。三个

---

① *Archives nationales*, F7, 3209. 派驻Mussidan法庭的国王特使的信件，1792年3月7日；Sarlat区检察长的信件，1792年1月。—*Ib.*, F7, 3204. 图勒区行政官员的信，1792年4月15日；省政府的信，4月18日；Jacques Labruc和他自己的请愿书，附治安法官的记录，4月14日。“所有这些暴行都是在市政当局眼皮底下发生的。它没有采取任何措施去阻止，尽管当时有人请求它干预。”

② *Archives nationales*, F7, 3223. 派往苏雅克的海员代表Brisson的信件，1792年2月2日；省政府的信件，1792年3月14日。Barriés兄弟的请愿书（附相关文件），1791年10月11日。省检察长的信，1792年4月4日。派往菲雅克区的特派员的报告，1792年1月5日。该省行政官员的信，1792年5月27日。

月的时间内，菲雅克区“所有前贵族的房屋都遭受抢劫和纵火”；接着，人们开始骚扰鸽笼“和所有看起来稍微有点气派的乡村房屋”。“成群的流浪汉闯进富裕人家，如医生、律师、商人家中，撞开地窖门，进去之后狂饮一通”，然后这群醉汉像胜利者一样踉踉跄跄地凯旋而归。在好几个社区，这样的行动成了一种习惯；“大批人靠打家劫舍为生”，俱乐部就是他们的榜样。六个月来，在该区的首府，一伙被人称作黑色纵队的国民自卫队成员，大肆驱逐他们不喜欢的人，“肆意抢劫民房，殴打、伤害、甚至用刀残害在公民大会上遭排斥的人”，没有一位执达吏和诉讼代理人敢于提起诉讼。抢劫打着爱国主义的幌子，爱国主义则借用抢劫的手段，双方结合到一起，在反对旧制度的同时也反对财产权，为了从一切可能导致恐惧的事物中解脱出来，人们攫取所有能当作战利品的东西。

然而，这还只是暴风雨的边缘，风暴中心在别处，在尼姆、阿维农、阿尔勒和马赛周围，这片地方长久以来就充斥着城市之间和地区之间的冲突，这些累积起来的矛盾不断刺激着年深日久的仇怨[①]。稍微看看加尔、罗讷河口和沃克吕兹三个省，人们便会以为那里正在发生一场野蛮的内战。实际上，这是一场雅各宾分子和暴民的入侵，接着是他们的征服、掠夺和灭绝，在加尔省，万头攒动的国民自卫队再度掀起暴动，孔塔地区的渣滓全部浮出，他们泛起的泡沫湮没了整个沃克吕兹，而马赛的一支6000人的队伍正在攻打阿尔勒。在尼姆的各个区，如索米耶尔、乌泽斯、阿莱、雅莱斯和圣伊波利特，财产文书被烧毁，有产者被绑架，市政官员若要介入就会收到死亡威胁，20座城堡和40多所乡村民房被劫掠、焚毁或夷平。同月，阿尔勒和阿维农

---

① *Archives nationales*, F7, 3217. 派往加尔省的特派员的记录，1792年4月1、2、3、6日，及4月6日的信件。一个地主被课税10万利弗尔。—*Ib.*, F7, 3223. 埃罗省检察长Dupin的信，1792年2月17日和26日。抢劫过后，Pignan城堡和Lostanges夫人，“所有家具中没有一件是完好的。骚乱的原因在于宗教狂热。五六个未宣誓教士曾退隐在这座城堡中”。*Moniteur*, 1792年4月16日的会议，加尔省政府的信。Dampmartin, II, 85. 在乌泽斯，五六十个蒙面人晚上十点入侵公爵城堡，烧毁档案，城堡也被付之一炬。

落入马赛和孔塔的匪帮之手[①]，眼见抢劫和屠杀就要到来。该城的军事指挥官接到了撤离阿尔勒的命令[②]，“全城百姓”都来跑来恳求他，“抓住他的手，泪水涟涟地央求他，求他不要抛弃他们；妇女和孩子抱住他的靴子”，他都不知道如何脱身而不至于伤害他们；他一走，1200个家庭也跟着离开了。马赛人进城后，1800公民被赶出家门，他们位于罗讷河两岸的乡间房屋被大肆洗劫，“仿佛回到了萨拉森海盗时代”，所有富人，不管在不在本地，被课以140万利弗尔的巨额捐税，妇女和姑娘半裸着身子骑在驴子上游街，并被当众鞭笞。“一个马刀委员会”掌握生杀予夺的权力，这是海上苦力、脚夫的统治，是最劣等的群氓的专政。在阿维农[③]，统治者纯粹是些盗匪、纵火犯和杀人凶手，六个月前他们就把拉格拉谢尔（La Glacière）[④]变成了屠宰场。他们凯旋归来时还曾吹嘘，“这一次冰窖该满了”。第一场大屠杀之前，已经有500个家庭逃离法国；现在，剩下的所有正派市民中，1200人逃走，当时的气氛是如此恐怖，以致邻近的小城市都不敢接纳这些逃亡者。实际上，从这一刻开始，沃克吕兹和罗讷河口两个省全都陷入一场恐怖大掠夺中：2000武装男子，加上自愿尾随的妇女、孩子和其他人，横扫各个社区，以肆意劫掠“狂热派”为生；遭到抢劫的不仅有身份较好的人士。普通农民被课税1万利弗尔，并迎来了60名住户催缴者，这伙人当着他们的面宰杀烹食他们的家畜，把房子里的东西砸个稀巴烂；接着他们被逐出家门，像逃难者一样在罗讷河边

---

① *Archives nationales*, F7, 3196. 派往阿维农的罗讷河口省官员Augier和Fabre的报告，1792年5月11日（Jourdan, Mainvielle和拉格拉谢尔的凶手于4月29日返回。）

② Dampmartin, II, 63. Portalis, *Il est temps de parler*（小　册　子），*passim*. *Archives nationales*, F7, 7090. 阿尔勒市政机构官员的报告，共和四年雪月22日。

③ *Mercure de France*, 1792年5月19日（5月4日的会议），四十名阿维农人给立法议会的请愿书。—*Archives nationales*, F7, 3195. 驻Apt法庭的国王特派员的信，1792年3月15日；市政机构的记录，3月21日；Apt当地政府的信，1792年3月23和28日。

④ 这个词的字面意思是“冰窖”，其实它是一座塔楼的名字，位于阿维农教宗广场附近。这场屠杀发生于1791年10月16-17日，约60人被草草处决。— 译者

的柳树林里流浪，等着河水稍缓时渡河到邻省去避难[1]。因此，从1792年春开始，一个公民如果被怀疑心怀恶意，或者仅仅是对占统治地位的乱党不够热情，或者仅仅因为发自良心的表达，他就可能受到众人的猜忌和怀疑，就会遭遇民众的敌意，就会被抢劫和流放，或者面临更糟糕的命运，即使他行为守法，即使他心地纯厚，即使他没有武装也毫无冒犯意图，也不管他是贵族，是市民，是农民，是年迈的教士或妇女，尽管这时公共危险并不严重，并不存在，甚至连影子都没有，因为法国一直跟欧洲保持着和平，它的政府也保持完好。

IX

在这一危险变得明显和严重之后，当它日益加剧之时，当战争已经开始，当拉法耶特的军队溃散败逃，当议会宣布祖国在危急中，当国王被推翻，当拉法耶特逃往国外，当法国的领土被外敌入侵，当边境要塞未经抵抗便纷纷投降，当普鲁士人进入香槟，当旺代的叛乱在对外战争的困境之上又添加内战的痛苦撕裂，当叛国的斥责声从四面八方响起：局势又将是怎样一番模样呢？ 5月14日，在梅茨[2]，议事司铎菲柯尔蒙（Ficquelmont）在圣雅克广场上跟一位轻骑兵闲聊了几句，结果被指责为替流亡的亲王们招募人马，尽管国民自卫队组成三道人墙保护他，但他仍然被劫走，被人用大棒、刺刀和砍刀殴打、刺穿、剁碎：凶手们的周围聚集着大批狂热的人群，他们发出阵阵狂热的呼喊，而随着恐惧气氛的逐月加剧，他们的臆想也将陷入病态的亢奋，谵妄和幻觉与日俱增。从一个例子就可作出判断。1792年8月31日[3]，8000名未宣誓的教士从自己的教区被赶出，押往鲁昂这个稍

---

① *Archives nationales*, *ib.*，阿维农和解委员会主席Amiel的信，1792年10月28日，及给大臣Roland的其他信件。F7, 3217. Roquemaure治安法官的信，1792年10月31日。

② *Archives nationales*, F7, 3246. 梅茨市政府的记录（附相关文件），1792年5月15日。

③ *Mémoires* de l' abbé B?ton, 作者是第三批遣送教士中的一员（已被提名为Séez主教），233。

微宽容一点的城市，按照驱逐他们的法令，他们将从这里离开法国。两艘船已经运走了100来人，另外120人将前往奥斯坦德，在那里换乘大船。他们几乎孑然一身，除了一点钱，一篇、顶多两篇日课经，几件衣物，什么都没带，因为他们还指望很快就回来。按规定，每个人都有自己的通行证，在启程的时候，国民自卫队进行了一番全面的搜查，以不放过任何嫌疑犯。但这些工作都没有意义。头两艘船到达吉尔伯夫时，被人拦截了。实际上，一个谣言已经传开：教士们要去和敌人汇合，加入后者的队伍；听到消息后，当地百姓冲到河边，将船只团团围住。教士们只得下船，迎接群众暴风雨般的"嚎叫、辱骂、凌侮和虐打"；其中一个两鬓斑白的老人不慎落入淤泥中，于是叫喊和嘘声更甚了；他要是淹死在那儿反而好些，顶多就是少一个人而已。下船后，他们全被关进监狱，监狱的地上只有裸露的石头，没有麦草，没有面包；人们写信问巴黎，这么多教士该如何处置。与此同时，第三条船因没有食物而派两名教士前往吉尔伯夫和奥德梅尔桥，想烤200斤面包回来；他们在村子里被人认出，然后人们像驱赶野兽一样把他们赶进树林里，过了一夜后，他们费了老大劲才两手空空地跑了回来。结果船也被人认出，并马上陷入围攻。"沿河两岸的市镇当局鼓声不断，要求民众立刻戒备。就算阿尔及尔和的黎波里的海盗出现在亚德利亚海岸，也不至于造成这么大的骚乱。一个水手宣布，被遣送者的箱子装满各种武器"，于是乡间百姓马上拿起砍刀和手枪，准备向船只发起冲锋。一连好几天，这条忍饥挨饿的船就在河中间抛锚，农民志愿者乘着驳船在它四周警戒，并发出各种侮辱和威胁，岸边的草地上，国民自卫队正在列队准备战斗。最后人们作出了决定：挑选全副武装的勇士乘坐小艇悄悄接近，寻找最有利的时机登上船舷，占领船只；但真的上去后，他们大为惊讶，因为既没有找到敌人也没有发现武器。但教士们还是被命令上岸，他们的代表必须接受市长的问讯。市长过去是个执达吏，现在是个地道的雅各宾分子，最为惊恐，也最为暴躁；他拒绝承认通行证的有效性；这时他看见两个教士走近，一个手里拿着剑杖，另一个拿着包铁的大棒，于是他认为一场进攻马上就要来了。“这里还有两个，”他惊呼道，“他们全都要下来了，先生们，我们的城市危险了！”听到喊声后，民众警觉起来，并威胁教士代表，有人高呼：“吊上路灯杆！”为了救他们一命，国民自卫队只得将他们用刺刀团团围住，然后送进监狱。请注意，这些狂暴之人“本质而言是世上最好的人”；船只靠岸后，他们中间最可怕的一个人，一个理发师，见到这些可怜的教士胡子太长，便拿来自己的工具箱，殷勤地给他们剪胡子，一连干了好几个小时。平常时候，迎接教士的只有致礼，三年前他们还被“尊称为父亲和领路人”。但此刻，乡民，最普通的百姓，已经僭越了自己的身份。或由于强迫，或由于天性，众人使他成为神学家，政客，警察队长，总之是当地独立的主权者，但这样的职责让他晕头转向。在这些看起来已经失去理智的人当中，有个人还保持着清醒，他是国民自卫队的官员，一个文质彬彬的人物，举止得体，言谈可人，他晚上前来探望囚犯们，跟他们一起在监狱里喝茶；实际上，他已经习惯于这种悲剧，因为职业的缘故，他的神经已经变得十分平静，因为他是个刽子手。至于其他人，“人们误以为他们是老虎”，实则是些疯疯癫癫的绵羊，但其危险性并不因此就更小，因为他们已经天旋地转，昏乱之中大家伙儿一起扑向任何让他们生疑的东西。在巴黎到里昂的大道上[①]，罗兰派出的特使已经见证了这令人恐怖的惊恐气氛。“百姓总是问个不停，我们的将军要干什么，我们的军队要干什么；他们经常把报仇挂在嘴上。是的，他们说，我们会出发的，但（在出发前）我们要肃清内部敌人。”可怕的事态正在酝酿：第七场大暴动即将到来，这将是全面的、终极性的暴动，一开始它很残暴，但随后被合法化、系统化，根据抽象原则，它的发起者和执行者将是这一事业最称职的领头人。这是历史上绝无仅有的现象，人们将第一次看到，成批已然疯癫的野人，在已然癫狂

① Archives nationales, F7, 3225. 特派员Bonnement给大臣Roland的信，1792年9月11日。

的蠢才的引领下进行着一场漫长的大规模的瞎折腾。

这是一种离奇的病症，一般而言，这种病症只有在悲惨的环境中才能碰到。一个工人，工作过于辛苦，处境十分悲惨，饮食尚有不周之虞，但他喜欢喝酒，而且越喝越多，酒也越来越烈。几年之后，他那本已被饥饿损伤的神经器官，已经陷入过度的亢奋，并开始紊乱和坍塌了。有的时候，他的大脑在猝然的打击下会停止运转：对它发指令是没有用的，它已经不再服从；每个肢体，每个关节，每块肌肉，都在按照自己的意愿单独行动，在各种不协调的刺激振荡之下，它们在痉挛中挣扎着。不过，这个人看起来很欢乐，他觉得自己是百万富翁，是国王，所有人都爱他，欣赏他；他意识不到自己造成的不幸，他不理解别人给他的建议，他拒绝别人拿来的药物，他成天唱歌和欢呼，特别是酒喝得越来越多了。到后来，他的面颊塌陷了，他的眼睛充血了。光彩夺目的幻影变成了幽暗可怖的幽灵：他发现四周全是阴森的面孔，到处都埋伏着伺机突袭他的叛徒，凶手已经举起双手要掐死他，行刑的刽子手正为他筹办一场酷刑，他觉得自己走进了一片血泊中。这时他加快了步伐，为了不被人杀死，他就屠杀别人。没有比这更可怕的了；因为在妄想症的支撑下，他爆发出闻所未闻的力量，他的行动毫无征兆，他助长了各种不幸和创痛，而因此倒下的却是健全的人，对此他根本注意不到。这就是法国，君主制时代的疾苦已经让他精疲力竭，但社会契约的烧酒和二十种其他掺假的烈性饮料灌得他不省人事，此时他的脑部突然陷入瘫痪：他的身子在踉跄趔趄，因为所有的肢体都因步调不一而不停地抽搐，所有的器官都因为相互抵牾的纠葛而七上八下。如今，他已经度过欢欣愉悦的幻想期，即将进入阴暗的癫狂时期；那时它将无所不为，并将忍受由此带来的一切，他将缔造前所未有的业绩，将犯下令人发指的暴行：只要像他一样误入歧途的领路人狂乱地指认敌人和阻碍者。